W0235804

Howard Rheingold

Virtuelle Gemeinschaft

*Soziale Beziehungen
im Zeitalter des Computers*

ADDISON-WESLEY

Bonn · Paris · Reading, Massachusetts · Menlo Park, California
New York · Don Mills, Ontario · Wokingham, England
Amsterdam · Milan · Sydney · Tokyo · Singapore · Madrid
San Juan · Seoul · Mexiko City · Taipei, Taiwan

Die Deutsche Bibliothek CIP-Einheitstitelaufnahme

Rheingold, Howard:
Virtuelle Gemeinschaft: Soziale Beziehungen im Zeitalter des Computers /
Howard Rheingold. – Bonn; Paris; Reading, Mass. [u.a.]: Addison-Wesley, 1994
ISBN 3-89319-671-4

© 1994 Addison-Wesley (Deutschland) GmbH
1. Auflage 1994
Die englische Ausgabe trägt den Titel: The Virtual Community (ISBN 0-201-60870-7)
© 1993 by Howard Rheingold

Übersetzung: Dagmar Schulz und Dieter Strehle,
text und form dokumentations GmbH, München
Satz: text und form dokumentations GmbH, München
Gesetzt aus der Stone Serif 9/11,5 Pkt.
Belichtung: Synergy Verlag Belichtungsservice, München
Druck und Bindung: Bercker Graphischer Betrieb, Kevelaer
Gestaltung und Produktion: Margrit Müller, München/Bonn
Umschlaggestaltung: Michael Learo, Köln

Für die Freunde und die Familie, die ich in WELL, unserer virtuellen Gemeinschaft, gefunden habe.

Inhalt

Wir kennen die Gesetze der Gemeinschaft. Wir kennen die heilenden Kräfte, die sie auf die Individuen ausübt. Fänden wir einen Weg, dieses Wissen auszudehnen, könnten dann diese selben Gesetze nicht auch eine heilende Wirkung auf unsere Welt haben? Der Mensch ist oft als soziales Tier bezeichnet worden. Doch noch sind wir keine Gemeinschaftswesen. Um zu überleben müssen wir Beziehungen miteinander eingehen. Dies tun wir jedoch nicht mit der Hingabe, dem Realismus, dem Selbstbewußtsein, der Verletzlichkeit, dem Engagement, der Offenheit, der Freiheit, der Gleichheit und der Liebe einer echten Gemeinschaft. Es reicht ganz offensichtlich nicht mehr, nur soziales Tier zu sein, auf Cocktailpartys miteinander zu plaudern oder im Geschäftsleben und über Grenzen hinweg lautstark aufeinander loszugehen. Es ist unsere Aufgabe – unsere wesentliche, zentrale, entscheidende Aufgabe – uns selbst von bloßen sozialen Wesen in Gemeinschaftswesen zu wandeln. Nur auf diesem Wege kann menschliche Entwicklung weiter fortschreiten.

M. SCOTT PECK
The Different Drum: Community-Making and Peace

Einleitung

«Daddy sagt schon wieder «Holy moly» zu seinem Computer!»
Diese Worte sind in meiner Familie zu einem Code dafür geworden,
wie meine virtuelle Gemeinschaft unsere wirkliche Welt durchdrungen
hat. Meine sieben Jahre alte Tochter weiß, daß ihr Vater sich mit einer
Familie unsichtbarer Freunde trifft, die sich in seinem Computer zu
versammeln scheinen. Manchmal spricht er mit ihnen, auch wenn
niemand sonst sie sehen kann. Und sie weiß auch, daß diese unsichtbaren Freunde sich manchmal in Fleisch und Blut blicken lassen, wenn
sie vom nächsten Häuserblock oder auch von der anderen Seite der Erde
auftauchen.

Seit Sommer 1985 verbinde ich sieben Tage in der Woche täglich
zwei Stunden lang meinen PC mit meinem Telefonanschluß und nehme
Kontakt mit WELL (*Whole Earth 'Lectronic Link*, weltweiter elektronischer
Zusammenschluß) auf – einem System für Computerkonferenzen, mit
dem sich Menschen überall auf der Welt öffentlich miteinander unterhalten oder private elektronische Briefe (EMail) austauschen können.
Eine Gemeinschaft, mit der ich nur über den Bildschirm in Verbindung treten konnte, schien mir zunächst eine kalte Angelegenheit zu
sein, aber ich machte schnell die Erfahrung, daß Menschen bei EMails
und Computerkonferenzen Gefühle entwickeln können. Ich bin einer
von ihnen geworden. Die Menschen, die ich über meinen Computer
kennengelernt habe, bedeuten mir viel, und die Zukunft des Mediums,
das unsere Versammlungen ermöglicht, liegt mir sehr am Herzen. Mit
dieser Zuwendung zu einem scheinbar blutleeren technologischen Ritual
stehe ich nicht allein. Auf jedem Kontinent sind Millionen von Menschen ebenso wie ich Mitglieder computervermittelter sozialer Gruppen,
die als virtuelle Gemeinschaften bekannt sind, und es werden schnell
mehr. Als ich auf WELL stieß, war dies wie die Entdeckung einer in
meinem Haus verborgenen, behaglichen kleinen Welt, die bis dahin
ohne mich gediehen war. Sobald ich die Geheimtür gefunden hatte,
hieß mich eine vollständige Besetzung von Charakteren aufs herzlichste
in der Truppe willkommen. Wie andere, die auf WELL stießen, entdeckte
ich bald, daß ich und meine Gefährten in fortwährenden Improvisa-
tionen als Publikum, Darsteller und Stückeschreiber agierten. Auf der
anderen Seite meiner Telefonsteckdose wuchs eine richtiggehende Sub-

kultur heran, und sie luden mich ein, daran mitzuarbeiten, etwas Neues zu schaffen.

Bis 1993 wuchs das virtuelle Dorf einiger Hundert Leute, worüber ich 1985 gestolpert war, auf achttausend an. In den ersten Monaten dieses Zeitraums wurde mir klar, daß ich an der Schöpfung einer neuen Art von Kultur teilnahm. Während zu den Menschen, die WELL in den ersten ein oder zwei Jahren entdeckt und aufgebaut hatten, viele andere stießen, konnte ich beobachten, wie die getroffenen sozialen Übereinkünfte ausgeweitet und verändert wurden. In einer Art beschleunigter sozialer Evolution wurden Normen aufgestellt, in Frage gestellt und verändert, und das immer wieder.

Weil WELL sich auf meine reale alltägliche Welt gründete, empfand ich es von Anfang an als echte Gemeinschaft. WELLianer, die weiter als eine Autofahrt von der Bucht von San Francisco entfernt wohnen, können nur eingeschränkt an den lokalen Netzen persönlicher Bekanntschaften teilnehmen. Ich aber habe auch schon wirkliche WELL-Hochzeiten, WELL-Geburten und sogar ein WELL-Begräbnis erlebt. (Die Worte «im realen Leben» werden in virtuellen Gemeinschaften derartig oft verwendet, daß Insider die Abkürzung IRL (*in real life*) verwenden). Ich kann die Partys und Ausflüge gar nicht zählen, bei denen die unsichtbare Besetzung, die zunächst ihre Rollen in den Debatten und Melodramen auf dem Bildschirm meines Computers spielte, sich schließlich vor mir in der gegenständlichen Welt manifestierte, in Form von wirklichen Menschen mit Gesichtern, Körpern und Stimmen.

Ich erinnere mich noch an das erste Mal, als ich IRL einen Raum voller Leute betrat, die viele Details aus meinem Privatleben kannten und über deren eigene Lebensumstände ich gut Bescheid wußte. Drei Monate nach meinem Eintritt in die virtuelle Gemeinschaft ging ich zu meiner ersten WELL-Party im Haus eines der Online-Moderatoren von WELL. Als ich hinkam, befand ich mich plötzlich in einem Raum voller Fremder. Dies war eines der eigenartigsten Erlebnisse meines Lebens. Ich hatte mit diesen Leuten gekämpft, hatte die technische Kälte des uns verbindenden Mediums überwunden, hatte bei Bündnissen mitgemacht und Übereinkünfte getroffen, war vor Lachen gemeinsam mit ihnen vom Stuhl gefallen und hatte mich über einige von ihnen schwarzgeärgert. Aber in diesem Haus gab es kein einziges bekanntes Gesicht. Ich hatte sie nie zuvor gesehen.

Meine leibliche Familie hat sich schon vor geraumer Zeit an den Anblick gewöhnt, wie ich früh morgens und nachts in meinem Arbeitszimmer sitze und über die Worte kichere oder fluche, manchmal auch weine, die auf dem Bildschirm meines Computers zu lesen sind. In der

Nacht, als meine Tochter mich glucksend vor dem Computer erwischte, mag es für sie so ausgesehen haben, als säße ich allein an meinem Schreibtisch, aber aus meiner Sicht befand ich mich in lebendigem Kontakt mit alten und neuen Freunden, Fremden und Kollegen: Ich befand mich in der WELL-Elternversammlung und beteiligte mich an einer Solidaritätsaktion für einen Freund. Er hatte soeben erfahren, daß sein Sohn an Leukämie erkrankt war, und wir standen ihm mit Rat und Tat bei.

Ich war dabei, MicroMUSE zu spielen, ein Fantasy-Rollenspiel (das heimlich wissenschaftlich bildet) und interagierte mit Professoren und Studenten, die mich nur als «Pollenator» kannten.

Ich war bei TWICS, einer bikulturellen Gemeinschaft in Tokio; CIX, einer Gemeinschaft in London; CalvaCom, einer Gemeinschaft in Paris; und im Usenet, einem Zusammenschluß von Hunderten von Diskussionsrunden, die via EMail zu Millionen von Teilnehmern in Dutzenden von Ländern rund um die Welt reisen.

Ich schmökerte in Entscheidungen des Obersten Gerichtshofs, auf der Suche nach Informationen, die mir dabei helfen konnten, den Behauptungen eines Gegners in einer politischen Diskussion irgendwo anders im Netz ihren Heiligenschein zu nehmen – oder ich rief die morgendliche Satellitenwetterkarte für den Pazifik ab.

Ich verfolgte während des versuchten Staatsstreichs Augenzeugenberichte aus Moskau oder aus China während der Ereignisse auf dem Tiananmen oder aus Israel und Kuweit während des Golfkrieges. All diese Berichte wurden direkt übermittelt, von Bürger zu Bürger über ein spontan zusammengeflicktes Netz billiger Computer und gewöhnlicher Telefonleitungen. Im Huckepack der weltweiten Kommunikationsinfrastruktur überwanden sie die bestehenden geografischen und politischen Grenzen.

Ich verfolgte eine weitschweifige Real-Time-Unterhaltung zwischen Leuten, die in drei verschiedenen Kontinenten lebten – eine weltweite lockere Diskussion ernster Themen, die Geist mit dem Jargon von Zweitsemestern zu verbinden scheint und via *Internet Relay Chat* (IRC) abläuft, ein Medium, das die Eigenschaften mündlicher und schriftlicher Kommunikation kombiniert. IRC hat unter Tausenden von ihm besessenen Studenten von Adelaide bis Arabien eine eigene Subkultur hervorgebracht.

In virtuellen Gemeinschaften versammelte Menschen verwenden Wörter auf Bildschirmen, um Komplimente auszutauschen und sich zu streiten, um sich intellektuell auseinanderzusetzen, Geschäfte abzuschließen, Wissen zu vermitteln, sich emotionell zu unterstützen, Pläne zu schmieden, Brainstormings zu veranstalten, Klatsch zu verbreiten, sich zu befehden und sich zu verlieben, um Freunde zu finden und zu verlieren, um zu spielen, zu flirten, um sich ein wenig an der hohen Kunst zu versuchen oder – was häufiger geschieht – einen Haufen müßigen Geschwätzes von sich zu geben. In virtuellen Gemeinschaften versammelte Menschen tun fast alles, was Menschen im wirklichen Leben auch tun, aber sie sparen ihre Körper aus. Niemand ist da, den man küssen könnte, aber es kann dir auch niemand eins auf die Nase geben. Trotz dieser Beschränkungen kann eine Menge passieren. Die Millionen von Menschen, die sich auf die computerverbundenen Kulturen eingelassen haben, empfinden die Anziehungskraft ihrer Vielfalt und Lebendigkeit bis hin zur Sucht.

Es ist keine einheitliche, nur aus einem Stoff bestehende Online-Subkultur entstanden; eher handelt es sich um ein Ökosystem von Subkulturen, einige davon unbedeutend, andere ernsthaft. Die wissenschaftlichen Diskurse zu den spannendsten Themen sind in die virtuellen Gemeinschaften abgewandert. Dort kann man die elektronisch vor-vorabgedruckten Berichte von Molekularbiologen und Erkenntnistheoretikern lesen. Zugleich verwenden Aktivisten und Bildungsreformer dasselbe Medium als politisches Instrument. Virtuelle Gemeinschaften taugen dazu, Rendezvous zu verabreden, Rasenmäher zu verkaufen, Romane zu veröffentlichen und Konferenzen zu leiten.

Von einigen Leuten werden virtuelle Gemeinschaften als eine Art Psychotherapie angesehen. Die süchtigsten Spieler des französischen Minitel und die MUDs (Multi-User Dungeons, Multi-User-Verließe und die darin vergrabenen Anwender) der internationalen Netze verbringen wöchentlich acht Stunden damit, so zu tun, als seien sie jemand anderes, als sie selbst, indem sie ein Leben führen, das außerhalb von Computern keine Existenz hat. Weil die MUD-Verließe nicht nur dafür empfänglich sind, von einigen krankhaft besessenen Leuten beansprucht zu werden, sondern die MUD-Leute auch die Verursacher von Überbeanspruchungen der Computer und Kommunikationsressourcen sind, ist das MUDden von Universitäten wie Amherst und vom ganzen australischen Kontinent verbannt worden.

Nicht nur Wissenschaftler, Studenten, Bibliothekare, Organisatoren und Realitätsflüchtlinge habe Sympathien für das neue Medium entwickelt. Der US-Senator, der sich jahrelang dafür eingesetzt hat, ein nationales Forschungs- und Ausbildungsnetz aufzubauen, ein Netz, das die virtuellen Gemeinschaften der Zukunft beherbergen könnte, ist nun Vizepräsident der Vereinigten Staaten. Seit Juni 1993 haben das Weiße Haus und der Kongreß EMail-Adressen.

An den meisten der Menschen, die ihre Informationen über die konventionellen Medien beziehen, ist die bunte Vielfalt neuer Kulturen vorübergegangen, die sich in den letzten zehn Jahren in den Computernetzen der ganzen Welt entwickelt hat. Sie ahnen nicht, wie grundlegend diese sozialen, politischen und wissenschaftlichen Experimente, die in vollem Gang sind, schon in naher Zukunft unser Leben verändern könnten.

Ich habe dieses Buch geschrieben, um daran mitzuarbeiten, ein größeres Publikum darüber zu informieren, wie wichtig Cyberspace für unsere politischen Freiheiten werden kann und wie virtuelle Gemeinschaften unsere Erfahrung der wirklichen Welt, sei es als Individuen oder als Gemeinschaften, verändern können. Obwohl ich von den Liberalisierungsmöglichkeiten computervermittelter Kommunikation begeistert bin, versuche ich, die Fallstricke nicht zu übersehen, die die Verknüpfung von Technologie und menschlichen Beziehungen bereithalten kann. Ich hoffe, daß meine Berichterstattung von den Vorposten und Hauptquartieren dieser neuen sozialen Gewohnheiten und die Geschichten über Menschen, die ich im Cyberspace kennengelernt habe, eine lebendige Vorstellung von den kulturellen, politischen und ethischen Implikationen der virtuellen Gemeinschaften vermitteln – nicht nur für meine Mitstreiter bei der Entdeckung von Cyberspace, sondern auch für diejenigen, die von Cyberspace noch nie zuvor gehört haben.

Die Technologie, die die virtuellen Gemeinschaften ermöglicht hat, hat das Potential, einfachen Bürgern bei relativ geringen Kosten enorme Entfaltungsmöglichkeiten zu bieten – auf intellektuellem, sozialem, kommerziellem und, was am wichtigsten ist, auf politischem Gebiet. Sie wird dieses Potential aber nicht aus sich selbst heraus nutzen; eine informierte Gruppe muß diese latente technische Kraft intelligent und gezielt zum Leben erwecken. Wenn dieses Potential voll ausgeschöpft werden soll, müssen mehr Menschen von seinen Möglichkeiten erfahren und lernen, damit umzugehen, solange noch die Freiheit dazu besteht. Die Wahrscheinlichkeit ist hoch, daß Leute mit wirtschaftlicher und politischer Macht einen Weg zu finden, den Zugang zu den virtuellen Gemeinschaften zu kontrollieren. In der Vergangenheit haben die Reichen und Mächtigen immer Wege gefunden, neue Kommunikationsmedien zu kontrollieren, sobald sie auf der Bildfläche erschienen. Das Netz unterliegt derzeit noch keiner grundsätzlichen Kontrolle; das kann sich aber rasch ändern. Wichtig ist, was wir jetzt wissen und unternehmen, weil Menschen auf der ganzen Welt im Moment noch die Möglichkeit haben, sicherzustellen, daß diese neue Sphäre lebendigen menschlichen Diskurses offen für die Bürger dieses Planeten bleibt, bevor die politischen und ökonomischen Big-Boys sie ergreifen, zensieren, vermessen und an uns zurückverkaufen.

Die sozialen Entfaltungsmöglichkeiten erwachsen aus der Macht, die einfache Bürger gewinnen, weil zwei ursprünglich unabhängige, ausgereifte, vollkommen unzusammenhängende Technologien miteinander verbunden werden. Es hat Milliarden von Dollar gekostet und Jahrzehnte gedauert, bis preiswerte PCs entwickelt waren. Es hat Milliarden von Dollar gekostet und mehr als ein Jahrhundert gedauert, bis das weltweite Telekommunikationsnetz verkabelt war. Mit den richtigen Kenntnissen, die gar nicht so umfangreich sind, kann heutzutage ein zehnjähriges Kind diese beiden gigantischen, leistungsfähigen, mit enormen Geldmitteln entwickelten Technologien für ein paar hundert Dollar zustammenstecken und sofort seine Meinung angeberisch kundtun, sich Zugang zur Library of Congress und zu einer Welt potentieller Konspirateure verschaffen.

Computer und die verbundenen Telekommunikationsnetze, die auch unsere Telefonanrufe übertragen, bilden das technische Fundament von CMC (*computer-mediated communications*, computervermittelte Kommunikation). Die technischen Einzelheiten von CMC, wie die Bits der Computerdaten über Kabel transportiert werden und an ihrem Ziel wieder zu Computerdateien zusammengesetzt werden, ist unsichtbar und für die meisten Leute, die CMC benutzen, unerheblich, solange sie nicht in ihrem Zugang zu den CMC-Diensten eingeschränkt werden. Man muß nur wissen, daß das weltweite, miteinander verknüpfte Telekommunikationsnetz, das wir benutzen, um Telefongespräche in Manhattan, Madagaskar oder München zu führen, auch dazu verwendet werden kann, um weit voneinander entfernte Computer miteinander zu verbinden, und daß man kein Techniker zu sein braucht, um dies zu tun.

Das Netz ist ein nicht näher definierter Begriff, um die lose miteinander verbundenen Computernetze zu bezeichnen, die die CMC-Technologie verwenden, um Menschen auf der ganzen Welt zu öffentlichen Diskussionsrunden zusammenzuschließen.

Virtuelle Gemeinschaften sind soziale Zusammenschlüsse, die dann im Netz entstehen, wenn genug Leute diese öffentlichen Diskussionen lange genug führen und dabei ihre Gefühle einbringen, so daß im Cyberspace ein Geflecht persönlicher Beziehungen entsteht.

Cyberspace, ein Begriff, der ursprünglich dem Science-Fiction-Roman *Neuromancer* von William Gibson entstammt, wird von einigen Leuten verwendet, um den imaginären Raum zu bezeichnen, in dem sich für die Menschen, die die CMC-Technologie benutzen, Wörter, zwischenmenschliche Beziehungen, Daten, Reichtum und Macht manifestieren.

Obwohl bei der Charakterisierung virtueller Gemeinschaften Metaphern aus dem Bereich des Raums hilfreich sein können, ist eine Metaphorik, die sich biologischer Begriffe bedient, oft passender, wenn beschrieben werden soll, wie sich die Cyber-Kultur verändert. Um sich klarzumachen, wie sich das gesamte System entwickelt und fortpflanzt, kann man sich Cyberspace als eine soziale Petrischale vorstellen, das Netz als Nährlösung und die virtuellen Gemeinschaften in all ihrer Vielfalt als Kolonien von Mikroorganismen, die dort gedeihen. Jede dieser kleinen Kolonien von Mikroorganismen – die Gemeinschaften im Netz – stellt ein soziales Experiment dar, das niemand geplant hat, das aber dennoch stattfindet.

Wir wissen einiges darüber, wie frühere Generationen von Kommunikationstechnologien die Lebensumstände der Menschen verändert haben. Warum und wie die Entwicklung so vieler sozialer Experimente mit der Entwicklung der Prototypen neuester Kommunikationstechnologie einhergeht, müssen wir erst noch verstehen. Meine Beobachtungen des Online-Verhaltens rund um die Welt während der letzten zehn Jahre haben mich zu der Schlußfolgerung gebracht, daß, wo auch immer Menschen Zugang zu CMC-Technologie erhalten, sie damit unweigerlich virtuelle Gemeinschaften gründen, genau so, wie Mikroorganismen unweigerlich Kolonien gründen.

Ich habe den Verdacht, daß die Erklärung für dieses Phänomen in dem wachsenden Bedürfnis nach Gemeinschaft liegt, das die Menschen weltweit entwickeln, weil in der wirklichen Welt die Räume für zwanglose soziale Kontakte immer mehr verschwinden. Weiter habe ich den Verdacht, daß diese neuen Medien deshalb Kolonien von Enthusiasten anziehen, weil CMC es ihnen ermöglicht, auf neue Art miteinander umzugehen und vollkommen neue Dinge miteinander zu veranstalten – genau so, wie dies durch Telegrafen, Telefone und das Fernsehen passiert ist.

Wegen seines potentiellen Einflusses auf die Anschauungen so vieler Menschen ist das Netz eng mit der Zukunft der Gemeinschaften, Kommunen, Gemeinden, der Demokratie, der Bildung und Wissenschaft und des intellektuellen Lebens verbunden – also mit einigen der Institutionen, die für viele Menschen besonders wertvoll sind, gleichgültig, ob sie um die Zukunft der Computertechnologie wissen und sich dafür interessieren oder nicht. Die Zukunft des Netzes ist zu wichtig, als daß wir sie Spezialisten oder einzelnen Interessengruppen überlassen sollten. Weil es die Lebensumstände einer wachsenden Zahl von Menschen beeinflußt, sollten sich immer mehr Bürger an der Klärung der Frage beteiligen, wie öffentliche Haushalte für den Ausbau des Netzes verwendet werden, und wir müssen in der Debatte darüber, wie es verwaltet werden soll, lautstark mitreden. Wir brauchen eine klare Bürgermeinung darüber, wie es ausgebaut werden soll, eine klare Vorstellung davon, in welcher Medienumgebung wir zukünftig leben wollen. Wenn wir eine solche Perspektive nicht eigenständig entwickeln, wird unsere Zukunft von den Inhabern der wirtschaftlichen und politischen Macht für uns geformt.

Das Netz ist derzeit so verstreut und anarchisch, weil es in den achtziger Jahren aus Teilen entstand, die sich jahrelang unabhängig voneinander, anscheinend ohne jeden Bezug aufeinander entwickelt haben, aus unterschiedlichen Technologien und unter Einbeziehung verschiedener Teilnehmergruppen. Die technischen und sozialen Grundlagen für dieses Schicksal wurden in den späten siebziger Jahren gelegt, ohne daß man sich dessen bewußt war.

Die CMC-Weitverkehrsnetze, die Kontinente überziehen und Tausende von kleineren Netzen miteinander verbinden, sind ein Nebenprodukt der amerikanischen Rüstungsforschung. Das erste Computernetz, ARPANET, wurde in den siebziger Jahren geschaffen, um es den vom amerikanischen Verteidigungsministerium gesponsorten Forschungsinstituten zu ermöglichen, räumlich entfernte Computer zu benutzen. Computerdaten, nicht Botschaften von Mensch zu Mensch, sollten über das Netz transportiert werden, das aber ohne weiteres auch Wörter weiterleitete. Die grundlegende technische Idee, auf der ARPANET basierte, stammte von RAND, der Denkfabrik in Santa Monica, die viel mit thermonuklearen Kriegsszenarien zu tun hatte; ARPANET entstand aus einem älteren RAND-Entwurf für ein Kommunikations-, Kommando- und Überwachungsnetz, das einen Atomangriff überstehen konnte, weil es keine zentrale Kontrolleinheit hatte.

Entgegen dem ursprünglichen Plan wurden die Kommunikationseigenschaften der Netze dazu verwendet, mit Computerkonferenzen über die Grenzen von Raum und Zeit hinweg soziale Beziehungen herzustellen. Die gesamte Geschichte von CMC ist davon geprägt, daß Menschen Technologien, die für einen bestimmten Zweck entwickelt wurden, für ihre eigenen, vollkommen anderen Kommunikationsbedürfnisse adaptieren. Die meisten grundlegenden technischen Veränderungen stammen von den Randgruppen und Subkulturen, nicht von der konventionellen Computerindustrie oder den akademischen Computerwissenschaften. Die Programmierer, die das erste Netz entwickelten, versahen es mit der Möglichkeit, EMails zu versenden. EMail war nicht der Grund, warum ARPANET entworfen wurde, konnte aber in das einmal installierte ARPANET leicht eingebaut werden.

Auf dieselbe Weise, ad hoc und selbstgemacht, entstanden aus den Bedürfnissen der Politiker der USA nach einem Medium für räumlich verteilte Entscheidungsfindung die Computerkonferenzen. Obwohl die ersten Experimente mit Computerkonferenzen von den Sparmaßnahmen der US-Regierung in den siebziger Jahren zunichte gemacht wurden, führte das Bedürfnis, aktuelle Informationen zwischen einer Vielzahl von über das Land verstreuten Hauptquartieren und Zentralen auszutauschen, dazu, daß Computerkonferenzen schnell für kommerzielle, wissenschaftliche und soziale Kommunikationszwecke eingesetzt wurden.

Der Teil des Netzes, der von den Hobbyisten gestellt wird, die PCs über Telefonleitungen miteinander verbinden, um Bulletin-Board-Systeme (BBS) aufzubauen, entstand im Eigenbau und stellt somit die Verwendung der Technologie in ihrer ursprünglichsten Form dar. Hunderttausende von Menschen in der ganzen Welt reiten über PCs und gewöhnliche Telefonleitungen legal Huckepack im Telekommunikationsnetz. Die wichtigste technische Eigenschaft von netzverbundenen BBS ist, daß sie nur sehr schwer totzukriegen sind – wie es sich die Leute von RAND erhofft hatten. Wenn einmal ein Knoten ausfällt, können die Informationen über derart viele alternative Routen übermittelt werden, daß sich das Netz als außerordentlich flexibel erweist und damit fast unsterblich ist. Auf diese Flexibilität spielte der Pionier der CMC-Telekommunikation, John Gilmore, an, als er meinte: «Das Netz interpretiert Zensur als Fehler und umgeht sie.» Diese Möglichkeit, über ein Netz verteilter Ressourcen ohne zentrale Kontrollinstanz zu kommunizieren, manifestierte sich in dem rapiden Wachstum der anarchischen weltweiten Konversation, die als Usenet bezeichnet wird. Diese Erfindung, die Konversation räumlich getrennter Teilnehmer, die an Hindernissen vorbeifließt – entsprungen einer Technologie, die ursprünglich als Weltuntergangswaffe entworfen wurde – könnte sich langfristig als genau so wichtig erweisen wie die Hard- und Software-Erfindungen, die sie ermöglichen.

Für die großen Standleitungsnetze wird ein Menge mehr Geld ausgegeben, um die Knoten der Hochleistungscomputer mit Hochgeschwindigkeitsleitungen zu verbinden. Internet, der von der US-Regierung finanzierte Nachfolger von ARPANET, entwickelt sich in jeder Hinsicht mit atemberaubender Geschwindigkeit. Diese «Datenrennstrecken» verwenden besondere Telekommunikationsleitungen und andere Einrichtungen, um riesige Informationsmengen sehr schnell durch das Netz zu jagen. Vor ungefähr zwanzig Jahren fing ARPANET mit rund tausend Benutzern an, jetzt nähert sich Internet den zehn Millionen.

Der Schlepptop auf meinem Schreibtisch kostet nur Hundertstel des Preises der ersten ARPANET-Knoten und ist tausendfach leistungsfähiger. Das gegenwärtige Glasfaserhauptnetz von Internet übermittelt Informationen millionenfach schneller als das erste ARPANET. Alles an Internet hat sich wie eine Bakterienkolonie entwickelt: die pure technische Möglichkeit, Informationen zu übermitteln, die verschiedenen Weisen, wie es von den Anwendern benutzt wird, und die Anzahl der Anwender. In den letzten Jahren hat die Zahl der Teilnehmer an Internet Monat für Monat um fünfzehn Prozent zugenommen. John Quarterman, der das Buch *The Matrix*, einen dicken Führer durch die Computernetze in aller Welt geschrieben hat, schätzt, daß derzeit weltweit neunhundert Netze existieren, nicht mitgezählt die mehr als sechstausend Netze, die bereits von dem «Netz der Netze», Internet, verknüpft worden sind.

So wie echte Graswurzeln, die in der Erde wachsen, entsteht durch die sich wiederholende Entwicklung immer gleicher Strukturen ein Netz von Netzen. Aus jedem Grassamen wachsen sich verzweigende Wurzeln, aus denen wiederum viele weitere kleine Wurzeln wachsen. Wie jeder Gartenbesitzer, der einmal versucht hat, einen Rasen umzugraben, weiß, wachsen die Wurzeln jeder Graspflanze mit den Wurzeln benachbarter Pflanzen zusammen. Das Netz hat ein solches Graswurzelelement, das bis vor kurzem nichts mit all den Hightech- und Topsecret-Machenschaften zu tun hatte, die zu ARPANET führten – die Bulletin-Board-Systeme.

Der Graswurzelteil des Netzes, die BBS normaler Bürger, ist eine Bewegung, die sich explosionsartig entwickelt hat, aus eigener Tasche finanziert, ohne Subventionen von seiten des Verteidigungministeriums. Ein BBS bildet die einfachste, billigste Infrastruktur für CMC: auf Ihrem Computer wird eine spezielle, oft preiswert zu erwerbende Software ausgeführt; Sie verwenden ein Gerät mit dem Namen *Modem*, um den Computer mit der normalen Telefonleitung zusammenzustecken. Das Modem konvertiert computerlesbare Informationen in akustische Signale, die durch dieselben Telefonkabel reisen können, die auch Gespräche übertragen; ein weiteres Modem auf der anderen Seite decodiert die akustischen Signale wieder in computerlesbare Bits und Bytes, die von der BBS-Software in für Menschen verständlichen Text verwandelt werden. Andere Menschen verwenden ihre Computer, um Ihr BBS anzurufen, Nachrichten zu hinterlassen und abzuholen, und schon haben Sie eine wachsende virtuelle Gemeinschaft in Ihrem Zimmer. Als

Sysop (system operator, Systemverwalter) Ihres BBS stellen Sie Speicherplatz auf Ihrem Computer zur Verfügung und sorgen dafür, daß der Computer ans Telefonnetz angeschlossen ist; jeder Teilnehmer zahlt per Telefonrechnung die für ihn anfallenden Kosten.

Die Zeitschrift *Boardwatch* schätzt, daß 1993, also 14 Jahre nachdem die ersten Bulletin-Board-Systeme (BBS) in Chicago und Kalifornien den Betrieb aufnahmen, 60000 BBS verfügbar sind. Die Zahl ihrer Teilnehmer umfaßt manchmal nur ein Dutzend, oft aber mehrere Hunderte bis zu Tausenden von Personen. Es gibt religiöse BBS für jedes Bekenntnis, Bulletin-Board-Systeme, die sich dem Thema Sexualität jedweder Spielart widmen, politisch orientierte BBS für jede Schattierung des Spektrums, gesetzlose und gesetzestreue BBS, solche für Behinderte, für Erzieher, für Kinder, für Kulte aller Art, für gemeinnützige Organisationen – eine Liste all der BBS für die verschiedenen Interessengruppen ist Dutzende Seiten lang. Diese Kultur der Bulletin-Board-Systeme breitete sich aus von den USA, über Japan, Europa, Mittel- und Südamerika.

Jedes BBS begann als kleine isolierte Gemeinschaft nur weniger Teilnehmer, die sich über eine Nummer des örtlichen Netzes in das System einwählten. Bulletin-Board-Systeme sind von ihrem Wesen her, wie Radiostationen geringer Reichweite, lokale Einrichtungen. Aber auch das ändert sich. So wie in den vergangenen zehn Jahren aus der Verschmelzung verschiedenartiger Technologie CMC entstand – ein neues Medium mit ganz besonderen Eigenschaften –, so beginnen nun die verschiedensten Online-Kulturen miteinander zu verschmelzen. Und auch aus diesem Verschmelzungsprozeß entsteht eine internationale Kultur mit ganz speziellen Eigenschaften.

Technische Brücken verbinden die Graswurzel-Bereiche dieses Netzes mit den militärisch-industriellen Bereichen. Die Programmierer, die als erste mit dem Aufbau des Netzes begannen, die Wissenschaftler, die es zum Austausch von Informationen nutzten, die Forscher, die es für Zwecke der Forschung einsetzten, sie alle sind miteinander verbunden über jene BBS, die von Hobbyisten in Wohnzimmern und Garagen betrieben werden. Spezielle Gateway-Computer verknüpfen ganze Netze miteinander, indem sie die in einem Netz benutzte mechanische Sprache (in der Netzterminologie das «Protokoll») automatisch in die bei einem anderen Netz benutzte Sprache übersetzen. In den vergangenen Jahren arbeiteten die vorher getrennten Gruppen des Internet und der BBS-Pioniere zusammen und verbanden die mehr als zehntausend Computer des weltumspannenden *FidoNet* – das erste Netz kleiner, privater BBS – mit Internet und seinen Zehntausenden leistungsfähiger Computer und Millionen von Teilnehmern.

Die Tatsache, daß auf Computern mittlerer Kapazität basierende Konferenzsysteme wie WELL nun auch in das Internet eingebunden werden, zeigt, daß das Netz und Computer-Konferenzsysteme mehr und mehr miteinander verschmelzen. Als WELL um eine Hochgeschwindigkeitsverbindung zu Internet erweitert wurde, war WELL nicht mehr bloß eine sich entwickelnde Gemeinschaft, sondern wurde zum Tor in ein größeres Reich: dem Reich eines weltumspannenden Netzes. Plötzlich wurden die voneinander isolierten Archipele weniger hundert oder tausend Menschen Teil eines umfassenden Ganzen. Die kleinen virtuellen Gemeinschaften existieren weiterhin und wirken wie Hefe in einem schnell aufgehenden Teig. Mehr und mehr aber werden sie Teil einer allumfassenden Kultur, vergleichbar jener Entwicklung, die aus den USA eine kulturelle Einheit werden ließ, nachdem Telegraph und Telefon die einzelnen Staaten miteinander verbunden hatten.

WELL ist eine Kleinstadt, nun aber mit Anschluß an die Schnellstraße in die blühende, verwirrende Welt des Netzes, einem Organismus, dessen Eigenschaften sich völlig von denen der virtuellen Dörfer wenige Jahre vorher unterscheiden. Nun besitze ich überall auf der Welt gute Freunde, die ich ohne Vermittlung des Netzes nie getroffen hätte. Der große Kreis über das Netz geknüpfter Bekanntschaften vermittelt einen völlig neuen Erfahrungshorizont, wenn man eine fremde Kultur bereist. War ich in den vergangenen Jahren auf Reisen, so traf ich immer auf reale Gemeinschaften, die ich schon online Monate vor Antritt meiner Reise besucht hatte. Die gemeinsame Begeisterung für virtuelle Gemeinschaften diente uns als Brücke zu Menschen, deren Bräuche und deren Sprache unübersehbar verschieden war von den Gebräuchen und der Sprache derer, die ich in Kalifornien kenne.

Regelmäßig treffe ich Menschen und lerne sie Monate und manchmal Jahre bevor ich sie sehe, kennen. Dies ist einer der Aspekte, die meine Welt heute, mit ihren neuen Freunden und ihren neuen Themen, so verschieden macht von der Welt, in der ich lebte, bevor das Modem kam. Die Orte, die ich heute in meinem Kopf besuche, die Leute, mit denen ich mich in dem einen oder anderen Moment unterhalte, sind gänzlich verschieden von den Gedankeninhalten und der Zusammensetzung meines Freundeskreises bevor ich begann, in virtuellen Gemeinschaften umherzuwandern. In der einen Minute bin ich in Details eher privater Angelegenheiten verstrickt, wie etwa der Organisation des Bridgespiels in der nächsten Woche, und in der nächsten Minute finde ich mich in einer Debatte mit Teilnehmern aus sieben Ländern wieder. Nicht nur, daß ich in virtuellen Gemeinschaften lebe und ihre Themen in meinem Kopf mit mir herumtrage, ja sie sogar mit jenen meines wirklichen Lebens vermische: meine virtuellen Gemeinschaften ergreifen von mir Besitz. Ich wurde kolonisiert; mein Begriff von Familie wurde auf grundlegende Weise virtualisiert.

Varianten dieser gleichen Virtualisierung von Gemeinschaftssinn habe ich bei anderen virtuellen Gruppen von wenigen Hundert oder wenigen Tausend, in Paris, in London, in Tokio angetroffen. Ganze Städte erschließen sich online. Santa Monica in Kalifornien und Cleveland in Ohio waren unter den ersten einer wachsenden Zahl amerikanischer Städte, die kommunale CMC-Systeme aufgebaut haben. Das System von Santa Monica hat eine Konferenz eingerichtet, die sich den Problemen der Obdachlosen dieser Stadt widmet. Die Betroffenen selbst beteiligen sich über öffentliche Terminals lebhaft an dieser Diskussion. Das System ist elektronisch verbunden mit COARA, einem ähnlichen regionalen System in einer fernen Provinz in Japan. Biwa-Net in der Region von Kyoto verfügt über ein Gateway zu seiner Partnerstadt in Pennsylvania. Das Netz beginnt erst, sich seiner selbst bewußt zu werden.

Eine bestimmte virtuelle Gemeinschaft eine gewisse Zeit lang zu beobachten hat etwas von dem intellektuellen Reiz einer Freizeit-Ethnologie und auch etwas von dem Voyeurismus des Betrachters einer von Amateuren aufgeführten, nicht endenwollenden Seifenoper, die keine Unterschiede kennt zwischen Zuschauern und Akteuren. Zum Preis eines Telefonanrufs wird die Teilnahme an jeder nur erdenklichen Art von Melodram möglich. Die dem Minitel Verfallenen von Paris, die MUDders des Internet und die besessenen IRC-Teilnehmer überall in Universitäten beweisen, daß CMC eine Zukunft als wichtiger Marktplatz ernstzunehmender interaktiver Phantasien besitzt.

CMC könnte das nächste eskapistische Medium werden – in der Tradition von Radioserien, Matineen und Seifenopern. Damit würde das neue Medium, wie auch die anderen Medien vorher, in gewisser Weise Träger und Reflektor unserer kulturellen Codes, unseres sozialen Unbewußten, unserer Bilder von dem, was «wir» sein könnten. Es gibt noch andere, mit diesem neuen Medium und seinen sozialen Auswirkungen verknüpfte Fragen, über die an den technischen Details weniger interessierte Bürger etwas wissen müssen. Etwas Gewaltiges ist im Gange und seine endgültige Form noch nicht festgelegt.

In den Vereinigten Staaten arbeitet die Clinton-Regierung daran, die technischen Möglichkeiten und die Zugänglichkeit des Netzes über das National Research and Education Network (NREN) zu erweitern. Frankreich mit seinem in der Welt größten nationalen Informationsdienst Minitel, und Japan, dessen Schwerpunkt in der künftigen Telekommunikationsindustrie liegt, haben ihre eigenen Visionen von der

Zukunft. Albert Gores Gesetzentwurf von 1991, der *High Performance Computing Act*, von Präsident Bush unterzeichnet und in Kraft gesetzt, skizzierte Gores Vision einer «Autobahn des Geistes», die als nationale intellektuelle Ressource durch Forschungs- und Entwicklungsgelder der einzelnen Staaten errichtet und über private Unternehmen den einzelnen Bürgern zugänglich gemacht werden sollte. Die Clinton-Gore-Regierung verweist auf die Maßnahmen der ARPA (Advanced Research Projects Agency) in den sechziger und siebziger Jahren, die zum Aufbau des Netzes führten und die Grundlagen für die private, persönliche Nutzung des Computers schufen, als Beispiel dafür, wie der öffentliche und der private Sektor im Hinblick auf die Entwicklung zukünftiger Kommunikationstechnologien zusammenwirken sollten.

Im privaten Sektor liefern sich Unternehmen der Telekommunikation, Kabel- und Fernsehgesellschaften, die Computerindustrie und Zeitungsverlage ein Rennen um die beste Position im gerade entstehenden Bereich der privaten interaktiven Informationsdienste. Unternehmen investieren Hunderte von Millionen Dollar für neue Medien, von denen sie sich Milliarden Dollar Gewinne versprechen. Technologische Futurologen jeder Spielart, von Alvin Toffler über John Naisbitt zu Peter Drucker und George Gilder, setzen ihre utopischen Hoffnungen in das «Informationszeitalter» als technologische Lösung sozialer Probleme. Und noch wissen wir wenig über die Auswirkungen, die diese neuen Medien für unser tägliches Leben, unser Bewußtsein, unsere Familien oder gar die Zukunft der Demokratie haben werden.

Potentiell kann CMC unser Leben in drei unterschiedlichen, aber eng miteinander verknüpften Bereichen ändern. Zunächst besitzen wir als individuelle menschliche Wesen Vorstellungen, Gedanken und Eigenschaften (die selbst schon durch andere Kommunkationstechnologien geformt wurden), die durch die Art und Weise, wie wir das Medium benutzen und wie das Medium uns benutzt, betroffen werden. Auf dieser fundamentalen Ebene spricht CMC uns als sterbliche Wesen mit bestimmten intellektuellen, physischen und emotionalen Bedürfnissen an. Junge Leute überall auf der Welt übernahmen von ihren, in der Welt vor McLuhan lebenden Vorfahren unterschiedliche Kommunikationsneigungen. MTV zum Beispiel wendet sich an ein ästhetisches Empfinden, das stark bestimmt ist durch Stilmittel wie die schnellen Schnittsequenzen des Fernsehens, visuell anziehende Bilder und Spezialeffekte. Einige dieser Menschen überall auf der Welt, die in die Ära des Fernsehens hineingeboren wurden und in der Ära des Telefons aufwuchsen, beginnen nun die Räume des CMC zu entdecken, die ihrer spezifischen Wirklichkeitserfahrung besser entsprechen. Auch das CMC besitzt seine eigenen Stilmittel, die sich jetzt aus den Millionen und Abermillionen einzelner Online-Interaktionen entwickeln. Und diese Stilmittel reflektieren etwas von der Art und Weise, wie sich der Mensch im Zeitalter der medialen Übersättigung ändert.

Der zweite Bereich, in dem CMC eine Änderung auslösen könnte, betrifft den Bereich zwischenmenschlicher Beziehungen, aus dem sich Bekanntschaften, Freundschaften und Gemeinschaften entwickeln. Die CMC-Technologie bietet die neue Möglichkeit der Kommunikation «vieler mit vielen», aber die Art, wie diese Möglichkeit zukünftig genutzt oder nicht genutzt wird, hängt vielleicht davon ab, wie es uns, den ersten, die sie nutzen, gelingt, sie in unser tägliches Leben zu integrieren. All jene, die über die CMC-Technologie Kontakt miteinander fanden, sehen sich durch die Möglichkeit der Kommunikation vieler mit vielen herausgefordert – herausgefordert zu erwägen, ob es möglich ist, zusammen eine Art von Gemeinschaft aufzubauen.

Das Problem der Gemeinschaft ist in Bereichen jenseits der abstrakten, auf der CMC-Technologie basierenden Netze eine zentrale Frage. Einzelne Kommentatoren, wie Bellah u.a. (*Habits of the Heart, The Good Society*), betonen angesichts des Verlustes des Bewußtseins sozialer Gemeinsamkeiten in Amerika die Notwendigkeit, Gemeinschaftssinn neu zu entwickeln.

Sozialpsychologen, Soziologen und Historiker haben nützliche Methoden entwickelt, Interaktionen in Gruppen zu bewerten. Unterschiedliche Fachrichtungen, von Anthropologen zu Wirtschaftswissenschaftlern, legen unterschiedlichen Kriterien an, wenn es darum geht, zu entscheiden, ob eine Gruppe von Menschen als Gemeinschaft angesehen werden kann. Beim Versuch, die Methoden der traditionellen Analyse gemeinschaftlichen Verhaltens auf die Arten der Interaktion anzuwenden, die im Netz auftreten, habe ich mich für das von Marc Smith, einem Absolventen der Universität von Kalifornien in Los Angeles, vorgeschlagene Schema entschieden. Smith erarbeitete eine Feldstudie über WELL und das Netz und orientiert sich an dem Konzept des «kollektiven Nutzens». In der Welt der Konkurrenzgesellschaften existiert jede miteinander kooperierende Gruppe von Menschen nur deswegen, weil jeder innerhalb der Gruppe erkannt hat, daß es irgend etwas von Wert gibt, das zu erlangen nur im Zusammenwirken aller möglich ist. Den kollektiven Nutzen einer Gruppe untersuchen heißt, die Elemente zu finden, die einzelne Individuen zu einer Gemeinschaft vereinigen.

Die drei Arten kollektiven Nutzens, die Smith als sozialen Klebstoff ausmacht, der aus WELL etwas macht, was einer Gemeinschaft gleicht, sind der soziale Nutzen des Netzes, das Wissenskapital und das Gemeinschaftsgefühl. Der soziale Nutzen des Netzes erschloß sich mir, als ich in Tokio eine Gemeinschaft vorfand, die mich willkommen hieß, obwohl ich nie vorher in Tokio gewesen war. Von dem Wissenskapital habe ich in profitiert, wenn ich der Gemeinschaft in WELL Fragen stellte und sie so als Braintrust, als Anhäufung breitgefächerten Expertenwissens um Rat fragte. Und das Gemeinschaftsgefühl erlebten wir in der Elternkonferenz, als die Kinder von Phil und Jay krank waren und alle anderen von uns mit tröstenden Worten den Eltern beistanden.

Der dritte Bereich unseres Leben, der sich möglicherweise ändern wird, ist der politische Bereich und geht aus dem zweiten, dem sozialen Bereich hervor. Denn Politik ist immer eine Kombination von Kommunikation und physischer Macht, und Kommunikationsmedien haben in Demokratien eine politische Schlüsselfunktion. Der Begriff der modernen repräsentativen Demokratie, wie er zuerst von den Philosophen der Aufklärung gefaßt wurde, schloß die Anerkennung eines lebendig sich entwickelnden Kommunikationsgewebes zwischen den Bürgern ein, und diese Gewebe konstituiert das, was wir bürgerliche Gesellschaft oder Öffentlichkeit nennen. Zwar sind Wahlen der sichtbarste Ausdruck einer demokratischen Gesellschaft; diese Wahlen jedoch setzen auf allen Ebenen der Gesellschaft zwischen den Bürgern die Diskussion der Fragen voraus, die für die Nation wesentlich sind.

Soll eine Regierung gemäß dem Konsens der Regierten regieren, so wird die Effektivität dieser Regierung stark beeinflußt von dem Wissen, das die Regierten über die sie betreffenden Fragen besitzen. Dieses Wissen erfahren heute die Regierten über die von Massenmedien dominierte Öffentlichkeit. Kommerzielle Massenmedien, allen voran die Fernsehgesellschaften, aber haben, und darin liegt das Problem, die Öffentlichkeit mit protzigen, verlogenen und oft gewalttätigen Bildern verseucht, eine Öffentlichkeit, die einst in breiten Teilen bestimmt wurde durch Lesen, Schreiben und rationale Diskussion. In den ersten Jahrhunderten amerikanischer Geschichte, bevor mit dem Telegraphen das aufkam, was wir als Nachrichten kennen, und es möglich wurde, den Zeitungsleser an die Werbetreibenden zu verkaufen, konnte sich die Öffentlichkeit auf eine erstaunlich belesene Bevölkerung stützen. Neil Postman weist in seinem Buch *Wir amüsieren uns zu Tode*, in dem er zeigt, wie das Fernsehen das Wesen des politischen Diskurses änderte, darauf hin, daß 1775 von Thomas Paines *Gesunder Menschenverstand* innerhalb von fünf Monaten dreihunderttausend Exemplare verkauft wurden.

Die politische Bedeutung von CMC besteht in der Möglichkeit, das Monopol der politischen Hierarchie über leistungsfähige Kommunikationsmedien zu durchbrechen und dadurch die von den Bürgern ausgehende Demokratie wieder neu zu beleben. Die Art, wie kommerzielle Medien mit ihrer Bilder- und Tonflut den politischen Diskurs zwischen den Bürgern übernehmen, ist Teil des politischen Problems, das die Kommunikationstechnologien seit Jahrzehnten für eine Demokratie darstellen. Die Tatsache, daß sich die Mittel der Telekommunikation in den Händen einer immer kleiner werdenden Elite befinden, während gleichzeitig Reichweite und Leistungsfähigkeit dieser Medien immer mehr zunehmen, ist für die Bürger eine immer offensichtlichere Bedrohung. Welches Szenario entspricht wohl mehr der Demokratie, welches mehr dem Totatilarismus: Eine Welt, in der einige wenige Menschen die Kommunikationstechnologien beherrschen, mit deren Hilfe die Meinungen von Milliarden beeinflußt werden können, oder eine Welt, in der jeder Bürger sich jedem seiner Mitbürger mitteilen kann?

Oft zitiert wird die Voraussage, die Ben Bagdikian in seinem Buch *The Media Monopoly* getroffen hat, wonach um die Jahrhundertwende fünf bis zehn Unternehmen die meisten der weltweit bedeutendsten Zeitungen, Zeitschriften, Bücher, Rundfunk- und Fernsehstationen sowie Videokassettenproduktionen kontrollieren werden. Diese neuen Medienfürsten besitzen die gewaltige Macht, für die Mehrzahl der Menschen festzulegen, welche Informationen sie über die Welt erhalten. Und ich halte es für nicht sehr wahrscheinlich, daß sie dazu bereit sein werden, die von ihnen kontrollierten und in ihrem privaten Besitz sich befindenden Kommunikationsnetze zu öffnen für die Informationen, die freie Bürger und nicht mit einer Regierung verbundene Organisationen verbreiten wollen. Die einzig wirksame Lösung dieses Dilemmas besteht darin, CMC zu nutzen, um ein weltweites alternatives Informationsnetz aufzubauen. Die breite geografische Streuung des Telekommunikationsnetzes eröffnet zusammen mit der Verfügbarkeit preiswerter Computer die Möglichkeit, auf die Mainstream-Infrastruktur alternative Netze aufzusatteln.

Wir verfügen heute über ein Mittel, das unser Leben um Geselligkeit und wechselseitiges Verständnis bereichern und uns helfen könnte, Öffentlichkeit neu herzustellen. Eben dieses Mittel könnte jedoch auch als Instrument der Tyrannei mißbraucht werden. Die Vision eines von Bürgern aufgebauten und kontrollierten weltweiten Kommunikationsnetzes ist eine Art technologischer Utopie, die als die Vision der «elektronischen Agora» bezeichnet werden könnte. In der ursprünglichen Demokratie Athens war Agora der Marktplatz, und noch weitaus mehr. Es war der Ort, wo Bürger sich trafen, um miteinander zu sprechen, um Klatsch auszutauschen, um zu streiten, um einander einzuschätzen, um in der Diskussion die Schwachpunkte politischer Ideen aufzudecken. Wird aber das Netz mißbraucht, könnte auch eine andere Art von Vision wahr werden, die düstere Vision einer weniger utopischen Art von Platz – dem *Panopticon*.

Panopticon war der Name für ein wirklich sicheres Gefängnis, das im 18. Jahrhundert von dem Briten Jeremy Bentham ernsthaft vorgeschlagen wurde. Dank einer Kombination von Architektur und Optik sollte es nach Bentham nur einer Wache möglich sein, jederzeit jeden Gefangenen zu sehen, während für den Gefangenen nichts als seine Zelle zu sehen ist. Alle Gefangenen würden sich dadurch so verhalten, als stünden sie unter ständiger Überwachung. Der zeitgenössische Sozialkritiker Michel Foucault behauptet in seinem Buch *Überwachen und Strafen*, die Maschinerie eines weltweiten Kommunikationsnetzes stelle eine Art von Panopticon dar; Bürger in aller Welt brächten in ihre Häuser die aufmerksam spähenden Augen des Staates. Mit den Kabeln, die heute Informationen in unsere Wohnungen bringen, ist es technisch schon möglich, Informationen auch wieder aus unseren Häusern hinauszuschaffen und sie augenblicklich denen zu übermitteln, die an solchen Informationen interessiert sind. Die zukünftige Version eines Panopticons könnte sehr effizient die gleiche Kommunikationsinfrastruktur benutzen, die es einer Einklassenschule in Montana heute ermöglicht, mit Professoren am MIT zu kommunizieren, oder Bürgern erlaubt, Neuigkeiten zu übermitteln und sich gegen totalitäre Maßnahmen zur Wehr zu setzen. Mehr und mehr unseres privaten Lebens spielt sich im Cyberspace ab, und die Menge der dort verwalteten intimen Daten über uns wächst und damit auch die Möglichkeit, des totalitären Mißbrauchs dieser Informationen. Die Sorgen der Kritiker verdienen es, ernst genommen zu werden.

Der weise Revolutionär betrachtet auch die düsteren Seiten der Änderungen, die er vornehmen will. Enthusiasten, die an das humane Potential virtueller Gemeinschaften glauben, insbesondere diejenigen, die von der elektronischen Demokratie als möglicher Anwendung des Mediums sprechen, sind gut beraten, auch die eventuellen Schattenseiten dieses Mediums zu sehen. Wir sollten nicht vergessen, wie in den fünfziger Jahren Intellektuelle und Journalisten die Entwicklung des bedeutendsten Bildungsinstruments in der Geschichte bejubelten – des Fernsehens.

Ihrer Möglichkeiten wegen, die uns als Menschen, als Gemeinschaften, als Demokratien betreffen, müssen wir das Wesen von CMC, Cyberspace und virtuellen Gemeinschaften in jedem bedeutsamen Kontext – dem politischen, dem ökonomischen, dem kognitiven – zu verstehen versuchen. Jede einzelne Perspektive vermag etwas zu erschließen, was einer anderen Perspektive verborgen bleibt. Und jeder einzelnen Disziplin bleiben Gesichtspunkte verschlossen, die eine andere Disziplin zu erhellen vermag. Wir müssen an diesem Punkt zusammen nachdenken und uns über die Grenzen akademischer Disziplinen, technologischer Zuständigkeiten und Nationen hinwegsetzen, wollen wir darauf hoffen, zu verstehen und den Einfluß der Kommunikationstechnologien auf die Entwicklung menschlicher Gemeinschaften zu kontrollieren.

Dies können wir nicht nur als leidenschaftslose Beobachter tun, obwohl natürlich der unvoreingenommene Zugriff der Sozialwissenschaft genauso stark gefordert ist. Gemeinschaftssinn ist ebenso eine Frage der Emotionen wie eine Frage von Daten und rationaler Überlegung. Manche der wichtigsten Erfahrungen erschließen sich nur dadurch, daß wir von einer Ecke des Cyberspace zur anderen springen, in diesem Raum leben und uns bis über beide Ohren in die Probleme vergraben, denen sich virtuelle Gemeinschaften gegenübersehen.

Ich bin besorgt darüber, was im Cyberspace geschieht, um unsere Freiheiten in diesem Raum, denn ich verbringe dort einen Teil meiner Zeit. Meine Erfahrungen, die Erfahrungen des Autors als Bürger und als Pionier beim Aufbau virtueller Gemeinschaften ist einer der Gesichtspunkte, die dieses Buch präsentiert: Ich bin Teil der Geschichte, die ich beschreibe, und spreche sowohl als Informant wie als skeptischer Sozialwissenschaftler. Wegen des Mangels an Material aus erster Hand, das beschreibt, wie es sich im Cyberspace lebt, halte ich es für wertvoll, sowohl aus der Perspektive des Teilnehmers, wie aus der Perspektive des Beobachters zu berichten. Über einige Aspekte, WELL beispielsweise, berichte ich aus umfassender eigener Erfahrung; andere Bereiche, die wir betrachten müssen, wollen wir das Netz verstehen, sind für mich ebenso neu, wie für jene, die nie zuvor etwas von Cyberspace gehört haben. Letzten Endes müssen Sie, wollen Sie sich eine eigene Meinung bilden, eine gute Einführung kaufen und selbst das Netz erkunden. Dennoch ist es möglich, mit Worten ein Bild von den verschiedenen Aspekten des Lebens im Netz zu vermitteln, auch wenn es teilweise skizzenhaft bleiben muß.

Ein Großteil dieses Buches kann als Reise in die sich ausweitenden Bereiche virtueller Gemeinschaften gesehen werden. Ich glaube, daß die meisten Bürger demokratischer Gesellschaften, denen klare Informationen über die Situation des Netzes vorliegen, zu klugen Entscheidungen darüber gelangen werden, wie das Netz verwaltet werden sollte. Wichtig ist jedoch, in mehr als nur eine Ecke zu schauen und auf keinem Auge blind zu sein. Bevor wir ernsthaft die Wege diskutieren können, über die die CMC-Technologie auf uns als Individuen, auf Gemeinschaften und auf Demokratien verändernd einwirkt, müssen wir einiges erfahren über die Leute und die Gegebenheiten, die aus dem Netz das machen, was es ist.

Unsere Reise durch die rauhen Weiten des Usenet, der Subkulturen der MUDs und der IRC-Kanäle, der Bulletin-Board-Systeme, der Mailing-Listen, der elektronischen Nachrichten, beginnt mit einem Blick über meine Schulter in WELL, dem Ort, mit dem Cyberspace sich für mich öffnete. Die Art, wie Menschen in jenen virtuellen Gemeinschaften, die ich am besten kenne, sich Werte schaffen, in schweren Zeiten beistehen, zwischenmenschliche Probleme gemeinsam lösen (oder auch daran scheitern) – diese Art ist ein Vorbild – wenn auch kein unfehlbares – für jene sozialen Veränderungen, die virtuelle Gemeinschaften im wirklichen Leben der Menschen auf bescheidener regionaler Ebene bewirken können. Einiges Wissen darüber, wie Leute sich in kleinen virtuellen Gemeinschaften verhalten, hilft, einige Dinge klarer zu sehen, und liefert Vergleichskriterien, wenn wir den Blick auf die großen Metropolen des Cyberspace richten. Einige Aspekte des Lebens in einer kleinen Gemeinschaft gelten sicher nicht mehr, wenn man sich einmal in einer Online-Metropole befindet; die menschliche Natur ist jedoch beweglich genug, sich jeder Herausforderung gewachsen zu zeigen.

1

Im Herzen von WELL

Im Sommer 1986 wurde meine damals zwei Jahre alte Tochter von einer Zecke befallen. Dieses blutdürstige *Etwas* saugte an der Kopfhaut unseres Kindes und wir wußten nicht genau, was zu tun war, um es wegzukriegen. Meine Frau, Judy, rief beim Kinderarzt an. Es war elf Uhr abends. Ich nahm Verbindung mit WELL auf. Innerhalb von Minuten erhielt ich meine Online-Antwort von einem Menschen mit dem unglaublichen, aber wahren Namen Flash Gordon, Dr. med. Als Judy der Rückruf der Kinderarztpraxis erreichte, hatte ich die Zecke bereits entfernt.

Was mich erstaunte, war nicht nur die Geschwindigkeit, mit der wir genau die Information erhielten, die wir brauchten, exakt in dem Moment, in dem wir sie brauchten. Es war das intensive Gefühl von Geborgenheit, das sich bei der Entdeckung einstellt, daß wirkliche Menschen – die meisten von ihnen Eltern, einige von ihnen Krankenschwestern, Ärzte und Hebammen – rund um die Uhr da sind, wenn man sie braucht. Diese besondere Konferenz hat eine magische Atmosphäre. In der Elternkonferenz unterhalten wir uns über unsere Töchter und Söhne, nicht über Computer oder unsere philosophischen Anschauungen, und viele von uns haben das Gefühl, daß dieses stillschweigende Verstehen dem virtuellen Raum eine Art Weihe verleiht.

Die Atmosphäre der Elternkonferenz – also die Haltung, die im Ton des Gesagten zum Ausdruck kommt – ist Teil dessen, was fortwährend seine Anziehung auf mich ausübt. Menschen, die zu einer politischen Debatte oder zu einer Diskussion über technische Dinge oder bei intellektuellen Spielchen nicht viel beitragen würden, haben eine Menge zu sagen, wenn es darum geht, wie Kinder aufgezogen werden. Leute, die man in anderen Zusammenhängen als scharfe, sogar unangenehme, intellektuelle Gegner kennt, bieten auf einer menschlicheren Ebene, unter Eltern, emotionale Unterstützung – im Rahmen der Elternkonferenz, einem kleinen, aber menschlich-warmen Winkel von Cyberspace.

Ich habe eine kleine Liste von Beispielen für die Hunderte einzelner Themen, über die in der Elternkonferenz diskutiert wird, zusammengestellt. Jeder dieser Einträge bezeichnet eine Unterhaltung, zu der es im Laufe von Wochen oder Jahren zig oder gar Hunderte individueller Beiträge gab, wie eine lange Cocktailparty zu einem bestimmten Thema, die Sie zum Anfang zurückspulen können, um herauszufinden, was wer gesagt hat, bevor Sie dort ankamen.

Großartige Aussichten: Sie sind schwanger: Was nun? Teil III
Was ist zum Kinderfernsehen zu sagen?
«The Good, the Bad and the Ugly» - Kinofilme: die guten, die schlechten und die häßlichen.
Initiation und Rituale der Pubertät
Brandneues gesundes WELL-Baby
Wie ändert sich Ihr Leben, wenn Sie Mutter/Vater werden?
Geschichten von zu groß geratenen Teenagern (Forts.)
Schuld
MÜTTER
Sterilisation – tut es weh?
Vorstellung! Wer sind wir?
Väter (Fortsetzung)
Kinderbücher, zweiter Teil
Schwule und lesbische Teenager
Kinder und Spiritualismus
Großartige Spielplätze für Kinder
Qualitätsspielzeug
Elterndasein in einer häufig gewalttätigen Welt
Radioprogramme für Kinder
Neues WELL-Baby
Hausunterricht
Väter nach der Trennung/Scheidung
Noch ein Well-Baby – Carson ist in Seattle angekommen
Alleinerziehung
Onkel Philcats Gespräche über den Gartenzaun: Klatsch!
Peinliche Augenblicke
Kinder und der Tod
All dieser Puup in den Windeln
Die Probleme der Kinderärzte – Kleine Krankheiten und die Krankheiten der Kleinen
Mit Kindern über drohende Kriege sprechen
Von Inzest und Mißbrauch
Die Kinder anderer Leute
Wenn sie weinen
Haustiere für Kinder

Menschen, die sich über gemeinsame Interessen unterhalten, auch über so grundlegende Interessen, wie das Elterndasein, enthüllen doch oft nicht genug von sich selbst, von ihrer ganzen Persönlichkeit, als daß sie sich das volle Vertrauen anderer erwerben würden. Im Fall unserer Subgemeinschaft, der Elternkonferenz, verbrachten einige Dutzend von uns, über das ganze Land verteilt und selten persönlich miteinander bekannt, einige Jahre mit kleineren Krisen, die uns zusammenschweißten und uns auf zukünftige ernste Angelegenheiten vorbereiteten. Einige andere Dutzend Menschen lesen unsere Konferenz regelmäßig, steuern aber nur etwas bei, wenn etwas Wichtiges anliegt. Weitere Hunderte lesen jede Woche die Konferenz, kommentarlos, es sei denn, etwas Außergewöhnliches passiert. Jay Allison und seine Familie leben in Massachusetts. Seine Frau und er arbeiten für den öffentlichen Rundfunk. Ich habe sie nie persönlich getroffen; dennoch weiß ich, daß ich sie sehr gut kenne und mich starke emotionelle Bande mit ihnen verbinden. Hier einige von Jays Mitteilungen über WELL:

Woods Hole. Mitternacht. Ich sitze im Dunklen im Zimmer meiner Tochter. Die Lampen ihres Monitors werfen ihr Blinklicht auf mich. Das Licht blendete mich zu sehr, deswegen habe ich es mit Heftplaster beklebt, und jetzt scheint es nur noch schwach hervor, ein ständiges Rot und Grün, Lillies Herz und Lunge.

Oberhalb des Monitors befindet sich die Saugeinheit. Im Schein der Taschenlampe, in dem ich schreibe, sieht es aus wie die Eingeweide eines der Modellmenschen für Medizinstudenten, die Schläuche um den Motor gewickelt, den Flüssigkeitsbehälter, die Pumpe.

Tina ist nach oben gegangen und versucht, ein wenig zu schlafen. Ein Monitor verbindet unser Schlafzimmer mit dem Lillies. Es verbindet auch Lillies Schlaf mit unserem, und weil auch unsere Seelen miteinander verbunden sind, schlafen wir nicht sehr gut.

Ich bin nackt. Mein Bauch ist voller Bier. Der Lichtstrahl der Taschenlampe fällt auf ihn und hebt und senkt sich mit meinen Atemzügen. Meine Tochter atmet durch einen Plastikschlauch, der in einem Loch in ihrer Kehle steckt. Sie ist vierzehn Monate alt.

In Tokio, Sacramento und Austin saßen wir vor unseren Computern, mit klopfenden Herzen und Tränen in den Augen und lasen von Lillies Krankheit, Krupp, dem Luftröhrenschnitt, den Tagen und Nächten in der Zentralklinik von Massachusetts und nun von dem Wachen über Lillies Atmung und die ängstliche Beobachtung der Apparate, die sie am Leben hielten. Wochenlang ging es so weiter. Lillie wurde wieder gesund

und beendete unsere Sorgen, ob sie nach all dieser Zeit mit einem Loch in der Kehle noch normal würde sprechen können damit, daß sie die unglaublichsten Dinge sagte, die Jay zuverlässig an uns weiterleitete. Später beschrieb Jay in einem Artikel für die *Whole Earth Review* seine Erfahrungen:

Vor dieser Zeit hatte ich den Computer niemals benutzt, um Trost zu finden. Das lag mir vollkommen fern. Aber dann war es soweit. In diesen Nächten, in denen ich bis spät nachts bei meiner Tochter wachte, setzte ich mich an meinen Computer und gab unzusammenhängendes Zeug von mir. Ich schrieb über das, was in jener Nacht oder auch in jenem Jahr passiert war. Niemanden von denen, mit denen ich «sprach», kannte ich. Nie hatte ich sie gesehen. Um drei Uhr morgens schliefen meine «richtigen» Freunde, deswegen wandte ich mich an diese fremde unsichtbare Gemeinschaft, um Unterstützung zu erhalten. WELL war immer wach.

In der Isolation ist jedes Problem schwerer zu ertragen. An nichts kannst du dich orientieren, anlehnen. Als ich meine Tagebuchaufzeichnungen in einen Computer eintippte und über Telefonleitungen verschickte, fand ich Mitgefühl und Beistand in diesem Medium, das dafür gar nicht geeignet zu sein scheint.

In Laufe der Jahre begannen diejenigen unter uns, die über die Eltern-konferenz Freundschaften geschlossen hatten, sich trotz der Entfernun-gen persönlich zu treffen. Aus solch einem persönlichen Treffen ent-stand das ursprünglich von der Elternkonferenz organisierte alljährlich stattfindende Sommer-Picknick in der Bucht von San Francisco. Das ganze Jahr über hatten wir intensive Online-Gespräche geführt. Als der Sommer kam, fingen wir an, über ein gemeinsames Fest nachzudenken, wie etwa ein Picknick mit unseren Kindern. In typischer WELL-Manier wurde daraus schnell eine von der Elternkonferenz ausgerichtete Party für ganz WELL. Phil Catalfo wählte einen Platz und organisierte ein Softballfeld in einem öffentlichen Park.

Eltern reden über ihre Kinder – was sonst? – und daher waren meine Tochter Mamie, Philcats Sohn Gabe und Busys Sohn, der Banjospieler, bereits allseits bekannt, aber wir hatten vorher nur wenige von ihnen gesehen. Ich erinnere mich daran, daß, als Mamie und ich in dem Park ankamen, wir inmitten der ersten großen Picknick-Gesellschaften in der Ferne eine bestimmte Gruppe erkannten. Wie sie dort alle herum-standen, in Gruppen von zwei oder dreien, während die Kinder in dem Eukalyptuswäldchen herumtollten oder auf dem Weg zum Softball-Schlagmal waren. Ich erinnere mich daran, daß ich mit genau dem Typen im selben Team spielte, der sonst nicht aufhört, mich zu nerven, wenn er jede Online-Konversation in eine Debatte über Freidenkertum umbiegt. Ich erinnere mich daran, daß ich, nachdem wir ein verflixt enges Doppelspiel hinter uns gebracht hatten, dachte, daß er gar kein so schlechter Kerl sei.

Es war ein normales amerikanisches Picknick – Leute, die sich in der Gesellschaft anderer wohlfühlen, treffen sich mit ihren Kindern an einem Sonntag im Sommer zum Softball und zum Grillen. Es hätte sich um irgendeine Kirchengemeinde oder um PTA (Parent-Teacher Association, Eltern-Lehrer-Vereinigung) handeln können; in diesem Fall war es die unzweifelhaft reale Party einer virtuellen Gemeinschaft. Das erste Picknick der Elternkonferenz war ein derartiger Erfolg, daß es zu einem alljährlichen Ereignis wurde, das jeden Sommer um die Sonnenwende herum stattfindet. Und bei allen folgenden WELL-Partys gehörten Kinder zum festen Inventar.

Ein anderes WELL-Ritual fand zuerst in einem Winter statt, nicht lange, nachdem die Picknick-Tradition begonnen hatte. In den vergangenen vier oder fünf Jahren, immer im Dezember, kommen die Elternkonferenzmitglieder, die im Umkreis von ungefähr hundert Meilen wohnen, und ihre Kleinen nach San Francisco zur Pickle-Family-Circus-Vergnügung und -Überraschung. Einer der Direktoren dieses kleinen Zirkus ist ein beliebtes und lustiges Mitglied der WELL-Gemeinde. Jedes Jahr reserviert er einen besonderen Sitzblock im Zirkus. Wenn die Vorstellung vorüber ist, und die anderen Zuschauer gegangen sind, veranstalten wir für die Artisten, Bühnenarbeiter und uns selbst eine Überraschungsparty.

Albert Mitchell ist ein ungewöhnlich heftiger und sturer, manche würden sagen streitsüchtiger Zeitgenosse, der mit seinen tief empfundenen Prinzipien nicht hinterm Berg hält. In seiner Intensität kann er aggressiv sein, ja einem sogar Angst machen. Bei einigen Themen reagiert er besonders gereizt – Religionsgemeinschaften und Kirche, Steuern und Beschneidung – aber es gibt auch noch andere Möglichkeiten, ihm in die Quere zu kommen und öffentliche oder private Schmähungen auf sich zu ziehen. Daß ich mich nie mehr zu sehr vor seiner heftigen Online-Persönlichkeit – allgemein bekannt und manchmal gefürchtet als «sofia» – fürchten müßte, wurde mir klar, als ich ihn und seine Tochter, Sofia, in ihrem Clown-Kostüm bei einer Pickle-Überraschungsparty kennenlernte. Obwohl wir online Beschimpfungen aufeinander losgelassen hatten, die von Angesicht zu Angesicht wahrscheinlich in Handgreiflichkeiten ausgeartet wären, stimmte er mich durch dieses Ereignis versöhnlich. Bei dem Pickle-Family-Circus-Vergnügen oder dem Sommer-Picknick trafen wir uns in dem gesegneten

Raum des Elterndaseins, nicht in der blutigen Arena der WELL-Politik oder der politischen Meinungen von WELL.

Krisen-getestet wurde die Elternkonferenz durch die Allisons, und wir durchlebten Monate der kleinen Auf und Abs, die zum Leben von Eltern mit Kindern gehören, als plötzlich die Nachricht eines unserer treuesten, liebsten und redseligsten Teilnehmers, Phil Catalfo, wie eine Bombe bei uns einschlug.

Topic 349: Leukämie
Von: Phil Catalfo (philcat),   Mi, 16. Jan 91
                                                         bislang 404 Antworten
<linked topic>
Ich würde diesen Themenkreis gern dazu benutzen, um die Krankheit Leukämie zu diskutieren, wie meine Familie von ihr betroffen ist, und das, was man allgemein über sie weiß.
Anfang letzter Woche haben wir erfahren, daß unser Sohn Gabriel, 7, (unser mittleres Kind) akute Lymphozyten-Leukämie hat. Ich werde ein oder zwei neue Themen eröffnen, um die Chronologie der Ereignisse zu diskutieren, die Gefühle und Erfahrungen, die von dieser neuen zentralen Tatsache in unserem Leben aufgerührt wurden und so weiter. (Ich habe auch an ein Thema extra dafür gedacht, daß jeder ihm gute Besserung wünschen kann.) Dieses Thema soll sich auf die Krankheit selbst konzentrieren, ihre Diagnose und ihren Verlauf, aber auch auf andere uns bekannte Fälle, Quellen (aller Art) etc. etc.
Wenn Tina nichts dagegen hat, würde ich gern die Gastgeber der Gesundheitskonferenz bitten, einige/alle dieser Themen mit ihrer Konferenz zu verknüpfen. Ich weiß noch nicht, was sonst noch passend sein könnte, aber ich bin sicher, daß von Euch allen Vorschläge kommen werden.
Als erstes möchte ich, gleichgültig, wie dies zu diesem speziellen Thema paßt, sagen, daß die Unterstützung und Zuwendung, die meine Familie und ich, und insbesondere Gabe von WELL erfahren haben, für uns von unschätzbarem Wert waren. Diese Sache wird medizinische Auswirkungen haben, die wir zu gegebener Zeit diskutieren werden, aber ich möchte deutlich sagen, wie sehr wir dafür dankbar sind: unendlich.
Damit soll dieses Thema eingeführt sein, und ich werde mich bald wieder melden, um mehr über Gabes Fall zu sagen und was ich in der vergangenen Woche über die Krankheit erfahren habe und was man dagegen tun kann.

insgesamt 404 Antworten

\# 1: Nancy A. Pietrafesa (lapeche)   Mi, 16. Jan, 91 (17:21)
Philcat, wir sind da und hören Dir zu. Wir teilen Deine Hoffnungen
mit Dir und ein kleines bißchen von Deinem Schmerz. Halte durch.

\# 2: Tina Loney (onezie)   Mi, 16. Jan, 91 (19:09)
Phil, ich habe mir die Freiheit genommen, an flash (Gastgeber der
Gesundheitskonferenz) zu schreiben und ihn zu bitten, diejenigen der
drei Themen zu verknüpfen, die er für passend hält. Ich warte sehr
darauf, daß Du uns alles, was Du kannst und zu sagen in der Lage
bist, über Gabe berichtest. In der Zwischenzeit denke ich an Gabriel
und Deine ganze Familie. Ich meine mich zu erinnern, daß Gabe eine
gute Portion vom Catalfoschen Humor abbekommen hat, und ich hoffe,
daß es Euch gelingt, ihm dabei zu helfen, diesen Humor nicht zu verlieren.... Virtuelle Umarmungen *strömen* zu ihm....

Die regelmäßigen Teilnehmer der Elternkonferenz, die Stunden damit
verbrachten, mitfühlende oder witzige und geistreiche Bemerkungen zu
den kleinen Auf und Abs über das Leben mit Kindern auszutauschen,
schalteten sich mit Unterstützungsbekundungen ein. Eine von ihnen
war Krankenschwester. Menschen, die nie zuvor etwas zur Elternkonferenz beigetragen hatten, schalteten sich in die Unterhaltung ein, darunter auch einige Ärzte, die Phil und dem Rest von uns halfen, die täglichen
Berichte über die Anzahl der Blutkörperchen und andere Diagnosen zu
verstehen und zwei andere Leute, die selbst an Unregelmäßigkeiten ihrer
Blutzusammensetzung litten und daher über Wissen aus erster Hand
verfügten.

Im Laufe der Wochen wurden wir alle Experten in dieser Angelegenheit. Wir erfuhren auch, wie die körpereigene Blutproduktion funktioniert, was zwischen Danny Thomas und seinem St.-Jude-Kranken-
haus und Phil und Gabe ablief und wie Eltern lernen, im System der
medizinischen Versorgung als Anwälte ihrer Kinder aufzutreten, ohne
die Menschen, die dort arbeiten, auszugrenzen. Das Beste von all dem
war jedoch, daß wir erfuhren, daß sich Gabes Zustand nach ungefähr
einer Woche Chemotherapie besserte.

Danach wendete sich die Gemeinschaft, die sich um das Thema
Leukämie gruppiert hatte, einem anderen Teil des Gruppengeistes
zu. Lhary, einer der Leute, die wegen ihres speziellen Wissens zur
Leukämie-Diskussion der Elternkonferenz gestoßen waren, fuhr nach
Houston, um sich der monatelangen Prozedur einer Knochenmarktrans-
plantation zu unterziehen, die seine eigene Leukämie lindern sollte. Von
seinem Zimmer im Krankenhaus aus hielt er weiterhin Kontakt zu
WELL. Die Catalfos und andere trafen sich und fertigten persönlich für

Lhary die vorgeschriebene Kleidung für die Labors und Krankenhausflure an.

Viele Menschen sind schon bei der bloßen Vorstellung einer virtuellen Gemeinschaft alarmiert, weil sie fürchten, daß dies ein weiterer Schritt in die falsche Richtung ist, bei dem eine weitere natürliche Ressource oder Freiheit des Individuums durch einen technologischen Ersatzstoff substituiert wird. Diese Kritiker sprechen oft mit großem Bedauern davon, wie sehr die Handlungen der Menschen in einer Zivilisation reduziert worden sind, die die Technologie anbetet, und sie beklagen die Umstände, die dazu geführt haben, daß einige Leute derart mitleiderregend beziehungslose Leben führen, daß sie ihre Freunde und Bekannten auf der anderen Seite des Bildschirms suchen. In dieser Furcht steckt ein Körnchen Wahrheit, denn virtuelle Gemeinschaften brauchen manchmal mehr als Wörter auf dem Bildschirm, wenn sie nicht nur ein Ersatzstoff sein wollen.

Einige – viele – Menschen tun sich schwer, wenn es um eine spontane, gesprochene Kommunikation geht, haben jedoch zu einer Unterhaltung, bei der sie lange genug über das nachdenken können, was sie sagen wollen, Wertvolles beizutragen. Diese Menschen, die vielleicht einen beträchtlichen Teil der Bevölkerung ausmachen, halten möglicherweise die geschriebene Kommunikation für echter als das Gespräch von Angesicht zu Angesicht. Wer will sagen, daß diese Art der Kommunikation – formlos geschriebener Text – weniger menschlich ist als das hörbare Gespräch? Diejenigen, die CMC kritisieren, weil sie von einigen Leuten zwanghaft betrieben wird, vertreten einen wichtigen Standpunkt. Andererseits lassen sie aber vieles außer Betracht, wenn sie nicht auch die Menschen, die dieses Medium für genuin zwischenmenschlichen Kontakt nutzen, berücksichtigen. Diejenigen, die virtuelle Gemeinschaften als kalte Räume empfinden, weisen auf die Beschränkungen der Technologie hin, auf ihre gefährlichsten Fallstricke, und wir müssen diese Grenzen beachten. Aber diese Kritiker sagen uns nicht, wo sonst Philcat und Lhary und die Allisons und meine eigene Familie jene Gemeinschaft von Unterstützung und Information hätte finden sollen, die wir in WELL fanden, als wir sie brauchten. Und diejenigen von uns, die der Meinung sind, daß uns die Kommunikation im Cyberspace hilft, sind gut beraten, darauf aufzupassen, daß das Medium, das wir mögen, nicht mißbraucht wird.

Obwohl es die dramatischen Ereignisse sind, die die Menschen zusammenführen und sich ihrem Gedächtnis einprägen, ist das meiste, was in der Elternkonferenz und den meisten virtuellen Gemeinschaften stattfindet, zwanglose Konversation und regelrechter Klatsch. Immer wenn Leute dieses Medium verwenden, um seine Beschaffenheit zu diskutieren, wird für WELL und andere soziale Zusammenkünfte im Cyberspace die Vorstellung eines Raums verwendet. 1987 zitierte mich Stewart Brand in seinem Buch *Media Lab*. Ich hatte beschrieben, weshalb ich regelmäßig Kontakt zu WELL herstellte. «Immer ist jemand da. Es ist wie in der Stammkneipe, wo man immer die alten Bekannten und ein paar neue Gesichter trifft. Man bekommt ständig neue Dienstprogramme, Graffitis und Briefe geschickt. Anstatt meinen Mantel zu nehmen, meinen Rechner herunterzufahren und in die nächste Kneipe zu gehen, rufe ich mein Telekom-Programm auf und schon sind sie alle da. Es ist wie ein Ort, an dem man sich trifft.»

Vor mehr als fünfzehn Jahren wurden über Computer verbundene Gemeinschaften von J.C.R. Licklider und Robert Taylor vorhergesagt. Beide sind Forschungsdirektoren von ARPA (Advanced Research Projects Agency), dem Forschungsinstitut des amerikanischen Verteidigungsministeriums, und Initiatoren der Forschungen, die zur ersten Gemeinschaft dieser Art, ARPANET führten. «Wie werden interaktive Online-Gemeinschaften aussehen?» 1968 schrieben sie: «Meistens werden sie sich aus geografisch voneinander entfernten Mitgliedern zusammensetzen, die manchmal kleine Gruppen bilden und manchmal allein arbeiten. Diese Gemeinschaften werden keinen gemeinsamen Standort, wohl aber ein gemeinsames Interesse haben....»

Meine Freunde und ich haben manchmal das Gefühl, Teil der Zukunft zu sein, von der Licklider träumte, und oft können wir die Wahrheit seiner Vision bezeugen, daß «das Leben für das Online-Individuum glücklicher sein wird, weil die Leute, mit denen man am meisten zu tun hat, eher aufgrund gemeinsamer Interessen ausgewählt werden, als wegen zufälliger räumlicher Nähe.» Ich glaube dies immer noch, aber ich weiß auch, daß mein Online-Leben aufgrund dessen, was ich auf dem Bildschirm las, manchmal unglücklich war – manchmal sogar sehr. Teil der virtuellen Gemeinschaft zu sein, hat für mich nicht alle Probleme gelöst, die das Leben mit sich bringt, aber es war mir eine Hilfe, spendete mir Trost und inspirierte mich auch; manchmal war es aber auch wie ein häßlicher, endlos vor sich hin schwelender Familienkrach.

Im Laufe der Jahre habe ich meine Meinung zu vielen Aspekten von WELL geändert, aber das Gefühl für diesen Raum ist immer noch so stark wie früher. Ray Oldenburg äußerte in seinem Buch *The Great Good Place* den Gedanken, daß es im menschlichen Leben drei wesentliche Plätze, Orte, ja, Räume gibt: das Zuhause, den Arbeitsplatz und die Räume, in denen wir uns aufhalten, um Geselligkeit zu finden. Obwohl die flüchtigen Gespräche, die sich in Cafés, beim Friseur, in Kneipen oder auf öffentlichen Plätzen ergeben, oft als müßiges Gerede abgetan werden, argumentiert Oldenburg, daß in diesen Räumen Gemeinschaften entstehen und gepflegt werden. Sie sind die unerkannten Agorae des modernen Lebens. Als der automobil-hörige, suburbane Way of Life, bestimmt von Fast-Food und Einkaufszentren, überall auf der Welt viele dieser «Dritten Räume» aus den Klein- und Großstädten verdrängte, zerriß das Gewebe bestehender Gemeinschaften.

Oldenburg schuf einen Begriff und ein konzeptionelles Grundgerüst für jenes Phänomen, das jedes Mitglied einer virtuellen Gemeinschaft instinktiv kennt, die Macht informellen öffentlichen Lebens:

Dritte Räume befinden sich auf neutralem Gelände und dienen dazu, unter ihren Besuchern soziale Gleichheit herzustellen. In diesen Räumen ist Konversation die Hauptaktivität und das wichtigste Mittel der Menschen, ihre Persönlichkeit und Individualität auszudrücken und anzuerkennen. Jeder geht davon aus, daß Dritte Räume existieren. Die meisten weisen kein spezifisches Profil auf. Weil die formellen gesellschaftlichen Institutionen dem Individuum ständig mehr abverlangen, sind Dritte Räume in den Stunden nach der Arbeit geöffnet, aber auch zu anderen Zeiten. Ihr Charakter wird von ihren regelmäßigsten Besuchern bestimmt, und typisch für sie ist eine spielerische Stimmung, die mit den ernsteren Bezügen ihrer Besucher in anderen Sphären kontrastiert. Obwohl Dritte Räume vollkommen anders eingerichtet sind als das Zuhause ihrer Besucher, geben sie ihnen doch eine psychische Geborgenheit und Unterstützung, die der eines angenehmen Zuhauses sehr ähnlich sind.

Dies sind die Charakteristika Dritter Räume, die universell zu sein scheinen und essentiell für ein lebendiges informelles öffentliches Leben....

Das informelle öffentliche Leben Amerikas leidet unter schlimmen Defiziten. Es gibt nur noch wenige Strukturen, die über die Familie, den Job und passiven Konsum hinaus gemeinsame Erfahrungen ermöglichen, und es werden ständig weniger. Die essentiellen Gruppenerfahrungen werden von überzogenem Selbstbewußtsein der Individuen ersetzt. Durch die Jagd nach materiellen Dingen, nach Bequemlichkeit und Vergnügungen wird amerikanischer Lifestyle von Langeweile, Einsamkeit, Entfremdung und Preisschildern mit hohen Beträgen heimgesucht.

Im Unterschied zu manchen unentwickelten Gebieten wartet das informelle öffentliche Leben nicht friedvoll auf die Dinge, die da kommen werden. Allein dadurch, daß sich die Technologie weiterentwickelt, die Zahl der Regierungsgebäude und Firmenbüros wächst und die Bevölkerung zunimmt, wird es nicht leichter. Während sich andere urbane Lebensräume weiterentwickeln, wartet das informelle öffentliche Leben nicht geduldig ab, was bei einer Politik herauskommt, die die Dinge nimmt, wie sie gerade kommen. Im Gegenteil, seine Vernachlässigung verwandelt den Garten in einen Dschungel und der Mensch verliert die Fähigkeit, ihn zu kultivieren.

Oldenburg mag an einen anderen Raum gedacht haben, aber viele seiner Beschreibungen Dritter Räume könnten auch WELL meinen. Vielleicht ist Cyberspace einer der informellen öffentlichen Räume, in denen die Menschen den Wiederaufbau derjenigen Aspekte ihrer Gemeinschaft betreiben können, die verlorengingen, als die Tante-Emma-Läden durch Einkaufszentren verdrängt wurden. Vielleicht ist Cyberspace aber auch genau der *falsche* Raum, um nach der Wiedergeburt von Gemeinschaft zu suchen und hält keine Geselligkeit, sondern eine lebensverachtende Simulierung wirklicher Leidenschaft und wahren Engagements füreinander bereit. Auf jeden Fall müssen wir dies sehr bald herausfinden.

Die Atmosphäre, die entsteht, wenn man dutzende Male täglich, für ein oder zwei Minuten, Kontakt mit WELL aufnimmt, ist der Atmosphäre sehr ähnlich, die aufkommt, wenn man kurz ins Café, die Kneipe oder den Aufenthaltsraum reinschaut, um zu sehen, wer da ist, und ob ein kleiner Schwatz angesagt ist. In einem Artikel für die *Harvard Business Review* schrieb die Sozialpsychologin Sara Kiesler: «Einer der erstaunlichen Aspekte der Arbeit am Computer ist, daß es sich um eine soziale Aktivität handelt. Dort, wo ich arbeite, ist das am häufigsten aufgerufene Programm im Netz *Where* (Wo) oder *Finger*, das zeigt, wer sonst noch im Netz angemeldet ist.»

Weil wir einander in Cyberspace nicht sehen können, sind Geschlecht, Alter, Nationalität und das Aussehen nicht bekannt, es sei denn, eine Person will solche Charakteristika bekanntmachen. Menschen, deren Behinderungen es ihnen erschweren, neue Freundschaften zu schließen, können feststellen, daß virtuelle Gemeinschaft sie so behandeln, wie sie sich das immer gewünscht haben: als Denker, als Übermittler von Ideen, als Wesen mit Gefühlen, nicht als bloße Körper mit einem bestimmten Aussehen und einer bestimmten Art zu gehen und zu sprechen – oder nicht zu gehen oder zu sprechen.

Eine der wenigen Tatsachen, über die sich alle enthusiastischen Mitglieder virtueller Gemeinschaften in Japan, England, Frankreich und den Vereinigten Staaten einig sind, ist, daß einer der größten Gewinne von Computerkonferenzen darin liegt, seinen Freundeskreis zu erweitern. CMC ist eine Weise, Menschen zu begegnen, ohne sich festzulegen, ob der soziale Kontakt mit ihnen ausgebaut werden soll. Beides ist möglich: anderen zu begegnen und zugleich Distanz zu ihnen halten.

Enge Beziehungen in Cyberspace nehmen einen vollkommen anderen Verlauf als in traditionellen Gemeinschaften: wir sind es gewöhnt, Leute zu treffen und sie dann näher kennenzulernen. In virtuellen Gemeinschaften kann man Leute zunächst nur kennenlernen und dann erst den Wunsch realisieren, sie zu treffen. Enge Beziehungen können im Cyberspace aber auch erheblich kurzlebiger sein, weil man Leute kennenlernen kann, denen man physisch nie begegnen wird.

Wie werden Freundschaften geschlossen? In der traditionellen Gemeinschaft schauen wir uns auf der Suche nach Menschen mit denselben Interessen und Werten unter unseren Nachbarn und Kollegen um, unter Bekannten und Bekannten von Bekannten. Wir tauschen dann Informationen über uns aus, äußern unsere Meinungen und Interessen, diskutieren sie, und manchmal werden wir dann Freunde. In einer virtuellen Gemeinschaft können wir uns direkt in den Raum begeben, wo unsere Lieblingsthemen diskutiert werden, und dann die Leute wirklich kennenlernen, die unsere Leidenschaften teilen oder deren Sprache wir mögen. So gesehen sind Thema und Adresse identisch: Sie können nicht einfach das Telefon nehmen, um sich mit jemandem verbinden zu lassen, der sich ebenfalls über den Islam oder kalifornischen Wein unterhalten möchte, oder mit jemandem, der eine dreijährige Tochter hat oder einen vierzig Jahre alten Hudson. Zu jedem dieser Themen können Sie jedoch an einer Computerkonferenz teilnehmen und einen öffentlichen oder privaten Briefwechsel mit den Menschen aufnehmen, die Sie dort treffen. Im Vergleich zu den alten Methoden, Gleichgesinnte zu finden, sind die Chancen, Freundschaften zu schließen, ungleich größer.

Im Cyberspace können Sie von Leuten getäuscht werden, die sich hinter dem Deckmantel ihrer Worte verbergen. Aber das gilt ebenso für die Kommunikation am Telefon oder von Angesicht zu Angesicht; CMC gibt neue Gelegenheiten, Leute zu betrügen, aber die häufigsten Identitätsschwindeleien werden aussterben, sobald genug Menschen lernen, das Medium kritisch anzuwenden. Es liegt in der Natur dieses Mediums, für einige Formen der Verschleierung anfällig zu bleiben. Es wird aber auch ein Raum sein, in dem Menschen oft erheblich mehr von sich preisgeben, als sie dies ohne das Dazwischentreten von Bildschirmen und Pseudonymen tun würden.

Der Gemeinschaftsgeist, den ich in WELL gespürt habe, zeigt sich am deutlichsten in der Elternkonferenz, findet sich aber nicht nur dort. In anderen Konferenzen, bei denen es um andere Fragen des menschlichen Lebens ging, stellten wir fest, daß wir Worte nicht nur benutzen konnten, um Gefühle auszudrücken und nützliche Informationen auszutauschen, sondern daß sie uns auch die Kraft gaben, Dinge im wirklichen Leben zu erreichen.

Diese Kraft der WELL-Anwendergemeinschaft manifestierte sich eindrucksvoll, als wir aus unserem ersten Computer herauswuchsen. Der Rechner, der uns 1985 als Gruppe von siebenhundert Leuten stets an unser Ziel gebracht hatte, war 1988 für die dreitausend Anwender nicht mehr leistungsfähig genug. Es war ganz normal, daß man auf der Tastatur einen Brief schrieb und es Sekunden dauerte, bis man die Worte auf dem Bildschirm sehen konnte. Das war eine ziemlich frustrierende Angelegenheit.

Die vielen Computer-Experten unter uns machten uns schnell klar, daß diese unablässigen Systemverzögerungen, die das Lesen und noch mehr das Schreiben in der WELL-Datenbank zur Qual werden ließen, nur durch eine moderne Hardware zu beheben waren, die besser geeignet war, dem in die Tausende gehenden Bienenstock von Kommunikationswünschen gerecht zu werden. Aber WELLs Verwaltungsdirektor, Clifford Figallo, der selbst ein aktives Mitglied der WELL-Gemeinschaft ist, erklärte uns, daß das kommerzielle Unternehmen WELL nicht in der Lage war, die Finanzierung der Modernisierung unseres Systems zu leisten.

Da begannen die Finanzexperten unter uns, ihre Schmierzettel-Kalkulationen auszutauschen. Wenn der harte Kern der Anwender, den die Ausführungsgeschwindigkeit des Systems in letzter Zeit so behindert hatte (der aber auch gemerkt hatte, daß es nichts gab, was auch nur annähernd eine Alternative zu WELL sein konnte) sich bereit erklären würde, die nächsten Monatsbeiträge im voraus zu bezahlen – wieviel Geld wurde eigentlich gebraucht, um die große Kiste zu kaufen? Halb im Scherz nannte Clifford Figallo eine Zahl. Innerhalb nur weniger Tage hatten genügend Leute Hunderte von Dollar, insgesamt Tausende von Dollar, zugesagt, um die Party steigen zu lassen. Die Schecks gingen ein, der Computer wurde gekauft, die Hardware installiert und die Datenbank – das Herz der Gemeinschaft – wurde in ihren neuen Silikonkörper verpflanzt.

Nach dem Leidensweg in den letzten Monaten mit der *Vax* war der erste Monat mit unserem neuen Computer, einem *Sequent*, wie das Umsteigen von einem Fiat Panda in einen Rolls Royce. Und wir hatten auf typisch unkonventionelle Weise zum ersten Mal unsere Muskeln spielen lassen; die Pferde hatten sich ins Zeug gelegt, um einen Pferdestall zu bauen: Kunden und Produzenten hatten gemeinsam Geld beschafft, um es dem Geschäftsinhaber zu leihen, mit dem Effekt, daß sie sich gegenseitig mehr verkaufen konnten.

Caseys Operation war eine weitere Gelegenheit, uns ins Zeug zu legen: Sie selbst hatte die Idee. Casey war eine der alten WELL-Hasen, deren Job – Transkription und Texterfassung in freier Mitarbeit – es ihr ermöglichte, zu Hause zu arbeiten. Niemand zweifelt an ihrer Intelligenz, aber ihre Manieren lassen oft zu wünschen übrig. Ich bin sicher, sie würde dies in die Worte fassen, daß sie «einen relativ geringen Bedarf an Verbindlichkeit» habe. Andere würde eher sagen, daß Casey ein harter Brocken ist.

Casey, die richtig Kathleen heißt, brauchte eine Operation, die sie sich fast, aber nicht ganz leisten konnte; ihre Gehfähigkeit stand auf dem Spiel. Sie investierte 500 Dollar, um von einer eigenen Zeichnung ein Poster anfertigen zu lassen. Der Text auf dem Poster lautete «Der Geist von WELL» und dargestellt war die Silhouette eines Kopfes, gefüllt mit Wörtern und Sätzen, die jedem WELL-Anwender etwas sagten. Sie bot das Poster für 30 Dollar als Förderpreis für ihre Operation an. Sie bekam das Geld zusammen.

Die dramatischste Kraftprobe war jedoch die Elly-Saga. Elly war eine nette und beliebte WELLianerin, die die virtuelle Gemeinschaft verlassen hatte, um auf die höchsten Höhen des Himalaya zu reisen. Ihre Geschichte, ihre Krise und die Reaktion von WELL entwickelte sich über Monate hinweg und fand ihren Höhepunkt während einiger außerordentlich beschäftigungsreicher Tage:

```
Topic 198: Neuigkeiten von Elly
Von: Averi Dunn (vaxen)                          Mi, 28. Aug 91
                                              bislang 263 Antworten

<linked topic>
Hierher könnt Ihr alle Neuigkeiten schicken, die Euch über Northbays
Reisewütige, Elly van der Pas, über den Weg laufen.

# 1: Elly van der Pas (elly)              Mi, 28. Aug 91 (18:03)
Jetzt bin ich fast mit meinen Reisevorbereitungen fertig. Später am
Abend werde ich meine Sachen durchsehen und schauen, ob ich alles
für die Reise habe und vielleicht morgen noch letzte Besorgungen
erledigen. Freitag wird noch saubergemacht, und Samstag werde ich
verschwunden sein. Montag morgen geht das Flugzeug. Puh!

# 6: Averi Dunn (vaxen)                   Mo, 23. Sep 91 (18:44)
Am Samstag ist eine weitere Karte von Elly angekommen:
13. September, Amsterdam
So weit, so gut. Das Wetter war herrlich, und ich bin überall mit
dem Fahrrad rumgefahren. Morgen fahre ich für ein paar Tage nach
```

Im Herzen von WELL

London und dann mit dem Zug nach Italien. Es wird ein Abenteuer werden. Mit den Freunden eines Freundes war ich gestern abend in einem Klavierkonzert, und heute werde ich vielleicht segeln gehen. Grüße an alle.
Elly

22: Averi Dunn (vaxen)   Di, 7. Nov 91 (23:25)
OK, Kim, schicke die Teile, die sich nicht wiederholen. Alle Neuigkeiten von Elly sind willkommen. Daher schicke ich auch das folgende von ihr:
27. Okt. 1991
Gestern ist Dein Brief vom 14. Sept. angekommen, der mir aus Italien nachgeschickt wurde. Sie haben offensichtlich einen Poststreik oder etwas Ähnliches gehabt, weil einer der Arbeiter im Fahrstuhl abgestürzt ist. Wie dem auch sei, mindestens eine Woche haben sie keine Post befördert, so daß keine Briefe bei mir ankamen.
Nun denn. Du hast keine Ahnung, wie außerordentlich seltsam es ist, auf einem Berg in Kathmandu zu sitzen und von AP2 und WELL zu lesen. Da fällt mir ein, ich habe vom WELL-Café in London ein Foto geschossen und es ans Büro geschickt. Hoffentlich kommt es an. Ich dachte, daß das passend sei. Vor ungefähr einer Woche kam Janey Fritsche vorbei und zog dann weiter zum Wandern. Es war schön, sie zu sehen. In ein paar Tagen wird auch mein Freund Peter hier ankommen, und ich denke, daß ich dann für ein paar Tage runter vom Berg gehen werde, um einige Visa zu verlängern und Proviant für den monatelangen Trip zu besorgen. Dann wird eine Weile Sendepause sein, daher ist dies vorerst das letzte. Fröhliches Thanksgiving, fröhliche Weihnachten und ein gutes neues Jahr. Hier haben alle gerade einige Feiertage gehabt. Jeder hatte eine Woche lang frei und hatte neue Sachen an. Die Kinder bauten sich riesige Schaukeln aus Bambus und ließen Drachen steigen.
Ich habe Dzogchen studiert, etwas Ähnliches wie die tibetanische Zen-Meditation. Anders als alles, was ich vorher getan habe. Ein paar Tage haben wir in einem Kloster oben in den Hügeln verbracht, wo es einen alten Abt gibt, der sich darauf spezialisiert hat, die Natur des menschlichen Geistes aufzuzeigen. Das war eine ziemlich außergewöhnliche Gelegenheit.
Ihr schlaft jetzt gerade alle, Du vielleicht ausgenommen. Hier ist es zwei Uhr nachmittags, zu spät zum Mittagessen und zu früh für den Tee. Aber Badezeit, weil wir ein Solargerät auf dem Dach haben. All meine Bäder nehme ich jetzt, weil in einer Woche 300 Leute hier für

45

die Tour ankommen werden, und dann wird man vom Baden nur noch sehn-
süchtig träumen können. Oder auch nur duschen.
Grüße Brian, June und Josephine und sage ihnen, es geht mir gut.
Hoffentlich ist meine Karte bei ihnen angekommen. Ich versuche zu
schreiben, weiß aber nicht, wann ich Zeit dafür finden werde.
Gebt auf Euch acht und laßt es Euch gut gehen,
Elly

26: Averi Dunn (vaxen)   Sa, 28. Dez. 91 (01:26)
Es folgen Auszüge aus einem Brief, den ich von Elly am 21. Dez.
erhielt.
****
7. Nov.
Heute geht die Tour los, daher bin ich einen Monat lang nicht zu
erreichen.
13. Dez.
Hmm. Ich glaubte, daß ich das nie hinter mich bringen würde. Eine
Menge Dinge sind in der Zwischenzeit passiert. Die Hauptsache: Ich
bin Nonne geworden. Details habe ich an Hank geschickt, damit er sie
weitersenden kann, ich muß noch ungefähr 10 Briefe schreiben, die
Peter mitnehmen soll, wenn er zurückgeht.
***
Es ist ein bißchen seltsam, aber ich habe ein sehr gutes Gefühl
dabei und es ist der richtige Schritt für mich. Sogar Peter stimmt
dem zu.
***
Niemals wollte ich Nonne werden (zumindest nicht vorher). Die katho-
lischen Nonnen haben mir immer ein wenig leid getan. Dies ist ohnehin ein bißchen anders - viel mehr Freiheit. Dennoch ist es eigenartig, kurzes Haar zu haben. Ich glaube, ich werde es ungefähr 2 cm
wachsen lassen.
***
PPS. Mein Ordensname ist nun Jigme Palmo: Glorreiche unerschrockene
Frau (!!!?)
****
Sie hat mir auch eine Adresse mitgeteilt, unter der sie sechs Monate
lang zu erreichen ist. Schickt EMail, wenn Ihr wollt.

Elly hatte also beschlossen, in Asien eine buddhistische Nonne zu
werden, und drohte daher, in die Annalen der WELL-Legende einzu-
gehen. Das Thema ruhte sechs Monate lang. Im Juni berichtete Averi
Dunn, die frühere Nachbarin von Elly, die die ganze Zeit Ellys Briefe

online getippt und an WELL weitergeleitet hatte, Sie habe erfahren, Ellys Leber sei von einer Art Amöbe befallen worden. Ende Juli 1992 berichtete Flash Gordon, daß Elly sich in einem Krankenhaus in Neu Delhi befand. Im Koma. Sie hatte eine schwere Hepatitis und ihre Leber versagte zusehends. Flash und die anderen Online-Ärzte waren sich einig, daß es, wenn dies zutraf, nicht gut um Elly stand.

Innerhalb von Stunden fingen die Leute an, in die verschiedensten Richtungen etwas in eigener Initiative zu unternehmen. Die Reichweite und Vielfalt der Quellen, die uns zur Verfügung standen, als wir unsere individuellen Netze zusammenschlossen, war erstaunlich. Leute, die medizinische Kontakte nach Neu Delhi hatten, wurden eingeschaltet; Flugpläne und -preise für einen Krankentransport wurden in Erfahrung gebracht; es wurde ein Fonds gegründet, und erste Gelder gingen ein. Casey fand über das Netz eine Möglichkeit heraus, das Telekommunikationsnetz von Neu Delhi für die Kontakte mit Frank, Ellys Ex-Mann, zu benutzen. Er war nach Neu Delhi geflogen, um in einer Situation zu helfen, die sehr ernst zu sein schien.

Nach einigen angespannten Tagen kam die Nachricht über das Netz, daß die Leber wenigstens zum Teil noch funktionierte und daß möglicherweise spezielle Blutwäsche-Geräte gebraucht würden, um Elly transportfähig zu machen. Innerhalb von Stunden wußten wir, wo solch ein Gerät in Neu Delhi zu bekommen war und auf wen man sich dabei beziehen mußte. Wir wußten, wen man anrufen und wie gefragt werden mußte, was es kostete und wie Geld überwiesen werden mußte, um Elly in ein Krankenhaus in der Region um San Francisco zu tranportieren. «Ich bekomme eine Gänsehaut,» berichtete Onezie, als sich dieses Thema in WELL entfaltete, «dies ist gelebte Nächstenliebe.»

Elly erholte sich soweit, daß sie keinen speziellen Krankentransport brauchte, um nach Kalifornien zu kommen. Die nächste Nachricht kam direkt von ihr, über WELL:

```
# 270: Elly van der Pas (elly)          Fr, 11. Sept. 92 (16:03)
Danke an jeden von Euch für Eure zahlreichen WELLbeams, Grüße,
Gebete, Ratschläge und die finanzielle Unterstützung. Der Arzt
denkt, daß ich mich wegen der Medikamente so schnell erholt habe,
aber der wirkliche Grund waren Eure Beams und Gebete. Er meint
sogar, daß ich im Februar oder etwas später wieder nach Indien gehen
kann.|-)
```

Wenn im Cyberspace das Interesse an anderen Menschen eine Art Anziehungskraft darstellt, so war Blair Newman ein Metamagnet mit Hyperanziehungskraft. Als reale Person verhielt er sich genau so, wie als

Online-Person Metaview. Metaview hatte Millionen phantastischer Ideen, was man alles mit Technologie anstellen könnte. Freunde von ihm waren Milliardäre geworden. Wie konnte man mit der Austastlücke von Fernsehsignalen eine Million machen? Wie wär's mit einem Service, der nur die Fernsehprogramme aufzeichnet, die Du auch sehen willst? Wie viele andere intelligente Verrückte würden gutes Geld für *Compconf* *Psychserv* ausgeben?

Er hatte was zu erzählen. Seine Augen weiteten sich und sein riesiger Schnurrbart zuckte vor Aufregung. Sein Haar, ein riesiger, immer unordentlicher, schmutzig-blonder Schopf, schien seinen Geisteszustand widerzuspiegeln; je wilder und unkontrollierter seine Locken aussahen, desto schneller schien sein Gehirn zu arbeiten. Bei WELL-Partys war sein Geisteszustand geradezu manisch. Er packte dich, lachte dich an und zerrte dich durch die Menge, um dich jemandem vorzustellen. Er lachte über den Scherz, den jemand gemacht hatte und das Lachen endete in einem angsterregend langen Hustenanfall.

Am charakteristischsten fand ich Blairs Angewohnheit, mich – und einige Dutzend andere Leute, die er mochte und verehrte – anzurufen und, wenn ich nicht mit WELL verbunden war, telefonisch aufzufordern, in meinem Radio oder Fernseher einen bestimmten Sender einzustellen, *sofort*, weil da gerade etwas lief, das ich auf keinen Fall verpassen durfte. Oft hatte er recht, und es war immer gut gemeint, aber es hatte auch immer etwas Unheimliches. Viele Jahre lang war er ein Bekannter (aber nie ein eigentlicher Freund), der wußte, welches Fernsehprogramm ich nachts um halb zwölf, mitten in der Woche gern sehen würde. In WELL verhielt er sich genauso.

Die wichtigsten Bande zu Blair waren diejenigen, die zwischen allen Leuten in informellen öffentlichen Räumen entstehen. In den späten achtziger Jahren gehörten Blair und ich zu einer Gruppe von zehn bis dreißig Leuten, von denen man zu jeder Tages- und Nachtzeit einige online antreffen konnte. Oft amüsierten wir uns über die süchtig machenden Qualitäten von WELL. Und es finden in WELL auch ständig einige Diskussionen statt, die sich ernsthaft mit Süchten auseinandersetzen, die in den verschiedenen Abteilungen von WELL vorkommen. Bei zwei Dollar pro Stunde sind besessene Computerkonferenzen billiger als jede andere Sucht, abgesehen von selbstgedrehten Zigaretten.

Wenn ich mich richtig an Blairs eigene Darstellung erinnere, war er ein frisch gebackener Betriebswirt, Absolvent der Harvard-Universität, mit einem hohen täglichen Kokain-Konsum, der tief in den Vegas-Bunkern mit der notorisch enthaltsamen Truppe von Howard Hughes arbeitete. Als notorischer Kettenraucher und Kiffer (und auch, wieder nach seiner eigenen Darstellung, einer der Gründer der nationalen Bewegung für die Reform des Marihuana-Gesetzes) verkörperte Blair das klassische Bild eines Süchtigen. Als er Mitglied von WELL wurde, war er jedoch, was das Kokain betraf, clean. In Serien von WELL-Mitteilungen ließ er uns aber wissen, daß WELL für ihn eine viel heimtückischere Droge war als Kokain.

Jahre, nachdem er vom Kokain losgekommen war, behauptete er, daß jemand eine Line neben seinen Computer gelegt hatte, während er mit WELL verbunden war. Etliche Stunden später schwante ihm, daß die weißen Kristalle immer noch dalagen. Er hatte davon gewußt, aber nicht die nötige Energie aufgebracht, vom Computer abzulassen und sie zu schnupfen. Blair erklärte, daß dies keine moralische Entscheidung, sondern ein Kampf verschiedener Süchte gewesen war – wegen seiner derzeitigen, größeren Sucht konnte er seine Hände nicht von der Tastatur und seine Augen nicht lange genug vom Bildschirm losreißen, um das Kokain zu konsumieren. Stundenlang, Tag für Tag, über Jahre hinweg teilte Blair sein Innerstes mit uns, jede Einzelheit seines unberechenbaren unverbesserlichen Bewußtseins.

Wenn es um das Verhalten von Menschen geht, muß man vorsichtig bei der Anwendung des Suchtmodells sein. Ist ein Wunderkind süchtig, das Tag und Nacht auf seiner Violine übt? Vielleicht. Ist ein großer Schauspieler von seinem Publikum abhängig? Wahrscheinlich. Ist der Begriff Sucht der richtige Maßstab, um das Verhalten eines Wunderkindes oder Schauspielers zu beurteilen? Wahrscheinlich nicht. Aber niemand, der sein Essen hat kalt werden lassen und dessen Familie sich Sorgen machte, während er in einer erregten Debatte mit unsichtbaren weit entfernten Leuten wild auf seine Tastatur einhämmerte, kann die dunkle Seite der Online-Begeisterung außer acht lassen. Wenn ein Mensch ein zwingendes – gar ein zwanghaftes – Bedürfnis hat, von intelligenten Mitmenschen ein gewisses Maß an Beachtung zu erfahren, ist WELL ein ausgezeichneter Raum, dies zu finden. Blair nannte WELL *Compconf Psychserv.* Es war preiswerter als Drogen, preiswerter als Psychiater und bewahrte ihn vor der Gosse. Selbst, als WELL ihn noch fester packte, wußte Blair, was mit ihm geschah.

Ein Teil der Geschichte von Blair war immer, daß er die Beachtung der Leute suchte, insbesondere großer Gruppen intelligenter Leute. Er wollte helfen. Und er wollte beeindrucken.

Blair fiel den Leuten aber auch auf die Nerven. Seine gutgelaunte, unglaublich offenherzige Selbstdarstellung war Teil davon. Er verbreitete etwas Mythisches um sich. Einer seiner Zimmernachbarn hatte eine der erfolgreichsten Software-Firmen gegründet, so Blair. Blair hatte für die höheren Ränge der Howard-Hughes-Organisation gearbeitet, so Blair. Er war der Hauptorganisator der Legalisierungsbewegung für Marihuana gewesen, so Blair. Unter dramatischen Umständen hatte er Unternehmer der Computerbranche miteinander bekanntgemacht, so Blair. Es ist nicht schwer, den Rap von Blair Newman zu parodieren.

Dann, nach etlichen Jahren online und Dutzenden von Partys und Exkursionen mit anderen Mitgliedern von WELL und all den nächtlichen Telefonanrufen mit Fernsehempfehlungen für die anderen WELL-ianer, löschte Blair Newman alles, was er jemals in die WELL-Datenbank geschrieben hatte. Zwei Tage und Nächte lang ging es in WELL fast nur um das Trauma des massenhaften Löschens jahrelang zusammengetragener WELL-Mitteilungen. Es war eine Art geistigen Selbstmords. Einige Wochen später nahm sich Blair wirklich das Leben. Um dieses Ereignis ist eine Art Mythos entstanden, im Netz und in den Massenmedien. Die Geschichte ist ins Dramatische verzerrt worden. In der Klatsch-Version, die von einigen Zeitschriften gedruckt wurde, versuchten Leute von WELL angeblich verzweifelt, Blair zu finden, nachdem seine Beiträge verschwunden waren, und die Legende behauptet, daß er sich in dem Moment umbrachte, als seine letzte Mitteilung verschwand.

Die meisten Leute auf der Beerdigung waren von WELL. Aber es war auch noch eine erstaunlich große Menge eigenartiger anderer Typen da. Alle, die da waren, erinnern sich an den glatten Burschen im Tausend-Dollar-Anzug und mit der Dreihundert-Dollar-Sonnenbrille, der mit dem firmeneigenen Jet zur Beerdigung gekommen war, um die Geschichte über Blair zu erzählen, die Blair so oft über sich selbst erzählt hatte. Weiße Rastas tauchten auf – Aktivisten für die Legalisierung von Marihuana. Gründer erfolgreicher Software-Firmen trafen ein. Es war ein letzter großer Lacher. Als diese erstaunliche Parade von Leuten in der Halle des Friedhofs aufstand und ihren Vers über Blair aufsagte, dämmerte uns allen, daß er immer die unglaubliche Wahrheit erzählt hatte.

Aber als er noch gelebt hatte und, metaphorisch gesprochen, vor uns stand, wehrten wir in jeder WELL-Konferenz ab. «Beruhige Dich, Blair!» habe ich in aller Öffentlichkeit zu ihm gesagt. Bandy, der Blair später das Programm gab, mit dem er das Massen-Löschen durchführen konnte, eröffnete in der WELL-Konferenz Über seltsame Dinge (das Forum, in dem das Unterbewußtsein sich frei austoben kann) ein neues Thema: «Dem Himmel sei dank, wenn Du Deine Ferien von WELL nimmst!» Andere Bemerkungen, von mir und von anderen, waren noch unfreundlicher. Wenn man oft die Beachtung anderer Leute auf sich lenken will und versucht, sich ins Rampenlicht zu stellen, kann die Reaktion grausam sein. Wie das legendäre Publikum des Apollo-Theaters in Harlem, kann auch das WELL-Publikum jemanden zum Star erheben oder einen schlechten Darsteller von der Bühne buhen. Blair hat beide Reaktionen zugleich erleben müssen.

Manchmal, wenn das Online-Geplänkel ein wenig grausam wurde, rief ich Blair an, um zu erfahren, was wirklich los war. Wir redeten. Er redete, kam vom Hundertsten ins Tausendste, bis ein Piepton ihn zu einer anderen Konversationsschiene trug. Was die neueste Technolgie der Weiterleitung von Online-Nachrichten anbelangte, war Blair immer eine Nasenlänge voraus.

Blair kam in den Besitz der virtuellen Selbstmordwaffe, des Löschprogramms, nachdem wir einige psychologisch schwierige Wochen in WELL verbracht hatten. Wochen vorher hatte Bandy, einer der bei WELL angestellten Techniker, seinen Job nach einem persönlichen Streit mit einer anderen Online-Persönlichkeit geschmissen. Bevor er aufhörte, schrieb er, erfahrener Programmierer, der er war, ein Dienstprogramm, das die WELL-Datenbank nach allem durchsuchte, was er jemals geschrieben und an eine öffentliche WELL-Konferenz geschickt hatte, und es löschte – alles. Es handelte sich um einen phantastischen Streich, einen Akt der Programmierkunst, mit dem er beabsichtigte, die strukturelle Integrität eines sozialen Systems zu testen. Bandy veröffentlichte den Quellcode des Programms im Netz. Jeder, der in den Besitz der Vernichtungswaffe gelangen möchte, kann seitdem eine Anfrage an das Netz stellen, und wird früher oder später von jemandem erfahren, in welchem Archiv das Programm gespeichert wurde.

In den ersten Jahren von WELL war zwischen der anarchischen Subgemeinschaft von Hobby-Programmierern und WELL eine enge Beziehung entstanden. Jahrelang hatten Leute Programme geschrieben, kostenlos, um ihr Prestige zu pflegen, und weil wir diese Programme brauchten. Bandy war der erste, der eine Waffe programmierte.

Jeder, der Wörter an WELL schickt, hat das Recht, sie später wieder zu löschen. Konferenz-Gastgeber können die Worte anderer löschen; diese Macht ist jedoch erheblich dadurch eingeschränkt, daß jeder weiß, daß einer solchen Tat Wochen wiederholter, erbitterter Debatten folgen würden. Bisher erlauben es sich die Gastgeber höchstens einmal im Jahr, den Kommentar eines anderen Mitglieds zu löschen. Eigene Kommentare zu löschen, kommt zwar häufiger vor, ist aber auch durchaus nicht die Norm. Ungeschriebenes Gesetz scheint zu sein, daß jeder lieber zweimal nachdenkt, bevor er etwas hinschreibt, statt voreilig eine Meinung zu äußern und dies später so sehr zu bedauern, daß er sie wieder löscht. Es wird nur ungefähr einer von tausend Kommentaren gelöscht.

Um dies zu tun, mußte man jeden Kommentar einzeln aufspüren und dann eine Reihe von Schritten unternehmen, um ihn zu löschen. Nun, da das Dienstprogramm – die Waffe – existierte, entschieden wir in endlosen Diskussionen im Anschluß an die Vorfälle mit Bandy und Blair, daß selbstverständlich jeder das Recht haben sollte, jeden seiner Beiträge zu löschen. Dennoch wird ein solches Verhalten von den meisten als außerordentlich unsozial abgelehnt.

Als Metaview Bandys Löschprogramm dazu benutzte, seine über Jahre geleisteten, sehr produktiven Beiträge aus dem Gewebe geschriebener Konversationen herauszuschneiden, sah das gesamte Gewebe der WELL-Diskurse, wie durchlöchert aus. Bei Themen, an denen er sich besonders intensiv beteiligte, fehlen derartig viele Beiträge, daß der rote Faden bis zur Unverständlichkeit zerrissen ist. Es ist sehr ärgerlich. Warum ist jemand ein begeistertes Mitglied eines viele Jahre dauernden Projektes vieler Menschen, in dem die Worte ineinandergewoben werden, wenn er plant, seine Beiträge aus dem Konversationsstoff herauszuschneiden, wenn er das Projekt verläßt?

Als Bandy als erster all seine Beiträge löschte, war dieser Akt so neu für uns, daß unsere Reaktion durch den Schock gedämpft wurde. Die Aufgabe, unsere psychologische Sicht auf WELL neu gestalten zu müssen, übte eine perverse Faszination auf uns aus. Die Idee, daß in WELL eine entscheidende Macht des Denkens versammelt zu sein scheint, die größer als die zerstörende Macht jeder einzelnen Person ist, wurde durch die Art verstärkt, wie Angriffen auf die Gemeinschaft widerstanden werden konnte. Blair wurde von einer Menge Leute verdammt wegen seines zerstörerischen Verhaltens gegenüber WELL, das ihm so lange geistige Nahrung gegeben hatte. Ich griff zum Telefonhörer und rief ihn an.

«Blair, warum hast du das getan?», fragte ich ihn.

«In dem Moment schien es mir genau das zu sein, was getan werden mußte», sind exakt die Worte, die er zu mir sagte. Die Art, wie er es sagte, drückte nur wenig Mitgefühl aus. Für ihn, dessen Stimmung sich im Laufe einer Konversation häufig änderte, war es nichts Außergewöhnliches. Ich glaube, er meinte wirklich, was er sagte. Es war ein Impuls gewesen. Das Programm – die Waffe – hatte es möglich gemacht. Genau dies berichtete ich auch der WELL-Gemeinschaft.

Niemand verwechselt das virtuelle Leben mit dem realen, obwohl es für viele von uns eine emotionale Realität darstellt. Einige Impulse sind nun einmal ernster als andere. Impulsive Handlungen können im wirklichen Leben dauerhaftere Auswirkungen haben, als die schwerwiegendsten Handlungen im Cyberspace. Ich fragte Blair, ob er Suizidgedanken habe. Er sprach davon. Ich antwortete mit dem alten Klischee, daß Selbstmord die Dauerlösung für ein vorübergehendes Problem ist. Nach diesem Gespräch redete ich mit seinem Freund und Psychiater. Es war nichts Neues, daß er mit Selbstmordgedanken spielte. Einmal würde er es tun. Diesmal tat er es.

In dem Moment, als die Nachricht uns erreichte, begann für die WELL-Gemeinschaft eine Zeit der Veränderungen. Am Computer mit Wörtern unseren Spaß zu haben, war die eine Sache. Zu Blairs Beerdigung zu gehen, und von Angesicht zu Angesicht mit seiner Familie zu sprechen, eine andere. In WELL wurden viele Themen eröffnet, die Blair gewidmet waren. Auf Wunsch seiner Familie gab es eines, das Nachrufe für ihn zusammenfaßte. Unter vielen anderen Titeln, die nicht für seine Familie gedacht waren, lieferten wir uns grauenhafte Wortgefechte darüber, wie Menschen sich verhalten sollten und wie nicht. Bei einer Diskussion kam es sogar dazu, daß alte Ressentiments, die in früheren Auseinandersetzungen entstanden waren, wieder auflebten und böse Worte fielen. In jeder Familie und jeder sozialen Gruppe weckt ein Suizid ungewöhnliche Emotionen. Glücklicherweise gab es unter uns ein oder zwei Leute, die genau einschätzen konnten, was mit uns passierte; ein WELL-Mitglied, das jahrelang mit seinen Gefühlen wegen des Selbstmords seines Bruders gekämpft hatte, konnte uns mit fürsorglichem und glaubwürdigem Rat zur Seite stehen.

Es gab das wirkliche Begräbnis, auf dem wir physisch anwesend waren und einander und Blairs Familie umarmten. Wir merkten, wie sehr wir Blair gemocht hatten, und daß sein Tod einen Meilenstein im Cyberspace gesetzt hatte. Ehen waren geschlossen, andere waren gelöst worden. Unternehmen waren gegründet worden, andere gescheitert. Wir hatten Partys gefeiert und Picknicks organisiert. Aber der Tod erscheint irgenwie noch realer, auch wenn man ihn nur bei einer virtuellen Beerdigung erlebt. Wie könnte irgendjemand von uns, der den anderen an jenem Nachmittag des Begräbnisses in die Augen sah, bestreiten, daß die Bande zwischen uns eine reale Qualität erhalten hatten?

Die Gefühle, die während der virtuellen Trauerrituale entstanden, waren nicht weniger intensiv, als die bei der wirklichen Trauerfeier – es war sogar so, daß die Online-Trauer Gelegenheit gab, einigem Ärger Luft zu machen, den die sozialen Gepflogenheiten eines wirklichen Treffens verboten hätten. Es gab die Fraktion derjenigen, die leidenschftlich und ohne Unterlaß die Nachrufe der anderen als zum Himmel schreiende Heuchelei anklagten, weil wir Blair zu Lebzeiten alles andere als fürsorglich behandelt hatten. Diejenigen von uns, die mit Blair und seinen Psychiatern telefoniert hatten, die seinen Bruder und seine Mutter besuchten, um ihnen ein wenig beizustehen, hatten eine andere Haltung, als diejenigen, die es nicht über sich bringen konnten, bei dem schmerzlichen Ereignis persönlich dabei zu sein, die aber nicht zögerten, online andere mit ihren Vorwürfen zu unterbrechen. Menschen, die miteinander auskommen mußten, weil sie alle alteingesessene Anhänger desselben sozialen Raums waren, fanden sich in der Situation wieder, sich nicht mehr zu mögen.

Für mich war dies eine besonders wichtige Lehre, die seitdem vielfach untermauert worden ist: Worte auf dem Bildschirm sind in der Lage, andere Menschen zu verletzen. Obgleich ein Online-Gespräch sich genauso flüchtig und informell anfühlen mag, wie ein Telefongespräch, hat es die Reichweite und Beständigkeit einer Publikation.

Seitdem sind Jahre vergangen. Megabytes an Konversation sind WELL hinzugefügt worden. Es ist nicht leicht, Teile des alten Gewebes zu finden, in dem die Löcher, die Blair herausgeschnitten hat, noch erkennbar sind. Aber die Gefühle, die die Leute online füreinander empfinden, sind immer noch von diesem Ereignis beeinflußt. Wie damals ein WELLianer, John P. Barlow, sagte: «Ihr seid keine richtige Gemeinschaft, solange ihr nicht auch ein Begräbnis gehabt habt.»

2

Alltag im Cyberspace:
Wie die Computergegenkultur
neue Räume öffnet

Ich war immer noch mit der Ausgabe von 1969 des *Whole Earth Catalog* beschäftigt, als ich auf einen Artikel über einen neuen Computerdienst stieß, den der *Whole-Earth*-Herausgeber Stewart Brand und seine Gruppe seit dem Frühling 1985 anboten. Für nur drei Dollar pro Stunde sollten Leute mit Computer und Modem auf Online-Dienste zugreifen können, für die andere öffentliche Telekommunikationssysteme das Fünf- bis Zehnfache verlangen. Ich erwarb einen Account und hatte damit Zugang zu WELL. Schon vorher hatte ich mich durch eine Einführung durchgekämpft, die mir klargemacht hatte, wie ein Modem anzuschließen und für den Aufbau einer Verbindung zu einem Bulletin-Board-System (BBS) oder zu The Source (einem frühen öffentlichen Informationsdienst) zu benutzen sei. Daher war ich nur leicht verärgert darüber, daß ich nun einen ganz neuen Befehlssatz zu lernen hatte, bevor ich mir den Weg durch die Software zu anderen Menschen bahnen konnte. Aber die schon etablierten WELL-Benutzer erwiesen sich als äußerst hilfsbereit gegenüber Anfängern, was über die durch die Software ausgelöste Verwirrung mehr als hinwegtröstete. Ich begann, die Texte der Konferenzen zu lesen und meine eigenen Beiträge abzuschicken. Schreiben als eingreifender, darstellender Akt! In wenigen Minuten war ich gefesselt.

Innerhalb weniger Monate gewöhnte ich mich daran, jeden Tag ein oder zwei Stunden fasziniert dieses Fenster zu einer Gemeinschaft anzustarren, die sich vor meinen Augen selbst schuf. Zwar war das System nur wenige Monate alt, und doch war die Atmosphäre von Kameradschaft und Pioniergeist unter den regelmäßigen Teilnehmern bereits deutlch spürbar. Die Drei-Dollar-Stunden sammelten sich langsam an, in kurzen Besuchen von zehn Minuten bis zu einer halben Stunde während des Tages und stundenlangen Sitzungen am Abend. Noch kostete mich die Telekommunikation weniger als ein paar Drinks oder ein doppelter Capuccino. Der kumulative ökonomische Aspekt meiner neuen Gewohnheit wurde mir erst bewußt, als die erste Monatsabrechnung 100 Dollar überschritt.

Wie es so geht, mußte einer meiner Freunde eine Zeichnung bei den Leuten vom *Whole Earth Catalog* abliefern, in dem Büro in Sausalito, in dem sich auch WELL befand. Also machte ich mich mit ihm auf den Weg. Als wir die endlosen Reihen ehemaliger Bürogebäude in einer der letzten Bohemien-Enklaven des Hausboot-Distrikts von Sausalito erreichten, fragte ich nach WELL. Ich wurde in einen kleinen Raum geführt; die Mannschaft bestand nur aus einer Person: Matthew McClure. Ich sprach mit ihm über die Möglichkeit, meine monatliche Rechnung dadurch zu reduzieren, daß ich als *Host* eine neu einzurichtende Konferenz zum Thema Geist und Intellekt leiten würde.

Ein Host spielt in WELL dieselbe Rolle, die von einem guten Gastgeber einer Party oder eines Salons erwartet wird: Neuankömmlinge begrüßen, Gäste miteinander bekanntmachen, hinter den Gästen herräumen, Gespräche anregen und, wenn notwendig, Streitereien schlichten. Für diese Dienste wird den Hosts von WELL ein Rabatt auf ihre Rechnung gewährt. Ich war in Sorge darüber, daß meine Pflichten als Gastgeber allzuviel meiner Zeit in Anspruch nehmen könnten.

Auf meine Frage lächelte Matthew. Ich weiß jetzt, was dieses Lächeln zu bedeuten hatte; damals verwirrte es mich. Er hatte erkannt, was sich bei mir entwickelte. Und er hielt diese Entwicklung für gut – für mich und für WELL. Er hatte recht. Aber sein Lächeln blieb mephistophelisch, als er sagte: «Manche Hosts kommen mit weniger als einer Stunde pro Woche aus.»

Dies war im Herbst 1985. Im Herbst 1986 war WELL schon Teil meines Lebens, und ich nicht mehr bereit, ohne auf WELL zu verzichten. Meine Frau war erst besorgt, dann eifersüchtig, schließlich zornig. Eines Nachts hatten wir deswegen eine heftige Auseinandersetzung, und sie erinnerte an jene kleine, besondere philosophische Fakultät, wo wir uns kennengelernt hatten, als sie sagte: «Das ist genau wie in Reed. Ein Haufen intelligenter Spinner haben sich gesucht und gefunden, und jetzt haben sie wieder ihre guten alten Zeiten.» Der Schock der Erkenntnis, den diese Behauptung auslöste, schien den Streit zwischen uns zu begraben.

WELL hat seine Wurzeln im Gebiet um die Bucht von San Francisco und in zwei verschiedenen kulturellen Revolutionen, die sich dort in den letzten beiden Jahrzehnten vollzogen haben. Der *Whole Earth Catalog* war aus der Haight-Ashbury-Gegenkultur hervorgegangen, als ein von Stewart Brand konzipiertes Instrument, das all die Kommunarden mit Informationen und Ideen versorgen sollte, die in den Wäldern von Mendocino und den tiefen Wüsten um Santa Fe alternative Wege des Lebens aufzubauen versuchten. Die *Whole-Earth*-Kataloge und die auf ihnen aufbauenden Zeitschriften – *Co-Evolution Quarterly* und, ihr folgend, *Whole Earth Review* – scheinen die Gegenkultur überlebt zu haben, denn die Zeitschriften und die Kataloge existieren seit nunmehr fast 25 Jahren.

Einer der Gurus von *Whole Earth*, Buckminster Fuller, liebte es die Analogie des Hilfsruders zu verwenden, jenem kleinen Ruder, das auf sehr großen Schiffen dazu dient, das eigentliche, große Hauptruder zu steuern. Die Leute am Hilfsruder, die jene Bewegungen und Disziplinen lenken, die ihrerseits die Gesellschaft beeinflussen – die Journalisten und Ingenieure, die Wissenschaftler und die Autoren von Science-Fiction, die freischaffenden Programmierer und die Evangelisten der Permakultur, die Aktivisten der Graswurzel-Bewegungen und Berater des Kongresses – brauchten weiterhin neue Instrumente und Ideen, auch wenn sie keine Gegenkultur mehr darstellten, sondern Teil des Mainstream geworden waren. Diese Träger kultureller Experimente versorgten *Co-Evolution Quarterly* und dann auch *Whole Earth Review* in den Jahrzehnten, in denen andere Zeitschriften zu Tausenden eingingen. Sogar die Idee, an der Westküste könne man Bücher publizieren, war eine Revolution, als es dann tatsächlich geschah. 1992 publizierte *Publishers Weekly* einen Artikel über die Geschichte der Publikationen der Westküste, und dieser Artikel begann mit dem *Whole Earth Catalog*. Der *Whole-Earth*-Katalog war – neben der Musik – das erste ideelle Unternehmen der Gegenkultur, dem die kulturelle Legitimation finanziellen Erfolgs zuteil wurde.

Die Mannschaft um den *Whole Earth Catalog* nutzte den Erfolg des Katalogs und gab eine neue Zeitschrift heraus: *The Whole Earth Software Review*. Und nach dem Start von WELL gingen Vorbestellungen für den *Whole Earth Software Catalog* in der Höhe von 1,4 Millionen Dollar ein, was alle Rekorde schlug. Es war an der Zeit, dem Erfolgskurs eine andere Richtung zu geben: WELL war das einzige von drei Projekten, das Erfolg hatte. Die *Whole Earth Review* überlebte als Druckmedium; WELL tat mehr, als nur zu überleben.

Der billige öffentliche Online-Dienst wurde angeboten, weil zwei Teilnehmer einer früheren kulturellen Revolution festgestellt hatten, daß der Technologie der Computerkonferenz Möglichkeiten innewohnten, die weit über ihre ursprüngliche Nutzung in der militärischen, wissenschaftlichen und Verwaltungskommunikation hinausgingen. Brand war Mitglied der Fakultät eines Online-Instituts gewesen, dessen Aufgabe darin bestand, den Einfallsreichtum leitender Personen der Wirtschaft zu fördern, des *Western Behavioral Sciences Institute* (WBSI), und erkannte dort, welch effektives Mittel Computerkonferenzen boten. Am WBSI kam er auch in Kontakt mit Larry Brilliant.

Brilliant und Brand konnten auf die gleiche Vergangenheit im Zentrum der farbigsten Ereignisse der sechziger Jahre zurückblicken. Brand war mit Ken Kesey und den Merry Pranksters auf Tour gewesen (Keseys Festnahme wegen Rauschgiftbesitz, die Tom Wolfe in *Electric Koal-Aid Acid Test* beschreibt, fand auf dem Dach von Brands Wohnung statt). Brand war einer der Organisatoren des folgenreichen *Trips*-Festivals, des Vorbilds für Bill Grahams Auftritte und für die gesamte Szene der Rock-Konzerte. Brilliant war Mitglied der Hog Farm gewesen, einer mit den Pranksters in Verbindung stehenden Kommune (die durch wohlüberlegten Einsatz von Cremetorten und Mineralwasser den reibungslosen Ablauf von Woodstock organisiert und das «Frühstück im Bett für 40 000» herbeigezaubert hatten). Nachdem er die Hog Farm verlassen hatte, wurde Brilliant Arzt, genauer Epidemiologe, und stand schließlich an der Spitze der von der Weltgesundheitsbehörde organisierten erfolgreichen Kampagne zur Bekämpfung der Pocken.

Brilliant nahm auch an einem weiteren Gesundheitsunternehmen teil, der Seva Foundation, das sich zur Aufgabe gemacht hatte, die Blinden in Asien zu versorgen. Dabei stellte er fest, daß Computerkonferenzen die weit entfernt eingesetzten Freiwilligen, das medizinische und das Verwaltungspersonal zusammenbringen und Probleme lösen konnte. Als die Maschine eines Rettungshubschraubers in einer entfernten Region von Nepal ausfiel, konnte er über das Online-Netz der Organisation das nächste Ersatzteillager aufspüren, erlangte die notwendigen Informationen darüber, wie die Hürden der lokalen Bürokratie zu überwinden seien, und veranlaßte den Transport der benötigten Teile zur beschädigten Maschine.

Brilliant wurde einer der Leiter von NETI, einem Unternehmen, das Computerkonferenzsysteme herstellte und lizensierte. Nachdem sie über das WBSI-Konferenzsystem in Kontakt gekommen waren, bot Brilliant Brand im Austausch für einen halben Anteil an dem neuen Unternehmen eine Lizenz für PicoSpan (die Konferenz-Software von WELL) an und das Geld, einen Minicomputer zu leasen. Das neue Unternehmen begann seine Arbeit in dem angenehmen, aber etwas baufälligen Büro der *Whole Earth Review*. Ein Dutzend Telefonanschlüsse wurden gemietet, ein Minicomputer installiert, der damals dem neuesten Stand der Technik entsprach, die Modems eingerichtet, und damit war 1985 WELL geboren.

Sowohl Brand als auch Brilliant hofften, WELL würde zum Vehikel sozialer Veränderungen werden; statt aber zu versuchen, es nach einem bestimmten Bild zu formen, wollten beide, daß dieses Vehikel sich spontan entwickelt. WELL war ganz bewußt als kulturelles Experiment gedacht; die Ergebnisse des Experiments würden über Wohl und Wehe des Unternehmens entscheiden.

Stewart Brand wählte als ersten Direktor und den damit verbundenen Funktionen des Technikers, Managers, Gastgebers und Rausschmeißers von WELL Matthew McClure, nicht zufällig ein computererfahrene Veteran der *Farm*, einer der erfolgreichsten Kommunen, die in den sechziger Jahren entstanden waren.

Brand und McClure richteten ein nur wenigen Regeln unterworfenes, auf hohem Niveau stehendes Diskussionsforum ein, in dem Netzspezialisten, Futuristen und intelligente Spinner aller Art, die begriffen hatten, wie unser Outsider-Status in der einen oder anderen Weise zu unserem Nutzen einzusetzen sei, die Technologie des CMC bis an ihre kulturellen Grenzen ausreizen konnten. Als McClure nach anderthalb Jahren ging, übernahm ein anderer Veteran der Farm, Cliff Figallo, diese Aufgabe. Während Figallo die Geschäfte führte, wurde ein weiterer Farm-Veteran mit der Aufgabe betraut, die Gemeinschaft aufzubauen.

Die Veteranen der Farm hatten mehr als ein Jahrzehnt versucht, eine sich selbst versorgende Kolonie in Tennessee aufzubauen. In den guten Tagen der Farm arbeiteten mehr als tausend Menschen zusammen, um ihre eigene agrikulturelle Gemeinschaft zu schaffen. Die Farm existiert immer noch und kann sich in überraschend hohem Grad selbst versorgen. Sie brachten ihre Kinder zuhause zur Welt, unterrichteten sie zuhause, bauten Waschküchen zur Säuberung Hunderter von Windeln, bauten Sojabohnen an und dehnten ihre Bemühungen sogar auf andere Gebiete aus.

Cliff Figallo hatte im Auftrag von *Plenty*, dem internationalen Zweig der Farm, mehrere Jahre in Guatemala verbracht, um dabei zu helfen, in Maya-Dörfern hygienische Wasserversorgungssysteme einzurichten. Matthew, Cliff, John und ihre Familien, darunter acht Kinder, verließen nach zwölf Jahren die Farm, zum Teil, weil sie nicht mit der Art einverstanden waren, wie die Farm geführt wurde, zum Teil aus Erschöpfung. Selbstversorgung erreichen zu wollen erfordert harte Arbeit.

Brand glaubte, die Absolventen der Farm seien die ideale Wahl für die Aufgaben bei WELL. Matthew war der einzige unter ihnen, der bereits Computerkenntnisse besaß, aber ihr an der vordersten Front gemeinschaftlichen Lebens erworbenes Wissen darum, wie Menschen Entschlüsse fassen und gemeinsam eine Kultur aufbauen – oder wie sie an diesen Aufgaben scheitern – wog ihren Mangel an Computerkenntnissen bei weitem auf. 1992 war die Mannschaft um WELL bereits auf fünfzehn Personen angewachsen, der ursprüngliche Minicomputer war längst verschwunden und alle Veteranen der Farm waren bei anderen

Unternehmen beschäftigt. Nachdem ich mich schon ein Jahr in WELL herumgetrieben hatte, war es für mich ganz offensichtlich, daß das Experiment eines sich selbst unterhaltenden Online-Salons sehr gut gelungen war. Ich war jetzt mehr und mehr überzeugt, wir seien dabei, eine Art kulturellen Präzedenzfall zu schaffen. Ich interviewte online sowohl Matthew McClure als auch Kevin Kelly, beide Mitbegründer von WELL.

Einer der Vorteile eines Computerkonferenzsystems ist der allen zugängliche Speicher, der Schlüsselmomente in der Geschichte der Gemeinschaft aufbewahrt. Obwohl ich seit Jahren nicht mehr nachgesehen hatte, waren die Online-Dokumente unserer Geschichte natürlich noch vorhanden – in dem Archiv-Forum. Die Antworten trugen das Datum vom Oktober 1986.

Matthew McClure erinnert sich: «Stewarts Vision war sehr wichtig für die Ausgestaltung des Systems». Die Vision, in der McClure und Brand übereinstimmten, richtete sich auf drei Ziele: die Kommunikation zwischen interessanten Leuten im Bereich der Bucht von San Francisco zu vereinfachen, ein ausgefeiltes Konferenzsystem zu einem revolutionär niedrigen Preis zur Verfügung zu stellen und EMail für alle zu bieten. Sie wußten, daß die notwendige Zahl an Teilnehmern nur zu erreichen war, wenn es gelang, interessante Leute für eine Konversation auf einem etwas höheren Niveau als dem in anderen Bulletin-Board-Systemen üblichen zu gewinnen. In Matthews Worten: «Wir brauchen ein schmackhaftes Stück Käse, das die Mäuse in die Falle lockt.» Daher luden sie eine Menge Leute ein, gaben ihnen kostenlose Accounts, nannten sie «Hosts» und ermutigten sie, die Atmosphäre eines Pariser Salons zu schaffen, einer Vielzahl solcher Salons. Brand, eine Biologe, bestand darauf, das Ganze müsse aus sich selbst wachsen, statt künstlich stimuliert zu werden. Statt Geld für Hochglanzwerbung auszugeben, gaben sie Journalisten kostenlose Accounts.

McClure erinnert sich an zwei Wachstumsschübe. Zunächst wurde WELL durch Mundpropaganda der etwas Abenteuerlustigeren unter denen bekannt, die im Gebiet der Bucht beruflich mit Computern zu tun hatten. Und die kostenlosen Zugangsberechtigungen für Journalisten machten sich bezahlt, als WELLianer Artikel über WELL zu schreiben und zu veröffentlichen begannen. Brand ging nach Cambridge, um ein Buch zu schreiben, und die Hosts schienen nun in WELL den Ton anzugeben.

«Der nächste Wachstumsschub», erinnert sich McClure, «kam mit der Einrichtung der Deadhead-Konferenz und die darauf folgende Propaganda durch Interviews und gelegentliche Hinweise in lokalen Radiosendern. Plötzlich hatten wir einen Ansturm neuer Anwender, und viele unter ihnen besaßen diese einzigartigen Charakterzüge, die ein Sysop (*System Operator*: der für das BBS Verantwortliche) an einem Benutzer schätzt: angeborene Geschwätzigkeit. Die Deadheads kamen online und schienen instinktiv zu wissen, wie sie das System benutzen mußten, um eine Gemeinschaft für sich zu schaffen. Ich glaube, dafür müssen wir uns besonders bei Maddog, Marye and Rosebody bedanken. Nicht lange danach sahen wir das Konzept des Online-Superstars mit der Einrichtung der *True-Confessions*-Konferenz neue Höhen erreichen... Plötzlich schien unsere Zukunft gesichert...»

Kevin Kelly war mehrere Jahre Herausgeber der *Whole Earth Review* gewesen, als WELL gegründet wurde. Die Hacker-Konferenz war seine Idee gewesen. Kelly erinnert sich noch an die ursprünglichen Ziele, die die Gründer beim Aufbau von WELL vor Augen hatten, als sie 1985 das Unternehmen starteten.

Die Ziele, die das System erreichen sollte, waren:

1. Es sollte kostenlos sein. Dies war ein Ziel, keine Verpflichtung. Wir wußten, es konnte nicht kostenlos sein, aber wenigstens so billig, wie es überhaupt möglich war...
2. Es sollte Gewinn abwerfen... Nach viel harter, schlecht bezahlter Arbeit von Matthew und Cliff ist das auch eingetreten. WELL ist zumindest eines der wenigen großen funktionierenden Systeme, das eine Zukunft hat.
3. Es sollte ein Universum ohne Grenzen werden...
4. Es sollte sich die Regeln selbst geben...
5. Es sollte ein sich selbst entwickelndes Experiment sein... Die ersten Benutzer sollten das System für die später hinzukommenden Benutzer aufbauen. Nutzung des Systems und das System selbst sollten sich wechselseitig beeinflussen und sich weiterentwickeln.
6. Es sollte eine Gemeinschaft bilden, die dem Geist der Whole-Earth-Publikationen entsprach. Ich denke, das wurde erreicht.
7. Die Butter sollten die Benutzer liefern, die das System für geschäftliche Zwecke nutzten. Falsch...

«Das System, das sind die Leute.» Diesen Satz bekommen Sie zu sehen, wenn Sie sich in TWICS, einem englischsprachigen Konferenzsystem in Tokio, einloggen. Das Gleiche erwies sich, sowohl im Aufbau wie in der Entwicklung, auch für WELL als richtig. Matthew McClure hatte erkannt, daß sein Geschäft darin bestand, Kunden an Kunden zu vermitteln, und ihnen dann alles andere selbst zu überlassen. Dies war eine sehr wesentliche Einsicht, die dem Unternehmen in den folgenden

Jahren großen Nutzen brachte. Sein Nachfolger, der Farm-Absolvent Clifford Figallo, widerstand ebenfalls der Versuchung, in die Gemeinschaft steuernd einzugreifen, statt sie selbst sich ihr eigenes System sozialer Regeln ausarbeiten zu lassen.

Leute, die nach einem großen kollektiven Projekt im Cyberspace suchten, strömten in Scharen zu WELL. Sie ergriffen Besitz von ihrem Heim, und das Heim profitierte davon. «Was es ist, bestimmen wir» wurde zum Motto der entstehenden WELL-Gemeinschaft.

Eine Art Karte, die darstellt, was «es» eigentlich ist, kann helfen, WELL zu verstehen. Daher ein Schnappschuß von der Struktur der öffentlichen Konferenzen in WELL. Beachten Sie, daß in jeder Konferenz oft Hunderte Einzelthemen behandelt werden (vergleichen Sie zum Beispiel die Liste der Themen der Elternkonferenz in Kapitel 1), und daß zu jedem Thema Hunderte von Beiträgen vorliegen können. Um Platz zu sparen, sind in der folgenden Liste *nicht* enthalten: sechzehn Konferenzen über Politik und soziale Verantwortung, zwanzig Konferenzen über Kommunikation und Medien, zwölf Konferenzen über Arbeits- und Geschäftswelt, achtzehn Konferenzen zu den Themen körperlicher und geistiger Gesundheit, elf Konferenzen über Kulturen, siebzehn Konferenzen über soziale Räume und siebzehn Konferenzen über Interaktionen.

Liste der öffentlichen Konferenzen in WELL

RECREATION

Bicycles	(g bike)	Gardening	(g gard)
Boating	(g boat)	Music	(g music)
Chess	(g chess)	Motoring	(g car)
Cooking	(g cook)	Pets	(g pets)
Collecting	(g collect)	Outdoor	(g out)
Drinks	(g drinks)	Recreation	
Flying	(g flying)	Sports	(g sports)
Games	(g games)	Wildlife	(g wild)

ENTERTAINEMENT

Audio-Videophilia	(g movies)	Movies	(g movies)
Bay Aerea Tonigth	(g music)	Music	(g music)
CDs	(g cd)	Potato!	(g spud)
Comics	(g comics)	Restaurants	(g rest)
Fun	(g fun)	Star Trek	(g trek)
Jokes	(g jokes)	Television	(g tv)

COMPUTERS

AI/Forth/Realtime	(g realtime)	MIDI	(g midi)
Amiga	(g amiga)	NAPLPS	(g naplps)
Apple	(g apple)	NeXt	(g next)
Arts and Graphics	(g gra)	OS/2	(g os2)
Computer Books	(g cbook)	Printers	(g print)
CP/M	(g cpm)	Programmer's Net	(g net)
Desktop	(g desk)	Scientific	(g scicomp)
Publishing		computing	
Hacking	(g hack)	Software	(g sdc)
Hypercard	(g hype)	Design	
IBM PC	(g ibm)	Software/	(g software)
Internet	(g internet)	Programming	
LANs	(g lan)	Software	(g ssc)
Laptop	(g lap)	Support	
Macintosh	(g mac)	Unix	(g unix)
Mactech	(g mactech)	Virtual Reality	(g vr)
Mac Network Admin	(g macadm)	Windows	(g windows)
Mac System7	(g mac7)	Word processing	(g word)

ARTS AND LETTERS

Art Com	(g acen)	Photography	(g pho)
Electronic Net		Poetry	(g poetry)
Art and Graphics	(g gra)	Radio	(g rad)
Beatles	(g beat)	Science	(g sf)
Books	(g books)	Fiction	
Comics	(g comics)	Songwriters	(g song)
Design	(g design)	Theater	(g theater)
Jazz	(g jazz)	Words	(g words)
MIDI	(g midi)	Writers	(g wri)
Movies	(g movies)	Zines/Fanzine	(g f5)
Muchomedia	(g mucho)	Scene	
NAPLPS	(g naplps)		

THE WELL ITSELF

Deeper technical	(g deeper)	Hosts	(g host)
view		Policy	(g policy)
MetaWELL	(g metawell)	System News	(g sysnews)
General technical	(g gentech)	Test	(g test)
WELLcome and help	(g well)	Public	(g public)
Vitual	(g vc)	Programmers	
Communities			

EDUCATION AND PLANNING

Apple Library Users	(g alug)	Earthquake Homeowners	(g quake) (g home)
Brainstorming	(g brain)	Indexing	(g indexing)
Biosphere II	(g bio2)	Network	(g origin)
Co-Housing	(g coho)	Integration	
Design	(g design)	Science	(g science)
Education	(g ed)	Transportation	(g transport)
Energy	(g power)	Whole Earth	(g we)
Environment	(g environ)	Review	

GRATEFUL DEAD

Grateful Dead	(g gd)	Tapes	(g tapes)
Deadlit	(g deadlit)	Tickets	(g tix)
GD Hour	(g gdh)	Tours	(g tours)
Feedback	(g feedback)		

Einige populäre private Konferenzen in WELL

Die dritte Spalte der folgenden Aufstellung nennt die Benutzerkennungen der für die jeweilige Konferenz zuständigen Hosts. Bei diesen Hosts müssen neue Interessenten zunächst die Bedingungen für den Zugang zur Konferenz erfragen.

BODY - MIND - HEALTH

Crossroads	(g xroads)	mail rabar for entry
Gay (private)	(g gaypriv)	mail hudu for entry
Men on the WELL	(g mow)	mail flash for entry
Recovery	(g recovery)	mail dhawk for entry
Women on the WELL	(g wow)	mail reva for entry
Sacred Sites Int'l	(g ssi)	mail rebop or mandala for entry

ARTS, RECREATION

Aliens on the WELL	(g aliens)	mail for entry
Band (for working musiciens)	(g band)	mail tnf or rik for entry
WELL Writer's Workshop	(g www)	mail sonia for entry

COMPUTERS, COMMUNICATION

The Matrix	(g mids)	mail estheise for entry
Producers (radio)	(g pro)	mail jwa for entry

GRATEFUL DEAD

Deadplan	(g dp)	mail tnf for entry
Grapevine	(g grape)	mail rebop or phred for entry

Die Leute um *Whole Earth* – die Müsli-Utopisten, die Enthusiasten der Sonnenenergie, die Space-Station-Leute, die Unsterblichen, die Futuristen, die Absolventen der Kommune, die Umweltschützer, die Sozialaktivisten – bildeten von Beginn an den Kern des Publikums. Einige von ihnen, die ebenfalls schon früh teilgenommen hatten, machten WELL zum offenen System und gleichzeitig zum spezifischen Ausdrucksmittel eines Teiles der Kultur in San Francisco. Eines dieser Elemente war die Subkultur, die aus einer kulturellen Umwälzung zehn Jahre nach der Gegenkultur entstanden war: die durch die Personal Computer (PC) ausgelöste Revolution.

«Die Personal-Computer-Revolutionäre *waren* die Gegenkultur» erklärte mir Brand, als ich ihn über das kulturelle Gemisch befragte, das in den frühen Tagen WELL bestimmte. Einer der Gründer von Apple, Steve Jobs, war auf der Suche nach Erleuchtung nach Indien gereist. Der Entwickler und Gründer von Lotus 1-2-3, Mitch Kapor, war Lehrer für transzendentale Meditation gewesen. Sie waren fünf bis zehn Jahre jünger als die Hippies, kamen aber aus dem Zeitgeist der sechziger Jahre und hatten viele der Ideen von persönlicher Freiheit und Bilderstürmerei aufgenommen, die ihre nur wenig älteren Brüder und Schwestern favorisierten. Der PC war für viele von ihnen der Talisman einer neuen Art von Befreiungskrieg; als Steve Jobs John Sculley von Pepsi abwarb, forderte er ihn heraus: «Willst du Zuckerwasser an Erwachsene verkaufen oder willst du die Welt verändern?»

Personal Computer und die PC-Industrie entwickelten sich durch junge Bilderstürmer, die gesehen hatten, wie die LSD-Revolution verlosch und die politische Revolution fehlschlug. Computer waren für diese Leute die letzte Schlacht des gleichen Feldzugs. Die *Whole-Earth*-Organisation und das Unternehmen, dem WELL zur Hälfte gehörte, hatten diesen PC-Besessenen, auch den Outlaws unter ihnen, mit den frühen Hacker-Konferenzen die Ehre erwiesen. In der Bezeichnung *Hacker* schwingt zwar im heutigen Sprachgebrauch die Bedeutung des Kriminellen mit und meint nur noch jene Strolche, die in die Computersysteme anderer Leute eindringen, damals jedoch waren Hacker junge Programmierer, die sich über konventionelle Regeln hinwegsetzten, sich daran erfreuten, elegante Lösungen für irritierende technische Probleme zu finden, und es liebten, gänzlich neue Technologien zu entwickeln.

Ohne sie hätten die ARPA-Forschungen des Verteidigungsministeriums in den Bereichen Computergrafik, Computerkommunikation und bei den frühen Versuchen, Computer für private, persönliche Nutzung zu entwickeln, keinen Erfolg gehabt.

Die jungen Computergenies und die alten Hasen, die noch immer mit Mainframe-Computern zu tun hatten, zeigten sich schon früh in WELL, denn die «Innereien» des Systems – das UNIX-Betriebssystem und die Programmiersprache «C» – boten verantwortlich handelnden Spezialisten Gelegenheit, herumzubasteln. Die wirklichen Hacker durchsuchten das System nach Sicherheitslöchern und halfen, WELL gegen Hacker mit finsteren Absichten abzuschotten. Den Teilnehmern gute Online-Tools zur Verfügung zu stellen, statt in andere Systeme einzudringen, das war ihr Ziel.

Ein drittes Element des Kuturgemischs in WELL, das sich auf unterschiedlichste Weise weit von seinen Ursprüngen in der Gegenkultur entfernt hat, sind die Deadheads. Artikel und Bücher sind über die Subkultur geschrieben worden, die sich um die Band *Grateful Dead* gebildet hatte. Sie hat ihre Ursprünge in demselben Milieu, zu dem auch die Merry Pranksters, die Hog Farm und der *Whole Earth Catalog* gehören. Die Deadheads, von denen viele erst geboren wurden, als die Band begann, auf Tour zu gehen, besitzen ein starkes Gemeinschaftsgefühl, das sie nur in großen Gruppen, wenn die Band ihre Konzerte gibt, ausleben können. In den Straßen erkennen Deadheads einander an den Fensteraufklebern ihrer Autos, an ihren Buttons und ihren umgefärbten Uniformen, aber sie hatten keinen *Ort*.

Damals richteten mehrere computerverständige Deadheads eine Grateful-Dead-Konferenz in WELL ein. Die Konferenz wurde GD genannt und war bald so überaus erfolgreich, daß sich in den ersten Jahren die Deadheads zur weitaus größten Einkommensquelle für das Unternehmen entwickelten. Da die Software von WELL den Benutzern erlaubt, sich ihre eigenen Spielräume einzurichten, schafften sich viele Deadheads die notwendige Technologie an und machten sich die Mühe, sich in die Software einzuarbeiten, einzig zu dem Zweck, mit Audiokassetten zu handeln oder über die Bedeutung der Texte zu streiten, und nahmen die Diskussionen über Politik, Technologie oder klassische Musik, die in anderen Konferenzen abliefen, überhaupt nicht wahr. Die Deadheads aber, die über «die Mauern kletterten», übten schließlich einen großen Einfluß auf WELL aus. Und viele verschiedene Arten von Gemeinschaften begannen in anderen Teilen der Petrischale, die von den Deadheads in Bewegung gehalten wurde, heranzuwachsen.

Zusammen mit anderen Elementen tauchten auch die ersten Marathonschwimmer in den neuen Strömungen des Online-Informationsflusses auf, die professionellen Futuristen, Redakteure und Journalisten. Autoren und Redakteure der *New York Times*, der *Business Week*, des *San Francisco Chronicle*, von *Time*, *Rolling Stone*, *Byte*, *Harper's* und dem *Wall*

Street Journal nutzen WELL als Briefkasten; einige von ihnen sind Teil der Gemeinschaft. Journalisten ziehen wiederum andere Journalisten an, und Ziel des Journalismus ist es, andere Leute neugierig zu machen: Die meisten Menschen brauchen ein altes Medium, um Neuigkeiten über ein sich entwickelndes neues Medium zu erfahren.

Eine wichtige soziale Regel ist in die Software, die WELL von innen her am Leben erhält, fest eingebaut: Niemand ist anonym. Jeder muß seine Beiträge mit seiner echten *Benutzerkennung* versehen. Es ist möglich, Pseudonyme zu benutzen, um eine andere Identität zu schaffen oder Metabotschaften abzuschicken. Diese Pseudonyme werden jedoch bei jeder Nachricht mit der wirklichen Benutzerkennung verbunden. Die ursprünglich WELL angebotene PicoSpan-Software besaß eine Option, die es Benutzern erlaubte, anonym zu bleiben. Und dies ist einer der wenigen Anlässe, bei denen Stewart Brand den Aufbau des Systems stark beeinflußte: Er bestand darauf, daß die Möglichkeit der Anonymität *nicht* angeboten würde.

Zwei der ersten WELLianer, die ich traf, waren Dhawk und Mandel. Wie Neulinge in einem schon bestehenden Unternehmen schlossen wir uns zu einer Art Clique zusammen. Diese frühe Verbrüderung war zum großen Teil auf die konfuse Software von WELL zurückzuführen. Die Entwicklung von komfortablen Benutzerschnittstellen für CMC befand sich noch im Stadium der Steinzeit, als PicoSpan entworfen wurde. Es ist nicht leicht, seinen Weg in WELL zu finden, und am Anfang steht die erschreckende Entdeckung, daß jedermann in WELL all die Mißgriffe sehen kann, die jemand macht, der sich zum ersten Mal seinen Weg durch WELL bahnt. Die kleine Mannschaft von WELL stand zur Verfügung, um den Newcomern zu helfen. Aber auch die computererfahreneren unter den Newcomern waren begierig, andere aktiv zu unterstützen. David Hawkins (Benutzerkennung *Dhawk*) hatte als Ingenieur und Elektriker gearbeitet und bald so viel über die Software von WELL gelernt, daß er vielen von uns, die um die gleiche Zeit wie er dazukamen, als unbezahlter Führer diente.

David Hawkins wollte Geistlicher bei den Baptisten werden und hat vor kurzem Corinne geheiratet, die er im Priesterseminar kennengelernt hatte. Er kommt aus dem tiefen Süden. Ich kannte bisher noch niemand aus dieser Gegend und auch keinen Baptisten-Priester. David ließ seinen ursprünglichen Plan, Priester zu werden, fallen, und Dhawk verbrachte mehr und mehr Zeit online, um den Verlorenen zu helfen und die Gepeinigten zu trösten. Wichtig waren ihm die realen Menschen hinter den Online-Personen. Ich erinnere mich daran, daß David Hawkins, nachdem er zu WELL gekommen war, mehr als ein Jahr beinah jeden Tag in der Woche fast eine Stunde mit dem Auto fuhr, um eine Online-Bekannte zu besuchen, die sich einer kleineren Operation hatte unterziehen müssen. Dhawk half mir, meinen Weg im WELL-Dschungel zu finden, und besuchte mich schon sehr bald von Angesicht zu Angesicht. Wie viele andere fühlte ich mich verpflichtet, Neulingen zu helfen, wenn sie Probleme hatten bei dem Versuch über die Software von WELL mit anderen Kontakt aufzunehmen.

Eine weitere Benutzerin, die hingebungsvoll am Aufbau der Gemeinschaft arbeitet, ist Tina Loney, Benutzerkennung Onezie. Sie ist alleinerziehende Mutter zweier Töchter, Lehrerin an der Public School, stolze Einwohnerin von Berkeley, als Host der Elternkonferenz eifrige Ziehmutter der herzlichen Elemente von WELL. Sie war unter denen, die die erste reale Party von WELL besuchten, und versäumt nur selten eines jener Treffen, bei denen sich WELLianer von Angesicht zu Angesicht sehen. Sie ist eine ungestüme Kämpferin von einem Temperament, das sich auch durch ihre Worte mitteilt. Über Onezies Online-Berichte habe ich ihre Töchter heranwachsen und das Nest verlassen sehen, und sie «beobachtete», wie meine Tochter sich vom Kleinkind zum Schulmädchen entwickelte. Wir kämpften in vielen Online-Schlachten auf der gleichen Seite und haben bei einigen Anlässen auch über das eine oder andere Thema gegeneinander gekämpft.

Maddog (*mad dog*, verrückter Hund) nahm diesen Namen an, nachdem ihn einer seiner Freunde wegen seiner gelegentlichen verbalen Bissigkeit so genannt hatte. Trifft man ihn von persönlich, erweist er sich als netter Typ, aber online gab David Gans in seinen Zeiten als Maddog sein Bestes, um seinem Spitznamen Ehre zu machen. Er ist ein hingebungsvoller und gebildeter Deadhead, sowohl aus Berufung als auch wegen seiner Tätigkeit. Sein Buch über die Band ist ein absolutes Muß für Deadheads, ob sie nun per Anhalter oder in der eigenen Limousine der Tour ihrer Band folgen. Er produzierte für eine Station in San Francisco eine einstündige Radiosendung mit der Musik von und Stories über Grateful Dead. Es war bei einem Konzert von Grateful Dead, wo er und zwei seiner Mitstreiter, Mary Eisenhart (marye), eine Computer-Journalistin, und Bennett Falk (rosebody), ein Programmierer, die Eingebung hatten, eine Grateful-Dead-Konferenz in WELL einzurichten.

WELL öffnete mir das Deadhead-Milieu und brachte mich in (realen) Kontakt mit David Gans. Passiv und aktiv nahm ich an der Deadhead-Gemeinschaft in WELL teil und half ihm, eine tiefe Krise in seinem Leben zu überstehen. Die Führung der lokalen Radiostation setzte seine Sendung ab. David war niedergeschmettert. Er liebte es, Radiosendungen zu produzieren, liebte es, für die von ihm bevorzugte Band zu missionieren. Die Absetzung seines Programms traf ihn hart. Nachdem online viel Trauer und viel Mitgefühl ausgetauscht worden waren, schlug jemand vor, David solle andere Radiostationen mit seiner Sendung beliefern. Auf diese Weise konnte er sich an der Station, die sein Programm abgesetzt hatte, rächen und mehr Leute erreichen als je zuvor.

Er war zunächst skeptisch; da aber so viele seiner Online-Anhänger ihn drängten, konnte er sich schließlich einem Versuch nicht mehr widersetzen. Es zeigte sich, daß die Idee ganz gut gewesen war. Gans gründete die Produktion *Truth 'N Fun* und belieferte einen Stamm öffentlicher Radiostationen im ganzen Land mit seinem wöchentlichen Programm. Gleichzeitig änderte er seine Benutzerkennung von Maddog in tnf. Die Person Maddog existiert noch immer und ihr Knurren ist ab und an online zu vernehmen, aber tnf ist einer der Leute, die auf der zentralen Bühne von WELL eine nicht zu übersehende Rolle spielen.

David Gans ist einer von mehreren Dutzend Leuten, die am stärksten die Konversationsatmosphäre von WELL beeinflussen, einfach deswegen, weil sie lesend und schreibend soviel Zeit in WELL verbringen. Vor allem bei David hat man den Eindruck, seine Ohren wären mit einem Draht direkt mit WELL verbunden. Ihn im wirklichen Leben bei der Arbeit zu sehen, hilft, dies zu verstehen. Wie viele von uns arbeitet er zuhause, in einem nach seinen Bedürfnissen gestalteten Studio. Eine ihn umgebende Audioconsole ist aufgebaut – das Steuerzentrum für seine Radioproduktionen. An beiden Seiten sind Studiolautsprecher montiert, ausgerichtet auf den einzigen Stuhl inmitten all dieser Ausrüstung. Ein Fernseher ist in Augenhöhe angebracht, darüber der Audiomonitor. Ein Telefon befindet sich in Reichweite seiner rechten Hand. Und direkt vor ihm sind Computer und Modem aufgebaut. Um seinen Lebensunterhalt zu verdienen, hat David Gans sich ganz und gar in Medien versenkt. Ich möchte wetten, daß sich Peter Drucker durchaus etwas anderes vorgestellt hat, als er den Begriff *Wissensarbeiter* geprägt hat. Wie viele seiner Zeitgenossen bringt David Gans mehere Medien gleichzeitig zum Einsatz. WELL ist nur ein Teil des Informationsflusses.

Dann gibt es da Mandel, der auf den ersten Blick dem Bild des Spezialisten im Informationszeitalter besser zu entsprechen scheint. Er brachte in die High-Tech-Sitzungen einen Flair von intellektueller Respektabilität ein. Er war professioneller Futurologe in einer Denkfabrik des wirklichen Lebens gewesen. Er verfügt über einen soliden Forschungshintergrund, über Zahlen und Fakten, um seine Behauptungen zu untermauern. Will jemand mit ihm streiten, dann sollte er besser vorbereitet sein. Mandel, der am gleichen Tag wie Dhawk zu WELL kam, wenige Wochen, bevor ich zu WELL stieß, ist einer von den Leuten, die sofort zu den Stammgästen in WELL gehörten, zusammen mit mir, dem freischaffenden Autor, mit Onezie, der Schullehrerin, mit Dhawk, dem zum Unix-Hacker mutierten Baptisten-Prediger, mit Maddog, dem Dead-head-Radioproduzenten, und mit einem Dutzend anderer.

Mandel ist bei SRI International angestellt (dieses Unternehmen begann als Stanford Research Institute, an dem Jacques Vallee und Doug Engelbart in den siebziger Jahren Pionierarbeiten zum Thema Computerkonferenzen vorlegten). Städtische und staatliche Organisationen und die größten Unternehmen der Welt zahlen SRI für wenige Stunden von Tom Mandels unfehlbaren Voraussagen über die Zukunft gedruckter Publikationen, der Datenübertragung oder – und hier kann ich sein boshaftes Grinsen sehen – über die Zukunft der Kommunikation. Tom wird für seine WELL-Süchtigkeit nicht nur gut bezahlt, sondern erntet dafür von seinen Kunden und der Beraterfirma, die ihn angestellt hat, sogar Applaus. Er braucht kein schlechtes Gewissen zu haben. Denn selbst wenn er sich amüsiert, so gehört dies immer noch zur Arbeit.

Von WELL als Gemeinschaft kann nicht gesprochen werden, ohne Tex zu erwähnen, den Gastgeber, Barmann, Rausschmeißer, Ehestifter, Vermittler und eifrigen Werkler beim Aufbau von Gemeinschaften. Auch er ist einer der Kommunarden, die aus zwölf Jahren Farm hervorgingen. Ihn zeichnet sein ständiges, mit Realitätssinn gepaartes Streben nach Gemeinschaft aus, und er hat einen tiefen Abscheu gegenüber undemokratischen Regeln und Praktiken. Ich wußte alles über ihn, noch bevor ich ihn mit eigenen Augen gesehen hatte. Er ist der geborene Online-Unterhalter, und was er darüber sagt, wie die Dinge sein sollten, hat großes Gewicht, denn er hat mehr als ein Jahrzehnt darauf verwendet, seinen Gemeinschaftsidealen entsprechend zu leben. Ich wußte, daß er als Fernfahrer gearbeitet hatte, als Zimmermann bei der Reparatur von Häusern in den ärmeren Vierteln von Washington D.C. und als Aktivist in der South Bronx. Er war gerade als Automechaniker tätig, als Matthew McClure ihn anstellte, damit er helfe, die Gemeinschaft von WELL auszuweiten und zu vertiefen. Er hat vier Kinder. Ich hatte mir aus dem, was ich online von ihm mitbekam, mein eigenes Bild von ihm gemacht. Aber als ich ihm dann im realen Leben begegnete, überraschte mich sein jungenhaftes Aussehen. Ich war auf einen grauhaarigen, tabakkauenden, dickbäuchigen Typ gefaßt gewesen – der Typ, der sich selbst Tex nennen würde, auch wenn er aus Kalifornien stammt.

Ein für jeden, der ihn persönlich kennt, nicht zu übersehender Zug in Tex Persönlichkeit ist seine freundliche Nichtachtung der Reviergrenzen anderer Leute. Online und im realen Leben liebt es Tex, die Formalitäten beiseite zu lassen und von Mensch zu Mensch zu sprechen, darüber zu sprechen, was ihm tatsächlich im Kopf herumgeht, und wie es ihm im Herzen zumute ist. Im realen Leben rückt er sehr dicht heran, sagt es «ins Gesicht», im wahrsten Sinne des Wortes. Er ist über einsachtzig groß und ziemlich knochig. Es ist nicht einfach, die Distanz zu wahren, wenn er einem auf die Schulter schlägt und aus weniger als zehn Zentimetern Entfernung ernsthaft zu einem spricht. Als Tex 1992 WELL verließ, um eine Position bei einem anderen Online-Dienst zu übernehmen, organisierte die WELL-Gemeinschaft eine Kombination aus Gedenkveranstaltung, Abschiedsparty und Festessen. Ein Teilnehmer nach dem anderen stieg auf das Podium, schnappte sich Tex und redete ihn an – aus weniger als zehn Zentimetern Entfernung.

Sein «Ins-Gesicht-Sagen»-Stil und seine Anekdoten aus den zwölf Jahren des Versuchs, mit der Farm eine funktionierende Lebensgemeinschaft aufzubauen, steht für einen Grundsatz, der auch über die Jahre der Leitung durch Farm-Veteranen hinaus gültig blieb: Das Bestreben, das Medium zu nutzen, um menschliche Beziehungen aufzubauen, mehr noch – zu versuchen, immer bessere Wege des Lebens im Cyberspace zu entwickeln. Von Anfang an waren der Austausch von Informationen und die emotionale Beteiligung, für die beispielhaft die Expertenforen in WELL und die Elternkonferenz stehen, immer auch begleitet von einigen der weniger anziehenden Eigenschaften menschlichen Miteinanders. Was immer eine Gemeinschaft auch sein mag, eines ist sie nicht: eine konfliktfreie Umgebung. Es gab in WELL immer eine Menge Konflikte, die von Zeit zu Zeit in regelrechten Feuerstürmen wechselseitiger Attacken ausbrachen. Fraktionskämpfe. Klatsch. Neid. Eifersucht. Streit. Verbale Schlägereien. Miese Stimmungen, die von einer Diskussion in die nächste mitgeschleppt wurden.

Wenn eine dieser Online-Schlachten ausbrach, die Leute ihre Seite wählten und unfreundliche Worte ausgetauscht wurden, wanderten Tex und ich oft über die Hügel von Sausolito und sprachen darüber, daß das Online-Leben manchmal recht unangenehm werden könne und wie dem wieder abzuhelfen sei. Wir kamen zu der Überzeugung, daß ganz normale, altmodische, vorbehaltlose Zuneigung der einzige Weg ist, eine Gemeinschaft am Leben zu erhalten, wenn sie so unterschiedlich zusammengesetzt ist, daß wechselseitige Reibungen nicht zu vermeiden sind, und daß gleichzeitig Redefreiheit, auch wenn sie ab und zu der Kontrolle entgleitet, anzustreben sei. Ein Kern von Leuten muß einfach an die Möglichkeit von Gemeinschaft glauben und sich immer wieder diesen emotionalen Stürmen aussetzen, wenn überhaupt die nur lose

71

verbundene Gruppe zusammenhalten soll. Wird die Situation noch durch die Beziehungen des realen Lebens, die Heiraten, die Scheidungen, die Affären, die Trennungen verkompliziert, die derselben Schar von Leuten widerfahren, die seit einer ganzen Anzahl von Jahren miteinander in Kontakt stehen, dann entsteht eine Atmosphäre, die sich von Zeit zu Zeit überhitzen muß.

Wer sind nun die WELL-Mitglieder und worüber reden sie? Ich kann Ihnen etwas über die einzelnen Personen erzählen, die ich in sieben Jahren kennengelernt habe, letztlich aber nur über einige wenige von ihnen, und WELL umfaßt weit mehr Teilnehmer, als die Zahl von Freunden, die jemand haben kann. Ich bin auf einen automatischen Dienst in WELL abonniert, den ein anderer WELLianer eingerichtet hat, der immer wieder Dienstprogramme für die Gemeinschaft entwickelt. Der *Blair Newman Memorial Newuser Report* versammelt biografische Notizen, die neue WELL-Benutzer in einer öffentlichen Datei ablegen, wenn sie sich einschreiben. Alle ein oder zwei Tage wird er mir als lange, elektronische Nachricht zugestellt. Bin ich zu beschäftigt und kann mich darum nicht kümmern, dann lösche ich diese elektronischen Nachrichten. Bei EMail ist es sehr leicht, etwas *nicht* zu lesen. Aber wenn ich diese Nachrichten durchsehe, die da mit 2400 Bit in der Sekunde ankommen, bekomme ich einen Begriff davon, wer aus welchen Gründen zu WELL kommt. Ab und zu halte ich einige von ihnen in einer Datei fest, als nicht unbedingt methodische Form der Übersicht.

Im folgenden finden Sie eine kleine Zusammenstellung einiger zufällig ausgewählter Benutzerbiografien, die ich 1991 und 1992 in wenigen Monaten gesammelt habe.

```
Ich bin selbständiger Unternehmensberater. Ich lebe auf dem Land,
direkt am Meer, nicht weit von Bodega Bay. Telefon, Fax und EMail
ermöglichen mir, hier draußen zu arbeiten und doch im Geschäft zu
bleiben.
```

***

```
Ich wohne in Seoul, Korea, wo ich im Bereich Public Relations für
die US-Regierung arbeite.
```

***

```
Ich bin Arzt und spezialisiert auf gesundheitliche Probleme von
Frauen, darunter Empfängnisverhütung, Abtreibung und Östrogen-Thera-
pie nach der Menopause. Ich bin medizinischer Leiter einer Abtrei-
bungsklinik. In den Siebzigern war ich Mitglied der Mid-Peninsula
Free University und organisierte Konzerte, zum Beipiel mit den Bands
Grateful Dead, Big Brother, Quicksilver, Jefferson Airplane usw.
```

Interessiert bin ich an den philosophischen/ethischen Problemen des
Anfangs und des Endes von Leben und der Funktion von Ritualen und
Traditionen.

***

Ich bin ein 19 Jahre alter College-Student auf der Suche nach sich
selbst. Ich liebe es, ohne Socken in einem Löwenzahnfeld zu sitzen.
Ich verbrachte zuviel Zeit damit, mit meinem Computer zu spielen.
Als Hauptfach habe ich Betriebswirtschaft und werde daher fünf Jahre
oder mehr hier sein. Ich versuche, den Sinn des Lebens zu entdecken... hilfreiche Ratschläge sind willkommen. Ich wünschte,
Pinguine hätten Flügel, die funktionieren (Seufz), über Lösungen
wird nachgedacht...

***

Ich bin ein Student aus Prag, und studiere das Fach Computergrafik
und -Design am Center for Electronic Art in San Francisco.

***

Bibliothekar des USDA, Sysop des "Alf"-BBS.

***

Ich bin Angestellter der Justizbehörde und arbeite als Assistent
dreier Richter in Duluth. Ich bin 31 und Single. Ich schloß 1982 die
Naval Academy und 1990 die Law School der Universität von Minnesota
ab. Ich war gegen den Golf-Krieg und war Paul Wellstones stellver-
tretender Wahlkampfleiter im 8. Kongreßwahldistrikt. Ich mag Segeln
und liebe lange Wanderungen durch die Wälder und an der Küste. Meine
anderen Interessen: Recht und Italien. Die Probleme, die mich im
Moment am meisten beschäftigen, sind die globale Gesundheitsvorsorge
und das Verhältniswahlrecht.

***

Meine Interessen liegen in der Landschaftsplanung (ich arbeite mit
bei der Aufstellung des Sacramento County General Plan) und im
Management von Informationssystemen (ich schreibe gerade an einem
Artikel über dieses Thema und bin an einer beruflichen Entwicklung
in diesem Bereich interessiert). Ich arbeite jetzt als Immobilien-
makler und als Entwickler mit über sieben Jahre Erfahrung in Benutzung und Beurteilung von Software für IBM-Kompatible.

***

Ich bin selbständiger System- und Software-Berater, insbesondere für
große militärische Befehls- und Steuersysteme. Meine neuesten Interessen sind neuronale Netze und Fuzzy-Logik, zusammen mit Parallel-
verarbeitung als zugrundeliegender Technologie. Ich bin immer daran
interessiert, mit fast jedem an jedem Ort und zu jeder Zeit über

neue Technologien, neue Anwendungen von Technologien und die gesellschaftlichen Auswirkungen zu diskutieren.

***

Ich bin ein im Alter von 33 neugeborener Freak. Mein Modem ist mein Leben. Gut, Gewichtheben und schnelle Wagen machen auch Spaß. Aber das Modem ist das Größte. Ich habe tatsächlich meinen Ehemann in einem BBS kennengelernt! Aber ich weiß, daß ich nur die Oberfläche dessen angekratzt habe, was mein Hayes für mich tun kann, und ich will alles lernen!

***

Besitzer eines Musikladens, Sekretär der Ecological Economics of Alaska.

***

Captain, US-Armee.

***

Ich bin ein japanischer Autor und sehr interessiert an Ökologie und elektronischer Demokratie. Ich werde jetzt zwei Jahre mit der Untersuchung der ökologischen Bewegung (Beitritt?) und gemeinsamer Netze als Mittel, die neue Gesellschaft aufzubauen, hier in Berkeley verbringen.

***

Ich arbeite am einzigen Hospital der USA, das sich der Behandlung und der Bekämpfung der Lepra widmet. Ich verbrachte nach der Revolution im Dezember 1989 auch sechs Monate in Rumänien.

Einer der Gründe, weshalb Menschen solche Orte wie WELL schätzen, ist die intellektuelle Vielfalt, die sie bieten. Eine unterschiedlich zusammengesetzte Gruppe liefert verschiedenartige, einander nicht überschneidende Netze von Expertenwissen. Könnten Sie diese Verschiedenartigkeit als eine Art lebendiger Enzyklopädie nutzen, würden Sie feststellen, daß Gemeinschaftssinn, die unschätzbaren emotionalen Werte, die die Elternkonferenz bietet, nicht das einzig Wertvolle sind, das Menschen in virtuellen Gemeinschaften erwarten dürfen.

Beachtlich kann auch die Erweiterung der eigenen, individuellen Möglichkeiten sein, die eine große Gruppe unterschiedlicher Menschen zu geben vermag, die dazu motiviert sind, einander zu helfen und ihr Wissen miteinander zu teilen, während CMC die zwischen ihnen bestehenden räumlichen und zeitlichen Unterschiede aufhebt.

Ökonomie des Schenkens
und Gesellschaftsverträge im Cyberspace

Keine einzelne Metapher vermag das Wesen von Cyberspace vollständig zu beschreiben. Virtuelle Gemeinschaften sind Räume, in denen Menschen aufeinandertreffen, und sie sind zugleich Hilfsmittel; diese beiden Aspekte virtueller Gemeinschaften überlappen sich nur zum Teil. Manche Menschen kommen zu WELL, um dort Gemeinschaft, andere, um sie interessiernde Informationen zu finden; manche suchen beides. WELL bietet mir Räume, die mein Herz ansprechen; aber WELL ist weitab aller Emotionen auch ein wertvolles Hilfsmittel bei der Suche nach Informationen und wurde inzwischen zum integralen Bestandteil meines beruflichen Alltags. Die Elternkonferenz ist ein geheiligter Zirkel, während die News-Konferenz eher einer Kombination von intellektuellem Marktplatz und geistigem Klubraum ähnelt. Als ich zum ersten Mal meinen Weg zu WELL fand, war ich auf der Suche nach Informationen, und ich fand sie auch. Damals entdeckte ich, daß die Menschen, die über Informationen verfügen, interessanter sind als die Informationen allein. Die einem Spiel ähnliche und die einem Hilfsmittel ähnliche Seite des Online-Austauschs von Informationen zogen mich noch stärker an. Später traf ich die Wissensvermittler dann auch in Online-Plätzen, die eher dem Gemeinschaftssinn ansprechen.

Ich war genauso hungrig nach intellektueller Gemeinschaft wie nach purer Information. Während viele, die täglich zu ihrem Arbeitsplatz fahren müssen, davon träumen, zuhause arbeiten zu können, weiß ich, was es heißt, auf diese Weise zu arbeiten. Ich konnte es nie leiden, den Pyjama auszuziehen, wenn ich nicht unbedingt mußte; daher habe ich immer zuhause gearbeitet. Das hat seine Vorteile, aber auch seine Nachteile. Das berufliche Schicksal eines selbständigen, zuhause arbeitenden Symbolanalytikers in den neunziger Jahren ist die Isolation. Die Jäger und Sammler des Informationszeitalters waren einsame Wölfe, bis sie das Netz fanden.

Die Gruppe von Leuten, die Robert Reich in seinem Buch *The Work of Nations* Symbolanalytiker nannte, ist die natürliche Beute von Online-Gemeinschaften: Computerprogrammierer, Autoren und Journalisten, freie Künstler und Designer, unabhängige Radio- und Fernsehproduzenten, Herausgeber, Forscher, Bibliothekare. Seit einiger Zeit haben sich diesen frühen Anhängern auch die ersten Exemplare der Mainstream-CMC-Benutzer hinzugesellt. Immer mehr Menschen, die Häuser anstreichen, Boote bauen, in einem Büro oder einem Krankenhaus arbeiten oder Immobilien verkaufen, die aber neugierig neue kulturelle Phäno-

mene beobachten und nicht davor zurückscheuen, eine Computertastatur zu benutzen, um sich auszudrücken, mischen sich unter die
Wissensarbeiter. Menschen, die zuhause arbeiten, ob nun mit ihren
Händen oder mit Symbolen, haben sich an das Netz angeschlossen, um
dort jene Art taktischer und emotionaler Unterstützung zu finden, die
andere im Büro oder in der Fabrik antreffen.

Da für so viele Mitglieder virtueller Gemeinschaften das berufliche
Fortkommen von ihrem Wissen abhängt, erweisen sich die virtuellen
Gemeinschaften als praktisches Hilfsmittel. Ob nun spezielle Informationen, eine Expertenmeinung oder ein Hinweis auf eine Quelle benö-
tigt werden: die virtuelle Gemeinschaft erweist sich als lebendige Enzyklopädie. Virtuelle Gemeinschaften können ihren Mitgliedern, gleichgültig, ob sie beruflich mit Informationen zu arbeiten haben oder nicht,
helfen, die Informationsflut zu bewältigen. Das Problem besteht im
Informationszeitalter speziell für Studenten und Wissensarbeiter, die
ihre Zeit eingetaucht in dieser Flut verbringen, darin, daß zu*viele* Informationen und zuwenige Filter verfügbar sind, die solche Daten aussieben könnten, die für den einzelnen nützlich und interessant sind.

Programmierer versuchen, immer bessere Software-Programme zu
entwickeln, die Daten absuchen, aussieben, filtern und finden können
und uns vor diesem schrecklichen Gefühl bewahren, das uns be-
schleicht, wenn wir erfahren müssen, daß die von uns gesuchten Daten
in fünfzehntausend Seiten ähnlicher Informationen begraben liegen.
Die ersten dieser Programme werden nun verfügbar – Archie, Gopher,
Knowbots, WAIS und Rosebud zum Beispiel sind die Namen verschiedener Programme, die die weiten digitalen Bibliotheken des Internet
und das ständig eintreffende Material der Nachrichtendienste durchsuchen und die interessierenden Daten herausfiltern. Aber es existieren
schon weit ausgefeiltere, wenn auch informelle Gesellschaftsverträge
zwischen Gruppen von Menschen, die uns erlauben, das gleiche füreinander zu tun, wie diese Programme.

Wenn mir bei meinen Wanderungen durch den Raum der Informationen Daten auffallen, die zwar mich nicht interessieren, von denen
ich aber weiß, daß ein anderer aus der Gruppe meiner weltweit verstreuten Online-Freunde sie sucht, dann schicke ich diesem Freund
einen Hinweis oder sende ihm einfach den gesamten Text zu (einer der
großen Vorteile, die CMC bietet, ist die Möglichkeit, über das gleiche
Medium senden und empfangen zu können). In manchen Fällen kann
ich die Informationen an genau den Ort schicken, wo zehntausend
Menschen, die ich nicht kenne, die aber an diesem Thema stark interessiert sind, sie sofort finden können, wenn sie sie brauchen. Und

manchmal tut einer von diesen zehntausend Menschen, die ich nicht kenne, das gleiche für mich. Dieser informelle, ungeschriebene Gesellschaftsvertrag stützt sich auf ein Gemisch fester oder loser Beziehungen zwischen Menschen mit starken Beweggründen und kurzlebige Zugehörigkeit. Voraussetzung ist, daß einer etwas gibt, damit ein anderer etwas erhalten kann. Ich muß an meine Freunde denken und ihnen Hinweise zukommen lassen, statt die Informationen, für die ich keine Verwendung habe, auf den virtuellen Müllhaufen zu werfen. Sich so zu verhalten, kostet nicht viel Energie, denn ich muß auf jeden Fall die Informationen durchsieben, um das Wissen zu finden, das ich für meine Zwecke brauche. Es kostet mich zwei Tastenanschläge, die Informationen zu löschen, und drei, um sie an jemand anderen weiterzusenden. Und ich finde, daß die Hilfe, die ich durch die Ergebnisse anderer Leute erfahre, die ihrerseits auch die mich interessierenden Themen beachten, während sie Sektoren des Informationsraums absuchen, die ich normalerweise nicht berücksichtigen würde, die Energie, die ich darauf verwende, anderen zu helfen, bei weitem wettmacht: Hier finden Altruismus und Eigeninteresse zueinander.

Lee Sproull und Sara Kiesler, zwei Sozialwissenschaftler, weisen in ihrem Buch *Connections: New Ways of Working in the Networked World* darauf hin, daß diese Form informellen Austauschs ein wesentlicher, wenn auch nicht sichtbarer Betandteil jeder Organisation ist:

> «Weiß irgend jemand...?» ist ein in Organisationen weit verbreiteter Satz und wird typischerweise bei informellen Treffen geäußert, zum Beipiel in Konferenzräumen, bevor die Besprechung beginnt, oder vor dem Kühlschrank, der Kaffeemaschine oder im Eßraum. In den Begriffen der allgemeinen Informationswissenschaft formuliert, äußert jemand eine Frage, die vage oder mehrdeutig sein kann. Normalerweise sucht der Fragende eine aktuelle oder verborgene Information, die in offiziellen Dokumenten nicht leicht zu finden ist. Die Hörer solcher Fragen kennen in der Regel den Fragenden und verhalten sich ihm gegenüber wohlwollend oder zumindest tolerant, denn dieses Verhalten entspricht allgemein akzeptierten Regeln, die Fragen sind nicht lästig und die Befragten müssen vielleicht eines Tages ihrerseits selbst eine Frage stellen.
> Kann in der normalen Welt der Bekanntenkreis des Fragenden die Frage nicht beantworten, ist der Fragende mattgesetzt: Über die elektronische Kommunikation jedoch kann der Fragende auf ein breiteres Spektrum von Informationsquellen zurückgreifen. Ein Meereskundler versendet in einem Netz für Meereskundler die Frage: «Ist es sicher und vernünftig, Maschinen

mit einem bestimmten Typ Isolierdraht anzuschließen?» Die offiziellen Anweisungen sagen: «Nicht verwenden.» Bald darauf erhält der Sender von anderen Orten verschiedene Nachrichten, die sagen: «Wir machen das immer so, aber Sie müssen dazu den folgenden Typ von Isolierschelle verwenden.» Der Meereskundler kannte die Menschen nicht, die ihm antworteten, und wird ihnen wahrscheinlich niemals von Angesicht zu Angesicht gegenüberstehen, und doch hat er mittels elektronischer Kommunikation von ihrem Wissen und ihrer Erfahrung profitiert. Folklore ist ein wesentlicher Teil der Naturwissenschaften und der Technologien und meint jene eigentümlichen Informationen darüber, wie bestimmte Geräte arbeiten, und welche Tricks man kennen muß, damit ein Experiment wie vorgesehen verläuft. Diese Informationen tauchen in Artikeln oder Handbüchern nie auf und werden normalerweise mündlich weitergegeben. Mit elektronischer Kommunikation jedoch wird Folklore auf einer breiteren Ebene verfügbar.

Ich war noch nicht lange bei WELL, als ich gebeten wurde, mich einer Kommission von Experten anzuschließen, die das *Office of Technology Assessment (OTA)* des US-Kongresses in den Fragen von Kommunikationssystemen für das Informationszeitalter berät. Ich bin kein Experte für Kommunikationstechnologien oder Politik, aber ich wußte, wo ich eine Gruppe solcher Experten finden und sie dazu bringen konnte, mir ihr Wissen mitzuteilen. Bevor ich nach Washington zu meiner ersten Kommissionssitzung fuhr, eröffnete ich in WELL eine Konferenz und lud ausgewählte Informations-Freaks, Technikliebhaber und Kommunikationsexperten ein, mir bei der Zusammenstellung dessen, was ich vortragen sollte, zu helfen. Eine verblüffend große Zahl von Geistern strömten in diese Konferenz, und einige von ihnen bildeten ganz neue Gemeinschaften, als sie aufeinandertrafen.

Als ich mich schließlich mit Industriekapitänen, Regierungsberatern und akademischen Experten am Konferenztisch niederließ, verfügte ich über mehr als zweihundert Seiten Expertenwissen aus meiner eigenen Kommission. Während einer ganzen akademischen oder industriellen Laufbahn wäre ich nicht in der Lage gewesen, so viel Wissen über mein Thema zusammenzustellen. Dabei kostete es mich (und meine virtuelle Gemeinschaft) sechs Wochen lang nur wenige Minuten am Tag. In meinem Beruf stellt WELL für mich eine wirklich wunderbare Ressource dar. Ein Verleger, Produzent oder Kunde kann mich jederzeit anrufen und fragen, ob ich etwas über die Verfassung, über Fiberglas-Optik oder intellektuelle Eigenschaften weiß. «Ich rufe Sie in zwanzig Minuten wieder an», sage ich und greife zum Modem.

Dies ist für eine ausreichend große und ausreichend vielfältig zusammengesetzte Gruppe von Menschen ein gutes Mittel, ihr individuelles Fachwissen zu potenzieren. Ich glaube zwar, das kann auch erreicht werden, wenn die Menschen in keine andere Gemeinschaft eingebunden sind als die, die sie an ihrem Arbeitsplatz oder im Bereich ihrer jeweiligen Spezialisierung vorfinden. Aber ich denke, das Ganze funktioniert besser, wenn das konzeptionelle Modell der Aktivitäten einer Gemeinschaft auch den Bau einer gewissen Zahl von Pferdeställen vorsieht und sich nicht nur auf den Verkauf von Pferden beschränkt.

Gegenseitigkeit ist ein Schlüsselelement jeder marktorientierten Kultur. Aber die Übereinkommen, die ich beschreibe, erscheinen mir mehr als eine Art Ökonomie des Schenkens, bei der Menschen etwas füreinander tun aus dem Streben heraus, Verbindungen miteinander zu schaffen, als eines wohlkalkulierten Quidproquo. Wenn diese Geisteshaltung vorherrscht, dann erhält jeder ein klein wenig mehr, etwas Glanz überstrahlt die eher praktischen Transaktionen; verschiedenste Dinge werden durch sie möglich. Wenn jedoch eine Online-Gemeinschaft von Gewinnsucht und Konkurrenzdenken beherrscht wird, dann werden diejenigen, die Wertvolles beitragen könnten, sich passiv verhalten und ihre Ideen mit niemandem teilen.

Ich weiß am besten, daß in der virtuellen Gemeinschaft überzeugend vorgetragenes Wissen eine geschätzte Währung ist. Witz und Beherrschung der Sprache werden belohnt in einem Medium, das jene favorisiert, die gelernt haben, mit dem geschriebenen Wort Aufmerksamkeit zu wecken und Gefühle zu manipulieren. Manchmal geben Sie jemandem mehr Informationen, als sie in Beantwortung der gleichen Frage jemand anderem geben würden, ganz einfach weil Ihnen diese Person generöser, spaßiger, gradliniger oder angenehmer erscheint.

Ich gebe Informationen bereitwillig weiter, und ich glaube, daß deshalb meine Bitten um Informationen schneller und ausführlicher beantwortet werden, als es sonst der Fall wäre. Ein Soziologe würde sagen, daß meine offensichtliche Hilfsbereitschaft meinen Pool sozialen Kapitals vergrößert. Ich kann zur gleichen Zeit Ihr Wissenskapital und mein soziales Kapital vermehren, indem ich Ihnen etwas mitteile, über das Sie Bescheid wissen müssen, und ich kann die Summe meines Kapitals in der Einschätzung anderer vermindern, indem ich den sozialen Normen der Gruppe zuwiderhandle. Die Person, der ich helfe, mag niemals in die Lage kommen, mir helfen zu können, aber jemand anders könnte dazu in Lage sein. Aus diesem Grund ist es schwer, bloßes Geplauder vom ernsthaften Schaffen eines Diskussionsumfeldes zu trennen. In einer virtuellen Gemeinschaft wird dieses Umfeld durch das

Geplauder geschaffen. In Plaudereien erfahren die Menschen, wer Sie sind, was Sie interessiert, ob man Ihnen vertrauen kann oder Ihnen besser mit Mißtrauen begegnet. Die Agora – der Marktplatz des antiken Athen, wo sich die Bürger der ersten Demokratie trafen, um zu kaufen und zu verkaufen – war mehr als nur der Platz des Handels, die Agora war auch der Platz, wo Menschen einander begegneten und sich einzuschätzen lernten. Und dort gingen auch die Gerüchte um über jene, die Normen mißachtet und Verträge gebrochen hatten. Marktplätze und Klatsch sind historisch gesehen untrennbar miteinander verknüpft.

Eltern, Freigeister, Deadheads, Radioproduzenten, Autoren, Hausbesitzer und Sportfans, sie alle haben in WELL spezifische, ihnen vorbehaltene Orte. In der News-Konferenz – dem Marktplatz von WELL – gibt es jedoch ein bewußt allgemein gehaltenes Forum, Experten in WELL, das ein Musterbeispiel dafür bleibt, wie Menschen Spaß und Scherz in diese unstrukturierte Fundgrube wertvollen Fachwissens einbringen können.

Der Zweck des Expertenforums ist einfach beschrieben. Hat jemand ein Problem oder eine Frage zu einem bestimmten Thema, gleich ob Wasserinstallation oder Astrophysik, dann stellt er sie. Dann wartet er – sieben Minuten oder auch eine Woche. Manchmal passiert nichts und manchmal erhält er genau die Informationen, die er braucht. In vielen Fällen ist die Antwort irgendwo in WELL schon vorhanden, und das Forum dient als eine Art Informationsdienst in einer öffentlichen Bibliothek und verweist den Fragenden auf den passenden Bereich in WELLs Sammlung von Informationen. Und in manchen Fällen hat jemand die gesuchte Information im Kopf und nimmt sich die Zeit sie einzutippen.

Die Belohnung dafür, die Antwort gewußt und sich die Zeit genommen zu haben, sie in WELL einzugeben, ist symbolisch, aber nicht folgenlos. Menschen, die genaue und wohlformulierte Antworten präsentieren, gewinnen im Stadion der virtuellen Gemeinschaft an Prestige. Experten wetteifern darum, Probleme zu lösen; die Menschen, die diese Lösungen ernten, werden zu ihren Anhängern. Für zwei Dollar die Stunde erhalten Sie Zugang zu Ihrer eigenen Informationsquelle. Sie müssen nur wissen, wo sie zu Bohren beginnen um an den Inhalt zu gelangen.

Die meisten Foren in WELL sind einem spezifischen Thema gewidmet. Ein Thema in der Konferenz über Haustiere kann darum kreisen, wo herrenlose Hunde untergebracht werden können; ein Thema in der Elternkonferenz könnte die Diskussion über Disziplin oder die Behandlung von Masern sein. Das Expertenforum in WELL behandelt verschiedene Dinge zur gleichen Zeit, und es wird erwartet, daß das Thema regelmäßig wechselt. Das Thema dient als intelligenter Wegweiser, der Menschen, die nach bestimmten Informationen suchen, auf die Foren verweist, in denen das Thema der Diskussion in den Bereich des von ihnen gesuchten Gegenstands fällt. Auf diese Art obsiegt die soziale Regel der Hilfsbereitschaft gegenüber neu Hinzugekommenen über die enorme Unhandlichkeit von WELLs Software, die es Neulingen schwermacht, den richtigen Weg zu finden. In einer überraschend großen Zahl von Fällen weiß jemand aus der so verschieden zusammengesetzten Gemeinschaft von WELL genau die richtige Antwort auf die Frage, wieviele Engel auf einer Nadelspitze Platz haben, über automatische Vermittlung oder Flugnavigation, oder danach, wo ein guter Martini gemixt wird. Viele lesen die Themen, um sich zu amüsieren, oder wegen der einzelnen Bruchstücke an Fachwissen, die man so auflesen kann.

Das Expertenforum in WELL beschränkt sich nicht nur darauf, Fakten aufzufinden. In ihm wird auch das Vergnügen an der Konversation und den Werten, die daraus erwachsen, sichtbar. Auch wenn all die Antworten ursprünglich über ein Terminal oder eine Computertastatur eingegeben wurden und auch noch von Leuten gelesen werden können, lange nachdem sie eingetippt wurden, werden die Beiträge zu einer Computerkonferenz von jenen, die sie lesen oder schreiben, als eine Form der Konversation und zugleich eine Form der Publikation verstanden. Im Fall von WELL ist es eine Konversation, zu der 16 Prozent der Teilnehmer 80 Prozent der Beiträge liefern, aber viele Leute hören mit, und allen steht die Teilnahme offen. In diesem Sinn besitzt dieses Medium einen theatralischen Aspekt – geschriebene Konversation als Kunst der Selbstdarstellung. Eines der Charakteristika, die CMC von anderen Medien unterscheidet, besteht in der Mischung der Form der informellen Echtzeit-Kommunikation mit der formelleren Art der Kommunikation, bei der das einmal Geschriebene immer wieder gelesen werden kann.

Computerkonferenzen sind Dialoge, die in einem bestimmten Raum (dem Konferenzsystem, der Konferenz, dem Forum) und zu einer bestimmten Zeit stattfinden. Der Raum ist ein kognitiver und sozialer, kein geografischer Raum. WELL ist für jene, die ihn betreten, eine Art von Raum. Und in WELL ist die News-Konferenz ein spezifischer Raum innerhalb eines größeren Raums. In der News-Konferenz wiederum hat das Experten-Forum eine eigene Atmosphäre, sein eigenes Ensemble von Charakteren, seine eigenen Regeln und seinen eigenen Rhythmus.

Die Form, in der die flüchtige Konversation in einer hierarchischen Struktur organisiert wird, wobei jeder Ebene ein beschreibender Name zugeordnet ist, erlaubt anderen Menschen, die Aufzeichnung der Konversation als Datenbank zu nutzen, die sie nach spezifischen Informationen durchsuchen können. Die Art, wie ein Computerkonferenzsystem Worte und Ideen strukturiert, unterscheidet sich von herkömmlichen Strukturen, wie die von Büchern oder realen Diskussionen. Daher verfügen wir über kein vorgegebenes geistiges Modell, das uns die Erfassung der Struktur eines Konferenzsystems erleichtern würde.

Ein architektonisches Modell von WELL kann Ihnen helfen, sich ein geistiges Modell dieser Räume innerhalb von Räumen zu bilden. Stellen Sie sich WELL als Gebäude vor. Sie gehen durch die Gänge und lesen die Schilder an den Türen, die in verschiedene Räume unterschiedlicher Größe führen. Das Schild an der Tür nennt Ihnen das allgemeine Thema des Gesprächs, das hinter der Tür stattfindet: Sexualität, Kunst, Politik, Sport, Literatur oder Kindererziehung. Das Gebäude ist das Konferenzsystem. Die Räume sind die Konferenzen. Und in jedem Raum finden Sie eine Zahl von Tafeln, auf denen unterschiedliche Dinge stehen. Nähern Sie sich einer dieser Tafeln und Sie werden an seinem oberen Rand lesen können, welches spezielle Unterthema des in diesem Raum behandelten Gebiets hier gerade zur Diskussion steht. In der Gesundheitskonferenz können Sie zum Beispiel Diskussionsrunden über Heilmittel, über verschiedene Krankheiten, über medizinische Entdeckungen oder über Politik und Ökonomie der Gesundheitsfürsorge finden. Jedes dieser Themen besitzt seine eigene Tafel, in WELL *Themenebene* genannt. Auf dieser Ebene befindet sich auch der Experte in WELL: als Thema in der News-Konferenz.

Oben auf der Tafel führt jemand ein neues Thema ein, indem er eine Behauptung äußert, eine Frage stellt oder – allgemeiner – einen Problembereich für die gemeinsame Diskussion umreißt. Unmittelbar nach und unter dieser Einführung schreibt irgend jemand eine Antwort. In WELL ist dies die *Antwortebene*. Wenn Sie wissen, wie Sie die verschiedenen Ebenen eines solchen Systems anwählen können und die Dienstprogramme des Systems nutzen, um diesen Vorgang zu automatisieren, hilft Ihnen Ihr Ortssinn, die Struktur des Systems gedanklich nachzuvollziehen.

Die Lektüre der Mitschrift einer Computerkonferenz auf Papier läßt die Dynamik vermissen, die die Teilnehmer der Konversation verspüren. Das in einem bestimmten Zeitraum sich vollziehende Hin und Her der Dialoge, das regelmäßige Teilnehmer und Beobachter erleben, kann über die Zeitangaben der Beiträge jedoch rekonstruiert werden. Betrachtet man den Rhythmus der Konversation, erkennt man, daß EMail und Computerkonferenzsystem zu Gleichmachern werden können. Die

Möglichkeit, eine Antwort überdenken, niederschreiben und sie dann in die Struktur einer Konversation einbringen zu können, erlaubt einer Gruppe von Menschen, in WELL eine lebendige Datenbank von Experten aufzubauen, wobei alle Teilnehmer ihrem persönlichen Tempo gemäß arbeiten. Diese Form des Miteinander-Denkens der Mitglieder einer Gruppe unterscheidet sich wesentlich davon, wie diese gleiche Gruppe sich unter den Bedingungen des realen Lebens verhalten würde.

Sara Kiesler, eine Sozialpsychologin, die untersuchte, wie EMail-Systeme in das Funktionieren von Organisationen eingreifen, war eine der ersten, die Unternehmen systematisch beobachtete und die Folgen von CMC für die Organisation studierte. Dr. Kiesler bestätigte und unterstrich, was CMC-Pioniere aus eigener Erfahrung kannten, als sie in der *Harvard Business Review* schrieb, daß «die computervermittelte Kommunikation hierarchische Barrieren und Grenzen zwischen Abteilungen durchbrechen und gewohnte Vorgehensweisen und organisatorische Normen überwinden kann.» Kieslers Beobachtungen stützen die unter Online-Enthusiasten schon lange populäre Theorie, wonach Menschen, die Diskussionen im realen Leben aufgrund ihres Rangs oder ihres aggressiven Verhaltens oft dominieren, in einer Online-Konferenz nicht stärker in Erscheinung treten als diejenigen, die in realen Diskussionen wenig oder gar nichts sagen, online dagegen viel beitragen. Unternehmen sind die nächsten Organisationen, die genau diesen neuen Arten sozialer Kräfte ausgesetzt sein werden, die Forschungs- und akademische Organisationen zu spüren bekamen, als sie ans Netz gingen.

Kiesler macht auch deutlich, daß Menschen auch über traditionelle hierarchisch organisierte Grenzen hinweg kommunizieren, wenn nur das jeweilige Interesse an einem bestimmten Gegenstand stark genug ist; Gruppen treffen über CMC oft kühnere Entscheidungen als in realen Konferenzen; Ergebnisse, die sich später als bedeutsam herausstellen, werden genausogut in informellen Gesprächsrunden wie in wohlstrukturierten Online-Konferenzen erzielt.

Natürlich, die Teilnehmer der Elternkonferenz in WELL sind in andere soziale Interaktionen verstrickt als die Teilnehmer des Experten-forums, und ein College-Student, der sich in eines jener Online-Rollen-spiele vertieft, die als *Multi-User Dungeons* bekannt sind, lebt in einer anderen virtuellen Gesellschaft als der Teilnehmer einer universitären EMail-Einrichtung. Der persönliche Gesichtspunkt ist zusammen mit der Identität eine der großen Variablen im Cyberspace. Unterschiedliche Menschen betrachten im Cyberspace ihre virtuelle Gemeinschaft durch unterschiedlich geformte Schlüssellöcher. In traditionellen Gemeinschaften besitzen die Menschen ein stark übereinstimmendes geistiges Modell des Raumes – der Wohnung, des Dorfes oder der Stadt –, in dem ihr Miteinander sich abspielt. In virtuellen Gemeinschaften stellt sich ein Bild des Raumes nur durch individuelle Vorstellungsakte ein. Die unterschiedlichen geistigen Modelle, die Menschen von der elektronischen Agora haben, verkomplizierten die Frage, weshalb Menschen offenbar danach streben, durch den Bildschirm des Computers vermittelte Gesellschaften aufzubauen. Eine Frage wie diese führt unausweichlich zu den alten, grundsätzlichen Fragen nach den Kräften, die eine Gesellschaft zusammenhalten. Diese Fragen aber reichen weit über die durch die modernen Kommunikationstechnologien ausgelösten sozialen Umwälzungen hinaus.

Wenn wir von «Gesellschaft» sprechen, meinen wir in der Regel die Bürger von Städten, die ihrerseits wieder einer größeren Einheit, dem «Staat» oder der «Nation» angehören. Diese Kategorien nehmen wir als selbstverständlich hin. Aber die massenpsychologische Entwicklung, die dazu führte, daß Menschen sich selbst als Teil einer neuzeitlichen Gesellschaft und eines Nationalstaates begreifen, ist historisch relativ neu. Haben die Menschen diesen Übergang bewirkt, den Übergang von den festgefügten sozialen Gruppen, den Dörfern und kleinen Städten im vorneuzeitlichen und vorkapitalistischen Europa zu einer neuen, nun Gesellschaft genannten Form sozialer Solidarität, die alle früheren Formen menschlichen Miteinanders einschließt und überschreitet? Emile Durkheim, einer der Väter der modernen Soziologie, nannte die vorneuzeitliche Form sozialer Gruppenbildung *Gemeinschaft* und die neue Art sozialer Gruppenbildung *Gesellschaft*. Alle Fragen über Gemeinschaft im Cyberspace verweisen auf einen ähnlichen Übergang, der sich jetzt vollziehen könnte, und für den wir noch keinen passenden Begriff besitzen.

Der Soziologiestudent Marc Smith, der WELL und das Netz als Laboratorium für seine Feldstudie nutzte, wies mich auf Benedict Andersons Arbeit *Imagined Communities*, eine Studie über die Entstehung von Nationen hin, die insbesondere die Rolle von Ideologien bei diesen Prozessen untersucht. Anderson verweist darauf, daß Nationen und im weiteren Sinne auch Gemeinschaften in der Vorstellung existieren, in dem Sinne, daß eine gegebene Nation deswegen existiert, weil ihre Existenz ein in den Köpfen der Bevölkerung allgemein akzeptiertes Faktum ist. Eine Nation muß in den Köpfen ihrer Bürger existieren, wenn sie überhaupt existieren will. «Virtuelle Gemeinschaften setzen einen Akt der Vorstellung voraus», meint Marc Smith und bezieht damit den Cyberspace in Andersons Argumentation ein, «und was gedanklich vorzustellen ist, ist die Idee der Gemeinschaft selbst.» Es ist noch viel zu früh, um sagen zu können, was wir mit den Methoden der Psychologie und Soziologie aus dem noch unbearbeiteten Material der im Cyperspace wuchernden Interaktionen in Gruppen machen können. Dies ist ein Bereich, in dem die geschickte Nutzung des Netzes durch Wissenschaftler eine tiefgreifende Wirkung auf das Netz ausüben könnte. Eines der großen Probleme, das sich mit der jetzt im Netz tolerierten Atmosphäre des freien Ausdrucks stellen könnte, ist die Fragilität von Gemeinschaften und die Gefahr ihres Auseinanderbrechens. Die einzige Alternative zur Einschränkung der Redefreiheit, die gefährliche Folgen haben kann, besteht darin, in einer breiten Diskussion Normen zu entwickeln, eine Folklore zu schaffen, Arten akzeptablen Verhaltens auszubilden, die den Bürgern des Cyberspace klare Vorstellungen davon vermitteln, was sie mit dem Medium tun können oder besser lassen sollten, wie sie ihre Möglichkeiten erweitern können und wo sie sich der dem Medium innewohnenden Fallen bewußt sein müssen, wenn wir das Medium dazu nutzen wollen, Gemeinschaften aufzubauen. Aber noch werden alle Diskussionen über die Werte virtueller Gemeinschaften geführt, ohne daß eine Basis systematischer Beobachtung zur Verfügung stünde.

Alles, was wir im Moment im Netz haben, ist Folklore, wie etwa die Netikette (*Netz-Etikette*), die die alten Hasen den Fluten der neu Hinzustoßenden beizubringen versuchen, und Debatten über Freiheit des Ausdrucks contra Aufbau von Gemeinschaft. Zwei Dutzend Sozialwissenschaftler könnten in mehrjähriger Arbeit zu Ergebnissen kommen, die diese Debatten mit dem notwendigen Material versorgen und für all die heute herumgeisternden Theorien eine Basis anerkannter Beobachtungen liefern könnten. Eine wissenschaftliche Analyse des Netzes wird die Art, wie sich Menschen online verhalten, nicht neu formen, aber das Wissen um die Dynamik menschlichen Verhaltens stellt eine wichtige soziale Rückkoppelung dar, ohne die wir nicht auskommen können, soll sich das Netz – in welchem Ausmaß auch immer – seine Regeln selbst machen können.

3

Visionen und Übergänge:
Die zufällige Entwicklung
des Netzes

An einem Tag im Jahr 1950, als er gerade auf dem Weg zur Arbeit war, begann Douglas Engelbart darüber nachzudenken, wie kompliziert die Gesellschaft doch geworden war. Was würden die Menschen tun, um mit dieser komplexen neuen Welt, die aufzubauen uns die Technologie geholfen hat, zurechtzukommen? Engelbart fragte sich, welche Hilfsmittel wir zum Denken benutzen. «Symbole» war die Antwort, typisch für den Ingenieur, der er war. Könnten wir Maschinen dafür einsetzen, uns bei der Arbeit mit Symbolen zu helfen? Computer vielleicht? Könnten Computer die Bearbeitung von Symbolen automatisieren und dadurch Menschen helfen, schneller, umfassender und über noch komplexere Probleme nachzudenken? Für bestimmte Personen war dieser Gedankengang bereits 1950 unvermeidlich; für Engelbart war es immer wieder verwunderlich, daß andere das nicht genauso sahen.

Vor dem geistigen Auge von Engelbart, der während des Zweiten Weltkriegs in einer Radarstation gearbeitet hatte, begann sich wie ein Schnappschuß aus der Zukunft ein Bild zu formen: «Als ich das erste Mal von Computern hörte, erkannte ich, angeregt durch meine Erfahrungen mit Radar, daß wenn diese Maschinen Informationen auf Lochkarten oder Papierausdrucken ausgeben konnten, sie genausogut auf einen Bildschirm schreiben oder zeichnen konnten. Als ich die Verbindung zwischen einem Kathodenstrahlbildschirm, einer informationsverarbeitenden Maschine und einem Medium, das Symbole darstellen konnte erkannte, brauchte ich weniger als eine halbe Stunde, um all dies zusammenzubringen.» Er sah vor sich Gruppen von Leuten an Schreibtischen und in theaterähnlichen Räumen, die einen Computer dadurch steuerten, daß sie auf ihn zeigten.

Das Bild wurde in seiner Vorstellung immer lebendiger und detaillierter. Wissen, Informationen und Hilfsmittel des Denkens, die bis dahin gar nicht erfunden worden waren, würden auf einen Tastendruck oder über eine Drehung der Wählscheibe verfügbar sein. Mit Einrichtungen wie diesen, so träumte Engelbart, hätten Menschen die reale Möglichkeit, komplexe Probleme zu lösen. Als Engelbart nach dieser

Fahrt im Dezember 1950 an seinem Arbeitsplatz angekommen war, hatten seine Gedanken ihn an die Schwelle eines Kreuzuges geführt, der nun schon fast ein halbes Jahrhundert andauert. Zu Beginn der neunziger Jahre nutzen – und dies ist ein direktes Ergebnis von Engelbarts Kreuzzug – Millionen von Menschen überall in der Welt Computer und Telekommunikation und erweitern dadurch ihre Fähigkeit zu denken und zu kommunizieren. Heute sind Computer als Mittel zur Erweiterung menschlicher Möglichkeiten allgemein anerkannt.

In den fünfziger Jahren war das Problem, jemanden zu finden, der ihm zuhörte, ihm Zugang zu Computern ermöglichte und bereit war, seine Forschungen zu finanzieren. Seine Freunde warnten ihn: In Vorstellungsgesprächen allzuviel über seine Science-Fiction-Träume zu reden, würde seiner Karriere als Ingenieur für Elektrotechnik nicht gut bekommen. Er besuchte Universitäten, Behörden, Unternehmen und verbrachte mehr als ein Jahrzehnt vergeblich damit, Computer-Wissenschaftler, Psychologen und Bibliothekare davon zu überzeugen, daß Computer wunderbare, problemlösende Gehilfen für alle sein könnten, die mit ihrem Kopf arbeiten.

1950 gab es weniger als ein Dutzend elektronischer Rechner. Die ersten «Elektronengehirne» waren so groß und erzeugten so viel Wärme, daß sie klimatisierte Lagerhäuser ausfüllten. Und was ihre Rechenleistung angeht, alle zusammengenommen konnten mit dem billigsten Mikrochip in einem der heutigen Spielzeuge für zwanzig Dollar nicht konkurrieren. Niemand glaubte, daß zur Befriedigung der weltweiten Datenverarbeitungsbedürfnisse irgend jemand mehr oder wesentlich leistungsfähigere Computer brauchen würde. Um 1960 waren Computer als nützliche Werkzeuge anerkannt, wurden aber nur als Hightech-Ausrüstung im wissenschaftlichen Bereich und als Datenverarbeitungsanlagen in Unternehmen verwendet.

Als 1957 die Sowjetunion mit dem Sputnik den ersten künstlichen Satelliten startete, änderte Washington die Zielrichtung der Subventionen für Forschung und Entwicklung. Aus dieser Änderung ergaben sich zwei Nebeneffekte: die durch die Personal Computer ausgelöste Revolution und die computervermittelte Kommunikation. 1963 wurde Engelbart finanziell unterstützt, damit er jene Denkmaschinen bauen konnte, von denen er geträumt hatte. Engelbart war der erste in einer Reihe eigensinniger Visionäre, die fest davon überzeugt waren, daß Computer nicht nur von Spezialisten sondern auch von ganz normalen Leuten bedient werden könnten. Es ist sehr unwahrscheinlich, daß uns die heute eingesetzten Computer und CMC-Systeme zu Verfügung stünden, hätte es diese Gruppe von Leuten nicht gegeben, die hartnäckig ihr Ziel verfolgten, bessere Denkmaschinen zu bauen und Computer für alle zu entwickeln, damit sie die Dinge erledigten, mit denen sich viele Menschen zu beschäftigen haben.

Die wesentlichen Elemente dessen, was das Netz sein sollte, wurde von Leuten geschaffen, die daran glaubten, Computer würden die Möglichkeiten der Menschen zu denken und zu kommunizieren erweitern. Und viele von ihnen wollten damit soviele Menschen wie möglich zu so geringen Kosten wie möglich erreichen. Getrieben von der aufregenden Vorstellung, sich unter der Kruste der Mainstream-Massenmedien eine eigene Subkultur zu schaffen, verwendeten sie das, was zur Verfügung stand. Wieder und wieder entstanden die wichtigsten Teile des Netzes aus Technologien, die für ganz andere Zwecke entwickelt worden waren.

Die wichtigsten Teile des Netzes entsprangen den Wunschgebilden einiger weniger Leute, die nicht Befehlen sondern ihren Inspirationen folgten. Am Anfang der Entwicklung des Netzes stand ein ehemaliger MIT-Professor, der in einem kleinen Büro im Pentagon arbeitete. Das Usenet wurde von einigen Studenten in North Carolina geschaffen, die meinten, es müsse für die Computer-Gemeinschaften auch ohne teure Internet-Verbindungen möglich sein, untereinander zu kommunizieren. Hobbyisten in Chicago lösten die weltweite Verbreitung von Bulletin-Board-Systemen aus, weil sie Dateien von einem PC auf einen anderen übertragen wollten, ohne quer durch die Stadt fahren zu müssen.

In den sechziger und siebziger Jahren finanzierte die *Advanced Research Projects Agency (ARPA)* des US-Verteidigungsministeriums eine kleine Gruppe unorthodoxer Computer-Programmierer und Elektrotechniker, die neue Arten entwickeln wollten, wie ein Computer zu bedienen ist. Über Tastaturen und grafikfähige Bildschirme konnten Leute Computer direkt bedienen, ohne die zeitaufwendige Vermittlung durch nicht entzifferbare Lochkarten und Papierausdrucke. Einige junge Programmierer meinten, ihre Virtuosität erfordere Computer, die ein kluger Kopf wie ein Musikinstrument bedienen könnte. Sie nannten ihren Kreuzzug «interaktive Computerbedienung» und sprechen noch immer von den überraschenden Ergebnissen, die sie spontan in ihre weiteren Entwicklungen einbezogen. Und als die von der ARPA unterstützten Kreuzzügler Erfolg hatten, und jene Computer bauten, die sie sich gewünscht hatten, entdeckten sie, daß sie ihre Computer nun auch als Kommunikationseinrichtungen verwenden wollten.

Es dauerte zwei weitere Jahrzehnte der Forschung und Entwicklung, bevor Personal Computer und CMC herangereift waren und in dem mehr und mehr für normale Bürger zugänglichen Netz der neunziger Jahre Verbreitung fanden. Und es waren weitere revolutionäre Entwicklungen notwendig, bevor es dazu kommen konnte.

In den späten siebziger Jahren hatte die Revolution der Personal Computer, die sich auf die von den ARPA-Entwicklern im vorangegangenen Jahrzehnt gelegten technischen Grundlagen stützen konnten, neue Industriezweige und eine neue Subkultur geschaffen. Die alten Stars der ARPA hatten neue Unternehmen und neue Forschungslaboratorien aufgebaut, während ihre jüngeren Brüder und Schwestern sich entschlossen, aus den für geschäftliche und wissenschaftliche Zwecke eingesetzten Computern Denkmaschinen für alle zu machen, «*for the rest of us*», wie Apple damals in Anzeigen für den Macintosh verkündete.

Und wiederum erhöhte sich durch die Änderungen in Konstruktion und Nutzung von Computern die Zahl der Computer-Anwender, von einem eingeweihten Kreis in den fünfzigern, über eine Elite in den sechzigern, einer Subkultur in den siebzigern zu einem beträchtlichen und immer noch wachsenden Teil der Bevölkerung in den neunziger Jahren. Und es waren nicht etwa die führenden Unternehmen der schon existierenden Computerindustrie, die Computer für alle ermöglichten, sondern Teenager in Garagen. Nicht nationale Verteidigung oder geschäftliche Gewinne waren die Motive, die diese jungen Unternehmer antrieb, die PC-Industrie aufzubauen, sondern der Wunsch, ein Werkzeug zu schaffen, das die Welt ändern würde.

Wenn genügend Leute ausreichend leistungsfähige Computer bei sich zu Hause aufstellen, dann ist es unvermeidlich, daß irgend jemand einen Weg findet, den Computer mit dem Telefon zu verbinden. All die Geräte, die man nur richtig miteinander verbinden mußte, also die für die persönliche Telekommunikation erforderliche Technologie, waren vorhanden und ihre Preise fielen. Mit den heute verfügbaren leistungsfähigen Computern und preiswerten Modems ist eine teure Hochgeschwindigkeitsverbindung, wie sie das Internet bietet, nicht länger notwendig. Sie verbinden einfach – heute noch völlig legal – Ihren Computer mit der Telefonleitung und können dann Ihre Manifeste in alle Welt schicken oder Ihre eigenen Konferenzen organisieren.

Die Begeisterung für Bulletin-Board-Systeme verbreitete sich unter Leuten, die mit den wissenschaftlichen Ursprüngen des Netzes nichts zu tun hatten. Die Bulletin-Board-Systeme provitierten von der Forschung und Entwicklung, die die PC-Technologie erst möglich gemacht hatte, denn es ist unwahrscheinlich, daß Mikrochips und interaktive Computer heute für den Normalbürger zu haben wären, hätte nicht Jahrzehnte früher das US-Verteidigungsministerium diese Forschungen als für die nationale Verteidigung notwendig erachtet. Aber die BBS-Enthusiaten sind weder an der ARPA noch an großen Laboratorien interessiert. Sie wollen wissen, was sie zu Hause mit preiswerter Technologie und ihren eigenen Händen erreichen können.

In den achtziger Jahren umfaßte das Netz nicht nur Computerwissenschaftler und die überall auf dem Erdball verstreuten Bulletin-Board-Systeme. Mit Internet, dem Nachfolger von ARPANET, und finanziell unterstützt von der National Science Foundation waren schon Zehntausende von Forschern und Geisteswissenschaftlern über die Computerzentren in Privatunternehmen und Universitäten verbunden. Jedes Computerzentrum ist eine Gemeinschaft von Individuen, die sich Computerressourcen teilen, und wenn dieses Zentrum an die Hochgeschwindigkeitsverbindungen des Internet angeschlossen wird, dann ist jede Gemeinschaft mit jeder anderen virtuell verbunden, sei es über privates EMail, über öffentliche Konferenzsysteme, wie das Usenet, oder öffentliche, in Echtzeit ablaufende Unterhaltungen, *Chat* (Plaudereien) genannt. Als weltweit soviele Kollegen über das Netz miteinander in Verbindung kamen, entwickelte sich eine jugendliche und – da diese Entwicklung in den USA begann – oft stark amerikanisch gefärbte Netzkultur.

Diejenigen, die in Schule und Universität das Netz kennengelernt haben, werden in der Zukunft die Netzkultur weltweit an die übrige Gesellschaft weitergeben. Wird sich dann ein immer breiterer Graben auftun zwischen denen, die über Informationen verfügen, und denen, die keine Möglichkeit des Zugangs zu Informationen haben? Zugang zum Netz und Zugang zu akademischer Ausbildung werden überall zunehmend zum Tor in eine Welt der Kommunikation und der Information, die das, was traditionelle Medien zu leisten in der Lage sind, bei weitem übersteigt.

Während der achtziger Jahre wurden die Universitäten mit immer mehr Rechenleistung ausgestattet, und für jeden Studenten, nicht nur für die, die Natur- oder Ingenieurwissenschaften oder Informatik studierten, wurde die Benutzung in das Netz eingebundener Personal Computer neben Lehrbüchern und Vorlesungen notwendiger Bestandteil ihrer Ausbildung. Nicht allein, daß viele universitäre Computerzentren an die Hochgeschwindigkeitsleitungen des Netzes angebunden waren, Millionen von Studenten konnten auch über das Telefon Zugang zum Netz finden. Tausende wurden nun gefangen vom Usenet, den MUDs, dem Internet Relay Chat und EMail.

Die universitäre Infrastuktur des Netzes bot traditionellen Formen der Information, zum Beispiel Forschungsberichten, effizientere Mittel der Verbreitung und erleichterte die Erledigung routinemäßiger Aufgaben, wie das Sammeln von Literaturhinweisen. Daneben war das Netz auch das Tor zu eher gemeinschaftsfördernden Bereichen. Zwei der bedeutendsten und populärsten kulturellen Experimente – MUD (*Multi-User Dungeon*, das zuerst in der Universität von Essex in England in Erscheinung trat) und Usenet – entwickelten sich 1979 und 1980 aus dem universitären Bereich.

1979 arbeiteten Informatikstudenten der Duke University und der University of North Carolina an einem einfachen Verfahren, mit dem diese beiden Computergemeinschaften, die schon über das Internet miteinander verbunden waren, über Modem automatisch und in regelmäßigen Zeitabständen Informationen austauschen konnten. Und 1990 verteilt das Usenet täglich Zig-Millionen Wörter an mehrere Millionen Menschen in mehr als vierzig Ländern. Ausgegangen war alles von dem Experiment in North Carolina. Das Verfahren verbreitete sich wie ein Virus von Universität zu Universität, von Forschungslabor zu Forschungslabor, mehr oder weniger offiziell, überall in der Welt, unterstützt von den Leitern der Computerzentren. Einige wenige Institutionen des privaten Sektors – unter ihnen vor allem die Bell Laboratories von AT&T und DEC – förderten das Wachstum von Usenet, indem sie die erhöhten Kosten für Telekommunikation, die in ihren Einrichtungen anfielen, übernahmen. Die leidenschaftlichsten Befürworter von CMC in diesen Unternehmen waren denen, die sie angestellt hatten, wertvoll genug, um ihnen einige interessante Experimente zu gestatten.

Usenet ist kein Netz oder Bulletin-Board-System, sondern ein Verfahren, mehrere öffentliche Gesprächsrunden zu bestimmten Themen zu verwalten, Gespräche, die nicht in einer zentralen Einrichtung lokalisiert sind und auch nicht zentral gesteuert werden, sondern überall im Netz angesiedelt sind. Usenet fußt auf den Computernetzen, braucht sie aber nicht. Die Usenet-Konferenzen sind über das Internet zugänglich, aber auch über den PC auf Ihrem Schreibtisch, sofern Sie ein mittelgroßes System wie WELL dazu bringen können, den Strom von Konferenzbeiträgen zu Ihrem PC zu leiten. Usenet ermöglicht Leuten, lesend und schreibend an speziellen Konferenzen über spezielle Themen teilzunehmen, etwa so, wie sie EMail lesen und beantworten würden, jedoch sind Usenet-Beiträge öffentlich und nicht privat. Daher kann Usenet im Zusammenhang mit anderen Bemühungen gesehen werden, Computer als Mittel der Kommunikation vieler mit vielen einzusetzen. Usenet hat mehr Ähnlichkeit mit WELL als mit Internet, denn es ist ein Mittel der Konversation – Hunderttausende von Gesprächen pro Tag über Tausende unterschiedlicher Themen.

ARPANET, die Bulletin-Board- und Konferenzsysteme, die sich vor zehn oder zwanzig Jahren aus unterschiedlichen Ursprüngen entwickelten, wachsen heute zu einem einzigen, allerdings vielfältigen System zusammen – dem Netz.

In den neunziger Jahren wird die Rolle und der Einfluß von Regierung und Privatindustrie bei dem anstehenden Ausbau des Internet zum *National Research and Education Network (NREN)* zur zentralen Frage in einer zunehmend breiter werdenden öffentlichen Debatte darüber, wie dieses Zusammenwachsen zu bewältigen sei.

Da Regierung und Großunternehmen sich darauf eingestellt haben, die Frage zu diskutieren, welche Informationsinfrastruktur für die Bürger die bessere sei, ist es das Recht der Bürger, die von ihnen gewählten politisch Verantwortlichen daran zu erinnern, daß diese Technologien von Leuten entwickelt wurden, die daran festhielten, daß die Leistungsfähigkeit von Computern der gesamten Bevölkerung und nicht nur einer kleinen Priesterschaft zugänglich gemacht werden könnte und müßte. Die Zukunft des Netzes kann nicht auf intelligente Weise gestaltet werden, ohne daß die Absichten jener beachtet werden, die am Anfang dieser Entwicklung standen.

Vom ARPANET zu NREN: Die rastlose Suche der Forscher

Douglas Engelbart hätte einsamer Rufer in der Wüste bleiben können – einer jener Erfinder, deren die Welt verändernden Maschinen in Garagen Staub ansetzen, sofern sie überhaupt über das Planungsstadium hinauskommen. Und von uns würde immer noch verlangt, uns in einen Labormantel zu hüllen und fließend FORTRAN zu sprechen, bevor wir mit einem Computer arbeiten dürften. Jedoch erhielt Engelbart in den frühen Sechzigern eine Stelle beim Stanford Research Institute, einer Denkfabrik in Menlo Park, Kalifornien, wo er sich mit respektabler, orthodoxer Forschungsarbeit im Computerbereich beschäftigte. Ein paar Jahre später fiel der Bericht «The Augmentation of Human Intellect», den er geschrieben hatte, in die Hände von J.C.R. Licklider, einem Mann mit Weitsicht, der sich in der historisch glücklichen Position befand, etwas aus der gemeinsamen Zukunftsvision machen zu können. Licklider hatte 1960 selbst ein Papier verfaßt, «Man-computer Symbiosis», und sagte darin voraus, daß «in nicht allzu vielen Jahren, menschliche Gehirne und Rechenmaschinen sehr eng miteinander verbunden werden können und aus dieser Partnerschaft eine Effizienz des Denkens erwachsen wird, die keinem menschlichen Wesen möglich ist, und

Wege der Verarbeitung von Daten, an die wir mit den uns heute bekannten informationsverarbeitenden Maschinen noch gar nicht herangekommen sind.»
Licklider war Professor in Harvard und lehrte am MIT Psychoakustik. Wie Engelbart hatte ihn die Vorstellung eines durch Computer möglichen Denkwerkzeugs fasziniert. Die Erkenntnis überkam ihn in seinem Büro. Stundenlang hatte er sich damit beschäftigt, einige experimentelle Daten grafisch darzustellen. Dabei erkannte er, daß er wesentlich mehr Zeit darauf verwendete, mit Daten herumzuhantieren, Grafiken zu zeichnen und Zitate zu finden als zu denken. Ein Freund von Licklider arbeitete bei Bolt, Beranek and Newman, einer Computerberatungsfirma in Cambridge. Diese Firma besaß mit dem DEC PDP-1 einen neuen, ganz speziellen Computer. DEC – Digital Equipment Corporation – war ein neues Computerunternehmen, das ein paar MIT-Absolventen gegründet hatten. Und der PDP-1 war der erste kommerziell vertriebene Computer, der in der Lage war, Informationen auf einem Bildschirm darzustellen.

Licklider, wie vor ihm Engelbart, erkannte, daß wenn es ihm gelang, die richtigen Informationen in den Speicher des Computers zu bringen, dieser wesentlich effizienter die Aufgabe erledigen könnte, Daten auszuwerten, Grafiken zu zeichnen und Zitate zu finden, und ihm, wie er es nannte, «die Voraussetzungen schaffen könnte zu denken.» 1983 interviewte ich Licklider, und er sah in dem Zusammentreffen mit der PDP-1 das auslösende Moment, das ihn dazu bewegte, sich dem Kreuzzug für die interaktive Bedienung von Computern anzuschließen. «Ich glaube, Sie könnten sagen, ich sei bekehrt worden», meinte er.

Licklider kam mit der Technologie von Computerdisplays am Lincoln Laboratorium in Berührung, einer Einrichtung des MIT, die streng geheime Arbeiten für das US-Verteidigungsministerium erledigte. Die neuen Computer und Displays, die das North American Defense Command in den frühen sechziger Jahren für erforderlich hielt, setzten einige Grundlagenforschungen im Bereich der Informationsdisplays voraus. Aus diesen Arbeiten eröffnete sich für einen der Licklider unterstellten Entwickler, den MIT-Absolventen Ivan Sutherland das neue Gebiet der Computergrafik. Über das Lincoln-Laboratorium kam Licklider mit jenen Leuten in Kontakt, die ihn später für ARPA gewannen.

Als im Oktober 1957 die Sowjetunion den Sputnik startete, wurden diejenigen in den USA aus dem Schlaf gerissen, die dafür verantwortlich waren, daß die US-Militär-Technologie immer dem weltweit höchsten technischen Standard entsprach. Um mit dem Tempo der technischen

Entwicklung Schritt halten zu können, gründete das US-Verteidigungsministerium die *Advanced Research Projects Agency (ARPA)*, deren ausdrückliche Aufgabe es war, neue, innovative Technologien zu entwickeln, und dabei, wenn notwendig, auch das übliche Verfahren der Diskussion von Forschungsvorhaben mit anderen in dem speziellen Bereich Forschenden zu umgehen. ARPA hatte die Erlaubnis, nach Visionen und verrückten Ideen Ausschau zu halten, und sie auf ihre Realisierbarkeit hin zu prüfen. Als Licklider meinte, daß neue Wege der Nutzung von Computern nicht nur bei Waffen und in der Luftverteidigungstechnologie von Wert sein könnten, sondern auch die Forschungsarbeiten der gesamten Behörde verbessern könnten, sofern den Wissenschaftlern und Verwaltungsangstellten bessere Werkzeuge zur Verfügung stünden, wurde er damit betraut, das Büro für informationsverarbeitende Technologien aufzubauen.

Licklider wußte, daß in dem neuen Labor für künstliche Intelligenz des MIT eine ganze Subkultur unorthodoxer Programmiergenies versammelt war und daß er im Bereich Computergrafik ähnliche Talente – Ivan Sutherland in Lincoln zum Beispiel – finden würde. Und andere warteten überall im Land ungeduldig darauf, endlich jene Art von Computern entwickeln zu können, die im Zeitalter der Lochkarten und der Mainframe-Computer noch nicht existierten. Sie wollten die Computer neu erfinden, ein Vorhaben, an dem die Giganten der Computerindustrie und die traditionelle Computerwissenschaft überhaupt nicht interessiert waren. Daher begannen Licklider und seine Nachfolger bei ARPA, Robert Taylor und Ivan Sutherland (beide keine dreißig Jahre alt), die jungen Hacker finanziell zu unterstützen – die ursprünglichen Hacker, jene, deren Geschichte Steven Levy in seinem Buch *Hackers* beschrieben hat, im Unterschied zu jenen, die heute in fremde Computersysteme eindringen. Sie unterstützten auch Engelbart, dessen *Augmentation Research Center (ARC)* am Stanford Research Institute bereits mehr als ein Jahrzehnt bestand, und wo die ersten Textverarbeitungsprogramme, Konferenzsysteme, Hypertextsysteme, Zeigegeräte, wie die Maus, entwickelt und an der Einbindung von Video in die Computerkommunikation gearbeitet worden war – den technischen Grundlagen für ein halbes Dutzend der heute existierenden größten High-Tech-Industrien. Als schließlich das ARPANET seine Arbeit aufnahm, wurde Engelbarts ARC zum ersten Netzinformationszentrum, das Informationen zu sammeln und die Daten über den Zustand des Netzes aufzuzeichnen hatte.

Während der sechziger Jahre arbeiteten verschiedene der von der ARPA finanzierten, über das ganze Land verstreuten Gruppen an verschiedenen Aspekten interaktiver Datenverarbeitung. Beim MIT konzentrierte man sich zunächst auf die Technik des *Timesharing*, bei der mehrere Anwender über ein Terminal direkt mit einem Zentral-Computer arbeiten, anstatt einer nach dem anderen warten zu müssen, bis sie ihre Programme dem Computer-Operator übergeben konnten. Wird ein Computer-System entwickelt, das fünfzig oder hundert in einem Raum arbeitenden Programmierern erlaubt, individuell und direkt mit dem Zentral-Computer zu arbeiten, dann ist automatisch die Grundlage für eine mögliche Gemeinschaft gelegt, weil diese Programmierer mit Sicherheit ihr Wissen teilen und Bemerkungen untereinander austauschen werden. Die Möglichkeit, elektronische Nachrichten (*Electronic Mail, EMail*) zu versenden und zu empfangen, war eine der ersten Dienste, die in die neuen Timesharing-Systeme eingebaut wurden. Und als schließlich EMail zur Verfügung stand, wollte niemand mehr auf diese Möglichkeit verzichten. Später wurde EMail auch in die Systeme eingebaut, die Computer-Gemeinschaften über geografische Grenzen hinweg verbanden. Die ersten Anwender von CMC-Systemen waren auch diejenigen, die die ersten CMC-Systeme entwickelt hatten. Als Anwender wie als Entwickler dieser Systeme widerstrebte ihnen, allzuviel der Systemleistung den Anwendern vorzuenthalten. Daher versahen sie das System in einem Maß an Anwenderautonomie, das auch heute noch in der Architektur des Cyberspace fortbesteht.

Im Lincoln Lab und in der Universität von Utah, wo Ivan Sutherland und eine jüngere Generation von Kreuzzüglern, wie Alan Key gelandet waren, stand die Entwicklung interaktiver Computer-Grafik auf dem Programm. Der Sprung von Ausdrucken auf Papier zu grafischer Darstellung auf einem Bildschirm war ein großer Schritt in der Entwicklung der Mensch-Computer-Schnittstellen und damit von Computern, die von Leuten bedient werden, die keine Computer-Spezialisten sind. Menschen können visuelle Eindrücke ihrer Umwelt sehr gut verarbeiten; Farben und Mustern können wir wesentlich mehr Informationen entnehmen als einer Seite voll von Zahlen. Ein Durchbruch bei dem Problem, grafische Muster auf einem Bildschirm zur Darstellung von Informationen nutzen zu können, würde einen großen Sprung nach vorn bedeuten. Denn gelang es, Grafiken auf dem Bildschirm darzustellen, dann konnten auf dem Bildschirm auch Wörter ausgegeben werden. Die Möglichkeit, über Grafik den Computer zu steuern, der seinerseits wiederum die grafische Ausgabe steuert, würde weitere Durchbrüche auf dem Weg auslösen, Computer so zu konzipieren, daß sie auch von Nicht-Programmierern genutzt werden konnten. Anstatt in Form einer geheimnisvollen Code-Zeile dem Computer einen Befehl zu erteilen, könnte der Anwender dann mit einem geeigneten Zeigegerät auf ein Symbol zeigen und es anklicken, um den gleichen Befehl abzusetzen.

Engelbarts Mannschaft bei SRI bündelte Grafikfähigkeit, Timesharing und die Technik der Gruppenkommunikation in einer neuen Entwicklungsumgebung, die, wie Engelbart meinte, sich an ihrem eigenen Schopf aus dem Sumpf ziehen sollte. Ziel der Entwickler war, für die eigene Arbeit immer bessere Werkzeuge zu konzipieren, dann diese Werkzeuge zu testen und eventuelle Fehler zu eliminieren und schließlich mit ihnen noch bessere Werkzeuge zu entwickeln. Andere ARPA-Projekte hatten das Ziel, die von ARC benötigte Hardware zu liefern. Die Hauptknoten des Netzes befanden sich in einem Dutzend verschiedener Universitäten und in privaten Forschungseinrichtungen, wie dem RAND in Santa Monica oder Bolt, Beranek und Newman in Cambridge, der Beratungsfirma, die Licklider die PDP-1-Maschine zeigte. Unter der Leitung von Licklider, Taylor und Ivan Sutherland arbeitete mehr als ein Jahrzehnt lang eine interdisziplinäre Gemeinschaft von «Werkzeugmachern» zusammen, um das zu entwickeln, was sie damals Mehrbenutzer-Systeme nannten.

Die ARPA-Entwickler aller wesentlichen Projekte kamen ein oder zweimal im Jahr an einem Ort zusammen. Während der sechziger Jahre materialisierten sich durch ihre Anstrengungen die ursprünglichen Träume von interaktiver Datenverarbeitung und Erweiterung des menschlichen Intellekts zu jener Art von Computern, wie sie heute benutzt werden. Nach sechs bis sieben Jahren begannen die unterschiedlichen, von ARPA initiierten und unterstützten Projekte zusammenzuwachsen. Jedes Computerzentrum besaß spezielle Hardware, Programme und Daten, über die die anderen Zentren nicht verfügten. Ein Programmierer, der an einem leistungsfähigen, interaktiven Computer in Illinois saß, konnte die Grafik-Software eines anderen von ARPA unterstützten Computerzentrums in Utah mit Gewinn einsetzen. In einer früheren Periode war ein Engpaß aus dem Umstand erwachsen, daß man warten mußte, bis der Computer frei war, bevor man selbst ihn nutzen konnte. Die Technik des Timesharing machte die individuelle Arbeit mit dem gemeinsam genutzten Computer möglich. Jetzt ergab sich ein Engpaß aus der geografischen Distanz zwischen Anwender und Computer. In der Ära des Timesharing lag es nahe zu fragen, ob es nicht möglich sein könne, Computer über Telekommunikation miteinander zu verbinden und sie auch aus der Ferne zu steuern.

Könnten Computer Daten schnell genug durch Kupferdrähte schicken, damit Computer ferngesteuert und Ressourcen gemeinsam genutzt werden können? Wenn dies über die kurzen Leitungen möglich war, die die Terminals mit dem Zentralrechner verbanden, dann war dies zumindest in der Theorie auch mit einer Leitung möglich, die sich über den gesamten Kontinent erstreckte. Die Orthodoxie der Telekommunikation der sechziger Jahre war so pessimistisch wie die Computerorthodoxie uninteressiert an interaktiver Datenverarbeitung. Die ARPA-Planer übernahmen ein spezielles Verfahren des Transports von Daten in einem Netz, ein Verfahren, das unter dem Namen Paketverteilung (Packet-switching) bekannt ist.

Paketverteilung ist ein weiteres Beipiel für eine Technologie, die für einen bestimmten Zweck konzipiert wurde, und dann für Zwecke eingesetzt wird, die den Absichten der Erfinder fernlagen. Die Entwicklung dieses Verfahrens begann in den fünfziger Jahren, als die RAND Corporation an streng geheimen Studien über Szenarien des thermonuklearen Krieges arbeitete. Im Zentrum stand die Frage der Unverletzlichkeit der Kommunikationssysteme, die für Überwachung und Befehlssteuerung auf lokaler und nationaler Ebene notwendig waren. In einem umfassenden nuklearen Krieg würde die Kommunikationsinfrastruktur – die Leitungsnetze, die Kommandozentralen, die Antennenanlagen – zum primären Ziel werden. Paul Baran von RAND schlug vor, dem drohenden Ausfall jedes Kommunikationsnetzes unter den Bedingungen eines nuklearen Krieges durch den Aufbau dezentraler Einrichtungen zu begegnen, die den Informationsfluß aufrechtzuerhalten hätten. Die Schlüsselidee seines Vorschlags bestand darin, die Nachrichtendaten in Einheiten gleicher Größe aufzuteilen. Das Netz sollte dann die Dateneinheiten über noch funktionierende Wege an das Ziel schicken, wo sie dann wieder zu der ursprünglichen ganzen Nachricht zusammengesetzt werden sollten. Barans Vorhaben wurde 1964 veröffentlicht.

Anstatt eine Hierarchie von Befehlszentren im Kommunikationssystem aufzubauen, die der hierarchischen Organisation militärischer Befehlsgewalt entspricht, schlug Baran vor, für die Kommunikation keine Befehlszentren vorzusehen. Alle Nachrichten sollten in kleine Datenpakete aufgeteilt werden, denen Informationen darüber vorangestellt würden, woher dieses Datenpaket stammte, wohin es zu schicken sei und mit welchen anderen Paketen es verbunden werden mußte, wenn es dieses Ziel erreichte. Dann sollten überall im Netz Geräte verteilt werden, sogenannte Router, deren Aufgabe es sein würde, die Adreßinformationen der Datenpakete auszuwerten und sie auf die richtigen Wege zu leiten. Auf diese Weise könnten diese Router sich als Netzknoten wechselseitig in sehr kurzen Abständen über den aktuellen Zustand des Netzes unterrichten. Was irgendein Knoten des Netzes an Informationen erhält, weiß innerhalb kürzester Zeit auch jeder andere Knoten.

Pakete können auf verschiedenen Wegen durch das Netz geleitet werden. Fällt ein Knoten aus, umgeht das Netz diesen Knoten. Erhält der empfangende Knoten nicht alle zu einer Nachricht gehörenden Pakete, kann er den aussendenden Knoten auffordern, die erforderlichen Pakete erneut zu senden. Wird ein nachrichtenverteilendes Netz nach diesem Schema aufgebaut, wobei Computer die Weitersendung der Datenpakete übernehmen, dann wird das Netz auch dann noch funktionieren, wenn Knoten um Knoten ausfällt.

Das National Physical Laboratory in Großbritannien testete 1968 die Prinzipien der Paketverteilung in der Praxis. Zur gleichen Zeit veröffentlichte die ARPA ein Request For Proposals (RFP: Aufforderung, Vorschläge zu machen) für ein System, das geografisch voneinander entfernte Forschungscomputer durch ein Netz miteinander verbinden sollte. Robert Taylor gewann Lawrence Roberts vom Lincoln-Laboratorium des MIT dazu, das RFP zu verfassen, und bestimmte die Einrichtungen, die die ersten Knoten des Netzes sein sollten. Roberts entschied sich dafür, das Verfahren der Paketverteilung einzusetzen. Robert Kahn, Professor für Mathematik am MIT, nahm seinen Abschied, um bei Bolt, Beranek und Newman (BBN) zu arbeiten, einer von der Regierung finanziell unterstützten Denkfabrik, bei der schließlich Schlüsselkomponenten des ARPANET entwickelt und eingesetzt wurden. Kahn machte den Vorschlag, der BBN den ersten Vertrag mit ARPA einbrachte. Als erster Knoten wurde 1969 UCLA ausgewählt, und am Jahresende umfaßte das Netz bereits vier Knoten. 1970 kamen auch Harvard und das MIT hinzu. Mitte 1971 waren bereits mehr als dreißig verschiedene Computer (zusammen mit ihren Gemeinschaften) in das Netz eingebunden. Viele der Leute, die mit der finanziellen Absicherung und dem Aufbau des ersten Netzes zu tun hatten, Robert Taylor und Robert Kahn zum Beispiel, sind auch heute noch, mehr als zwanzig Jahre später, aktiv an der Entwicklung der nächsten Generation der Netztechnologie beteiligt.

Für die an der technischen Seite weniger interessierten sind zwei Aspekte der Paketverteilungstechnologie von Bedeutung. Erstens legt dieses Verfahren das Fundament für Kommunikationssysteme ohne zentrale Steuerung. Da jedes Datenpaket und jeder Router im Netz «weiß», wie und wohin die Informationen weiterzusenden sind, ist eine zentrale Steuereinheit nicht mehr erforderlich. Zweitens: Immer größere Anteile des weltweiten Informationsaufkommens liegen in digitalisierter Form vor. Die Datenpakete sind in der Lage, alles aufzunehmen, was Menschen sich ausdenken und Maschinen verarbeiten können – digitalisierte Stimmen und High-Fidelity-Klänge, Texte, hochauflösende Farbgrafiken, Computerprogramme und -daten, bewegte Videobilder. Und diese Pakete können auch drahtlos gesendet und empfangen werden. In den Forschungs- und Entwicklungslabors von heute geht das Schlagwort von der «digitalen Konvergenz» um. Gemeint ist damit, daß in naher Zukunft wesentlich mehr als nur virtuelle Gemeinschaften und Bibliotheken von Texten im Netz zu finden sein wird. Mit zunehmender Digitalisierung wird das Netz künftig wahrscheinlich mit anderen, ebenfalls Computer einsetzenden Mächten der Welt konfrontiert werden. Wie John P. Barlow gern zu sagen pflegt: «Cyberspace ist, wo Ihr Geld ist.» Geld ist schon zur Abstraktion geworden, Teil des gewaltigen, ununterbrochenen, weltweiten Stroms elektronischer Nachrichten. Die Werte, die durch das Wissen darum, wie diese Nachrichten durch die Telekommunikationsnetze der Welt geschleust werden, realisiert werden, übersteigen den ursprünglichen Wert der Güter und Dienstleistungen, aus denen dieses Geld hervorging.

Cyberspace ist der Raum, den globale Unterhaltungs- und Kommunikationsmedien ansteuern, und große Kolonien dieser Industrien existieren bereits in diesem Raum. Fernsehen und Zeitungen stützen sich auf im Grunde nur geringfügig unterschiedliche elektronische Signale, und sie alle bewegen sich im gleichen, weltweiten Netz. Die Kabelbaufirmen sind schon zur Stelle. Jeder weiß, daß nur diejenigen Netze auf dem riesigen Weltmarkt eine Chance haben, die mit allen anderen verbunden sind. Niemand weiß jedoch, welche Interessengruppen – die der Zeitungsverlage, der Fernsehnetze, der Unterhaltungsindustrie oder der Kommunikationsgiganten – den Massenmarkt der zukünftigen Netze dominieren wird.

Zur gleichen Zeit investieren viele dieser Wirtschaftsgiganten in Bereiche, die das Material – im Jargon der Telekommunikation, den «Inhalt» – für die universellen, digitalen Hochgeschwindigkeitsnetze der Zukunft liefern sollen. Unterhaltungs- und Kommunikationsindustrie haben zur Lieferung ihrer Produkte beide das gleiche elektronische Medium im Auge. CMC-Gemeinschaften in den Laboratorien von Palo Alto und Cambridge in England verwenden heute schon Video-Clips und gesprochene Mitteilungen bei ihren EMail-Mitteilungen und in ihren Konferenzen.

Die Tatsache, daß diese neuen Informationsträger die Möglichkeit eröffnen, neue Arten von Gemeinschaften zu bilden, wurde schon von den Leitern der Projekte, aus denen sich diese Technologien entwickelten, erkannt und gefördert. Noch bevor ARPANET 1969 in Betrieb genommen wurde, schrieben J.C.R. Licklider und Robert Taylor, die beide verantwortlich für die finanzielle Unterstützung des Projekts gewesen waren, zusammen mit E. Herbert einen Artikel, «The Computer as a Communication Device», in dem sie ihre Vision über die Zukunft computer-gestützter Gemeinschaften darlegen:

> Zwar werden immer mehr interaktive Mehrbenutzer-Computersysteme ausgeliefert und immer mehr Gruppen planen, diese Systeme innerhalb des nächsten Jahres einzusetzen, und doch gibt es im Moment vielleicht gerade mal ein halbes Dutzend um diese Systeme sich gruppierende *Gemeinschaften...*
>
> Für die Gesellschaft können die Folgen positiv oder negativ sein, abhängig von der Antwort auf die Frage: Wird «online sein» zu können zum Privileg oder zum Recht? Wenn nur ein begünstigter Teil der Bevölkerung die Chance erhält, die Vorteile der «Erweiterung intellektueller Möglichkeiten» zu genießen, dann könnte das Netz Ungleichgewichte im Spektrum intellektueller Möglichkeiten vergrößern.
>
> Wenn sich andererseits das Netz für die Bildung als das erweist, was einige sich erhofft, wenn auch nicht bis in die letzte Einzelheit geplant haben, und wenn sich eine konstruktive Einstellung durchsetzt, dann wird mit Sicherheit der Segen für die Menschen jenseits aller Vorstellungen liegen.

Sobald ARPANET online zur Verfügung stand, begannen die Leute, EMail zu schicken, in einem weit größeren Ausmaß, als es die Verwaltung des Netzes erforderte. Daß es mit EMail ohne Mühe möglich ist, eine einzeilige oder hundert Seiten lange Nachricht an einen oder auch an tausend Empfänger zu schicken, ist eine seiner charakteristischen Eigenschaften. Sie müssen nur eine Adressenliste all der Leute aufstellen, die Sie erreichen wollen. Eine andere Eigenschaft von EMail besteht darin, daß Sie mit nur einem Tastenanschlag (in den meisten Systemen «R» für «Reply») jede Nachricht, die Sie in Ihrem privaten elektronischen «Briefkasten» finden, beantworten können. Erhalten Sie eine Nachricht von jemandem, der auf Ihrer Adressenliste steht, dann können Sie auschließlich dieser Person antworten oder die Antwort automatisch an jeden schicken, der auf der Liste steht. Und plötzlich wird die Korrespondenz zum Gruppengespräch. Private Adressenlisten nehmen heute an Zahl immer mehr zu; sie stellen für einzelne Teilnehmer die Möglichkeit dar, ihr eigenes, persönliches Konferenzsystem zu schaffen, ihre eigene virtuelle Gemeinschaft zu gestalten.

Die erste große Liste, die erste, die ihre eigene Kultur nährte, war, wie sich ARPANET-Veteranen erinnern, die SF-LOVERS-Liste, eine Liste von ARPA-Forschern, die sich an öffentlichen Diskussionen über Science Fiction beteiligen wollten. SF-LOVERS tauchte in den späten siebziger

Jahren im ARPANET auf. Natürlich wurde versucht, dagegen einzuschreiten, denn Aktivitäten dieser Art hatten selbst bei liberalster Auslegung mit Forschung nichts zu tun. Es ist den ARPA-Managern an der Spitze zu danken, daß sie die Entstehung von virtuellen Gemeinschaften zuließen, trotz der Versuche, den Netz-Enthusiasten Zügel anzulegen, wenn sie allzu viel Spaß zu haben schienen. Die Systemingenieure bauten das System immer wieder um, damit es das explosionsartig ansteigende Nachrichtenaufkommen im Netz bewältigen konnte. In den EMail-Adressenlisten zeigte sich zum ersten Mal die soziale Seite von Computernetzen.

Zu der Zeit, als das ARPANET aufgebaut war und in Betrieb genommen wurde, als die verschiedenen Gemeinschaften sich über die EMail-Listen zusammenfanden, begann der Vietnam-Krieg die ARPA zu politisieren. Viele der brilliantesten jungen Forscher fühlten sich nicht wohl dabei, für das Verteidigungsministerium zu arbeiten. Zu dieser Zeit tauchte ein weiterer Visionär auf dem privaten Sektor auf und hatte das Glück, die besten Leute aus der ARPA-Mannschaft gewinnen zu können.

1969 erklärte der CEO von Xerox, Peter McCullough, die Absicht, sein Unternehmen zum «Informationsarchitekten der Zukunft» zu machen. Er begann mit dem Aufbau einer Multi-Millionen-Dollar-Einrichtung in Kalifornien, ausgestattet mit der neuesten Technologie in informationsverarbeitenden Forschungsrichtungen: das Xerox Palo Alto Research Center, kurz PARC genannt. Robert Taylor, der vorher bei der NASA und bei ARPA gewesen war, sollte die Computerlaboratorien aufbauen und leiten. Und Taylor gewann Alain Kay und einige Dutzend der besten ARPA-Koryphäen, die seit Jahren bei verschiedensten Einrichtungen überall im Land verstreut gewesen waren.

PARC war für die Hardware-Ingenieure und Software-Programmierer, die in den frühen siebziger Jahren in Palo Alto zusammenkamen, so etwas wie ein Himmelreich. All diese Leute kannten einander durch ihren Ruf, hatten in den zehn Jahren ihrer durch ARPA finanzierten Arbeit als Gleichgestellte miteinander gewetteifert und als Kollegen zusammengearbeitet. Nun waren sie hier, zum ersten Mal am gleichen Platz, Mitglieder einer Mannschaft; sie arbeiteten unter einer Führung, die ihre Visionen teilte, verfügten über ein generöses Budget und über die bestmögliche Ausstattung. Dies waren die Leute, die «gewohnt waren, Blitze mit beiden Händen zu packen», wie Alan Key sie charakterisiert. Viele von ihnen waren noch Teenager oder Anfang zwanzig, als sie Timesharing und Computergrafik entwickelten. Sie waren noch jung genug, um eine weitere Revolution einzuleiten. Nun arbeiteten sie für ein privates Unternehmen statt für das Militär, aber das Ziel ihres

Forschens blieb auch an dem neuen Ort PARC unverändert: Computerleistung für Nicht-Programmierer bereitzustellen, die ihnen beim Denken und Kommunizieren helfen konnte.

Xerox PARC war in den siebziger Jahren für die Entwickler der
Denkmaschinen der zweite Kreuzzug. Viele der Ideen, die Engelbarts
Mannschaft bei SRI entwickelt hatten, wurden in PARC wieder aufgegriffen. Bei PARC wußten alle genau, was sie wollten: über Timesharing
hinausgehen und Computer entwickeln, die so leistungsfähig, kompakt
und so billig waren, daß jedermann sie sich auf seinen Schreibtisch
stellen konnte – Personal Computer. Sie wußten, daß die Kosten für
Computerleistung alle zwei Jahre um die Hälfte fielen und daß die sich
entwickelnde Technologie der Mikro-Chips, also integrierter Schalt-
kreise, Personal Computer in etwa sieben Jahren erschwinglich machen
würde. Und sie wußten auch, daß etwa sieben Jahre erforderlich waren,
um sie so zu gestalten, daß die Leute sie benutzen konnten. Die PARC-
Mannschaft hatte auch erkannt, daß die Kosten für die Technologie der
fernseherähnlichen Monitore ebenfalls drastisch sanken. Billige Computer und billige Bildschirme bedeuteten, daß es möglich war, grafische
Benutzeroberflächen zu entwickeln, die dem Anwender erlaubten, auf
grafische Symbole auf dem Bildschirm zu zeigen und sie anzuklicken,
statt die Befehle einer Computersprache eintippen zu müssen.

Der erste Personal Computer war der Altos, eine Maschine, die das
PARC-Team für die eigene Arbeit in den frühen siebziger Jahren entwickelt und gebaut hatte. Jetzt entwickelten sie Prototypen für den PC
der Zukunft, aber die ARPA-Veteranen wollten keineswegs auf die Vorteile persönlicher Kommunikation über Computernetze verzichten, die
sie mit Timesharing und ARPANET genossen hatten. Daher entwickelten
sie mit Ethernet ein sehr schnelles Netz, das alle ihre Altos-Maschinen
miteinander verband. Aus dem Ethernet entwickelte sich die Idee lokaler
Netze (*LAN, Local Area Network*). In den neunziger Jahren werden die
Arbeitsstationen in Büros, Fabriken und Universitäten mehr und mehr
in loakale Netze eingebunden. Die PARC-Forscher lieferten auch die
Grundlagen dafür, daß lokale Netze, wie das Ethernet in PARC, über
Gateways mit größeren Netzen, wie dem Internet, Verbindung aufnehmen konnten. Das Internet begann mit ARPA, aber PARC stimulierte das
Wachstum des Netzes, denn PARC lieferte die Voraussetzungen dafür,
daß all die verschiedenen, einzelnen Archipele lokaler Netze miteinander in einem großen Netz verbunden werden konnten.

Während der siebziger und achtziger Jahre entwickelte sich auch
die Technologie des Internet sehr schnell. Die Geschwindigkeit, mit der
Informationen in einem Medium übertragen werden, ist ein wesent-

licher Faktor für die Art der übertragenen Information, für ihren Wert und dafür, wer es sich leisten kann, sie zu senden oder zu empfangen. Dies ist einer der Punkte, wo Sprünge in der technischen Entwicklung unmittelbare ökonomische Folgen haben. Ist die Übertragung teuer und die Geschwindigkeit gering, dann können Sie mühsam einzelne Nachrichten durch den Draht schicken. Ist die Übertragung billig und die Geschwindigkeit hoch, dann können Sie Bücher, Enzyklopädien, ja ganze Bibliotheken in weniger als einer Minute übertragen. Die durch die Übertragungsgeschwindigkeit erzielten Einsparungen bei der CMC-Technologie sind wesentliche Vorausetzung der Telekommunikation für alle Bürger. Wenn einem Bürger heute Kommunikationsleistungen zur Verfügung stehen, die sich zwanzig Jahre zuvor nur das Pentagon leisten konnte, welche Möglichkeiten der Telekommunikation werden ihn dann in der Zukunft, in fünf oder zehn Jahren erwarten?

Mehr als ein Jahrzehnt benutzte ARPANET eine Übertragungsgeschwindigkeit von 56000 Bit pro Sekunde. Dies ist sehr hoch, verglichen mit der Geschwindigkeit der ersten Modems für privaten Einsatz, die 300 Bit pro Sekunde übertragen konnten. 1987 installierte NSFNET, der Nachfolger von Internet, Kommunikationsleitungen, die in der Lage waren, 1,5 Millionen Bit pro Sekunde zu transportieren. 1992 konnten die zentralen Übertragungsleitungen des NSFNET bereits 45 Millionen Bit pro Sekunde bewegen – eine 700fache Steigerung der Geschwindigkeit in fünf Jahren. Mit dieser Geschwindigkeit können Sie fünftausend Textseiten in der Sekunde übertragen, einen ganzen Stapel von Enzyklopädien in der Minute. Der nächste Quantensprung bei der Geschwindigkeit führt in den Gigabit-Bereich – Milliarden und Hunderte von Milliarden Bit in der Sekunde; ist der Multigigabit-Bereich erreicht, dann können Sie davon sprechen, wieviele Bibliotheken von dem Umfang der Library of Congress Sie in jeder Minute übertragen wollen. Netze mit Übertragungsgeschwindigkeiten im Gigabit-Bereich sind eines der Projekte der aktuellen NREN-Testfelder; die Möglichkeit, ganze Bibliotheken zu senden und zu empfangen, ist somit schon als Prototyp realisert. Und die Forschungen für Geschwindigkeiten im Terabit-Bereich – Trillionen von Bit pro Sekunde – haben schon begonnen. So, wie die Kosten für all das, was von der Leistung der Computer abhing, drastisch fielen, als die Computer kleiner und leistungsfähiger wurden, so werden auch die Kosten für all das fallen, was von der Geschwindigkeit des Informationstransfers abhängt.

Große und/oder plötzliche Änderungen der Quantität können gleicherweise abrupte, sprunghafte Änderungen in der Qualität eines Phänomens auslösen. Wenn die gesamte Library of Congress in weniger als einer Minute von einem Ort zu einem anderen transferiert werden kann, wandelt sich der Begriff eines Ortes, der Library of Congress genannt wird. Liegt die Bibliothek einmal in digitaler Form vor, ist der konkrete Ort in Washington virtualisiert. Heute schon kann ich von meinem Schreibtisch aus den Bibliothekskatalog der Library of Congress durchblättern. Kann ich erst einmal auch die Texte in meinen Computer übertragen, wird sich mein Begriff von dem Ort, an dem diese Daten beheimatet sind, wandeln. Dieser Ort ist dann am anderen Ende meiner Modem-Leitung, wie der Rest des Netzes auch. Und das bedeutet: All dies befindet sich mehr oder weniger direkt auf meinem Schreibtisch.

Die ursprüngliche ARPANET-Gemeinschaft umfaßte 1969 ungefähr tausend Menschen. Nur wenig mehr als zwanzig Jahre später wird die Internet-Bevölkerung auf fünf bis zehn Millionen Menschen geschätzt. Die Wachstumsraten sind zu groß, um im Moment eine genaue Messung zuzulassen, denn überall in der Welt faßt das Internet die kleine und mittelgroßen Netze, die während des vergangenen Jahrzehnts herangewachsen sind, zusammen. Die Gesamtzahl der angeschlossenen Netze wuchs von ein paar hundert in den frühen achtziger Jahren auf über 7500 in insgesamt mehr als 75 Ländern in den frühen neunziger Jahren. In der September-Ausgabe des *Scientific American* von 1991 nennt Albert Gore, damals noch Senator, eine Schätzung, die auch andere für realistisch halten: In den vergangenen fünf Jahren wuchs allein die Zahl der Benutzer des Internet um rund zehn Prozent pro Monat.

Die einzelnen Computergemeinschaften sind im Internet die Hosts. Manche dieser Hosts, WELL zum Beispiel, haben Tausende von Teilnehmern, einige wenige haben Zehn- oder gar Hunderttausende von Benutzern. Im Internet gibt es allgemein verfügbare Dokumente, Request For Comment (RFC, Aufforderung, Stellung zu nehmen) genannt. Eines davon stellt grafisch die Wachstumsraten der Anzahl von Hosts im Internet in den achtziger Jahren an.

Natürlich werden sich diese Wachstumsraten in der weiteren Entwicklung abflachen. Es gibt nicht so viele Leute auf der Welt, daß sich dieses Wachstum fortsetzen könnte. Der Kartograph des Cyberspace, John Quarterman, jedoch weist in seinem Artikel «How Big Is the Matrix?» auf den wichtigsten Aspekt dieser Zuwachsraten hin, auf die offensichtliche Konsequenz, daß diese heute noch weithin unsichtbare Subkultur einfach aufgrund ihrer Größe wahrscheinlich sehr bald die Aufmerksamkeit der Welt auf sich ziehen wird:

In zwei Jahren wird es mehr Netzanwender geben, als irgendein Staat der USA Einwohner hat. In fünf Jahren wird es mehr Netzanwender geben, als

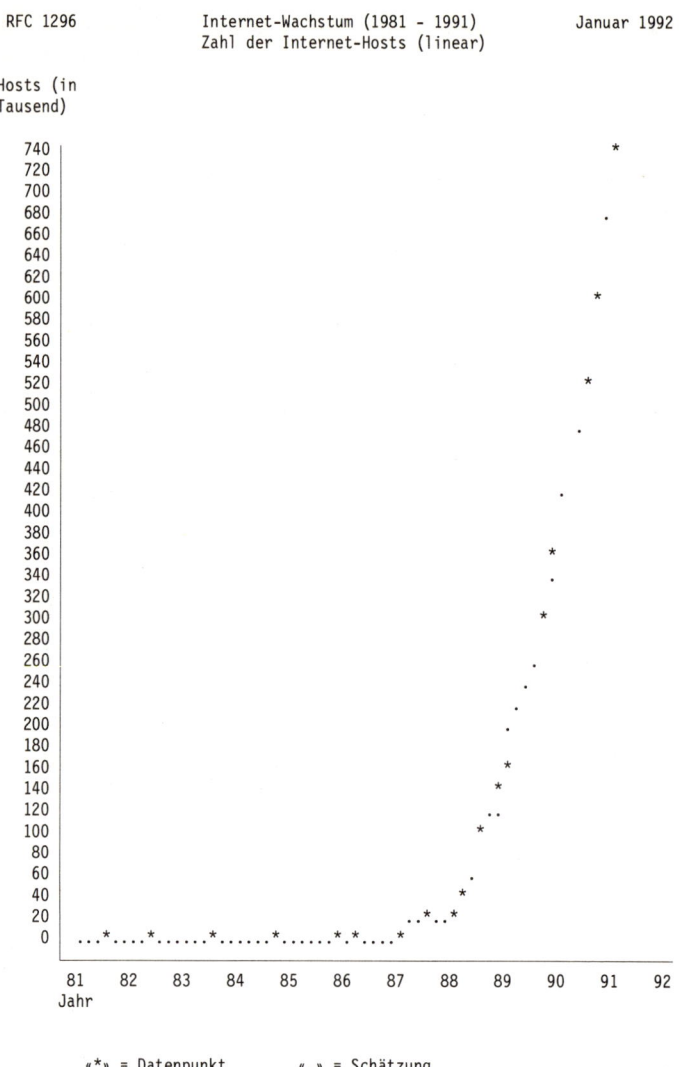

RFC 1296   Internet-Wachstum (1981 - 1991)   Januar 1992
                Zahl der Internet-Hosts (linear)

Hosts (in
Tausend)

«*» = Datenpunkt   «.» = Schätzung

irgendein Land, China und Indien ausgenommen, Bürger hat. Was wird geschehen, wenn McLuhans globales Dorf sich zu einem der größten Länder der Welt entwickelt? Wenn Informationen nicht einfach ausgesendet werden, sondern Zwei-Wege-Kommunikation möglich ist? Und die Grenzen von Raum, Zeit und Politik überschritten werden?

In den frühen achtziger Jahren überstiegen die bürokratischen und finanziellen Anforderungen des ARPANET die Möglichkeiten von ARPA. Das Netz war zur intellektuellen Ressource geworden, zu der Geistes- und Naturwissenschaftler drängten, auch wenn ihr Forschungsgebiet nichts mit der Entwicklung von Waffen zu tun hatte. CMC schlug denselben Weg der Verbreitung ein, dem auch die Computertechnologie zehn oder zwanzig Jahre zuvor gefolgt war: Zunächst im Rahmen der Rüstungsforschung entwickelt, erweisen sich Computer und Netze als nützlich und wurden für einen sich ausweitenden Kreis von Anwendern erschwinglich. Als erstes für Wissenschaftler außerhalb der Rüstungsforschung, dann für Großunternehmen, schließlich auch für kleinere Firmen und endlich für normale Bürger. In den frühen achtziger Jahren verlangten auch solche Wissenschaftler Zugang zum Netz, die auch im weiten Sinne nichts mit Rüstungsforschung zu tun hatten.

Wissenschaft ist ein Unternehmen, das auf Kommunikation basiert, auf umfassender, weltweiter Kommunikation. Sind Sie ein Wissenschaftler, dann machen Sie Beobachtungen oder stellen eine Theorie auf und veröffentlichen die Ergebnisse Ihrer Arbeit. Andere Wissenschaftler können Ihre Ergebnisse lesen, Ihre Theorie überprüfen und veröffentlichen dann ihrerseits wieder die gewonnenen Erkenntnisse. Aus diesem Prozeß der Beobachtung, der Experimente, der Theoriebildung und der Diskussion erwachsen wissenschaftliche Erkenntnisse. Voraussetzung ist der Zugang zur akademischen Welt, zu den wissenschaftlichen Hierarchien und Zirkeln, in denen die Beiträge von Neulingen Gehör finden können. Im 19. Jahrhundert experimentierte der österreichische Mönch Gregor Mendel mit Erbsen und entdeckte die Gesetze der Vererbung, hatte jedoch keine Möglichkeit, seine Erkenntnisse in den einschlägigen Fachzeitschriften zu veröffentlichen. Die Erkenntnisse blieben für Jahrzehnte im Verborgenen, bis sie endlich von Biologen, die die Mysterien der Genetik zu enthüllen versuchten, in einer obskuren Zeitschrift wiederentdeckt wurden. In einer Zeit, in der ein immer größerer Bereich des wissenschaftlichen Diskurses im Netz stattfindet, ist es notwendig, sich an Mendels Beispiel zu erinnern.

Findet, wie es der Fall zu sein scheint, ein immer größerer Teil der wissenschaftlichen Diskussion im Netz statt, wo neben den Wissenschaftlern jeder, der Zugang zum Netz hat, seine Gleichungen und Theorien einbringen kann, dann kann dies verschiedene Folgen haben. Erstens: Sie werden genausowenig beachtet wie Gregor Mendel, wenn Sie weder Zugang zum akademischen Leben noch zum Netz haben, denn nur dort könnten Sie die notwendige Aufmerksamkeit auf sich ziehen. Zweitens: Sollten Sie Gregor Mendel sein, dann müssen Sie sich nur

Zugang zum Netz verschaffen, um an der internationalen wissenschaftlichen Diskussion teilnehmen zu können.

Bevor das Netz groß genug war, um Bürgern die Teilnahme zu ermöglichen, bedeutete der Zugang zum Netz für Wissenschaftler in rasch sich entwickelnden Disziplinen Zugriff auf ihre eigene, spezialisierte Version der lebendigen Datenbank, die WELL und Usenet anderen Gruppen bietet. Der Prozeß wissenschaftlicher Erkenntnis ist eingebettet in die Kommunikation von Gruppen, und die Charakteristik virtueller Gemeinschaften, Kommunikation vieler mit vielen zu ermöglichen, kann den schnelleren Zugang zu wesentlichen Informationen sichern und zugleich diesen Zugang demokratisieren. Dies erklärt auch, warum in den achtziger Jahren die außerhalb des militärischen Bereichs arbeitenden Forscher auf Zugang zum Netz drängten.

1983 wurde ARPANET aufgeteilt in das ARPANET für die Forschung und das MILNET für militärische Zwecke. Beide Netze waren Weitverkehrsnetze (*Wide Area Network, WAN*), deren Knoten über Hochgeschwindigkeitsleitungen miteinander verbunden waren und auch Computergemeinschaften mit Hunderten und Tausenden von Teilnehmern versorgten. Als immer mehr der in Universitäten und Laboratorien eingesetzten Computer netzwerkfähig wurden, wuchs das Internet explosionsartig an. Diese Entwicklung wurde, wenigstens zum Teil, von ARPA ermutigt. Als die althergebrachten, im Stapelbetrieb durch Lochkarten gesteuerten Computer mehr und mehr von Timesharing-Computern ersetzt wurden, entwickelten sich neue Bedienungsweisen für Computer. 1969, dem Jahr, in dem ARPANET den Betrieb aufnahm, wurde von Programmierern der Bell Laboratories für Forschungszwecke Unix entwickelt, ein Betriebssystem für Mehrbenutzer-Computer.

Ein Betriebssystem ist ein zentrales Steuerungsprogramm und dafür zuständig, die Interaktionen zwischen Anwendern und Computerprogrammen zu ermöglichen. Unix war für Programmierer interaktiver Computer konzipiert, und sollte ihnen erlauben, Dienstprogramme zu entwickeln und sie, wenn sie sich als funktionsfähig und nützlich erwiesen hatten, in der Gemeinschaft der Programmierer zu verteilen. Niemand dachte je im Traum daran, Unix würde zum weltweiten Standard werden, eingesetzt von Millionen Nicht-Programmierern. Der unerwartete Erfolg eines ursprünglich nur für Programmierer gedachten Betriebssystems bei Wissenschaftlern und Studenten führte zur Verbreitung gleichartiger Computer, deren Vorteil sich zeigte, als all diese Unix-Computer in den Universitäten und Laboratorien begannen, über Modems miteinander in Verbindung zu treten und über Hochgeschwindigkeitsnetze miteinander zu kommunizieren. UUCP, ein Programm, das Daten zwischen Unix-Maschinen hin und herkopieren konnte, erlaubte jedem Unix-Computer, via Modem automatisch eine Verbindung zu einem anderen unter Unix laufenden Computer aufzubauen und Informationen gemeinsam zu nutzen. Dadurch stand jenen Computern, die nicht in das Internet eingebunden waren, eine alternative Netzinfrastruktur zur Verfügung.

1983 entwickelten, unterstützt von der ARPA, Programmierer der University of California eine Unix-Version für diese neuartigen, nun verfügbaren Computer. In dieses Berkeley-Unix waren die Computer-Codes, die für die Kommunikation mit Internet notwendig sind, das TCP/IP-Protokoll, bereits integriert. Nun konnten Unix-Computer nicht nur untereinander über relativ langsame Modems in Verbindung treten, sondern auch die Datenpakete, die mit sehr viel höherer Geschwindigkeit im Internet übertragen werden, kodieren und dekodieren. Da die Entwicklung dieser neuen Unix-Version durch öffentliche Gelder unterstützt worden war, konnte sie jeder einsetzen und hatte nur die Lieferkosten zu bezahlen. Neue, auf Unix mit integrierten Netzeigenschaften spezialisierte Unternehmen, wie das von der ARPA unterstützte Sun Microsystems, entstanden Mitte der achtziger Jahre und florierten augenblicklich. Überall auf der Welt entstanden in den naturwissenschaftlichen Fakultäten der Universitäten lokale Netze. Und diese lokalen Netze begannen, sich zu größeren Netzen, wie ARPANET und MILNET, zusammenzuschließen. Mit finanzieller Unterstützung der IBM entstand ein weiteres Netz, BITNET, für die wissenschaftliche und akademische, nicht auf Naturwissenschaften beschränkte Diskussion. Bei DEC, IBM und AT&T entstanden große, unternehmensinterne Netze.

Das Netz der Netze, das sich in den achtziger Jahren entwickelte, wurde zunächst ARPA Internet, dann einfach Internet genannt. Je nützlicher sich dieses Netz erwies, umso mehr Leute, denen ursprünglich die Nutzung des Netzes nicht erlaubt war, verlangten nun Zugang zum Netz. Die Computerwissenschaftler, denen in Einklang mit der strengen Auslegung der «akzeptierbaren Nutzung» durch das US-Verteidigungsministerium der Zugang zum Netz verwehrt war, wandten sich an die *National Science Foundation (NSF)*. Da das Internet sich für Wissenschaftler als wertvolle intellektuelle Ressource erwiesen hatte, richtete die NSF mit dem CSNET ein weiteres wissenschaftsorientiertes Netz innerhalb des Internet ein. Auch Geisteswissenschaftler verlangten nun Zugang zu CMC, daher wurde von der NSF und von IBM das BITNET geschaffen. Da sowohl das Verfahren der Paketverteilung als auch die Netztechnologie mit Steuergeldern finanziert worden waren, galten für diese aufeinanderfolgenden Netzgenerationen Regeln der «akzeptierbaren Nutzung», die kommerzielle Aktivitäten ausschlossen. Diese Situation scheint sich 1993, seit das Internet sich zu privatisieren beginnt, zu ändern.

Während der Zeiten, als das Netz sich ausdehnte, wurde auf Druck der Leute, die Zugang zum Netz forderten, die Definition dessen, was als «akzeptierbare Nutzung» anzusehen sei, erweitert. Die erste Definition ließ als «akzeptierte Nutzer» nur die Forscher der DARPA (wie ARPA jetzt genannt wird) zu. Diese Definition wurde erweitert, um auch andere von Militär und Regierung finanzierte Wissenschaftler zuzulassen. Sie wurde dann auf die natur- und geisteswissenschaftlichen Gemeinschaften ausgedehnt und ist nun dabei, die Geschäftswelt mit einzubeziehen. Ob aber der nächste und wichtigste Schritt getan wird, die Erweiterung auf das Feld der Erziehung und Ausbildung und auf alle Bürger, bleibt die Frage. In der Mitte der neunziger Jahre stehen wir vor einem Scheideweg: Wird der Expansionsprozeß über die Einbeziehung der Geschäftswelt hinaus fortgesetzt, oder werden sie versuchen, alles in die Hand zu bekommen?

Der Grund, weshalb der US-Kongreß auch weiterhin Gelder zur Entwicklung immer leistungsfähigerer Netze bereitstellt, liegt darin, daß ihm gesagt wurde, Amerika laufe Gefahr, in der Entwicklung von Supercomputern zurückzufallen und seine Wettbewerbsvorteile zu verlieren. Die Nutzung durch Bürger – ihr Zugriffsrecht – und für Zwecke der Erziehung und Ausbildung sind relativ neue Fragen. Der Wettlauf bei der Entwicklung von Supercomputern, nicht die Erkenntnis des Hochgeschwindigkeitsnetzen innewohnenden intellektuellen Werts, ist der Schlüsselfaktor bei der Unterstützung der Weiterentwicklung des alten ARPANET zu einer neuen Generation der Netztechnologie.

In den frühen achtziger Jahren war NSF an einem weiteren Versuch, neue Technologien zu entwickeln, beteiligt. Es ging darum, die mit Supercomputern ausgestatteten Zentren der USA in ein Hochgeschwindigkeitsnetz einzubinden. Supercomputer sind zu teuer, um große Verbreitung zu erlangen. Daher unterstützte die NSF fünf regionale Supercomputerzentren. Mitte der achtziger Jahre war die Arbeit mit Supercomputern so weit fortgeschritten, daß Wissenschaftler daraufdrängten, sie bei Forschungen außerhalb des Rüstungsbereichs einsetzen zu können. Hochgeschwindigkeitsnetze waren eine schon bewährte Technologie, und die am Horizont sichtbare Möglichkeit von Höchstgeschwindigkeitsnetzen schien für Supercomputer dasselbe leisten zu können, was ARPANET für die ersten Mehrbenutzer-Computer geleistet hatte. NSF rief das NSFNET-Projekt ins Leben, ein Netz, das die

Supercomputerzentren und ihre Benutzergemeinschaften miteinander verbinden sollte. Das NSFNET nahm 1986 die Arbeit auf und wurde mit einer Übertragungsgeschwindigkeit von Millionen Bit pro Sekunde zum Rückgrat von Internet. Im März 1990 wurde ARPANET in allen Ehren verabschiedet.

Der Prozeß des Technologietransfers, der Übergabe des auf Initiative der Regierung entwickelten Internet an private Unternehmen, wurde von Anfang an kontrovers diskutiert. 1987 beauftragte die NSF das Unternehmen Merit Network Inc. mit der Verwaltung und Wartung des Internet-Hauptnetzes. Dieses Unternehmen unterhielt zusammen mit IBM und MCI Communications das staatliche Ausbildungsnetz in Michigan. Zu dieser Zeit hatten verschiedene ARPANET-Veteranen kleine Unternehmen aufgebaut, die neue Programme für die Gemeinschaften im Netz entwickelten. Sie waren überhaupt nicht glücklich darüber, daß nun diese altbekannten «Big Boys» in ihrem weiten, bisher offenen Terrain Einzug halten sollten.

Wie die Computertechnologie in den fünfziger Jahren, erreichte die CMC-Technologie in den späten achtzigern den Punkt, an dem es Zeit war, von der durch öffentliche Gelder unterstützten Rüstungsforschung in die Hände von Privatunternehmen und Bürgern überzugehen. Dies ist der kritischste Punkt in der Entwicklung einer Technologie, denn die dabei getroffenen Entscheidungen bestimmen die zukünftige Gestalt dieser Technologie. Da das Netz für die Bürger eine intellektuelle, wirtschaftliche und vielleicht auch kulturelle Ressource bleibt, eine Art Flut des Wissens, die alle Boote vorantreibt, sollte es dann nicht als ein richtigerweise durch die nationale Regierung finanziertes Infrastrukturprojekt behandelt werden, wie dies in Japan und Frankreich der Fall ist? Und wenn diese Technologie dem Markt und der Privatindustrie überlassen werden soll, wie können die Rechte der Bürger gegen Verstöße dieser Unternehmen geschützt werden, ähnlich wie die Verfassung diese Rechte schützt, wenn die Regierung für das Netz verantwortlich bleibt. Wie können kleine, gerade sich entwickelnde Unternehmen vor unfairen Wettbewerbspraktiken der heutigen Industriegiganten geschützt werden? Wer soll die neuen Regeln zum Schutz der Privatsphäre, des geistigen Eigentums, des freien internationalen Austauschs festlegen, die mit dem Wachstum des Netzes notwendig werden? Diese Fragen rücken in den neunziger Jahren in den Mittelpunkt einer hitzigen Debatte, die auch in den kommenden Jahren fortgesetzt werden wird.

In den späten achtziger Jahren überforderte das Netz allmählich die Möglichkeiten der Regierung, es allein zu verwalten. Es wurde Zeit, seine öffentlicheren Bereiche in die Verantwortung der Privatindustrie zu überführen. Jedoch stellten sich ernste Fragen über den richtigen Weg, auf dem eine durch öffentliche Gelder finanzierte Technologie privatisiert werden sollte. Ist CMC ein Publikationsmedium, ein Kommunikationsdienst oder ein informeller öffentlicher Raum? Welches Maß öffentlichen Einflusses ist in einem Bereich angemessen, in dem das Recht der Bürger, über Angelegenheiten öffentlichen Interesses zu diskutieren, von den Kosten des Zugangs bestimmt wird? Jetzt, da einige der kommerziellen Unternehmen, die zwanzig Jahre zuvor an der Entwicklung der Technologie überhaupt nicht interessiert waren, sich um die Verträge bewerben, die sie zukünftig für die Bereitstellung dieser Technologie verantwortlich macht, bleibt die Frage, welche Rechte die Bürger haben, die Art und Weise zu bestimmen, wie diese Dienste vom öffentlichen in den privaten Sektor übergehen.

Zur gleichen Zeit, als das Netz seinen staatlichen Förderern über den Kopf wuchs, entfaltete sich ein Vorstoß zum Aufbau eines noch leistungsfähigeren und noch offeneren Netzes und schuf die rechtlichen Grundlagen für die nächste Inkarnationen von ARPANET, INTERNET und NSFNET, dem *National Research and Education Network (NREN)*. Wiederum wurde der Gesetzgeber stark von der Furcht des US-Militärs und der Industrie beeinflußt, sie könnten den Wettlauf in der Netztechnologie und bei der Entwicklung von Supercomputern verlieren. Ausgelöst wurden diese Ängste durch einen Bericht des Office of Science and Technology, der auf die Möglichkeit hinwies, die USA könnten in diesen Bereichen zurückfallen. In den späten achtziger Jahren wurde im Kongreß der *High Performing Computing Act* auf den Weg gebracht. Bald heftete sich das Schlagwort Der «nationalen Schnellstraße für Informationen» an das Gesetzeswerk, das auf die Aktualisierung und Erweiterung des Internet abzielte. Senator Albert Gore aus Tennessee wurde zum glühenden Verfechter für die Schaffung eines Netzes, das Schulkindern den Zugriff auf die Library of Congress und Landärzten die Übertragung von Röntgenbildern an städtische Gesundheitszentren ermöglichen sollte. Während der Anhörungen des Kongresses betonten Experten wie Robert Kahn, der wesentlich beim Aufbau des ARPANET beteiligt war, nachdrücklich den Nutzen einer nationalen Informationsinfrastruktur, die sowohl Grundschulen und Büchereien, als auch Laboratorien, Universitäten und der Wirtschaft die Vorteile des Netzes bieten könnte. Der High Performance Computing Act wurde von Präsident Bush unterzeichnet und sah 650 Millionen Dollar für die NSF, 388 Millionen Dollar für die DARPA und 31 Millionen Dollar für das National Institute of Standards and Technology des US-Handelsministeriums vor. Die Grundlagenforschung für ein weitaus schnelleres Netz, das in der Lage ist, gescannte Röntgenbilder oder Echtzeit-Videobilder zu versenden und in Minuten ganze Textbibliotheken zu übertragen, wurde aufgenommen. Die Debatte darüber, wieviel von diesem Geld für Ausbildungs- und Erziehungszwecke und für Zwecke der Bürgerbeteiligung bereitgestellt werden müsse, ist noch längst nicht beendet. Zur gleichen Zeit entbrannte eine Kontroverse über den Technologietransfer von der NSF zu privaten Unternehmen. Die genannten Gelder werden auf jeden Fall ausgegeben, gleichgültig, welche Budgetkürzungen künftig vorgenommen werden. Die Frage aber, wer das Netz betreiben wird und wer es nutzen kann, ist immer noch offen. Und wiederum wird der Begriff der «akzeptierten Nutzung» von jenen hinterfragt, denen der Zugang noch verwehrt geblieben ist.

Wenn kommerzielle Organisationen – darunter zwei der größten Unternehmen der Welt, IBM und AT&T – die Verwaltung des Netzes übernehmen, wer wird dann Zugang erlangen und wem wird der Zugang verweigert? Wer legt die Regeln fest, die bestimmen, was Anwender im Netz sagen und tun dürfen? Wer wird Streitigkeiten über Zugang zum und Verhalten im Netz schlichten? Diese Technologie wurde mit Steuergeldern finanziert. Soll es eine obere Grenze für die Summe geben, die private Unternehmen künftig von uns verlangen dürfen, wenn wir eine Technologie nutzen wollen, zu deren Entwicklung einst öffentliche Gelder ausgegeben wurden?

Nicht nur Netz-Enthusiasten gerieten in Zorn, als IBM in das Territorium des Netzes eindrang. Es schien, als planten einige der Industriegiganten Wettbewerber in dem Marktbereich zu werden, in dem sie als Auftragnehmer des Internet den kommerziellen Zugang zum Netz kontrollierten. IBM und ANS, ein Tochterunternehmen von MCI, verwalteten das NSFNET bereits seit 1987; 1991 gründete ANS, ein nicht auf Gewinn ausgerichtetes Unternehmen, unter dem Namen ANS CO+RE eine gewinnorientierte Firma, um CMC-Dienste zu verkaufen. Unter der Überschrift «US-Regierung im Verdacht, Firmen beim Ausbau des nationalen Computernetzes zu begünstigen» erschien im Dezember 1991 in der *New York Times* ein Artikel des Wissenschaftsjournalisten John Markoff, der auch die Geschichte des von Robert T. Morris in die Welt gesetzten Virus aufgedeckt hatte, der 1988 das Internet lahmlegte. Er schrieb: «Genau eine Woche nachdem Präsident Bush das Gesetzeswerk zur Schaffung einer nationalen Schnellstraße für Computerdaten unterzeichnet hat, ist eine Debatte über die Frage entbrannt, ob die Regierung einem gemeinsamen Unternehmen von IBM und MCI, das wesentliche Bereiche des Netzes verwaltet, unfaire Vorteile verschafft hat.» Markoff zitiert mehrere Experten und Mitbewerber, die fürchten,

ANS könne seine Position als Verwalter des NSFNET dazu nutzen, Mitbewerbern den Zugang zum Netz zu erschweren.

«Leute, die mit der Planung eines nationalen Datennetzes zu tun haben, betonen, wie wichtig es ist, gleiche Wettbewerbsbedingungen zu schaffen, die bewirken, daß konkurrierende Unternehmen in der Hoffnung auf Marktanteile neue kreative Dienste anbieten. Ohne Wettbewerb, so betonen sie, würde die Regierung ein Monopol ohne Anreize zu innovativen Leistungen schaffen.» schrieb Markoff. Er zitiert David Farber, einen der Pioniere des ARPANET und jetzt als Computerwissenschaftler im Testfeld für das Hochgeschwindigkeits-NREN bei der University of Pennsylvania beschäftigt: «Dies ist das erste große, in der Ära der Deregulation geborene Unternehmen der Telekommunikation. Das ist seit der Entstehung der Telefonindustrie nicht mehr geschehen. Und es soll ein Unternehmen sein, das die Fehler der Vergangenheit nicht wiederholt.«

Einer der privaten Vertragsnehmer, die den Wettbewerb mit ANS CO+RE fürchten, ist William L. Schrader, Präsident der Performance Systems International Inc., eines Unternehmens in Reston, Virginia, das kommerzielle Verbindungen zu Internet liefert. «Das ist kein faires Spiel. Es ist als würde man einen öffentlichen Park an Disneyland verschenken», sagte Schrader zu Markoff. «Es ist nicht richtig und wird auch so nicht weitergehen. Als Steuerzahler halte ich das für ekelhaft.»

Markoff zitiert auch Mitchell D. Kapor, Gründer von Lotus und Leiter der Electronic Frontier Foundation: «Niemandem sollten unfaire Vorteile eingeräumt werden. Das ist wichtig, weil wir über etwas reden, das noch in den Kinderschuhen steckt, aber irgendwann auf der Tagesordnung der PC-Industrie stehen könnte.»

Was werden Leute zahlen müssen, welchen Regeln darüber, was sie sagen und nicht sagen dürfen, werden sie zustimmen müssen, wenn sie Informationen in das Netz einspeisen oder Informationen aus dem Netz empfangen wollen? Die Preisliste regelt den Zugang. Was werden die Großunternehmen, die heute danach streben, die Hauptvertragsnehmer zu werden, künftig mit dieser Verfügungsgewalt anfangen? Wenn sie die Datenleitungen, die Glasfasernetze und die Hochgeschwindigkeits-Router kontrollieren und gleichzeitig kommerzielle Dienste für diese Leitungen anbieten – welche Folgen wird das für die kleineren Mitbewerber haben? Wie hoch wird der faire Preis sein, den sie für Netzdienste verlangen? Und werden diese dominierenden Mitspieler nicht in Versuchung geraten, diejenigen, die gleich ihnen Informationen anbieten, in ihrer Wettbewerbsfähigkeit einzuschränken? Regierung und führende Geschäftsleute diskutieren im Moment diese Fragen. Und das heißt, daß in diesen neunziger Jahren die Stimme jedes Bürger in der Diskussion darüber zählt, wie diese Technologie künftig gestaltet werden soll. Im Frühjahr 1993 sorgte eine Pressemitteilung für Aufregung im Netz. Die National Science Foundation kündigte an, sie werde drei der wichtigsten administrativen Funktionen bei der Verwaltung des Internet abgeben: Die Vergabe von Internet-Adressen (woraus sich die Möglichkeit ergibt, als Türsteher zu agieren und genau festlegen zu können, welche Einrichtungen die Erlaubnis erhalten, das Hochgeschwindigkeitsnetz zu nutzen), die Pflege der Verzeichnisse und der Datenbanken (was die Möglichkeit eröffnet, Teilnehmer und Ressourcen genau zu lokalisieren) und die Weiterentwicklung der Informationsdienste, die den Internet-Benutzern zur Verfügung stehen (Modernisierung der Dienstprogramme, die im Netz benutzt werden). Verträge in der Gesamthöhe von 12 Millionen Dollar zur Übernahme dieser Funktionen wurden mit Network Solutions (Registrierungsdienste), AT&T (Verzeichnis- und Datenbankpflege) und General Atomics (Informationsdienste) geschlossen. Als erste kamen MCI und IBM ins Spiel. Nun auch AT&T. Haben die «Big Boys» ihre geheimen Geschäfte schon abgeschlossen? Wurde in großer Eile eine Preisstruktur festgelegt, noch bevor irgendeiner der Teilnehmer, eine kleine Minderheit ausgenommen, sich der Konsequenzen einer Privatisierung des Netzes bewußt werden konnte? In der Pressemitteilung erscheint ein beunruhigender Satz: «Entsprechend den Richtlinien des FNC, daß über die Benutzer der NREN-Netze eine ausreichende Kostendeckung erzielt werden muß, hat die NSF festgelegt, daß die Anbieter der INTERNIC-Informationsdienste den Benutzern, die den US-Forschungs- und Ausbildungsgemeinschaften nicht angehören, die in Anspruch genommenen Dienste berechnen können...»

Gordon Cook, ein wohlbekannter Netzstörenfried, der ein Nachrichtenblatt über die Fragen der Politik und der Verhaltensregeln des sich ausdehnenden Netzes veröffentlicht, weist in einem oft zitierten EMail-Beitrag darauf hin, daß die den Utopisten so wertvollen ursprünglichen Anwendungen des Netzes nicht das primäre Ziel von NREN darstellen:

```
Date: Wed, 9 Jun 1993 20:11:48 -0700
From: Gordon Cook <cook@PATH.NET>
Subject: Re: Streit um die Zukunft von NREN/INTERNET
...Unglücklicherweise hört eine ganze Reihe von Leuten nicht auf,
das Gesetzeswerk [den High Performance Computing and Communications
Act, 1991] zu lesen.
```

PL 102-194 ''Sec 102 (c) Charakteristiken des Netzes
Das Netz soll (6) mit einem Kontoführungsmechanismus ausgestattet
sein, der erlaubt, Benutzer oder Gruppen von Benutzern die Nutzung
von dem Urheberrecht unterliegendem und im Netz verfügbaren
Material, und, wo angemessen und technisch erfaßbar, **die Benutzung** des Netzes in Rechnung zu stellen.''
Dies, würde ich sagen, geht ziemlich klar in die Richtung individueller, von der Nutzung abhängiger Rechnungen. Immer noch glücklich mit
dem, was Al Gore Euch gebracht hat?
Die großen Befürworter von NREN waren die einzelstaatlichen Einrichtungen, die glaubten, öffentliche Gelder würden fließen, um größere
und bessere Datenleitungen für verschiedenste aufwendige Zwecke
bereitzustellen. Aus diesem Grund haben nur wenige der Netz-Insider
die Sache gefährden wollen, als das Gesetz für NREN 500 Millionen
Dollar für die Steuerjahre 92 bis 96 bewilligte. Aber es besteht ein
gewaltiger Unterschied zwischen Bereitstellung und Verwendung, und
sogar der Zeitpunkt der Verwendung kann sich in die Länge ziehen...
Das ganze Ding ist scheußlich kompliziert. Unglücklicherweise haben
nur ganz wenig Leute freie Sicht auf das GANZE Bild... was wie
üblich die einzelnen Teile speziellen Interessen überläßt. (Nach
drei Jahren Vollzeit auf diesem Gebiet glaube ich, daß ich eine
Vorstellung von dem GANZEN Bild *habe*.)
Ich konnte das Interesse eines Reporters der Washington Post gewinnen. Aber bis jetzt haben alle seine Herausgeber nur gegähnt. Und
die meisten Reporter müssen ein solch breites Feld der Technologie
beackern, daß sie nie Zeit finden, sich darüber klar zu werden, wie
die einzelnen Teile zusammengesteckt werden müssen.
Die Graswurzel-Aspekte sind den speziellen Interessen nur lästig. Da
gibt es zu wenig Geld zu holen. Und wie ich schon zu Beginn dieser
Diskussion anzudeuten versuchte, wenn die Graswurzeln glauben, es
wären bedeutsame Vorteile aus NREN zu gewinnen, dann werden sie wahrscheinlich enttäuscht werden...

Dies kann der Beginn eines wohlüberlegten Prozesses der Privatisierung
einer Technologie sein, die schon lange den staatlichen Förderern über
den Kopf gewachsen ist. Einige Schlüsselfragen aber müssen beantwortet werden, sollen die Bürger sicher sein, nicht übers Ohr gehauen zu
werden: Wer wird Zugang haben, was wird dies kosten, und wie werden
Streitigkeiten über Zugang, Kosten und Inhalte geregelt werden? Die
Schlüsselfragen über Zugang, Preis, Zensur und die Beseitigung von
Mißständen werden in den nächsten fünf Jahren ihre Antwort in der

Praxis finden, im Gesetz, in der Vollstreckung oder Gesetzgebung, und so die politische und ökonomische Struktur des Netzes für die kommenden Jahrzehnte festlegen.

Was ist im Netz zu finden?

Schon von Beginn an entwickelten sich die schnell anwachsenden Inhalte von ARPANET in zwei Richtungen. Wenn das Netz einmal aufgebaut ist, dann können die kollektiven Ressourcen der Gemeinschaft einfach dadurch erweitert werden, daß jemand in seinen Knoten eine Ressource einbringt und den anderen Teilnehmer den Zugriff darauf erlaubt. Mit jedem Tag werden mehr Ressourcen, mehr Informationen verfügbar, denn mit jedem Tag kommen neue Knoten hinzu, und die neuen Teilnehmer bringen ihre Ressourcen in den großen Pool ein, den sie sich mit der Netzgemeinschaft teilen, und mit jedem Tag beginnen neue Teilnehmer, miteinander auf neue Weise zu kommunizieren. Die Wege, auf denen die Ressourcen sich dem einzelnen Benutzer des Netzes erschließen, vervielfachen sich dem Wachstum des Netzes entsprechend in anderen Bereichen: in der Zahl der verschiedenen online verfügbaren Computer, in der Geschwindigkeit, mit der Informationen übermittelt werden, in der Menge des Materials, das von der anologen in die digitale Form übertragen wird. Je größer das Netz wird, desto mehr Möglichkeiten ergeben sich für den, der Zugang zum Netz hat und damit etwas anzufangen weiß.

Als WELL 1992 die Verbindung zum Internet aufnahm, konnte ich auf mehr Informationen zugreifen, als ich in hundert Leben hätte bewältigen können. Im Internet gibt es zum Beispiel einen Computer, der aktuellste Versionen von Satellitenwetterkarten bereithält. Hat mein Computer Zugang zum Internet, kann ich eine Datei, die das Satellitenfoto speichert, auf meinen Computer übertragen lassen. Ein Programm auf meinem Rechner wandelt dann diese Datei wieder in ein Bild um. Fertig! Auf dem Bildschirm erscheint in lebhaften Farben ein Radarprofil der Westküste von Nordamerika, das wenige Stunden zuvor ein Satellit aufgenommen hat. Wenn ich eine Reihe aufeinanderfolgender Fotos übertragen lasse, kann ich diese Bilder auf meinem Rechner wie Karteikarten durchblättern und beobachten, wie sich eine Sturmfront über den Pazifik schiebt. In jedem Computerladen sind heute kommerzielle Programme zu haben, die automatisch eine Verbindung zum Netz-Host aufbauen, die neuesten Wetterkarten auf Ihren Computer übertragen und sie sofort in Bilder umwandeln.

Der Zettelkatalog der Library of Congress ist verfügbar und kann von Teilnehmern des Netzes durchsucht werden, genauso wie Hunderte von anderen Katalogen von Bibliotheken überall auf der Welt. Die neuesten Urteile des obersten Gerichtshofes stehen zur Verfügung, ebenso wie der gesamte Text des jährlich erscheinenden *World Factbook* der CIA. Ich kann ausgeklügelte Suchprogramme auf leistungsfähigen Computern einsetzen, um den Text eines populären Songs aufzustöbern. Der gesamte Text der Bibel, der Torah und des Koran stehen zur Verfügung und können nach Schlüsselwörtern durchsucht werden. Das Netz stellt automatisch die Verbindung zwischen dem Computer auf meinem Schreibtisch und dem Host-Computer im Internet her, und über den Host-Computer zu jedem anderen Computer, der in das Netz eingebunden ist. Die Library of Congress, die Bibliothek jeder mit dem Netz verbundenen Universität in der Welt, der oberste Gerichtshof und andere Quellen des Wissens stehen mir mehr oder weniger virtuell jederzeit zur Verfügung.

Die zunehmende Digitalisierung und Verfügbarkeit von Informationen, die von den Regierungen mit dem Geld der Steuerzahler angesammelt werden, ist ein weiterer entscheidender Faktor in der Entwicklung des Netzes. Mehr und mehr öffentliche und staatliche Datenbanken werden auf lokaler und nationaler Ebene online verfügbar. Die Koexistenz von umfangreichen Sammlungen aktuellster Fakten in Verbindung mit einem Medium, das auch ein Forum für Diskussion und Debatten darstellt, hat für die Öffentlichkeit wichtige Konsequenzen. Die Möglichkeiten der Bürger, politische Fragen zu diskutieren, werden durch den sofortigen und allgemein verfügbaren Zugriff auf Fakten, die bestimmte, in diesen Diskussionen aufgestellte Behauptungen unterstützen oder widerlegen, enorm erweitert. Diese Art der Diskussion unter Bürgern, die sich auf für alle zugänglichen Fakten stützen, könnte sich zur realen Basis einer künftig möglichen elektronischen Demokratie entwickeln.

Am 1. Juni 1993 erschien die folgende Notiz im Netz, wurde gelesen, kopiert und weitergeschickt:

```
THE WHITE HOUSE
Office of Presidential Correspondence
For Immediate Release     Juni 1, 1993
LETTER FROM THE PRESIDENT AND VICE PRESIDENT
IN ANNOUNCEMENT OF WHITE HOUSE ELECTRONIC MAIL ACCESS

Liebe Freunde,
zu unserem Streben nach Wandel gehört, daß das Weiße Haus Schritt
```

hält mit der modernen, sich wandelnden Technologie. Da wir an der
Schwelle zum 21. Jahrhundert stehen, brauchen wir eine Regierung,
die Wege aufzeigen kann und mit gutem Beispiel vorangeht. Heute
freuen wir uns, ankündigen zu können, daß zum ersten Mal in der
Geschichte das Weiße Haus über elektronische Post mit Ihnen verbunden ist. Über elektronische Post wird diese Präsidentschaft und die
Administration enger mit den Menschen in Verbindung kommen und für
sie leichter zu erreichen sein.

Das Weiße Haus wird sowohl mit dem Internet als auch mit verschiedenen kommerziellen Online-Anbietern verbunden sein. Dadurch sind wir
leichter zu erreichen und in engerem Kontakt mit den Menschen überall in diesem Land. Wir werden bei diesem Unternehmen nicht allein
sein. Auch der Kongreß wird sich anschließen und schon morgen wird
eine aufregende Ankündigung des Repräsentantenhauses bezüglich elektronischer Post erwartet.

Verschiedene Behörden werden in naher Zukunft ebenfalls teilnehmen.
Elektronische Kommunikation für die Bürger Amerikas ist ein Projekt,
das von verschiedenen Behörden entwickelt wurde, um den Zugang zu
den Bildungs- und Informationseinrichtungen und -ressourcen der
Nation zu koordinieren und zu verbessern. Dies wird über interaktive
Kommunikationsmedien geschehen und auch den Bürgern zur Verfügung
stehen, die noch keinen Computer besitzen.

Wir müssen jedoch realistisch die Beschränkungen und künftigen Entwicklungen des elektronischen Postsystems des Weißen Hauses betrachten. Dieses Experiment ist das erste jemals in die Wege geleitete
Projekt mit elektronischer Post auf solch breiter Ebene. Da wir
daran arbeiten, die Regierungsarbeit neu zu definieren und unsere
Entscheidungen effizienter zu gestalten, kann uns das EMail-Projekt
helfen, an die Spitze des Fortschritts zu gelangen.

Zu Beginn werden Ihre EMail-Botschaften gelesen und ihr Empfang
sofort bestätigt. Die Zahl der empfangenen Nachrichten wird sorgfältig registriert, ebenso wie das Thema jeder Nachricht. Jedoch ist
das Weiße Haus noch nicht in der Lage, eine angemessene Antwort über
elektronische Post zurückzusenden. Wir hoffen, daß dies bis Ende des
Jahres möglich sein wird.

Wir werden auch eine Anzahl Programme probeweise einsetzen, die uns
helfen sollen, Ihre Nachrichten effizienter entgegenzunehmen und sie
schließlich auch termingerecht elektronisch beantworten zu können.
Diese Programme werden sich periodisch ändern, da wir noch experimentieren und das beste Verfahren finden wollen, elektronische Post zu
bearbeiten. Da dies nie zuvor versucht wurde, ist es wichtig, einige

Flexibilität des Systems in dieser ersten Periode zuzulassen. Vorschläge von Ihrer Seite sind willkommen.

Dies ist ein historischer Moment in der Geschichte des Weißen Hauses und wir freuen uns auf Ihre Beteiligung und hoffen, Sie sind ebenso begeistert über dieses bahnbrechende Ereignis, wie wir. Wir freuen uns auf den Tag, an dem elektronische Post aus der Öffentlichkeit integraler und normaler Bestandteil des Kommunikationssystems des Weißen Hauses sein wird.

Präsident Clinton   Vizepräsident Gore
PRESIDENT@WHITEHOUSE.GOV
VICE.PRESIDENT@WHITEHOUSE.GOV

Wenige Tage später erschien die folgende Nachricht im Netz:

UNITED STATES HOUSE OF REPRESENTATIVES
CONSTITUENT ELECTRONIC MAIL SYSTEM

Wir freuen uns über Ihre Anfrage zum House of Representatives Constituent Electronic Mail System willkommen. Im Augenblick verfügen sieben Mitglieder des US-Repräsentantenhauses über öffentliche Mailboxen, die für elektronische Post der Wähler offenstehen.

Diese Maßnahme ist ein Pilotprojekt, das dazu dient, die Auswirkungen elektronischer Post auf die Aufgaben der Kongreß-Büros, den Einwohnern eines Kongreß-Distriktes zur Verfügung zu stehen, beurteilen zu können. Dieses Projekt wird auch auf andere Mitglieder des Repräsentantenhauses ausgedehnt, soweit es die technischen, finanziellen und personellen Möglichkeiten zulassen.

Bitte prüfen Sie die nachfolgende Liste der teilnehmenden Abgeordneten. Ist der Kongreßdistrikt, in dem Sie wohnen, in der Liste aufgeführt, dann folgen Sie den Anweisungen weiter unten, um die Kommunikation mit Ihrem Abgeordneten aufzunehmen. Ist Ihr Abgeordneter noch nicht online, dann haben Sie bitte etwas Geduld.

MITGLIEDER DES US-REPRÄSENTANTENHAUSES,
DIE AM EMAIL-SYSTEM FÜR DIE WÄHLER TEILNEHMEN

Hon. Jay Dickey
4th Congressional District, Arkansas
Rm. 1338 Longworth House Office Building
Washington, DC 20515

Hon. Sam Gejdenson
2nd Congressional District, Connecticut

Rm. 2416 Rayburn House Office Building
Washington, DC 20515

Hon. Newton Gingrich
6th Congressional District, Georgia
Rm. 2428 Rayburn House Office Building
Washington, DC 20515

Hon. George Miller
7th Congressional District, California
Rm. 2205 Rayburn House Office Building
Washington, DC 20515

Hon. Charlie Rose
7th Congressional District, North Carolina
Rm. 2230 Rayburn House Office Building
Washington, DC 20515

Hon. 'Pete' Stark
13th Congressional District, California
Rm. 239 Cannon House Office Building
Washington, DC 20515

Hon. Mel Watt
12th Congressional District, North Carolina
Rm. 1232 Longworth House Office Building
Washington, DC 20515

ANWEISUNGEN ZUR KONTAKTAUFNAHME

Nimmt Ihr Abgeordneter an dem Pilotprojekt teil, sollten Sie per
Post einen Brief oder eine Postkarte an die oben angegebene Adresse
dieses Abgeordneten schicken und um Zugang zum elektronischen Post-
system bitten. Geben Sie dazu auch bitte Ihren Namen und Ihre INTER-
NET-ADRESSE zusammen mit Ihrer Postanschrift an. Wenn Ihr
Abgeordneter Ihren Brief oder Ihre Postkarte erhalten hat, wird
Ihnen über EMail eine Antwort zugestellt, die auch die Internet-
Adresse Ihres Abgeordneten enthält. Nachdem Sie diese erste Nachricht empfangen haben, können Sie Ihrem Kongreßmitglied jederzeit
schreiben, vorausgesetzt Sie halten sich an gewisse Richtlinien, die
ebenfalls in dieser ersten Nachricht genannt werden.
Wir sind uns bewußt, daß es für EMail-Teilnehmer eine Unbequemlich-
keit darstellt, von ihnen zu verlangen, eine Postkarte zu senden,
damit sie die Kommunikation mit ihrem Abgeordneten aufnehmen können.

Das primäre Ziel dieses Pilotprojektes besteht jedoch darin, den Parlamentsmitgliedern zu helfen, schneller für ihre WÄHLERSCHAFT zur Verfügung zu stehen, und der Weg über eine postalische Anforderung ist zur Zeit das einzig mögliche, sichere Verfahren, um zu überprüfen, ob ein Teilnehmer Einwohner eines bestimmten Kongreßdistriktes ist. Darüber hinaus sollten Wähler, die mit ihrem Abgeordneten über elektronische Post kommunizieren, beachten, daß die Mitglieder des Parlaments Ihre Anfragen in der gleichen Weise beantworten, wie sie die meisten Anfragen der Wählerschaft beantworten. Das bedeutet, die Parlamentsmitglieder werden Anfragen im allgemeinen auf dem Wege des normalen Postdienstes beantworten. Diese Antwortmethode hilft, Vertraulichkeit zu wahren, ein Problem, das für das Repräsentantenhaus von allergrößter Bedeutung ist.

KOMMENTARE UND VORSCHLÄGE
Bitte zögern Sie nicht, uns über elektronische Post an das Congressional Comment Desk Ihre Meinung zu dem neuen Dienst zu schicken.
Adresse:
COMMENTS@HR.HOUSE.GOV
Wir werden keine Mühe scheuen, Ihre Vorschläge bei künftigen Aktualisierungen des Systems zu berücksichtigen.
Noch einmal vielen Dank, daß Sie das EMail-System für die Wählerschaft des Repräsentantenhauses kontaktiert haben. Wir freuen uns über die neuen Möglichkeiten, die EMail eröffnet, und wir arbeiten hart am weiteren Ausbau dieses Dienstes und daran, daß mehr Parlamentsmitglieder online erreichbar werden. Wir meinen, daß dieses Pilotprogramm ein erster wichtiger Schritt darstellt, und hoffen darauf, daß Ihr Interesse nicht nachläßt und Sie mit uns zuammenarbeiten, damit dieses Programm ein Erfolg wird.
Diese Mitteilung wird, sofern notwendig, aktualisiert.
Honorable Charlie Ross (D-MC)
Chairman
Committee on House Administration

Ein Woche später wurde die folgende Nachricht im Netz verbreitet. Die Ereignisse kommen ins Rollen.

GESETZ ÜBER ZUGANG ZU GPO UNTERZEICHNET

Am 8. Juni unterzeichnete Präsident Clinton das Gesetz, das den elektronischen Zugriff auf die vom Government Printing Office herausgegebenen Veröffentlichungen regelt. Eine Erklärung des Präsidenten sagt dazu, daß ''dieser wichtige Schritt in Richtung auf die elektroni-

sche Verbreitung von Bundesinformationen wertvolle Einsichten in das effektivste Mittel der Verbreitung aller öffentlichen Informationen der Regierung verschaffen wird.''
Das Gesetz sieht die Schaffung einer Einrichtung im Government Printing Office vor, die den öffentlichen, elektronischen Zugang auf eine große Menge elektronischer Bundesinformationen verbessern soll. Das System wird den Zugriff auf den Congressional Record und das Federal Register und andere damit zusammenhängende Publikationen ermöglichen, die vom Superintendent of Documents veröffentlicht werden. Auch ein elektronisches Verzeichnis aller elektronisch gespeicherten öffentlichen Bundesinformationen wird aufgestellt, zusammen mit einer Einrichtung zur elektronischen Speicherung. Das System wird für Bibliotheken kostenlos verfügbar sein; anderen Benutzern werden ungefähr die Kosten berechnet, die bei diesem neuen Weg der Verteilung anfallen. Das Gesetz verlangt, daß das System innerhalb eines Jahres nach Erlaß aufgebaut und in Funktion sein muß.
In einer von seinem Büro herausgegebenen Pressemitteilung nennt Senator Wendell Ford (D-KY) das Gesetz ''ein weiteres Mittel, die Regierung näher an das amerikanische Volk heranzubringen. Das Gesetz öffnet allen Bürgern einen bequemen Zugang zu den Informationen der Regierung. Ob sie in einer ländlichen Gemeinschaft im Osten Kentuckys leben oder in einer der großen Städte wie New York, San Francisco oder Chicago, jeder wird über seinen Homecomputer oder über die lokale öffentliche Bibliothek Zugang zu Regierungsdokumenten haben.''
Am Schluß seiner Pressemitteilung betont Senator Ford, daß das Gesetz ''einen ersten Schritt hin zu einem umfassenden öffentlichen Zugang'' darstellt. Er meint, daß in Kürze auch die Protokolle der Anhörungen des Kongresses und die Ausschußberichte verfügbar sein werden.

Im Jahr 1992 leitete Rick Gates, zuständig für Bibliotheksautomatisierung an der University of California in Santa Barbara, die Tradition der Internet-Schatzsuche ein. Periodisch sendet Gates eine Liste von Fragen an das Usenet, das Konferenzsystem, an dem sich die meisten der an das Internet angeschlossenen Einrichtungen beteiligen.

```
******************************************************************
                    DIE INTERNET-SCHATZSUCHE
                               *
                        für Januar 1993
                               *
                (Schluß: 10. 1. 1993, Mitternacht)
******************************************************************
```

Willkommen bei der ersten Schatzsuche im neuen Jahr. Diese Suche beginnt mit einer leichten Verspätung, weil ein kleiner, aber hartnäckiger Virus mich befallen hat.

In dieser Schatzsuche können (zusammen mit den Zusatzpunkten) maximal 43 Punkte erzielt werden.

Ich freue mich, mitteilen zu können, daß die früheren Schatzsuchen nun im Verzeichnis für Netz-Informationen archiviert wurden. Vielen Dank an Craig Summerhill und Paul Evan Peters.

Die Dateien können mit Anonymous FTP abgerufen werden unter:

ftp.cni.org

...in

pub/net-guides/i-hunt/

...und die Readme-Datei sollte ausreichend Auskunft darüber geben, was dort zu finden ist.

Ich werde auch die Dateien mit dem Einführungstext, den Tips, den Spielregeln, dem Spielverlauf und der Liste der Gewinner archivieren.

Ich hoffe, sehr bald schon in der Lage zu sein, diese Dateien irgendwo auf dem Gopher-Server ablegen zu können, damit sie weiterverteilt werden.

Viel Spaß, ihr unerschrockenen Jäger des Schatzes. Ich leg mich wieder ins Bett.

SPIELREGELN

1. Es gibt insgesamt 12 Fragen. Aus den ersten 11 Fragen ergibt sich die Punktezahl eines Teilnehmers. Ich habe mich persönlich davon überzeugt, daß jede dieser Fragen allein mit den im Netz zu findenden Möglichkeiten zu beantworten sind. Es sind Fragen, die ich mir ausgedacht habe.

2. Die letzte Frage ist die Rätselfrage. Ich weiß nicht, ob auf sie eine Antwort im Netz zu finden ist. Vielleicht habe ich versucht, eine Antwort zu finden, vielleicht auch nicht. Fragen dieser Art werden mir in der Regel von Leuten gestellt, die mich um Informationen bitten. Diese Frage ist mir tatsächlich gestellt worden.

3. Jeder der ersten 10 Fragen ist in Klammern ein Wert zugeordnet. Diesen Punktewert habe ich nach bestem Ermessen aus der Schwierigkeit der zu beantwortenden Frage abgeleitet. Die Skala reicht von 1 (leicht) bis 10 (sehr schwer). Die Gesamtpunktezahl für alle Fragen ist am Anfang dieser Mitteilung genannt. Zusatzfragen zählen immer mit einem Punkt, und zwar nicht deshalb, weil sie leicht wären, sondern weil es Zusatzfragen sind.

DIE SCHATZSUCHE

1. (7) Wie sagt man ''Fröhliche Weihnachten und ein glückliches neues Jahr'' auf Tschechisch?

2. (6) Ist die Toyota Motor Corporation an das Internet angeschlossen?

3. (3) Hi! Ich arbeite neuerdings mit einer Unix-Maschine und ich
HASSE den Editor, den ich für meine Post habe. Er heißt vi. Ich habe
jetzt einen anderen Editor gefunden, den ich verwenden kann. Er
heißt emacs. Emacs kann an speziellen Einsatz angepaßt werden, aber
ich habe es geschafft, das Ganze etwas zu überdrehen. Könnt ihr mir
sagen, wo ich ein paar Tips von einem erfahreneren emacs-Anwender
finden kann?

4. (5) Kann man vom Küssen AIDS bekommen?

5. (3) Ich habe irgendwo in einem elektronischen Journal gelesen,
daß in Padova in Italien eine Konferenz über Modelle musikalischer
Signale stattgefunden hat. Ich habe mir den Namen des Kontaktmannes
aufgeschrieben: 'Giovanni De Poli'. Könnt ihr seine EMail-Adresse
für mich finden?

6. (2) Welche Religion ist in Somalia am weitesten verbreitet?

7. (4) Ich habe erfahren, daß das Netz dafür verwendet wird, um
Informationen und Bilder von vermißten Kindern zu verteilen. Wo kann
ich mehr herausfinden, und wo kann ich die Bilder finden?

8. (4) Wo sind die Tabellen mit den Nährwerten verschiedener Lebens-
mittel zu finden?

9. (3) Wie lautet der 1. Zusatzartikel zur Verfassung der Vereinigten Staaten?

10. (5) Ihr wißt, ich habe eine ganze Menge wertvoller Informationen
zum Netz über FTP aus nnsc.nsf.net übertragen. Welche Art Computer
mit welchem Betriebssystem ist nnsc.nsf.net?

Zusatzfrage. (1) Wie kann ich die genaue Uhrzeit herausfinden?

Wenn Sie wissen, wie sie vorgehen müssen, können Sie die Antwort auf
jede dieser Fragen über Dienste herausfinden, die jedem registrierten
Benutzer von Internet zur Verfügung stehen.

Internet bietet jedem registrierten Benutzer Zugriff auf drei wichtige
Dienste, die, miteinander kombiniert, einen ganzen Bereich von
Anwendungen möglich machen. Ein Internet-Benutzer, der mit den
geheimnisvollen Befehlen der untersten Ebene von CMC vertraut ist,
kann aus diesen Diensten ausgefeiltere und den persönlichen Anforderungen besser entsprechende Verfahren entwickeln. Will der Benutzer

dagegen nur mit anderen kommunizieren oder auf für ihn wichtige Informationen zugreifen, ohne in die letzten Geheimnisse des Computers eindringen zu müssen, dann stehen benutzerfreundliche Menüsysteme zur Verfügung, die den Einsatz dieser grundlegenden Dienste erleichtern.

EMail ist der erste und am meisten genutzte Dienst. Dahinter verbirgt sich ein ganzer Satz von Programmen, die für die Verteilung privater EMail unter einzelnen Teilnehmern oder ganzen Gruppen zuständig sind. Innerhalb weniger Sekunden sind die Botschaften an jeden Knoten im engeren Bereich des Internet weitergeleitet, in wenigen Stunden auch über Satellit an Knoten überall in der Welt. Der Zugriff auf diese Programme, die Möglichkeit, große Textdateien an die Nachricht anzuhängen, empfangene Botschaften weiterzusenden oder eine Nachricht an alle in einer Adressenliste erfaßten Teilnehmer zu senden, machen aus jedem Bürger des Netzes sowohl einen Publizisten wie einen Konsumenten. Die anderen beiden Dienste sind *Telnet* und *ftp*.

Mit Telnet ist es möglich, einen Befehl an den Host-Computer zu schicken, worauf dieser automatisch Verbindung zu einem andern Internet-Computer aufnimmt. Besitzen Sie das richtige Paßwort, können Sie diesen entfernten Computer interaktiv in Echtzeit bedienen, und viele Computer im Netz machen einen Teil ihrer Ressourcen allen zugänglich, die das Paßwort «anonymous» eingeben. Über Telnet nehmen Studenten überall in der Welt an den MUDs teil, und Telnet erlaubt mir, mit wenigen Tastenanschlägen von WELL aus den Bücherkatalog der Kongreßbibliothek anzuwählen. Das Wort «Telnet» wird auch als verb benutzt, zum Beispiel: «Telnet an well.sf.ca und richten Sie Grüße aus.»

Die Informationssammlungen im Netz sind nicht wie eine Bibliothek organisiert und auch nicht so, wie jemand sie vernünftigerweise einrichten würde. Da sich täglich neue Einrichtungen dem Internet anschließen und damit über das Netz ständig neue Daten zugänglich werden, hat das Problem, wie diese Datenmengen zu erschließen sind, zur Entwicklung einer neuen Software-Generation geführt. Eines dieser Dienstprogramme, das zur Zeit im Netz verbreitet wird, ist zum Beispiel hytelnet. Dieses Programm, das auf dem Host-Computer läuft, bildet den Inhalt des Netzes auf eine ganze Reihe von Menüs ab. Diese Menüs können Sie mit Hilfe der Pfeiltasten auf der Tastatur Ihres heimischen Computers durchsuchen. Der Name des Programms kombiniert die Suche nach dem Gral, wie sie in der Computerwelt vonstatten geht, und die als *Hypertext* bekannt wurde, mit der Bezeichnung des Internet-Dienstes, der das Herumhüpfen von Computer zu Computer erlaubt.

Hypertext wurde in den sechziger Jahren zuerst von Ted Nelson konzipiert und dann innerhalb des SRI-Projektes von Engelbart implementiert. Dieser Name steht für eine miteinander verbundene Sammlung von Texten, die automatisch andere Texte zur Betrachtung anbieten. Wenn Sie in einem Text auf eine Referenz oder eine Fußnote treffen, dann können Sie darauf zeigen, und sofort wird Ihnen der Text angezeigt, aus dem zitiert wurde. Wenn Sie wollen, können Sie sich wieder den Ausgangstext anzeigen lassen, aber sich auch über weitere Referenzen andere Texte aufrufen lassen. Die Dokumente der gesamte Bibliothek sind auf diese Weise intern miteinander verknüpft. Wenn Sie eine solche intern verknüpfte Datenbank um Videobilder, Grafiken und Musikstücke erweitern, wird daraus eine Multimedia-Datenbank, die Idee bleibt jedoch dieselbe: Interne Referenzen, die ein Dokument mit dem anderen verbinden.

Über ein einfaches Programm, das die auf den Tastaturen der meisten Computer vorhandenen Pfeiltasten dazu nutzt, das Telnet-Programm zu steuern, verwandelt hytelnet das Internet in eine gigantische Hypertext-Datenbank.

Wenn ich die Verbindung mit WELL aufnehme, dann mein Paßwort eingebe und dadurch Zugang zum Netz erhalte, dann kann ich einfach den Befehl «hytelnct» eintippen und bekomme das folgende Menü zu sehen. Da das hytelnet-Programm überall im Netz von jedem aufgerufen werden kann, können Millionen anderer Leute mit dem gleichen Befehl die gleichen Dienste anfordern. Das erste Menü sieht etwa so aus:

```
Was ist HYTELNET?          <WHATIS>      Pfeil auf/ab BEWEGEN
Bibliothekskataloge        <SITES1>      Pfeil links/rechts WÄHLEN
Andere Ressourcen          <SITES2>      ? für Hilfe (jederzeit)
Hilfe zu den Katalogen     <OP000>
Katalog-Schnittstellen     <SYS000>      m für Rückkehr hierher
Internet-Glossar           <GLOSSARY>    q für Ende
Tips zu Telnet             <TELNET>
Tastenbefehle              <HELP>
HYTELNET was written by Peter Scott,
     U of Saskatchewan Libraries, Saskatoon, Saak, Canada.1992
     Unix and VMS software by Karl Fogel, Computing Services,
                    U of S 1992
```

Beachten Sie auch, daß dieses Eingangsmenü weitere Menüebenen verbergen kann, die zu durchsuchen Tage dauern kann. Ich entschloß mich nachzusehen, was mit «Andere Ressourcen» gemeint war, und benutzte die Pfeiltasten, die die Bewegungen des Cursors auf dem Bildschirm steuern, um den Menüpunkt <SITES2> auszuwählen, und dann die rechte Pfeiltaste, um das nächste Menü anzusehen:

<ARC000>	Archie: Listen des Archiv-Servers
<CWI000>	Campusweites Informationssystem
<FUL000>	Datenbanken und Bibliographien
<DIS000>	Verteilte Datei-Server (Gopher/WAIS/WWW)
<ELB000>	Elektronische Bücher
<FEE000>	Kostenpflichtige Dienste
<FRE000>	Freie Netzsysteme
<BBS000>	Allgemeine Bulletin-Board-Systeme
<HYT000>	HYTELNET-Online-Versionen
<NAS000>	NASA-Datenbanken
<NET000>	Netz-Informationsdienste
<DIR000>	WoIst/Auskunftsdienste/Verzeichnisdienste
<OTH000>	Verschiedene Ressourcen

Aus purer Neugier entschloß ich mich nachzusehen, was unter «NASA-Datenbanken» zu finden war, und erhielt das folgende Menü:

<NAS013>	Astronomical Data Center
<NAS015>	Costal Zone Color Scanner Browse Facility
<NAS010>	COSMIC Online Information Service
<NAS006>	ENVIROnet (The Space Environment Information Service)
<NAS014>	International CEDAR Data Base
<NAS001>	NASA/IPAC Extragalactical Database
<NAS005>	NSSDC Online Data and Information Service (NODIS)
<NAS002>	NSSDC Science Internet (MSI) Online Network Data
<NAS003>	NASA Spacelink
<NAS008>	NSSDC-National Space Science Data Center
<NAS009>	Pilot land data system
<NAS007>	PDS (Planetry Data System)
<NAS017>	Space Data and Computing Division Information Service
<NAS016>	Standards and Technology Information System

Wenn Sie bedenken, daß ich noch einige Menüebenen «tiefer» gehen oder direkt auf die Dateien der NASA zugreifen und mich für Tage oder gar Jahre in Texte vertiefen, Bilder anschauen, Daten studieren könnte, genausogut aber auch ein oder zwei Ebenen «zurückgehen» kann, um alle im Netz verfügbaren Kataloge von Universitätsbibliotheken online durchzublättern, dann sehen Sie, daß selbst ein so simples, aus nur zwei Seiten bestehendes Menü wie dieses, bereits ein wenn auch einfaches Mittel darstellt, mir einen Überblick über die Informationsressourcen des Netzes zu geben. Über hierarchische Menüs können Sie große Datensammlungen durchsuchen, um dann bei der Unterkategorie der gesuchten Informationen haltzumachen. Wenn daher neu entwickelte Programme überwachen können, was an aktuellen Informationen im Netz hinzukommt, die neuen Daten den passenden Unterkategorien zuordnen und sie dann den Benutzern über Menüoptionen präsentieren, dann spielt es wirklich keine Rolle mehr, daß die im Netz verfügbaren Informationsressourcen sich auf solch chaotische Weise vervielfachen. Es zeigt sich, daß der Schwerpunkt der Organisation eines sich ständig ändernden, verteilten Systems wie dem Netz nicht darauf liegen kann, wie die Informationen gespeichert sind, sondern darauf, wie sie zu finden sind.

Der Internet-Dienst *ftp* steht für «*file transfer protocol*» (Dateiübertragungs-Protokoll) und ist ein Mittel, Dateien durch das Netz zu transportieren. Ich könnte zum Beispiel einen Account für WELL haben und dort Dateien speichern lassen, die schließlich zu meinem Computer geschickt werden sollen, während ich ein Dutzend anderer Computer im Netz ansteuere und mir mittels ftp Texte, codierte Musikstücke und sogar Software für meinen Computer aus den verschiedensten Archiven im Netz abhole. Andere Dienste, die den Benutzern die Arbeit im Netz erleichtern, wandeln Indizes für wichtige Ressourcen in Menüs um und verwenden im Verborgenen ftp, um Dateien von einem Computer auf den anderen zu übertragen, während der Anwender aus den einzelnen Menüoptionen seine Auswahl trifft.

Die Möglichkeit, Daten mit Höchstgeschwindigkeit von Maschine zu Maschine zu übertragen, vervielfacht die Zahl der Ressourcen, die jedem Anwender zur Verfügung stehen. Warum sollten Sie ein Dokument auf Ihrem PC speichern, wenn es in wenigen Sekunden von einem Computer in Düsseldorf oder in Tallahassee geholt werden kann? Wichtig ist, daß Sie wissen, wo diese Informationen zu finden sind, und noch wichtiger, wie Sie herausfinden können, wo Sie die Informationen suchen müssen. In einer populären Form von ftp, «*anonymous ftp*», hat sich eine Netz-Ethik Ausdruck verschafft: Computergemeinschaften machen zur Freude aller Material über ftp verfügbar für Bürger des Netzes, die das notwendige Paßwort für diese Gemeinschaften nicht besitzen. Dadurch wird auch die Verteilung von Informationen in einem

Ausmaß dezentralisiert, das alle Gedanken an zentrale Kontrolle im Keim erstickt.

Als ein Reporter in Houston aufdeckte, daß eine Internet-Einrichtung als Depot pornografischer Bilder diente und diese auch neben den Urteilen des Obersten Gerichtshofes und den Verzeichnissen der Library of Congress zum Abruf bereithielt, wurden die Archive des berüchtigten Usenet-Forums «alt.sex.pictures» sofort nach Finnland verlagert. Über Nacht nahm der Datenverkehr nach Finnland unübersehbar zu. Die Themen Gemeinschaftsregeln und schmutzige Bilder sind Schlüsselfragen in der Diskussion um die Zensur der Inhalte; in diesem Zusammenhang soll nur gezeigt werden, daß der Begriff davon, «wo» etwas online verfügbar ist, immer das Netz als ganzes meint und sich nicht auf ein oder zwei genau identifizierbare Punkte einschränken läßt.

Das Netz kann wie für Kommunikation und Informationsdienste auch dazu benutzt werden, neue Dienste im Form von Programmcode zu verbreiten, und das bedeutet: Das Netz ist seinem Wesen nach ein sich selbst weiterentwickelndes Medium; Leute erfinden und entwickeln neue Dienstprogramme, die sie dann über das Netz verbreiten. Wenn das Netz seine eigene Software aktualisiert, werden die neuen Programmversionen über das Netz verteilt. IRC, das Programm, das weltweit Internet-Benutzer über «Plauderkanäle» miteinander verbindet, begann als Experiment eines Programmierers in Finnland. Die Multi-User-Dungeons haben ihren Ursprung in einer Universität in England.

Den frühen Hackern am MIT, denjenigen, die geholfen hatten, Timesharing zu entwicklen, sagte die Hacker-Ethik, Computer-Dienstprogramme hätten kostenlos zu sein. Diese ersten Entwickler von Personal Computern waren empört, als William Gates, jetzt der reichste Mann in Amerika, BASIC, das PC-Hobbyisten immer kostenlos weitergegeben hatten, zu verkaufen begann. Inzwischen existiert die Software-Industrie, und Microsoft ist größer als General Motors, das Netz jedoch wächst auch heute noch deswegen, weil geschickte Programmierer ihr geistiges Eigentum der Gemeinschaft überlassen und immer überlassen haben. Wieder und wieder haben Programmierer leistungsfähige Programme für das Netz entwickelt, und diese Programme haben die Natur des Netzes verändert und seine Möglichkeiten erweitert. Die Programme, die auf der Ebene der Graswurzeln, in der Welt der Bulletin-Board-Systeme außerhalb des Netzes, Amateur-CMC über Modems erst möglich machten, sind ebenfalls kostenlos oder für nur sehr wenig Geld verteilt worden.

Auch wenn Sie vorhaben, von einem Kommunikationsmedium später Gewinn zu erwirtschaften, ist es sinnvoll, am Anfang freien

Zugang zu dem Medium zu gewähren, wollen Sie einen lohnenden Markt erreichen. Die Leute, die CMC-Systeme aufbauten, wollten mit möglichst vielen Menschen kommunizieren; das Maß, an dem sie sich orientierten, war nicht die Zahl der Zugriffe auf das Netz, sondern die intellektuellen Werte, die gemeinschaftlichen Güter, die eine Gemeinschaft schaffen kann. Die Tradition kostenloser, das Netz weiterentwickelnder Software ist noch immer lebendig und blühend. Nun werden auch Programme verfügbar, die wie persönliche Diener Informationen bereithalten und den Benutzer von den komplizierten Zügen des Netzes abschirmen; auch sie sind kostenlos. Wie MUDs, wie IRC, Usenet und Public-Domain-BBS-Programme, werden auch diese Dienstprogramme an die Gemeinschaft weitergegeben und verbreiten sich selbst im Netz.

Wenn Sie daran denken, die wirklichen Texte der in der Library of Congress gelagerten Bücher auf Ihren Computer übertragen zu wollen, dann stoßen Sie an zwei Barrieren. Erstens liegt nur ein kleiner Teil des in Büchereien und Archiven vorhandenen Materials in maschinenlesbarer Form vor, und der Prozeß der Digitalisierung, der notwendig wäre, um diese Informationen online verfügbar zu machen, ist zwar nicht mehr so teuer, aber immer noch zeitaufwendig. Die Library of Congress wächst weitaus schneller, als mit gegenwärtig verfügbarer Technologie digitalisiert werden könnte. Bevor nicht ein technischer Durchbruch die Digitalisierung vereinfacht, wird man vorderhand noch entscheiden müssen, welches Material wertvoll genug ist, es in elektronische Form zu überführen. Aber auch trotz dieser Hindernisse schwillt die Flut der Daten, die von analoger in digitale Form übertragen werden, von Tag zu Tag an. Wählen Sie das Forum lib.dartmouth.edu und tippen Sie *connect dante* ein, sobald Sie das System zu einer Eingabe auffordert. Jetzt können Sie auf den gesamten Text von Dantes *Göttlicher Komödie* und auf in Hunderten von Jahren erarbeitete Kommentare zu diesem Text zugreifen. Oder benutzen Sie den *Wide Area Information Server*, um den Text zu dem Song zu finden, der Ihnen im Kopf herumgeht.

Die andere Barriere eines Netzes, das alle in der Library of Congress gesammelten Texte, Musikstücke und Fotos bereithält, ist weniger technischer als vielmehr sozialer Natur: geistiges Eigentum. Eine Vielzahl der besten Bücher, Fotos, Songtexte, Artikel und Videos gehören jemandem. Wie sollen Tantiemen festgelegt und eingeholt werden in einer Welt, in der Sie auf Tastendruck alles kopieren können und in der innerhalb einer Minute eine ganze Bibliothek irgendwohin übertragen werden kann? Ted Nelson, der den Begriff *Hypertext* prägte, erdachte in den sechziger Jahren als erster ein Verfahren, das dieses mit der Computer-Technologie unmittelbar verbundene Problem lösen sollte. Nelsons Verfahren,

Xanadu genannt, sieht eine Datenbank vor, die alle literarischen Werke der Welt umfaßt und alles enthält, was irgend jemand beizutragen wünscht. Die Leser hätten uneingeschränkten Zugriff auf diese Datenbank und das System würde automatisch einen kleinen Betrag dem jeweiligen Autor überweisen und dem Leser in Rechnung stellen. Das Xanadu-Projekt, seit langem als das älteste Software-Projekt der Welt bekannt, ist als Idee noch immer lebendig, wartet allerdings weiter auf seine Realisierung. Und das Problem besteht fort.

Die Menge verfügbarer oder potentiell verfügbarer Informationen im Public-Domain-Bereich, also Daten, die mittels öffentlicher Gelder beschafft wurden oder auf denen keine Urheberrechte mehr liegen, ist allein schon enorm. Und dank der Anstrengungen eines weiteren Netz-Enthusiasten und seiner freiwilligen Helfer überall auf der Welt, werden mehr und mehr Texte literarischer Werke im Public-Domain-Bereich verfügbar. Michael Hart, Professor für Texte am Benedictine College in Illinois, ist Leiter des Gutenberg-Projekts und hat sich zur Aufgabe gemacht, bis zum Jahre 2001 zehntausend Werke der Literatur in das Netz einzuspeisen. Bereits jetzt sind *Moby Dick*, die *Fabeln* von Aesop, *Alice im Wunderland*, die gesammelten Werke von Shakespeare, *The Federalist Papers*, *Roget's International Thesaurus*, das *Buch der Mormonen* und viele andere Werke, auf denen keine Urheberrechte mehr liegen, in digitaler Form verfügbar. Freiwillige Helfer überall auf der Welt scannen gedruckte Texte und speichern sie in digitaler Form. Jahr für Jahr verdoppelt sich der Umfang der Bibliothek.

Wollen Sie herausfinden, ob ein bestimmtes Arzneimittel (in den USA) freigegeben wurde, dann wählen Sie im Internet das Forum fdabbs.fda.gov, das die neuesten Verfügungen der US-Gesundheitsbehörde (FDA) und die aktuellsten Verbraucherinformationen bereithält. Über eine menü-ähnliche Schnittstelle können Sie in madlab.sprl.umich.edu Port 3000 alle Wetterinformationen der USA und Kanadas abrufen. Genaueste und aktuellste landwirtschaftliche Informationen, Berichte über Erdbebentätigkeit, Daten über die Wasserqualität, Patentinformationen, Abstammungsdaten, Archive mit medizinischen, natur- und geisteswissenschaftlichen Daten sind verfügbar für jeden, der weiß, wo sie zu finden sind, und jene magischen Zaubersprüche kennt, die diese Daten aus ihren heimatlichen Breichen auf den heimischen Computer bewegen. All die Geheimnisse und Ungewißheiten verleihen dem Netz das Flair einer Alchimistenküche. Dinge ändern sich so schnell, daß Netz-Folklore sich als einzig zuverlässiges Mittel erweist herauszufinden, was tatsächlich neu ist. Wenn Sie ein wenig im Netz herumstöbern oder einen der gedruckten Führer durch das Netz kaufen, werden Sie bald auf öffentliche Listen öffentlicher Listen von Ressourcen im Netz stoßen. Bürger des Netzes und selbsternannte Netz-Architekten haben es sich zur Aufgabe gemacht, Listen von Ressourcen zusammenzustellen, sie zu aktualisieren und sie regelmäßig über das Netz zu verteilen.

Das Netz öffnet ein ganzes Arsenal von Informationen, und es herrscht Einigkeit darüber, daß diese Datenmengen irgendwie kanalisiert werden müssen. Das Arsenal ist desorganisiert, und die Daten treffen in gewaltigen, täglich größer werdenden Mengen ein. Angesichts all der Möglichkeiten, die das Netz bietet, können wir nur kleinmütig werden. Was wir daher benötigen ist eine Art Vermittler zwischen unseren Fähigkeiten und dem, was das Netz bietet.

Abhilfe gegen die verwirrende Vielfalt des Netzes schafft das Netz selbst. Das Programm *Archie* bespielsweise, das seinen Namen von dem Wort *Archiv* ableitet und von Peter Deutsch und anderen an der McGill-Universität in Montreal entwickelt wurde, kann Dateien suchen. Wenn Sie direkt mit dem Internet verbunden sind, können Sie einen der jetzt überall in der Welt verstreuten Archie-Server anwählen. Haben Sie zwar keine direkte Verbindung zu Telnet, aber Ihr Netz kann EMail an Internet senden, dann erreichen Sie über EMail das gleiche. Die Archie-Datenbank registriert alle Dateien, die in öffentlichen Archiven bereitgehalten und über «anonymous ftp» abgerufen werden können. Und diese Archive halten ihrerseits Archie auf dem laufenden. Das bedeutet: Archie kennt Zehntausende von überall in 45 Ländern der Erde verstreuten Dateien. Wissen Sie den Namen einer Datei oder wenigstens einen Teil dieses Namens, dann können Sie bei Archie anfragen, und Archie überprüft seine Datenbank und liefert Ihnen eine Liste der genauen Orte im Netz, an denen sich Dateien befinden, deren Namen dem von Ihnen gesuchten entsprechen. Ich habe Archie verwendet, um das Netz zu erforschen. Bitten Sie Archie, eine Datei zu suchen, die jene Art von Informationen enthält, die Sie interessieren. Verwenden Sie dann die Liste der Fundstellen, die Sie von Archie als Antwort auf Ihre Anfrage erhalten, dazu, die genannten Orte nach weiteren Informationen zu dem Sie interessierenden Thema abzusuchen. Mit ftp können Sie die Indizes der Dateien an diesen Stellen orten.

Vergessen Sie nicht, daß oft die Rechenleistung der in das Netz eingebundenen Computer genauso zur Verfügung steht wie die in den Datenbanken abgelegten Texte und Dateien. Die Computer im Netz können die Indizes ihrer Dateien untereinander austauschen und helfen damit, die Informationen im Netz zu verwalten. Um ein wirklich leistungsfähiges Dienstprogramm einsetzen zu können, das mit der Komplexität des Netzes zurechtkommt, muß auch ausreichend Rechenleistung zur Verfügung stehen. Und noch mehr Rechenleistung wird notwendig, wenn nicht nur nach Dateinamen sondern nach Textstücken in den Dateien gesucht wird. Ein weiterer Netz-Visionär, Brewster Kahle, konzipierte ein leistungsfähiges Programm für die Suche nach solchen Textstücken, das im wahrsten Sinne des Wortes durch Hunderte von Datenbanken und Bibliotheken im Netz jagt, auf der Suche nach bestimmten Informationen. Das Programm wurde gemeinsam von Kahle und Dow Jones, Thinking Machines, Apple Computer und KMPC Peat Marwick realisiert und ist für Netzbenutzer als WAIS (*Wide Area Information Server*) frei verfügbar. Thinking Machines ist ein Unternehmen in Massachusetts, das durch Einbindung einer Vielzahl kleinerer Computer in ein Netz extrem leistungsfähige Computersysteme entwickelt. Einen sehr großen Index immer auf dem neuesten Stand zu halten und ihn sehr schnell abzusuchen, ist eine der Aufgaben, die nur ein sehr leistungsfähiger Computer erledigen kann. Wird dieser Index auf einem der Computer von Thinking Machines gehalten, dann kann das WAIS-Programm, das Sie auf Ihrem Internet-Host benutzen (*Client*-Programm genannt, das mit des WAIS-*Server*-Programm bei Thinking Machines zusammenarbeitet), sich auf die Rechenleistung des WAIS-Servers stützen.

Eine der Eigenschaften der WAIS-Software bietet einen Ausblick auf die Fähigkeiten künftiger Programme, die im Netz auf der Suche nach Informationen unterwegs sein werden. Diese Eigenschaft wird als *Relevanz-Feedback* bezeichnet. Sie können WAIS beauftragen, seine Datenbank nach Informationen zu einem bestimmten Thema – sagen wir Gartenbau in Japan – durchzusehen. In wenigen Sekunden erhalten Sie eine Liste mit hunderten oder tausenden Quellen. Sie wählen aus dieser Liste drei Quellen aus, die Sie näher interessieren, weil sie sich weniger mit der Gartenpflege als vielmehr mit den ästhetischen Aspekten befassen, und weisen WAIS an, die Suche auf diesen Bereich einzuschränken. In Form einen solchen Dialogs können Sie das gesuchte Thema immer mehr eingrenzen.

Bei anderen experimentellen Projekten, dem Knowbots-Projekt zum Beispiel, werden eine Art dienstbarer Geister – Roboter – ausgesandt, die auf der Suche nach Informationen das Netz durchlaufen und den Informationsstrom, der das Netz speist, und den gewaltigen Pool von Online-Datenbanken anzeigen. Vinton Cerf, einer der Gründer des ursprünglichen ARPANET, arbeitete bei der Corporation for National Research Initiatives in Reston, Virginia, an der Entwicklung solcher informationssammelnder Roboter. Ein *Knowbot* erscheint auf dem Bildschirm als grafisches Symbol. Der Anwender kann den Knowbot aktivieren, indem er das Symbol und die damit verbundenen Menüs anklickt. Diese Menüs präsentieren eine Reihe von Fragen; die Antworten auf diese Fragen legen die Suchstrategie fest. Der Roboter reist dann durch das Netz, benutzt dabei solche Dienste wie Archie und WAIS oder was sonst immer verfügbar sein mag, und unterbricht seine Reise immer dann, wenn er auf die Art Information trifft, die der Anwender sucht. Knowboter können während der Suche Entscheidungen treffen und Klone ihrer selbst in andere Netze auf die Reise schicken. Als erste Tests wurden Knowboter für Suchaufgaben in der National Library of Medicine eingesetzt. Diese Online-Bibliothek umfaßt vierzig Datenbanken mit 80 Milliarden Bit Informationen.

Ich habe ein Dienstprogramm, Rosebud genannt, gesehen, das ich auch selbst gern eingesetzt hätte, und das mein Freund Steve Cisler, Bibliothekar bei Apple Computer, für seine Zwecke verwendet. Rosebud ist ein experimentelles, von Apple und Dow Jones gesponsertes Projekt und hat vermutlich seinen Namen von jenem geheimnisvollen Wort in *Citizen Kane*. Es repräsentiert eine Art persönliches Nachrichtenblatt, eine Zeitung, sucht das Netz ab und liefert dem Anwender einen Bericht der Suche.

Zuerst müssen Sie einen Knowbot-ähnlichen Agenten, Reporter genannt, instruieren. Sie wählen also einen neuen Reporter aus und sagen ihm, er solle die oder andere Nachrichtenleitungen und Datenbanken alle 24 Minuten oder alle 24 Tage nach jedem Hinweis auf *virtuelle Gemeinschaften* absuchen. Sie können die Zeitintervalle für Suche und Bericht variieren und über Schlüsselwörter die Suchbedingungen festlegen. Außerdem können Sie eigene Menüs aufbauen, in denen die in Frage kommenden Datenbanken und Quellen aufgeführt sind, und Sie wählen dann bestimmte Quellen aus. Schließlich nehmen Sie einen weiteren Reporter und beauftragen ihn, alle Artikel und Einträge zu suchen und bei Ihnen abzuliefern, in deren Titel oder Zusammenfassung die Wörter *elektronische Demokratie* erscheinen. Wenn Sie so viele Reporter instruiert haben, wie notwendig sind, um die Sie gerade interessierenden Themen oder die Bereiche, über die Sie von Berufs wegen Bescheid wissen müssen, zu überprüfen, dann lassen Sie die Reporter auf das Netz los. Ihre Reporter bedienen sich der Vorteile der Ressourcen im Netz, verwenden Ihre Account-Nummer, um sich Zugang zu kommerziellen Informationsquellen zu verschaffen, sieben die Bestandteile des Informationsflusses aus, die Ihren Kriterien entsprechen, und bewahren ihre Entdeckungen für sie auf. Wenn Sie das nächste Mal Ihre «Zeitung» öffnen, dann zeigt Rosebud das gefundene Material in Spalten angeordnet und, wenn notwendig, mit Schlagzeilen und Unterüberschriften versehen am Bildschirm Ihres Computers an.

Die heute schon gegebene Verbreitung von Dienstprogrammen im Netz läßt den Schluß zu, daß sich künftig ein ganzes Ökosystem von informationssuchenden Robotern im Netz ausbreiten wird. Noch sind diese Programme Robotern oder, besser gesagt, *Automaten* ähnlicher als lebenden Wesen; mehr und mehr aber werden Automaten konzipiert, die aus der Biologie bekannte Verhaltensweisen einsetzen. Die «Würmer», die ganze Netze attackieren können, und die «Viren», die Computeranwender plagen, sind bösartige Spielarten dieser Entwicklung. Knowboter und Rosebud sind gutartige Spielarten. In der Umgebung eines heterogenen, an keine bestimmte Form gebundenen Netzes werden mit Sicherheit beide Abarten auftreten. Wie die Gemeinschaft vor den Gefahren eines Virenangriffs bewahrt werden kann, ohne daß die Offenheit, die diese Gemeinschaft so wertvoll macht, Schaden leidet, ist ein soziales Problem, genau wie das Problem, wer für den Zugang zu dem weiter wachsenden Pool an Informationsdiensten zahlen soll.

Gopher ist ein weiteres Dienstprogramm, das aus dem Netz hervorging, dieses Mal aber aus der Umgebung campus-weiter Informationssysteme. Es ähnelt nicht so sehr jenen Agenten, die wie Knowboter auf der Suche nach Informationen durch das Netz eilen, sondern mehr jenen stilisierten Karten, die Menschen den Weg durch die U-Bahnsysteme größerer Städte weisen. Gopher ist eine Art intelligenter Karte und kann Sie an alle Orte bringen, die auf der Karte erscheinen – Sie müssen nur auf den gewünschten Ort zeigen. Da jetzt viele Universitäten die Internet-Protokolle nutzen, um ihre vielen verstreuten Computerressourcen miteinander zu verbinden, muß auch den weniger computererfahrenen Studenten ein Weg geboten werden, die für ihre Studien notwendigen Informationen zu finden. Gopher (Taschenratte), entwickelt an der University of Minnesota und benannt nach ihrem Maskottchen, übernimmt die Aufgaben von telnet und ftp, die sonst von den Studenten veranlaßt werden müßten, die eine bestimmte Ressource suchen. Gopher versteckt die nur schwer zugängliche Kommandosprache hinter Menüs und Befehlskürzeln für telnet und ftp. Die Ressourcen, die auf diese Weise im *Gopherspace* miteinander verknüpft sind, können sich in dem einen oder anderen Bereich des Universitätsgeländes oder sogar in einem Campussystem auf der anderen Seite der Welt befinden. Auch Gopher verbreitet sich zunehmend im Netz, und immer mehr Einrichtungen fügen auch ihre Dokumente und Indizes in den weltweiten Gopherspace ein. Verfügt Ihr Host-Computer über die spezielle

Client-Software, dann können Sie, im buchstäblichsten Sinn des Wortes auf einen bestimmten Punkt der Ressourcenkarte *zeigen* und Ihren Computer anweisen, Sie an genau diesen Ort zu bringen.

Die im Netz verfügbaren Informationen beschränken sich nicht auf die Anhäufungen von Daten, die in Datenbanken gesammelt werden und dort darauf warten, daß jemand sie zur Kenntnis nimmt. Das Netz erhält ständig neue Zugänge, und auch die Zahl der Zugangskanäle erhöht sich. Das Netz nährt sich aus vielen unterschiedlichen Informationsströmen, großen Flüssen ähnlich, die sich aus vielen voneinander unabhängigen Nebenflüssen speisen. Komplette Netze schließen sich dem Internet an, und damit werden auch ihre Online-Bibliotheken verfügbar. Immer mehr gedruckte Informationen werden digitalisiert und damit online erreichbar. Und jetzt erscheinen im Netz auch die Neuigkeiten der Nachrichtendienste mit ihren internationalen Korrespondenten, die aktuellsten Aktienkurse – breit strömende Flüsse von Informationen. Internet bringt Sie nun bis vor die Tür von Dow Jones und anderen kommerziellen Informationsdiensten, auf die Sie allerdings nur dann zugreifen können, wenn Sie sich einen Account einrichten lassen und für die in Anspruch genommenen Dienste zahlen.

Die bemerkenswert große Zahl von Diensten, die Menschen im Netz und für das Netz aufbauen, insbesondere jene Dienste, die immer weiteren Teilen der Bevölkerung ermöglichen, das Netz zu nutzen, ist das schlagendste Argument dafür, ein für alle zugängliches Netz zu unterhalten, das für die Experimente der Bürger offen ist.

Die Architektur des Netzes unterstützt von Bürgern entwickelte Dienste, seien es solche, die Menschen ermöglichen, miteinander zu kommunizieren, oder solche, die ihnen bei der Suche nach Informationen helfen. Die Biografie-Dateien, die von den meisten Internet-Benutzern auf ihrem Host-Computer abgelegt werden, sind in der Regel für andere Internet-Benutzer nur einen Tastendruck entfernt. Mehrere verschiedene Arten von Auskunfts- und anderen Diensten helfen Leuten, die Adressen anderer Teilnehmer zu finden. Wenn Sie einen Benutzer auf einem entfernten System entdecken, der zu gleichen Zeit auf seinen Host-Computer zugreift, wie Sie auf Ihren, dann können Sie mit diesem Teilnehmer plaudern, eine Plauderei nur zwischen Ihnen beiden, in Echtzeit, mithilfe von Programmen, die eigens für diesen Zweck entwickelt wurden. Dabei wird Ihr Bildschirm in zwei Hälften geteilt. Die Wörter, die Sie schreiben, erscheinen in der oberen Hälfte; die Beiträge Ihres Gesprächspartners werden in der unteren Hälfte des Bildschirms dargestellt. Über Internet Relay Chat können Sie einen von Dutzenden verschiedener Kanäle anwählen, um an den Gesprächen von Internet-

Benutzern aus zwanzig verschiedenen Ländern teilzunehmen. Sie können sich mit einem MUD verbinden lassen und mittels der in dieser imaginären Welt geltenden Befehle kommunizieren. Sie können aber auch eine Verbindung zu einem jener mittelgroßen Bulletin-Board-Systeme wie WELL aufnehmen, die zunehmend im Internet in Erscheinung treten. Oder Sie können teilnehmen an der größten und breitesten Konversation des Tages, an der lebendigen Anarchie des Usenet, das auf dem Internet aufsetzt, wenn notwendig aber auch außerhalb der Internet-Grenzen existieren kann.

Information und Zugriff auf Information ist eine komplizierte Angelegenheit. Bibliothekare und andere Spezialisten wissen aufgrund ihrer Erfahrung und Fachkenntnisse, wie jene Probleme zu lösen sind, denen sich Menschen gegenübersehen, die aus einer Flut von Informationen die für sie relevanten Daten ziehen müssen. Die Dienste, die im Netz diese Probleme lösen sollen, sind schon recht weit entwickelt. Die Kommunikation von Mensch zu Mensch ist eine noch kompliziertere Angelegenheit. Menschen kommunizieren mit Gruppen anderer Menschen aus verschiedensten Gründen. Der Hauptgrund hierfür mag vielleicht darin liegen, daß jede Gesellschaft, die überdauern will, Gemeinschaften bildet; aber das ist sicherlich nicht der einzige Grund dafür, daß Gruppen von Menschen miteinander kommunizieren.

Die Essenz von CMC als Kommunikationsmedium für Menschen ist die Fähigkeit, Kommunikation vieler mit vielen zu ermöglichen. Die Idee von Computerkonferenzen erwuchs aus der Arbeit von Engelbart und anderen bei der Entwicklung von Denkwerkzeugen auf der Basis von Computern. Die Möglichkeit, daß eine Gruppe von Menschen eine Zeitlang Gedanken über bestimmte Gegenstände gemeinsamen Interesses miteinander austauschen konnte, war die erste Form der computergestützten Kommunikation vieler mit vielen. Aber CMC gab sich damit noch nicht zufrieden. Dieses neue Medium ist Ergebnis einer Transformation anderer Technologien, bewirkt von Leuten, die ganz andere Ziele vor Augen hatten als diejenigen, die diese Technologien entwickelt hatten. Ein Netz, das ursprünglich dafür gedacht war, selbst einen nuklearen Angriff überstehen zu können, wurde zum Instrument der Information für Bürger, und die strukturierte Konversation im Netz zwischen Menschen so vieler unterschiedlicher Kulturen erwuchs aus den Planungen zur Vorsorge für nationale Notstände. Noch ist die Weiterentwicklung der Kommunikation vieler mit vielen nicht abgeschlossen, und aus den Experimenten, die einzelne Gruppen im Netz heute durchführen, werden die Generationen von CMC-Diensten entstehen, die das Netz der Zukunft bestimmen.

Das Netz besteht nicht nur aus Internet. Sie können heute alle Hosts im Internet abschalten, und die Menschen werden immer noch Wege finden, EMail und Nachrichten miteinander auszutauschen. Denn das Netz ist ein höchst redundantes, die Bürger miteinander verbindendes System, das aus sich selbst heraus wächst und die Ergebnisse der ARPA-Forschungen nutzt, um etwas auszubilden, das eher einer Fan-Gemeinde gleicht als einer militärisch-industriellen Elite. Die Teile des Netzes, die sich aus ARPANET entwickelten, bilden den Mainstream und sind ohne Zweifel technologisch führend, stellen aber keineswegs den einzig wichtigen Beitrag zu dem Netz dar, wie es heute existiert. Die beiden anderen hier zusammenfließenden Ströme sind die Graswurzel-Bewegung der computergestützten Bulletin-Board-Systeme in den achtziger Jahren und die Entwicklung der Gruppenkonferenzsysteme in den letzten Jahrzehnten, eine Entwicklung, die in Usenet seinen Kulminationspunkt fand, dem bis jetzt größten, freiesten und lautstärksten Netz.

4

Spontane Vielfalt:
Die Netze der Bürger

«Das ist wie ein Kollektivgeist!» Ich erinnere mich, mit diesem oder einem ähnlichen Spruch herausgeplatzt zu sein, als ich zum ersten Mal das reale Hauptquartier von WELL besuchte und Matthew McClure, dem ersten Leiter von WELL, gegenüberstand. Vielleicht überraschte ihn mein Feuereifer, er hatte jedoch nichts dagegen. Der Eindruck, persönlich teilzuhaben an einem ständigen Prozeß kollektiver Problemlösung – sei es eine Zecke auf dem Kopf meiner Tochter, sei es, Politikern beim Aufbau eines öffentlichen Netzes helfen zu können – begeisterte mich. Das Gefühl, sich diesen aus vielen Gehirnen zusammengesetzten Organismus kollektiven Wissens zu erschließen, erinnerte mich an das Zusammenwachsen unterschiedlichster Technologien, von dem die ARPA-Pioniere im Zusammenhang mit ihren ersten Erfahrungen mit interaktiv bedienbaren Computern erzählen.

Diese Erfahrung hat etwas zu tun mit der Art, wie Menschen CMC nutzen, um die Macht der Kooperation neu zu entdecken, indem sie Kooperation als Spiel erfahren, als Lebensweise, als das Zusammenspiel von Wissen, sozialen Kapitals und Gemeinschaftsgeistes. Die Erkenntnis, daß wir Netzwerke brauchen, um den Sinn des Zusammenwirkens wieder zu erfassen, den so viele Menschen verloren zu haben schienen, als wir diese neuen Techniken gewannen, ist eine schmerzliche Ironie. Ich selbst habe meine Zweifel, ob die Notwendigkeit, auf einer Tastatur herumzuklappern und den ganzen Tag in einen Bildschirm zu starren, «Fortschritt» genannt werden kann, verglichen mit der Notwendigkeit, Tag für Tag Holz zu hacken und Bohnen anzubauen. Während wir neue Technologien entwickelten, verloren wir vielerorts den Sinn für Gemeinschaft, und in den meisten Fällen ging die Einführung einer neuen Technologie diesem Verlust voraus. Dies ändert jedoch nichts an der Tatsache, daß Menschen Computer nutzen können, um auf neue Weise miteinander zu kooperieren.

Die Entwicklung computergestützter Konferenzsysteme setzte sich deshalb so lange fort, weil sie sich für die Leute, die sie entwickelten, als nützlich erwiesen: Der geheimen Elite der Denkfabriken, die Szenarien für den Atomkrieg entwarfen, und den gewöhnlicheren Bürokraten, die Vorsorgemaßnahmen für nationale Katastrophen treffen. Computergestützter Gruppenintellekt stand für Jahre allein diesen Eliten zur Verfügung, während die technologische Entwicklung im Bereich der Computer und Netze sich auf die Anforderungen der CMC-Systeme konzentrierten. Computer waren teuer, an Software stand nur das zu Verfügung, was die Anwender selbst entwickelten, und die Aufgaben, für die diese Werkzeuge eingesetzt wurden, waren sensibel. Alles, was in diesem Abschnitt über CMC gesagt wird, gilt auch für die Computertechnologie vor dreißig Jahren.

In Kombination mit einem echten Graswurzel-Kommunikationsmedium, beipielsweise mit dem Usenet und seinen Millionen aktiver Teilnehmer oder den zu Zehntausenden sich öffnenden Bulletin-Board-Systemen, lösen die vorher nur den Eliten zugänglichen Möglichkeiten des CMC – die Kommunikation vieler mit vielen – die Entstehung einer erstaunlichen, weitaus volksnäheren Art sozialer Organisation aus. Graswurzel-Kollektivgeist und seine materiellen Auswirkungen könnten zur unvorhergesehenen technologischen Überraschung des kommenden Jahrzehnts werden.

Der Blick zurück auf die Anfänge der Technologie computergestützter Konferenzsysteme ist notwendig, wenn wir verstehen wollen, welche Richtung diese Entwicklung künftig einschlagen wird. Auch hier entdecken wir, daß eine neue Technologie die Form, in der sie sich heute darstellt, deswegen annahm, weil ihre Entwickler daran festhielten, daß die von ihnen geschaffenen Werkzeuge den Menschen zugänglich sein und ihnen helfen sollten, ihre Problem zu lösen. Es gibt andere wichtige Parallelen zwischen der Entwicklung von Diensten, die Kommunikation vieler mit vielen erlauben, und anderen anregenden Erfindungen, die das Netz möglich machten. Wie die anderen Komponenten des Netzes entwickelten sich auch die Einrichtungen für strukturierte Gruppendiskussionen nur langsam, bis endlich das Zusammenfließen verschiedenster Schlüsseltechnologien einen mächtigen Entwicklungsschub bewirkte. Wie der Rest des Netzes standen auch diese Dienste ursprünglich nur den Behörden und den Eliten militärischer Planung und Forschung zur Verfügung. Dann wurden sie auch den Naturwissenschaftlern im Bereich der militärischen Verteidigung zugänglich, darauf jenen in nichtmilitärischen Bereichen, schließlich auch für Gelehrte außerhalb der naturwissenschaftlichen Disziplinen, und jetzt konzentriert sich die Debatte darauf, ob und in welcher Weise auch Erzieher, Studenten und Bürger Zugriff erhalten sollen.

Einer der Pioniere der CMC-Technologie, der auch der Gruppe um Engelbart bei SRI angehörte, Jacques Vallee, meint in seinem vorrausschauenden, 1982 erschienenen Buch *The Network Revolution*, daß während der Berlin-Krise und der Berliner Luftbrücke erstmals versucht wurde, ein Medium für Gruppenkommunikation zu schaffen. Man versuchte damals, Fernschreiber in einem Dutzend verschiedener Länder miteinander zu verbinden. Da aber alle zur gleichen Zeit in verschiedenen Sprachen miteinander kommunizieren wollten, funktionierte das System nicht. Das änderte sich, als 1970 das ARPANET in Betrieb genommen wurde und damit neue Möglichkeiten für die Aufgabe zur Verfügung standen, geografisch verteilte, asynchron miteinander verbundene Gruppen bei ihren Entscheidungen zu unterstützen, .

Wie paketverteilende Systeme verdanken auch computervermittelte Telekonferenzsysteme ihre Entwicklung zum Teil den Planungen für den nuklearen Krieg. In den späten sechziger Jahren arbeitete Murray Turoff an Kriegsspielen und anderen Arten von Computersimulationen im Institute for Defense Analysis. Einige dieser Spiele erlaubten auch, daß Mitspieler auf entfernten Computersystemen eingriffen. Die dabei gewonnenen Erfahrungen nutzte Turtoff dazu, das von der RAND entwickelte, unter dem Namen Delphi-Methode bekannte Verfahren der Expertenberatung über Computer abzuwickeln. Delphi war eine formalisierte Methode, Ideen und Kritik dieser Ideen von Expertengremien zu sammeln - eine Kombination von Brainstorming und Meinungsumfrage, wobei eine Menge von Papieren in einer bestimmten Reihenfolge im Umlauf gesetzt werden mußte. Turtoff begann, Delphi zu computerisieren und stellte bald fest, daß die Konsultation von Expertengremien weit mehr Anforderungen stellte, als nur Nachrichten über Computer weiterzuleiten.

In den frühen siebziger Jahren arbeitete Turoff für das US-Office of Emergency Preparedness, wo seine Aufgaben allerdings nichts mehr mit seinem weiter bestehenden Interesse an computervermittelten Telekonferenzsystemen zu tun hatten. Als seine Vorgesetzten entdeckten, daß er ein Computerterminal benutzte, um mit einem nicht autorisierten Konferenzsystem zu experimentieren, kam es zu einigen bürokratischen Reibereien. Dann aber griff die Geschichte selbst in Form des Lohn-Preis-Stopps von 1971 ein. Diese Maßnahme der Nixon-Regierung erforderte die sofortige Entwicklung eines Systems, das in der Lage war, sehr schnell Informationen von geografische verstreuten Zweigbüros zu sammeln und abzugleichen. Turoffs Prototyp wurde zum autorisierten Projekt, und aus dem computergestützten Delphi-Experiment wurde schließlich das *Emergency Management Information System and Reference Index (EMISARI)*.

Zusammen mit Teilen von Engelbarts NLS (oNLineSystem) wurde EMISARI zum unmittelbaren Vorläufer der modernen CMC-Gruppenkommunikationssysteme. Es wurde dazu benutzt, die aus vierzig regionalen Büros und dem Schatzamt eingehenden Daten zu überwachen und um Konferenzen mit dreißig oder auch hundert Experten durchzuführen, die Maßnahmen zur Regulierung von Löhnen und Preisen festlegten. EMISARI entwicklte sich zum *Resource Interruption Monitoring Systems (RIMS)* weiter, das von der Federal Preparedness Agency über Jahre hinweg als Mittel zum Krisenmanagement und zur Entscheidungsfindung bei geografisch verteilten Gruppen genutzt wurde.

Bei der Entwicklung von EMISARI stellten Konstrukteure und Benutzer des Systems sehr bald fest, daß einige Eigenschaften sich bei der Online-Gemeinschaft größerer Beliebtheit erfreuten als andere, auch wenn diese speziellen Eigenschaften weder mit offiziellem Nachdruck gefördert wurden, noch etwas mit den aktuellen Aufgaben zu tun hatten. So gab es eine Eigenschaft, die einfach «Nachrichten» genannt wurde. Jeder, der mit dem System verbunden war, konnte auf einer Art computerisierten schwarzen Brettes eine Nachricht für einen anderen Teilnehmer hinterlassen. Und wie es bei einem realen schwarzen Brett möglich ist, konnte der Teilnehmer dann nachsehen, ob jemand auf seine Nachricht reagiert hatte. Nachrichten, Anfragen und Antworten verbreiteten sich bald in solcher Menge, daß einige Teilnehmer Programme entwickelten, die aus diesen Datenmengen die sie interessierenden Beiträge herausgriffen. Wird ein öffentliches schwarzes Brett eingerichtet, kann jeder zum Publizisten und Absender von Texten werden. Wenn Sie all diese Beiträge absuchen, dann betreten Sie das Territorium des Kollektivgeistes, denn was Sie nach Ihren Interessen zu strukturieren versuchen, ist das kollektive Gedächtnis all jener, die mit anderen Menschen kommunizieren.

Parallel hierzu arbeitete seit den sechziger Jahren Engelbarts Augmentation Research Center in Kalifornien; aber ARC war ein weit größeres Projekt mit wesentlich breiterem Plan. Als Engelbart 1968 seine berühmte Demonstration veranstaltete, die im wahrsten Sinne des Wortes das Weltbild vieler Computerentwickler änderte, benutzte er ein System, das die Teilnehmer über Tastaturen und Bildschirme miteinander verband. Sie hatten sogar die Möglichkeit, Echtzeitaufzeichnungen ihrer eigenen Stimmen und Videobilder in die Nachrichten einzubinden, die hin und hergeschickt wurden. All dies war Teil des integrierten Systems, das Engelbart bei seinem Ziel, Computer in Denkmaschinen zu verwandeln, vor Augen hatte. Das war sechzehn Jahre bevor der Apple Macintosh seinen Käufern einen Bruchteil dieser grundlegenden Möglichkeiten bot, und nur eine verschwindende Zahl von Benutzern der leistungsfähigsten Personal Computer in den neunziger Jahren verfügen über die Multimedia-Möglichkeiten, die Engelbart bereits 1968 demonstrierte.

Turoffs Forschungen konzentrierten sich auf den Aspekt der Erweiterung des menschlichen Intellekts. Die Computerkonferenzeigenschaften von NLS waren zwar leistungsfähig, aber das reichte nicht, um Online-«Zeitungen» und Online-«Notizbücher» in flexible Konferenzsysteme zu verwandeln. Turoff konzentrierte sich daher darauf, Online-Nachrichten in Form von Dialogen zu strukturieren. ARPA unterstützte weiterhin die Arbeit von Engelbart. Nachdem EMISARI fertiggestellt war, verließ Turoff das Office of Emergency Preparedness und ging zum New Jersey Institute of Technology. Dort erhielt er von der National Science Foundation die finanzielle Unterstützung, um seine CMC-Dienste zu etwas weiterzuentwickeln, was Wissenschaftler, Ausbilder und andere nutzen konnten. Turoff notierte 1976:

> Ich denke, die größte Möglichkeit der computergestützten Konferenzsysteme liegt darin, Gruppen von Menschen die Fähigkeit einer «kollektiven Intelligenz» zu verleihen. Den Computer als Gerät zu nutzen, das Gruppen von Menschen die Möglichkeiten einer kollektiven Intelligenz bietet, ist ein ziemlich neues Konzept. Im Prinzip zeigt sich in der erfolgreichen Zusammenarbeit einer Gruppe eine größere Intelligenz, als sie jedes einzelne ihrer Mitglieder besitzt. Für die nächsten Jahrzehnte versprechen die Versuche, computergestützte Konferenzsysteme zu entwickeln, die einer Gruppe erlauben, ein spezielles, komplexes Problem mittels eines einzigen, kollektiven Gehirns zu lösen, mehr Nutzen für die Menschheit, als alles, was bis jetzt im Bereich der Künstlichen Intelligenz erreicht worden ist.

Turoffs *Electronic Information Exchange System (EIES*: System für elektronischen Austausch von Informationen) konnte ab 1976 eingesetzt werden und wird auch heute noch verwendet: die immer noch lebendige, jetzt als Knoten im Netz existierende Ur-Urgroßmutter aller virtuellen Gemeinschaften – fast ein Jahrzehnt älter als WELL. Diese Gemeinschaft wurde von der NSF als «elektronisches Kommunikationslabor, genutzt von geografisch voneinander getrennten Forschungsgemeinschaften» finanziell unterstützt. Im Juli 1978 gab es bereits sieben Versuchsprojekte, jedes Teil einer etablierten Forschungsgemeinschaft von zehn bis fünfzig Mitgliedern. Das System war so eingerichtet, daß es Daten über die eigene Arbeit sammeln konnte. Anhand dieser Daten sollte die These überprüft werden, wonach Telekonferenzsysteme die Effizienz von Forschungsgemeinschaften erhöhen könnten. EIES wurde wie ARPANET als Testfeld für Experimente mit den wesentlichen Eigenschaften von CMC angelegt.

Da es sich im weitesten Sinne selbst dokumentieren sollte und darauf ausgelegt war, sich den Anforderungen erfahrener Benutzer anzupassen, war EIES, wie NLS, nicht gerade das benutzerfreundlichste System. Die heutigen Computerkonferenzsysteme, mehrere Software-Generationen und einige Jahrzehnte später, sind in dieser Hinsicht auch nicht viel besser. Was die Benutzerfreundlichkeit für Laien angeht, so entspricht CMC heute der Bedienung von Personal Computern – bevor Computergrafik und Zeigegeräte, wie die Maus, die Bedienung des Computers durch «Zeigen und Anklicken» ermöglichten. Dienstprogramme, die mittels dieser Methode bedient werden und die den Anwender vor der Komplexität des Netzes schützen, während nach den gewünschten Informationen oder Teilnehmern gesucht wird, begannen erst in den neunziger Jahren, die Forschungs- und Entwicklungsphase hinter sich zu lassen. Lassen wir das Problem der Schnittstelle zwischen Mensch und Maschine einmal beiseite: Wer gelernt hat, ein voll ausgestattetes Konferenzsystem zu bedienen, dem erschließen sich eine Vielzahl an Möglichkeiten. Es gibt Dinge, die über einfaches «Zeigen und Anklicken» nicht zu erreichen sind. Wie Engelbart oft über NLS sagte: «Wäre die einfache Bedienung das einzig gültige Kriterium, würden die Leute immer noch mit Dreirädern fahren und gar nicht erst versuchen, auf ein Zweirad zu steigen.»

EIES war wie ARPANET eines jener Experimente, die nie zu einem Abschluß kommen, weil die Experimentierenden nicht darauf verzichten wollen. EIES wurde sehr schnell nicht nur in naturwissenschaftlichen Forschungsgemeinschaften, sondern auch in legislativen Bereichen und bei medizinischen Forschungen genutzt. Einige der EIES-Anwender konzentrierten sich auf die Entwicklung einer neuen Generation von Konferenzsystemen, die an den Erfahrungen mit EIES anknüpften. Auf diese Weise wurde EIES zur Urgemeinschaft, die das Netz mit CMC-Entwicklern versorgte. Peter und Trudy Johnson-Lenz zum Beispiel arbeiteten mit Harry Stevens, einem weiteren EIES-Enthusiasten, und anderen an der Entwicklung eines *Legitec* genannten Systems für das Office of Technology des Staates Massachusetts. Dieses System wurde mittels der in EIES integrierten Script-Sprache realisiert. Und 1979 entwickelten Harry Stevens und andere für den Online-Dienst The Source das Konferenzsystem Participate. Stevens hat sich als einer der ersten für Netzinformationsdienste eingesetzt, die die Leistungsfähigkeit der lebendigen Datenbank von CMC über die Architektur von Konferenzsystemen erschließen. Participate war dafür bestimmt, kurze Diskussionen nach dem Schema von Fragen und Antworten zu strukturieren, die dann später nach speziellen Informationen abgesucht werden können. Participate in The Source entwickelte sich schließlich zu einer der ersten öffentlichen virtuellen Gemeinschaften.

Die Johnson-Lenzes prägten den Begriff der Groupware, der jenem Teil der Software-Industrie entlehnt wurde, der CMC-Produkte an Unternehmen verkauft. Die in Oregon am Oswego-See angesiedelten EIES-Veteranen jedoch verfolgten jahrzehntelang das paradoxe Ziel, mit CMC nicht nur irgendeine Gemeinschaft sondern eine mit spirituellen Werten zu finden. Jahrelang lebten sie von der Hand in den Mund, gaben all ihr Geld für die jeweils neueste Hardware aus, programmierten ihre eigene Software und bauten eine Reihe von speziell ausgerichteten CMC-Gemeinschaften auf. Ihr Ziel war, die besten Kommunkationstechniken, die sich aus den Bewegungen der siebziger Jahre entwickelt hatten, mit den Möglichkeiten von CMC zu verbinden. In den späten achtziger Jahren nahm ich mehrere Monate an einem ihrer Experimente teil. Die Johnson-Lenzes nannten ihre Gemeinschaft *Awaken* und sie gaben dieser Gemeinschaft eine konfessionell nicht festgelegte, explizit religiöse Dimension.

Peter + Trudy, wie ihre Online-Freunde sie nennen, kannte ich schon Jahre, bevor ich sie in der materiellen Welt traf. Als wir gemeinsam im Zug von Kyoto nach Oita in den südlichsten Teil von Japan fuhren, hatte ich Gelegenheit, mit ihnen über ihre Rolle als frühe CMC-Enthusiasten zu sprechen. Sie und ihre Freunde überall in der Welt hatten jahrelang hart daran gearbeitet, CMC als Mittel nutzen zu können, um Versöhnung, menschliches Miteinander und bessere Möglichkeiten der Kommunikation zu finden. Betrachtet man den Zustand der Welt heute, mehr als zwei Jahrzehnte nachdem EIES sich der Online-Welt geöffnet hat, dann bleibt für CMC in jedem denkbaren Bereich noch immer die Aufgabe, die Welt zu einem friedvolleren Ort zu machen.

«Lohnt es sich, weiterzumachen?» Wir waren gerade bei dieser Frage, als der Zug in den letzten größeren Bahnhof vor unserem Ziel einfuhr. Wir setzten unser Gespräch fort, aber jeder von uns dreien schaute zum Fenster hinaus. Zu sehen war erneut eine jener mittelgroßen japanischen Städte, die mit ihrer standardisierten Nachkriegsarchitektur nur schwer voneinander zu unterscheiden sind. Aber das Umland kam mir sehr bekannt vor. Diese Hügelkette rund um die Stadt und diesen einen Hügel da, mehr zum Zentrum hin – auf wie vielen Fotos hatte ich sie schon gesehen. Wir waren im Bahnhof von Hiroshima. Die nächsten Minuten unserer Fahrt verbrachten wir schweigend.

Utopische Hoffnungen sind schon seit den ungestümen, frühen Tagen von EIES mit CMC verknüpft. 1978 begannen Politiker, Künstler,

Futurologen und andere, sich EIES anzuschließen. Starr Roxanne Hiltz und Turoff veröffentlichten in jenem Jahr *Network Nation* – ein Buch über eine Revolution, deren Auswirkungen erst mehr als ein Jahrzehnt später jenseits des Kreises der Enthusiasten spürbar wurden. Sie sagten voraus, daß dieses Medium nicht nur von einigen wenigen Laboratorien und Denkfabriken benützt werden würde. Sie erwähnten einige der wohlbekannten Vor- und Nachteile des Mediums. Sie sagten voraus, daß man dieses Medium nutzen würde, um mit anderen, mit ähnlichen Interessen und Werten, Kontakt aufzunehmen. Sie begannen die erste systematische Untersuchung darüber, wie verschiedene Organisationen CMC-Technologie einsetzen oder damit scheitern.

Eine andere Gruppe, die in den siebziger Jahren an der Weiterentwicklung von CMC arbeitete, war in einer kalifornischen Denkfabrik angesiedelt, *The Institute for the Future (IFTF)* genannt und nur wenige Straßen von SRI entfernt. Sie sahen sich selbst als eine Art Werkzeugladen für Denkfabriken. Die Anwendung der Computertechnologie als bürokratisches Planungsinstrument galt in diesen Tagen als mögliche strategische Ressource und als zukunftsträchtiger Wirtschaftszweig. DARPA und NSF finanzierten eine Gruppe bei IFTF, die Planungs- und Kalkulationsinstrumente entwickelte. Jacques Vallee hatte ursprünglich am NLS-Projekt bei SRI mitgearbeitet; jetzt waren er, Roy Amara, Robert Johansen und ihre Kollegen damit beschäftigt, etwas zu konstruieren, das nicht nur Techniker, sondern auch Politiker nutzen konnten. Die Systeme EIES und NLS waren dafür ausgelegt, die Fähigkeiten von Computersystemen als Kommunikationsinstrumente zu erforschen. Dagegen war PLANET, das *PLAnning NETwork*, das von IFTF entwickelt wurde, für die bequeme Nutzung durch Planer in Behörden und der Industrie konzipiert, also für Menschen, die meistens keine Erfahrung im Umgang mit Computern hatten. Der Befehlssatz war sehr einfach gehalten, und das System konnte über einige spezielle Tasten auf einen tragbaren Telekommunikationsterminal bedient werden. PLANET wurde später zu Notepad weiterentwickelt, einem privaten, globalen Konferenzsystem, das noch immer von einer Anzahl großer Unternehmen, Shell Oil zum Beispiel, benutzt wird. Johansen blieb am Institute for the Future und arbeitete in einem Bereich, der jetzt unter dem Begriff Groupware bekannt ist.

Verschiedene andere Ereignisse in den späten siebziger Jahren, die nichts mit der Arbeit dieser Laboratorien zu tun hatten, trugen ebenfalls zu der plötzlichen Entstehung und dem schnellen Wachstum der Graswurzel-Netze in den achtziger Jahren bei. 1977 entwickelten Programmierer der Bell Laboratories das Dienstprogramm *Unix-to-Unix Copy*

(UUCP), das in allen folgenden Versionen des Unix-Betriebssystems enthalten war. Dieses Programm ermöglichte jedem unter Unix laufenden Computer, automatisch mit jedem anderen Unix-Computer über ein Modem Verbindung aufzunehmen und mit diesem Computer Dateien auszutauschen. Unabhängig davon bot ab 1979 die Telecomputing Corporation of America über einen Host-Computer in Virginia Telekommunikationsdienste an. Nun stand CMC jedem zur Verfügung, der ein Modem besaß und bereit war, die Zugriffsgebühr zu bezahlen. Reader's Digest kaufte 1980 das Unternehmen auf und gab ihm den Namen Source Telecomputing Corporation. Als ich Ende 1982 Mitglied von The Source wurde, verfügte das System bereits über 25.000 Teilnehmer, wobei jeden Monat mehr als tausend neue Teilnehmer hinzukamen.

Die Mitgliedschaft in The Source kostete mich 1982 100 Dollar Anmeldegebühr und, je nach Tageszeit, 7 bis 22 Dollar pro Stunde. The Source, wo viele von uns ihre ersten Erfahrungen mit dem Konferenzsystem Participate sammelten, und der Mitbewerber CompuServe boten Computerbesitzern außerhalb der militärisch-industriellen Eliten Zugang zu einer elektronischen Gemeinschaft. The Source ging schließlich in CompuServe auf, das jetzt weltweit über mehrere hunderttausend Teilnehmer verfügt.

Die Jahre 1979 und 1980 waren für die Entwicklung von CMC besonders entscheidend. Die großen Unternehmen, wie The Source und CompuServe, begannen ihre Informationsdienste anzubieten; in England erschienen die ersten MUDs; in völlig anderen Bereichen tauchten die ersten Bulletin-Board-Systeme auf und zwei junge Programmierer in North Carolina benutzten erweiterte Versionen von UUCP, um strukturierte Nachrichten auszutauschen, Nachrichten, die verschiedenen Themen zugeordnet werden konnten, wodurch eine Art themenbezogener Konversation zwischen den Gemeinschaften möglich wurde. Verschiedenste Gemeinschaften, die die Timesharing-Dienste der unterschiedlichsten Computer verschiedener Universitäten nutzten, verbanden sich nun zu der abstrakten Gemeinschaft, die sich aus dem Austausch solcherart strukturierter Nachrichten herausbildete. Die ersten Knoten des heute als Internet bekannten Netzes entstanden 1980. Niemand ahnte damals, daß dieses Netz einmal die ganze Welt umspannen würde.

Dies alles ist ein Beispiel für eine Technologie, die ihren Ursprung in den Randbereichen des Netzes hatte und sich gerade deswegen weiterentwickelte, weil sie nicht für den Mainstream stand. ARPANET und seine Nachfolger erweiterten den Zugriff auf das Netz um Kommunikations- und Informationsdienste für diejenigen, die in irgendeiner

Weise mit Forschungseinrichtungen verbunden waren, denen ARPA und NSF Zugriff auf das Netz gewährten. 1979 waren die Duke University und die University of North Carolina nicht an das Internet angeschlossen, verfügten aber über UUCP. Die graduierten Studenten Tom Truscott und James Ellis von der Duke University und Steve Bellovin von der University of North Carolina entwickelten 1979 die erste Version von *Usenet News* und schickten im Winter 1980 ein Informationsblatt über ihre Arbeit an die Konferenz der Unix-Benutzer (*Usenix* genannt). Während der im Sommer 1980 stattfindenden Usenix-Konferenz wurde das News-Programm auf Computer-Magnetbändern an alle Teilnehmer verteilt. Die News-Software, die über die Jahre hinweg zu drei ausgefeilteren und leistungsfähigeren Versionen weiterentwickelt wurde, ist Public Domain, das heißt, daß jeder das Programm kopieren und weitergeben darf. Dadurch war es neuen Computergemeinschaften möglich, interaktiv mit anderen Gemeinschaften Verbindung aufzunehmen.

Usenet, das Netz der Unix-Anwender, war als Diskussionsforum über Unix und der bei der Arbeit mit Unix auftretenden Probleme gedacht. Unix selbst war bewußt dafür konzipiert, eine Gemeinschaft professioneller Unix-Programmierer zu unterstützen, um neue Dienstprogramme zu schaffen, die alle anderen mit Unix arbeitenden Entwickler einsetzen konnten. Die Erfinder des Usenet beabsichtigten, über Unix diskutieren zu können, ohne über eine ARPANET-Verbindung verfügen zu müssen. Sie waren überrascht darüber, wie sehr überall in der Welt die Menschen nach Kommunikation jeder Art hungerten, nachdem sie sich einmal an die Idee einer Konversationsform gewöhnt hatten, die darin bestand, daß Texte von Universität zu Universität rund um die Welt geschickt wurden. Sie hatten geglaubt, daß ihre Entwicklung am meisten von lokalen Gemeinschaften genutzt würde, und mußten feststellen, daß nun ein ganzes Netz entstand und mehr und mehr Leute daran interessiert waren, an Konversationen auf internationaler Ebene teilzunehmen. Das Wesen des Usenet, wie wir es heute kennen – als anarchische, unzerstörbare, jeder Zensur sich widersetzende, aggressiv nicht-kommerzielle, riesig anwachsende Konversation zwischen Millionen Menschen in mehreren Ländern – ist im weitesten Sinne das Resultat dessen, wie sich das System ursprünglich entwickelt hatte.

Im Usenet ist die kleinste Einheit die einzelne Nachricht. Jeder, der Zugriff auf das Netz besitzt, kann eine unterschriebene elektronische Nachricht in das Usenet senden. Adressat dieser Nachricht ist jedoch kein Individuum oder eine Mailing-Liste, sondern das Thema einer Diskussion. Solche Diskussionen werden *Newsgroups* genannt. Will ich bespielsweise etwas zu einer Diskussion über die Risiken des Computereinsatzes beitragen, dann formuliere ich eine Nachricht, adressiere sie an die Newsgroup «comp.risks» und lege sie mithilfe des Usenet-Programms *Postnews* im «Netzpostfach» ab. Wenn der Host-Computer, mit dem ich verbunden war, dann das nächste Mal mit einem anderen Computer über UUCP kommuniziert, dann wird meine Nachricht als elektronische Post weitergeleitet. Erhält der nächste Computer im Netz die Nachricht, überprüft er zunächst, welche Newsgroups er selbst verwaltet und kopiert dann alle Nachrichten, die für die bei ihm beheimateten Newsgroups bestimmt sind, während er alle anderen Nachrichten an den nächsten Computer im Netz weiterleitet. Jede Nachricht ist durch eine eindeutige Identifikationsnummer gekennzeichnet. Daher kann jeder Computer die Nachrichten verwerfen, die er schon zuvor erhalten hat.

Auf der Empfängerseite – vielleicht auf der anderen Seite des Erdballs – befindet sich eine Computergemeinschaft, der gerade von einem Netzknoten ein «Postsack» voller Usenet-Nachrichten zugestellt wurde. Die empfangende Einrichtung ist auf comp.risks abonniert, daher wird hier mein Beitrag für all jene gespeichert, die regelmäßig die Nachrichten dieser Newsgroup lesen. Statt jeweils eine eigene Kopie jeder neuen Nachricht im elektronischen Briefkasten jedes Abonnenten abzulegen, wie dies bei der Verteilung von EMail an die Teilnehmer einer Mailing-Liste geschieht, wird hier nur eine Kopie in einer Datei gespeichert, die jeder lesen kann. Der Benutzer kann nun verschiedene Dienstprogramme benutzen, sogenannte *News Reader*, die der Host-Computer bereithält. Diese News Reader durchsuchen die lokale Datenbank nach neuen Beiträgen zu den Newsgroups, auf die der Anwender abonniert ist, und zeigen sie ihm auf Knopfdruck an.

Hat irgend jemand auf der Welt ihren Beirtrag gelesen, dann kann er auf verschiedenste Weise reagieren. Vielleicht ist er der Meinung, der Absender sei ein Dummkopf. Er will nie wieder irgendeinen Beitrag von ihm sehen und hinterlegt seinen Namen in einer «Kill»-Datei, die auch den Namen «Bozo-Filter» trägt. Oder er stellt fest, daß er die Antwort auf die gestellte Frage kennt. Vielleicht möchte er dem Absender auch zu seinem Beitrag gratulieren. Dann kann er ihm ein privates EMail schicken, genauso gut aber auch eine öffentliche Antwort senden. Usenet leitet die private EMail oder die öffentliche Antwort automatisch an das richtige Ziel weiter; den jeweils passenden Befehl aus einem Menü auszuwählen ist alles, was der Anwender zu tun hat. Dies ist ein weiteres Leistungsmerkmal von Usenet. Denn Usenet ist erstens ein verteiltes, informelles Netz; zweitens kann jeder, der Usenet-Beiträge liest, auch Beiträge in Usenet versenden, und drittens kann jeder direkt und privat mit jedem kommunizieren, der eine öffentliche Nachricht im Usenet abgelegt hat.

Oft wird Usenet als *Anarchie* bezeichnet, jedoch nicht etwa, weil das Usenet chaotisch oder desorganisiert wäre, sondern weil die Verteilung so vieler Beiträge, die von so vielen Absendern kommen und an so viele Empfänger gelangen, sich vollzieht ohne irgendeine zentrale Regelungsinstanz, weder auf der technischen noch auf der Verwaltungsebene. Dies kommt daher, daß sich Usenet aus einem nur lose verknüpften UUCP-Netz entwickelt hat. Von Anfang an war niemand an einer zentralen Organisation interessiert. Wollten Sie am Usenet teilnehmen, mußten Sie sich nur die kostenlos verfügbare Software besorgen und eine Einrichtung finden, die Ihnen die Nachrichten zustellte und Ihre Beiträge übernahm, und schon waren Sie Teilnehmer. Die verschiedenen Newsgroups sind in einer baumartigen, hierarchischen Struktur organisiert. Von den Ästen dieses Baumes (den Newsgroups *alt, biz, comp, misc, rec, sci, soc* und *talk*) gehen weitere Zweige aus. Jede Einrichtung kann wählen, welche Newsgroup oder welche Kategorie von Newsgroups sie für ihre lokalen Benutzer zur Verfügung stellt. Nimmt Ihre Host-Einrichtung Anstoß an den Inhalten der Newsgroups alt.sex, alt.drugs oder alt.rock-and-roll, dann kann sie die Speicherung dieser Newsgroups ablehnen. Bei anderen Einrichtungen sind dagegen die Newsgroups verfügbar, die für Ihren Host tabu sind. Daher gibt es für jemanden, der entschlossen ist, an diese Daten heranzukommen, immer einen Weg.

Die Kosten für den Betrieb des Usenet werden automatisch verteilt, und das ist ein weiterer wichtiger Aspekt der dezentralen Architektur. Bei einer großen Einrichtung, die es sich leisten kann (AT&T oder Apple zum Beispiel), kann es der Systemadministrator einrichten, daß die Kosten der Nachrichtenübertragung an die kleineren Knoten übernommen werden (jahrelang nahmen die Unix-Computer von Apple automatisch Kontakt zu WELL auf und übertrugen die Nachrichten, während WELL seinerseits den Nachrichtenstrom an kleinere, lokale Einrichtungen weiterverteilte). Gehören Sie nicht zu einer jener Einrichtungen, die das Rückgrat des Netzes ausmachen und die sich gerade in den ersten Jahren stärker an den Kosten beteiligten, als ihr eigener Anteil an dem Nachrichtenverkehr ausmachten, dann zahlen Sie die Kosten der eigenen Kommunkation, wenn Sie die Telefongebühren bezahlen, die anfielen, als Sie sich alle fünfzehn Minuten oder alle fünfzehn Tage bei der Einrichtung einwählten, die Sie mit Usenet-Nachrichten versorgt.

Das Wachstum von Usenet glich dem biologischen Wachstum: anfangs langsam, dann exponential ansteigend. 1979 gab es zwei Einrichtungen, die ungefähr zwei Artikel pro Tag austauschten; 1980 gab es 15 Einrichtungen und zehn Artikel pro Tag; 1981 gab es 150 Einrichtungen und 20 Artikel täglich. 1987 gab es 5.000 Einrichtungen; täglich wurden etwa 2,5 Millionen Byte weitergeleitet. 1988 war die Zahl schon auf 11.000 Einrichtungen hochgeschnellt, und der tägliche «Postsack» enthielt mehr als 4 Millionen Byte. Und 1992 wurde Usenet an mehr als 2,5 Millionen Menschen verteilt, und die täglichen Nachrichten hatten einen Umfang von 35 Millionen Byte – dreißig bis vierzig Mal mehr, als dieses Buch Zeichen enthält.

Anfangs wurde das Usenet von einer kleinen Gruppe hingebungsvoller Individuen unterhalten, von denen einige Systemadministratoren wichtiger Telekommunikationsunternehmen waren. Tom Truscott, einer der Gründer des Usenet, arbeitet in jenem Sommer bei Bell Labs und konnte seine Vorgesetzten dazu überreden, daß Bell die Kosten für die tägliche Verbindung zur Duke University, das Sammeln der Nachrichten und ihre Weiterleitung übernahm. Das Management von AT&T übersah großzügig den kleinen, aber steigenden Anteil der Usenet-Enthusiasten bei dem wesentlich größeren, normalen Telekommunikationsaufkommen der Unternehmer. Angesichts des Forschungsbereichs der Bell Labs, die Entwicklung neuer Kommunikationsmedien, war dies eine legitime Ausgabe, denn immerhin entwickelte sich mit Usenet ein neues Kommunikationsmedium. Digital Equipment Corporation, die gleiche DEC, die auch in den Anfängen interaktiver Computerbedienung die PDP-1 gebaut hatte, übernahm ebenfalls einen Teil der Kosten des aufstrebenden Usenet. Einige wenige Manager mit Weitsicht meinten, es liege im Interesse von DEC, mit der Gemeinschaft der Unix-Anwender gute Beziehungen zu pflegen.

Anfangs gab es eine Art fast anarchisches, oberstes Leitungsgremium, das sich aus den Systemadministratoren zusammensetzte, die für die Computer bei den Einrichtungen verantwortlich waren, über die der größte Teil des Datenverkehrs für das über UUCP verbundene Netz abgewickelt wurde. Erik Fair, zu Beginn WELLs Mann im Netz und jetzt Adminstrator für das Internet bei Apple, gab immer wieder die geheimen Beschlüsse des Hohen Rates – die natürlich keineswegs geheim waren – an mit ihm befreundete WELLianer weiter. Alles wurde in den passenden Newsgroups noch einmal auseinandergenommen. Das enorme Wachstum der Zahl der Einrichtungen und der Nachrichtenmenge machte die erste umfassende Revision der Usenet-Software erforderlich. Die Usenix-Konferenzen und endlose Online-Diskussionen erlaubten es dem Hohen Rat, die Software weiterzuentwickeln, als das System an seinem eigenen Erfolg zu ersticken drohte. Aber der Hohe Rat löste sich auf, als das Usenet neben dem UUCP-Netz auch das Internet nutzte, um den elektronischen Postsack der Newsgroup-Botschaften zu versenden. Der Hohe Rat war eine historische Übergangsphase. Das Usenet wurde und wird von selbst gesetzten Regeln geleitet, nicht von einzelnen oder Institutionen. Verletzen Sie eine dieser Regeln, zum Beispiel weil Sie ganz offensichtlich kommerzielle Beiträge außerhalb der speziellen, kommerziellen Newsgroups in Verkehr bringen, dann erhalten Sie über elektronische Post stapelweise empörte Briefe und mancher wird es ablehnen, Ihnen weiterhin Nachrichten zu schicken. Dennoch wird kein Usenet-Bulle an Ihre Tür klopfen.

Um 1981 führte Mark Horton die Mailing-Listen des ARPANET auch im Usenet ein. Die beiden populärsten ARPANET-Mailing-Listen, SF-LOVERS und HUMAN-NETS zirkulierten damit sowohl im UUCP-Netz als auch in ARPANET. Als mehr und mehr Internet-Einrichtungen Usenet-Nachrichten beförderten, wurde dieses Diskussionsmedium ohne zentrale Steuerung innerhalb des paketverteilenden Internet, das ebenfalls keine zentrale Steuerung kennt, immer populärer. Usenet machte aus dem Internet eine Art virtueller Metagemeinschaft, und Internet brachte das Usenet mit immer höherer Geschwindigkeit zu immer neuen Einrichtungen. Die Mächte, in deren Hand ARPANET ursprünglich lag, verzichteten darauf, der Verbindung zwischen Internet und Usenet ihre alten Restriktionen aufzuerlegen und erkannten Usenet am Ende an.

Schließlich wurde für das Internet ein Hochgeschwindigkeitsnetz-Protokoll definiert. Dies bedeutet, daß eine kleine Zahl von Einrichtungen eine Vielzahl von Newsgroups verwalten kann, auf die über das Hochgeschwindigkeits-Internet sekundenschneller Zugriff möglich ist. Bereits 1992 liefen 60 Prozent des Datenverkehrs von Usenet über dieses Hochgeschwindigkeitsprotokoll; 40 Prozent des Verkehrs wird noch über die modem-vermittelten Engpässe abgewickelt.

Newsgroups sammeln Kommentare aus aller Welt. Auf diese Kommentare können sich andere Teilnehmer in ihren Beiträgen beziehen und so eine Art Diskussion in Gang bringen, die allerdings anders strukturiert ist als etwa in WELL. Bei einem solchen Konferenzsystem folgt ein Beitrag dem anderen. Eine Newsgroup kennt diese strikte serielle Ordnung nicht. Wenn Sie einen Beitrag an WELL schicken, kann jeder, der gerade in WELL ist, diesen Beitrag sofort lesen. Da es in Usenet so lange dauerte, die einzelnen Beiträge an die interessierten Leser zu verteilen, war die zeitliche Kontinuität, die ein Diskussionsforum in WELL auszeichnet, nicht zu erreichen. Jedoch stehen in Usenet einige Dienstprogramme zur Verfügung, die es den Anwendern erlauben, bequem aus jenen Beiträgen zu zitieren, auf die sie sich beziehen, und die News Reader helfen dabei, die Antworten den entsprechenden Unterthemen innerhalb einer Newsgroup zuzuordnen. Als ich Mitte der achtziger Jahre zum ersten Mal Usenet benutzte, dauerte es noch eine Woche, bis eine Anfrage oder eine Bemerkung Widerhall in Form von Antworten aus aller Welt fand; jetzt dauert das nur noch Minuten, schlimmstenfalls Stunden. Durch die Steigerung der Übertragungsgeschwindigkeit im Netz ähnelt die Diskussion immer weniger einem Briefwechsel, dafür umsomehr einem Gespräch.

In vielen Newsgroups gibt es Stammgäste, deren Zahl in einem Forum von Millionen Menschen sehr groß werden kann. Weithin bekannte Kulturen unterschiedlichster Art haben sich in den verschiedenen Newsgroups entwickelt. Mit der Zeit schaffen die nie abreißenden Diskussionen Gemeinschaften unter den Stammgästen bestimmter Newsgroups. Andere Newsgroups ähneln eher Schlachtfeldern als Gemeinschaften, obwohl sich auch bei ihnen Stammgäste finden und auch sie Normen kennen.

Betrachtet man die Liste der Newsgroups eines beliebigen Internet-Knotens, so erhält man einen guten Überblick darüber, welche Themen die Leute diskutieren und wer sich an diesen Diskussionen beteiligt. Die Newsgroups sind in verschiedene Grundkatogorien eingeteilt. Die Kategorie, deren Namen mit dem Präfix *alt* für *alternative* beginnt, bietet die größte Themenvielfalt und kennt die wenigsten Einschränkungen. Jeder, der Nachrichten an das Usenet abschicken kann und weiß, wie die notwendigen Dienstprogramme zu bedienen sind, kann eine neue Newsgroup einrichten. Gerade Erstsemester an Universitäten scheinen Vergnügen daran zu finden, alberne Newsgroups, alt.multi-level-marketing.scam.scam.scam beispielsweise, einzurichten. Nur wenige Einrichtungen sind bereit, frivole Newsgroups zu übernehmen, obwohl die Definition dessen, was als frivol gilt, recht schwammig ist. Die Newsgroups *biz* (Geschäftliches), *comp* (Computer), *misc* (Verschiedenes), *soc* (Kultur und Gesellschaft), *sci* (Wissenschaft) und *talk* (allgemeine Diskussion) kennen für die Einrichtung neuer Gruppen innerhalb ihrer Themenhierarchie nur sehr lockere Regeln: Zuerst wird zur Diskussion über die neu einzurichtende Gruppe aufgerufen, dann dieser Diskussion eine gewisse Zeit eingeräumt, schließlich kommt es zur Abstimmung. Übersteigt die Zahl der Befürworter die Zahl der Gegner um hundert, dann wird die Newsgroup eingerichtet.

Hierarchie im Sinne des Usenet bezieht sich nicht auf irgendeine Folge von Befehlen, sondern darauf, wie ein großer, umfassender Themenkomplex strukturiert wird: Die Grundkategorien unterteilen sich in viele Unterkategorien, die wiederum zu engeren Themenbereiche verzweigen. Als Beispiel sei hier die Hierarchie von *rec.autos* angeführt:

Einführung in die Hierarchie der Newsgroup Rec.Autos:

rec.autos.tech
ist vorgesehen für die Diskussion der technischen Aspekte von Automobilen: Design, Konstruktion, Wartung, Service. Andere Themenbereiche sollten hier nicht diskutiert werden; insbesondere Verkaufsanzeigen sind nicht erwünscht.

rec.autos.sport
ist vorgesehen für die Diskussion legaler, organisierter Autosportereignisse. Die Diskussion technischer Themen sind zugelassen, sofern sie sich auf Rennwagen beziehen. Beiträge von seiten der Zuschauer oder der Teilnehmer von Rennsportereignissen sind ausdrücklich erwünscht. Kauf- oder Verkaufshinweise sind nur dann erlaubt, wenn sie sich auf Rennwagen oder deren Zubehör beziehen. Die Diskussion nicht legaler Ereignisse sollte vermieden werden, insbesondere sollte niemand dafür eintreten, geltendes Recht zu brechen (denkt daran, das FBI liest Usenet!).

c.autos.driving
ist vorgesehen für die Diskussion all dessen, was mit Autofahren zu tun hat. Auch wenn Ihr über Geschwindigkeitsbeschränkungen von 55 oder 65 Meilen pro Stunde, über Radar-Detektoren oder über Euren Lieblingswagen diskutieren wollt, dann seid Ihr hier an der richtigen Stelle.

rec.autos.vw
ist vorgesehen für die Diskussion all der Fragen, die mit der Benutzung der von Volkswagen gefertigten Wagen (darunter VWs, Audis, Seats usw.) zu tun haben. Diese Gruppe wurde geschaffen, weil die Mailing-Liste info-vw so großen Erfolg hatte. Laßt Euch durch die Existenz dieser Gruppe nicht dazu verleiten, viele Newsgroups für die vielen unterschiedlichen Automarken einzurichten. Solche Gruppen sollten nur dann eingerichtet werden, wenn sich zum Beispiel durch eine Mailing-Liste zeigt, daß ein allgemeines Interesse an einer solchen Gruppe vorhanden ist.

rec.audio.car
ist nicht eigentlich Teil der Hierarchie rec.autos.*, jedoch die zutreffende Gruppe für die Diskussion über Audio-Geräte für Automobile. Daher wird sie hier erwähnt.

```
rec.autos.antique
ist nicht Teil der Hierarchie, möglicherweise aber für die Leser von
rec.autos interessant. Sie ist vorgesehen für die Diskussion über
ältere Wagen (in der Regel solche, die mehr als 25 Jahre alt sind;
diese Bedingung ist aber nicht obligatorisch).

alt.hotrod
ist nicht Teil der Hierarchie, aber potentiell ebenfalls für die
Leser von rec.autos interessant. Die Gruppe ist über ein Gateway mit
der Mailing-Liste hotrod verbunden. Beiträge zu dieser Liste werden
moderiert. Sie ist der ernsthaften Diskussion über Entwicklung und
Tuning schneller Wagen gewidmet.

rec.autos
ist vorgesehen zur Aufnahme von Diskussionsbeiträgen zu allen das
Autofahren betreffenden Themen.
```

WELL führt etwa zweitausend Newsgroups; es gibt jedoch Tausende von Newsgroups überall in der Welt. Manche von ihnen sind nur lokal verfügbar. Nur Angehörige einer bestimmten Organisation, Bürger einer Stadt, eines Landes oder eines Staates können darauf zugreifen. Andere sind global verfügbar. Die meisten Gruppen benutzen Englisch, jedoch nimmt die Zahl der Newsgroups in anderen Sprachen zu. Eine Usenet-Einrichtung im Gebiet der San Francisco Bay, Netcom, führt eine Liste der Newsgroups, die 67 engbedruckte Seiten lang ist. Der folgende Abschnitt zeigt einen kleinen Auszug aus dieser 67seitigen Liste. In alphabetischer Reihenfolge finden Sie einige Newsgroups und eine Kurzbeschreibung des jeweiligen Themas:

alt.3d	Diskussion über dreidimensionale Grafik
alt.activism	Aktivitäten für Aktivisten
alt.alien.visitors	Aliens fraßen mein Modem
alt.angst	Angst und Furcht in der modernen Welt
alt.aquaria	Aquarien und damit verbundene Hobbys
alt.archery	Newsgroup für am Bogenschießen Interessierte
biz.jobs.offered	Stellenanzeigen
comp.ai.vision	Forschungen im Bereich Künstlicher Intelligenz (moderiert)
comp.apps.spreadsheets	Tabellenkalkulationen
misc.consumers	Verbraucherberatung, Produkttests usw.
misc.emerg-services	Forum für Erste Hilfe und andere Sofortmaßnahmen
misc.entrepreneurs	Wie man ein Geschäft führt

misc.fitness	Körperliche Fitneß, Übungen usw.
misc.forsale	Kurze, stilvolle Verkaufsanzeigen
misc.handicap	Interessante Themen für/über Körperbehinderte
misc.jobs.resumes	Stellengesuche
misc.kids	Kinder, ihr Verhalten und ihre Aktivitäten
rec.antiques	Diskussion über Antiquitäten
rec.arts.animation	Diskussion verschiedener Animationstechniken
rec.arts.bodyart	Tätowierungen und Körperschmuck
rec.arts.books	Bücher aller Genres und die Verlagsindustrie
rec.arts.erotica	Erotische Erzählungen und Gedichte (moderiert)
sci.astro	Astronomie-Diskussion und -Information
sci.bio.technology	Alles über Biotechnik
sci.engr.chem	Alle Aspekte der Chemie
talk.abortion	Alles über das Für und Wider der Abtreibung
talk.bizarre	Ungewöhnliches, Bizarres, Kurioses, oft auch Blödsinn
talk.environment	Diskussion über den Zustand der Umwelt
talk.origins	Evolution oder Gottesschöpfung? (manchmal sehr heiß!)
talk.politics.animal	Haltung und/oder Mißbrauch von Tieren
talk.politics.guns	Besitz von Feuerwaffen, ihr Gebrauch oder Mißbrauch
talk.rape	Diskussion über Verhinderung von Vergewaltigungen (wird nicht weitergeschickt)

Die Gruppen soc.culture geben die globale Natur des Usenet wieder. Es gibt Newsgroups für Leute, die über Volk, Kultur und Politik von Bulgarien, Kanada, der karibischen Inseln, China, Europa, Frankreich, Deutschland, Großbritannien, Griechenland, Hongkong, Indien, Iran, Italien, Japan, Israel, Korea, Lateinamerika, Libanon, Ungarn, Mexiko, Nepal oder der Philippinen diskutieren wollen. Die Liste ließe sich beliebig fortsetzen. Die Gruppe Soc.culture.yugoslavia erlitt das gleiche Schicksal wie die jugoslawische Nation. Noch bevor die Schlagzeilen vom Ausbruch des bewaffneten Konfliktes berichteten, begannen die serbischen und kroatischen Fraktionen der Newsgroup verbal aufeinander einzuhacken.

Beiträge für das Usenet können drei Zeilen oder auch dreitausend Zeilen lang sein. Der folgende Abschnitt zeigt ein Beispiel, einen berühmten Beitrag über die politische Bedeutung des Usenet aus:

```
From: avg@rodan.UU.NET (Vadim Antonov)
Newsgroups: alt.culture.usenet
```

Subject: Re. Einfluß des Usenet auf die reale Welt
Date: 2 Jul 1992 22:24:35 -0400
Organization: Berkeley Software Design

Im Artikel <1305hlINNqac@network.uscd.edu>mark@cs.ucsd.edu
schreibt (Mark Anderson):
>
>USENET ist nicht so isoliert, wie manche Leute
>zu glauben scheinen.

Genau. Während des Staatsstreichs in Moskau wurden die an USENET
gesendeten Informationen von der Voice of America und CNN verwendet,
aber auch (indirekt) von einigen anderen westlichen Sendeanstalten
und Zeitungen. In der UdSSR wurde das USENET zum wichtigsten Informa-
tionskanal - die normalen Telefon- und Telexleitungen sind ziemlich
am Ende. Sie können sogar EMail-Mitteilungen an den russischen Obersten Sowjet senden. Die russischen Büros von UPI, France Press, Asso-
ciated Press und ein Dutzend anderer Agenturen erhalten die
Nachrichten von Interfax, der russischen Agency of Economical News
der Russian Information Agency (RIA) in Form von USENET-Mitteilun-
gen: das funktioniert besser als mit Fax-Geräten. Schließlich stützen sich auch die Berater der russischen Regierung auf das USENET,
um neue Gesetzesvorhaben mit Experten und Behörden in den Regionen
zu diskutieren. Auch für Wissenschaftler hat sich das USENET als
nützlich erwiesen, und es gibt keinen Grund, warum es nicht ebenso
fruchtbar für Regierungen, Massenmedien und Finanzkreise sein sollte.
        Vadim Antonov
        Berkeley Software Design, Inc.

Hier folgt eine Bitte um weitere Informationen, wie sie ähnlich auch im
Expertenforum in WELL zu finden ist. Viele solcher Anfragen nutzen
das Usenet als lebendige Datenbank:

Newsgroups: rec.crafts.textiles, alt.sewing
Path: well!uunet!gatech!utkcs2!athena.cas.vanderbilt.edu!vusl
From: vusl@athena.cas.vanderbilt.edu (VU Science Library)
Subject: Sozialgeschichte des Schneiderhandwerks
Organization: Methematics, Vanderbilt University, Nashville

Ich interessiere mich für die Geschichte der Bekleidungsherstellung.
Ich habe einige Bücher darüber gelesen, wie Kleidung in bestimmten
historischen Perioden aussah. Und ich kenne auch einige Schnitt-
muster, die diese Kleidung zu reproduzieren versuchen.

Ich bin jedoch mehr an der Sozialgeschichte des Schneiderns interessiert. Mein Interesse richtet sich speziell auf den Zeitraum von 1066 bis 1500. Wer schneiderte die Kleider der Gutsherrin? Welche Art von Nadeln wurden verwendet? Wann wurden die Knöpfe erfunden (während der Kreuzzüge)? Aus welchen Quellen stammen die Vorlagen für die Abbildungen in den schon erwähnten Büchern über die Geschichte der Kleidung? Wenn ihr irgend welche Bücher oder Hinweise zu diesem Thema kennt, wäre ich für einen Tip dankbar. Ich würde auch gerne eine Zusammenfassung schicken (falls Interesse besteht).

>Danke
>Carlin
>sappenc@ctrvax.vanderbilt.edu

Und hier das Usenet als exotischer Flohmarkt:

>Newsgroups: uiowa.forsale, misc.forsale, rec.pets, rec.pets.herp
>From: bbreffle@icaen.uiowa.edu (Barry Ronald Breffle)
>Subject: Burmesische Pythonschlangen ZU VERKAUFEN
>Organisation: Iowa Computer Aided Engineering Network
>University of Iowa
>
>Zu verkaufen
>Ich verkaufe mehrere, gerade geschlüpfte burmesische Pythonschlangen. Es sind in Gefangenschaft gehaltene Nachkommen einer langen Linie von ebenfalls in Gefangenschaft gehaltenen burmesischen Pythons. Sie sind schön, gesund und entwickeln sich prächtig. Sie sind im Mai 1992 geschlüpft.
>Normal gemusterte Schlange: 100 Dollar
>Grüne Schlange (ohne Musterung) 350 Dollar
>Interessiert? Senden Sie bitte ein EMail oder rufen Sie mich an:
>bbreffle@icaen.uiowa.edu
>Barry Breffle
>(319) 354-8625
>(Die Preise enthalten keine Versandkosten, sollten solche Kosten anfallen)

Die ständige Erweiterung des Usenet hat für die Newsgroups zur Folge, daß immer neue Teilnehmer hinzukommen. Der Wert jeder auf gemeinsamem Wissen aufbauenden virtuellen Gemeinschaft ergibt sich aus der Qualität der Diskussion und dem Fachwissen, das die Teilnehmer repräsentieren. Einige, die in den Newsgroups ernsthafte Informationen austauschten und der immer sich wiederholenden, eintönigen Fragen der Newcomer müde waren, begannen, Listen mit häufig gestellten

Fragen und den entsprechenden Antworten zusammenzustellen und weiterzuschicken. Die ehrenamtlichen Herausgeber dieser *FAQs* (*frequently asked questions*) schicken die neueste Version der FAQ-Liste alle zwei Wochen oder, je nach Datenaufkommen der Newsgroup, auch nur alle zwei Monate an die Newsgroup. Eine ganze Newsgroup ist allein dafür zuständig, regelmäßig FAQ-Listen über eine Vielzahl von Themen zu versenden.

Das Ziel der Zusammenstellung, Aktualisierung und Veröffentlichung von FAQ-Listen besteht vordergründig darin, zu verhindern, daß die Diskussionen nicht an der endlosen Wiederholung des längst schon Bekannten ersticken. Sehr bald aber wurden die FAQ-Listen zu einer eigenständigen Informationsquelle - kollektiv zusammengestellte und überprüfte Lehrbücher über die zehn (oder vierzig oder hundert) Dinge, die ein Anfänger unbedingt über Unix, reinrassige Hunde, die Kultur Afghanistans, Radioempfänger oder beim Kauf eines Fahrrads wissen muß.

FAQ-Listen werden im allgemeinen von solchen Leuten zusammengestellt, die gern organisieren. Oft werden die Beiträge in den Newsgroups des Usenet archiviert, daher kann jeder über ftp diese Archive absuchen, die am häufigsten gestellten Fragen extrahieren, die treffendsten Antworten heraussuchen, die dazu aus der Newsgroup eingetroffen sind, und sie zu einer Art Online-Einführung für Neulinge zusammenstellen. Auf diese Weise verhindert eine FAQ-Liste, daß die Diskussion an Langeweile eingeht; sie ordnet die kollektive Datenbank nach den jeweiligen Diskussionsthemen und dient als Anziehungspunkt und Begrüßungsgeschenk für alle jene, die sich der in Newsgroups organisierten Subkultur anschließen wollen.

FAQ-Listen sind ein Destillat des Usenet. Nur wenige Byte der täglich anfallenden Daten werden zur Archivierung ausgewählt. Einrichtungen überall im Internet stellen große Teile ihres Speicherplatzes zur Verfügung, um allgemein zugängliche Ressourcen, zum Beispiel auch die Archive der FAQ-Listen, verfügbar zu halten. Die FAQ-Listen werden zu ständig aktualisierten Informationsquellen, die sich aus den informellen Diskussionen der Newsgroups entwickelten. Hier folgen als Beispiel die Inhaltsverzeichnisse von zwei populären FAQ-Listen – ein kleiner Auszug aus den Hunderten verschiedenster FAQ-Listen:

```
FAQs über Luftfahrt
Q1:  Wie ist rec.aviation organisiert?
Q2:  Ich würde gerne fliegen lernen. Wie stelle ich das an, wie
     teuer ist es, und wie lange dauert es?
```

Q3: Ich möchte einen Kopfhörer kaufen. Welchen soll ich kaufen?

Q4: Gut, was gibt's zu tragbaren Funkanlagen zu sagen?

Q5: Wer weiß was über Katalogbestellungen?

Q6: Ich fliege ein Privatflugzeug. Wie muß ich Instrumentenflüge protokollieren?

Q7: Ich möchte etwas über die Online-Wetterberichte der DUATS erfahren.

Q8: Wie erhalte ich Zugang zum BITNET und der Mailing-Liste über Luftfahrt?

Q9: Wie eröffne ich eine ganz neue Newsgroup?

Q10: Ich bin Privatpilot und habe meinen Flugschein außerhalb den USA erworben. Kann ich in den USA fliegen?

Q11: Was gibt's über Paragleiter, über Ultraleichtgewichtsgleiter?

Q12: Wo kann ich im Netz eine Kopie von Public-Domain-Flugplan-Software und andere nützliche Dinge erhalten?

Q13: Ich erwäge, ein Flugzeug zu kaufen. Was wird das wohl kosten?

Q14: Kann ich mein Funktelefon in einem Flugzeug benutzen?

Q15: Kann ich einen Empfänger für normale Radiosender oder für Funkwellen in einem Flugzeug benutzen?

Q16: Ich bin körperbehindert und möchte gern fliegen lernen. Wie stelle ich das an?

Q17: Welche Alternativen zur schriftlichen Prüfung der FAA gibt es?

Q18: Ist der Gleitflug mit bestimmten Cessna-Flugzeugen verboten?

FAQS über Hunde

Einführung

Einen Hund anschaffen

Neues Hundebaby

Neuer Hund

Gesundheitsvorsorge

Medizinische Informationen

Ausbildung

Verhalten

Dressur von Hunden

Serviceeinrichtungen

Bücher über Hunde

Weitere Quellen

Hier das Beispiel eines FAQ zum Thema Katzen, das illustriert, wie tief ins Detail manche FAQs gehen. Sie sind tatsächlich kollektiv geschriebene Lehrbücher voll nützlicher Ratschläge:

10. ''Katzengras''

Ein gewisser vegetarischer Anteil in ihrer Nahrung ist gut für Katzen. Wenn sie ihre Beute verschlingen, werden auch die Eingeweide und alles, was sie enthalten, mitgefressen. Manche Katzenbesitzer bauen etwas Gras für ihre Tiere an, um sie gesund zu ernähren, aber auch, um sie von anderen Pflanzen im Haushalt abzuhalten!

Saat, die Sie im allgemeinen ohne weiteres säen können (verwenden Sie jedoch keine behandelten Samenkörner, die Sie daran erkennen, daß sie rot, blau oder abschreckend grün gefärbt sind): Hafer (billig, einfach, groß), Weizen (kein Weizengras), japanische Bauernhirse, Blaugras, Schwingelgras, Roggen (hüten Sie sich jedoch vor dem Brand, einem Pilzbefall, der LSD-ähnliche chemische Substanzen produziert), Roggengras (ist billig und einfach anzubauen, wirft jedoch keine große Ernte ab), Luzernen- oder -Bohnensprößlinge in KLEINEN Mengen (sie haben Anti-Protein-Bestandteile, die die Eiweißwerte anderer Nahrungsbestandteile bei Tieren (und Menschen!) reduzieren).

Samen, die nicht verwendet werden dürfen: Sorghum oder Sudangras, das Zyanglykosid enthält und zu einer Zyansäurevergiftung führen kann. Diese Samen findet man im allgemeinen im Vogelfutter. Sie sehen aus wie kleine weiße, gelbe, orange oder rötliche Körner, oder sind glänzend schwarz gelb oder strohfarben, wenn die Hüllblätter noch vorhanden sind.

Usenet ist ein Platz für Diskussionen und Veröffentlichungen, ein gigantisches Café mit tausend Räumen, die weltumspannende, digitale Version des Speaker's Corner in Londons Hyde Park, eine unredigierte Sammlung von Leserbriefen, ein lebendiger Flohmarkt, ein Selbstverlag für die Elaborate eitler Autoren, ein weltweites Foyer für Gruppen mit Spezialinteressen. Es ist ein Massenmedium, denn jedes in das Netz geschleuste Stück Information hat die Möglichkeit, Millionen zu erreichen. Usenet unterscheidet sich jedoch in verschiedenen Punkten von konventionellen Massenmedien. Jeder, der einen Usenet-Beitrag lesen kann, kann auch darauf antworten und selbst einen Beitrag verfassen. Im Fernsehen, bei Zeitungen, Zeitschriften, Filmen oder beim Radio hat eine kleine Gruppe von Leuten die Macht festzulegen, welche Informationen an das Publikum weitergegeben werden. Im Usenet kann jeder aus dem Publikum zum Verleger werden. Studenten der Universitäten in Taiwan, die Zugang zum Usenet und telefonischen Kontakt zu ihren Kommilitonen in China hatten, bauten 1989 während der Vorfälle auf dem Tiananmen-Platz ein Korrespondentennetz auf.

Manche Newsgroups enthalten digital codierte Musikstücke und Grafiken. Schon jetzt ist es möglich, mit leicht erhältlichen Programmen die gescannten Fotografien und digitalisierten Klänge in Folgen alphanumerischer Zeichen zu konvertieren, die wie jeder andere Beitrag in das Netz geschickt werden können. Leute, die ebenfalls über diese Programme verfügen, können diese Dateien dekodieren und die Grafik auf dem Bildschirm darstellen oder das Musikstück auf dem heimischen Computer abspielen lassen. Nichts, was Sie in dem Online-Universum tun können, erinnert so sehr an Alchimie, wie mit dem Netz verbunden zu sein, die richtigen Zaubersprüche einzugeben und zu beobachten, wie auf dem Bildschirm in leuchtenden Farben die neueste Wetterkarte des Pazifik erscheint, aufgenommen von einem Satelliten. Neue Standards für den Austausch von Multimedia-Daten und neue Tricks für die Komprimierung umfangreicher audiovisueller Informationen zu bequem über das Internet zu versendenden Datenpaketen werden in den kommenden Jahren die Leistungsfähigkeit des multimedialen Usenet noch erhöhen. Denken Sie daran, was passierte, als ein Amateurfotograf auf Video festgehalten hatte, wie Polizisten in Los Angeles Rodney King verprügelten. Und welche Folgen wird es Ihrer Meinung nach haben, wenn jeder, der eine der zukünftigen preiswerten, digitalen Videokameras besitzt, überall seine Augenzeugenberichte bei dem multimedialen Korrespondentennetz der Bürger abliefern kann?

Usenet ist ein gewaltiges Unternehmen auf freiwilliger Basis. Die es schufen, taten dies aus freien Stücken und übergaben die notwendige Software der Public Domain. Auch die megabyte-weise sich häufenden Inhalte sind die Leistung von Freiwilligen. Die Kombination von freier Rede ohne zentrale Steuerung und freiwilligen Leistungen bei der Kommunikation vieler mit vielen hat eine neue Art sozialer Organisation geschaffen. Das beständige Wachstum des Usenet ist hauptsächlich der Tatsache zu verdanken, daß es sich verborgen vor den Blicken der Öffentlichkeit abspielte. Aber schon werden in den traditionellen Massenmedien hysterische Ausbrüche über das Usenet laut. Die Existenz von Newsgroups, die Texte und Grafiken mit sexuellem Inhalt, ja sogar digitalisierte, unzweideutige Geräusche speichern, ist konservativen Steuerzahlern schwer zu erklären, und die Existenz solcher Schmuddelecken im Usenet wird selten vor dem Hintergrund des weiten Reiches wertvoller Informationen gesehen, die das gleiche Medium bereithält. Die Liberalen des Usenet argumentieren, die «Gemeinschaftsregeln» seien in der Architektur des Systems schon berücksichtigt. Wenn eine lokale Gruppe eine Newsgroup nicht einrichten oder bestimmten Benutzern den Zugriff verweigern will, kann sie das tun. Es ist jedoch

kaum möglich, diese Art von Zensur auf andere Orte im Usenet auszudehnen.

Usenet ist zweifelsohne das größte Diskussionsforum der Welt.
Aber es ist nicht das einzige Graswurzel-Netz der Welt. Andere Diskus-
sionsmedien, zehn-, ja hunderttausende von ihnen entstehen in Form
der regionalen Ausbildung der Technologie für virtuelle Gemeinschaften: als Bulletin-Board-Systeme.

An der Basis:
Die Bulletin-Board-Systeme

Ein BBS ist der Inbegriff eines demokratischen Mediums. Für nur wenig
Geld verwandelt ein BBS gewöhnliche Menschen in Verleger, rasende
Reporter, Advokaten, Organisatoren, in Studenten oder Lehrer und in
potentielle Teilnehmer eines weltweiten Gesprächs unter Bürgern. Die
Technologie persönlicher Telekommunikation und die reiche, vielfältige BBS-Kultur, die sich heute auf jedem Kontinent entwickelt, wurde
von Bürgern geschaffen und nicht von den Entwicklern von Massenver-
nichtungswaffen oder in Unternehmen tätigen Wissenschaftlern.

Wie echtes Gras, so wachsen auch die Bulletin-Board-Systeme aus
der Erde, verbreiten sich aus sich selbst heraus und sind nur schwer
auszurotten. All die mit hoher Geschwindigkeit arbeitenden, vom Staat
finanzierten Netze der Welt könnten morgen wie ein Kartenhaus zusam-
menfallen – die BBS-Gemeinschaft würde dennoch weiterbestehen,
zusammen mit jenen Teilen des Usenet, die sich nicht auf das Internet,
sondern auf die modem-vermittelten Verbindungen zwischen einzelnen Computern stützen. Mehr und mehr der Bulletin-Board-Systeme
werden über Gateways mit dem Rest des Netzes verbunden, ihrem Wesen
nach sind sie jedoch vom Netz nicht abhängig. Es gibt keinen Weg, die
BBS-Subkulturen auszuradieren, es sei denn, man würde das Telefonnetz
zerschlagen und die Erfindung des Mikroprozessors rückgängig machen.

Ein BBS ist ein Personal Computer, der nicht notwendig teuer sein
muß und auf dem preiswerte BBS-Software läuft. Dieser Computer ist
mittels eines kleinen elektronischen Geräts, Modem genannt, mit der
Telefonleitung verbunden. Brauchbare Modems kosten weniger als 100
Dollar, und der Preis sinkt stetig. Schließen Sie ein Modem an Ihren
Computer an und verbinden Sie das Modem mit der Telefonleitung,
geben Sie Ihrem BBS einen Namen, schicken Sie die Telefonnummer
an einige der schon existierenden Bulletin-Board-Systeme und schon
haben Sie den Einstieg in das Unternehmen virtuelle Gemeinschaft

geschafft. Leute rufen Ihr BBS an und hinterlassen private Mitteilungen oder öffentlich zugängliche Informationen. Ich habe einen Freund in Colorado Springs, Colonel Dave Hughes, der sein BBS nutzt, um gegen den Stadtrat zu opponieren. Ein anderer Freund, Major Kichiro Tomino aus Zushi in Japan, stellte sich ebenfalls gegen den Rat der Stadt und erfüllt nun sein Amt als Bürgermeister über sein BBS. In der früheren Sowjetunion erwiesen sich Bulletin-Board-Systeme ebenfalls als wirksame politische Mittel.

Ein Bulletin-Board-System ist auch eine Art Werkzeugkasten, mit dem Sie verschiedene Subkulturen installieren. Sie können mit einem BBS eine Bewegung organisieren, ein Geschäft führen, eine politische Kampagne koordinieren, Publikum für Ihre Kunstwerke, Ihre politischen Parolen oder religiösen Überzeugungen finden, oder Sie scharen Gleichgesinnte um sich, mit denen Sie die Dinge diskutieren, für die Sie sich interessieren. Sie können es den Anrufern Ihres BBS überlassen, sich ihre eigenen Räume zu schaffen, oder Sie behandeln es als Ihr Reich, mit Ihnen als alleinigem Herrscher.

Die Kultur der Bulletin-Board-Systeme erscheint in vielfacher Hinsicht als kindisch, gewöhnlich oder esoterisch. Sie ist die rohe, ungeschminkte Alternative zur Kultur der Massenmedien. Nur wenige der Zehntausende BBS-Betreiber, der *Sysops*, interessieren sich dafür, wie die Massenmedien Realität definieren. Bulletin-Board-Systeme haben viel mit den «Zines» gemeinsam, jenen zuhause zusammengebastelten Graswurzel-Zeitschriften mit geringer Auflage, die nach dem Vorbild der «Finzines» von Science-Fiction-Enthusiasten entstanden. Sowohl Zine-Verleger als auch BBS-Sysops verbreiten unredigierte, oft ungeschliffene Massenkultur, die manchmal einen direkten Angriff auf traditionelle Vorstellungen bedeutet.

Sysops sind meist stärker daran interessiert, wie diejenigen ihre Realität definieren, die in Gruppen von zehn oder hundert Leuten über die Vielzahl der Bulletin-Board-Systeme miteinander kommunizieren. (Die Zeitschrift Boardwatch schätzt, daß 1993 bereits 60.000 Bulletin-Board-Systeme allein in den USA existieren.) Diese Gemeinschaften sind nur ein kleiner Teil in einem virtuellen Universum mit noch viel größeren Gruppen. Aber ihre Zahl ist gewaltig, und sie beginnen, sich zu organisieren. Ein BBS mag eine Gemeinschaft von hundert Leuten sein. Fünfzigtausend Bulletin-Board-Systeme repräsentieren dann schon eine halbe Million Menschen, unter denen sich Parolen schon sehr schnell verbreiten. Fragen Sie nur die FCC, die jedes Mal mit Post überschüttet wird, wenn jemand wieder einmal das Gerücht über eine geplante Besteuerung von Modems in die Welt setzt.

166

Ward Christensen und Randy Suess konnten 1978 nicht ahnen, daß sie gerade dabei waren, ein leistungsfähiges politisches Werkzeug sowie ein gemeinschaftsbildendes Medium zu entwickeln. Sie wollten einfach nur eine Möglichkeit finden, über das Telefonnetz Computerprogramme zu übertragen. Als Christensen das Programm MODEM entwickelte und es publik machte, legte er die Grundlagen für die Graswurzel-Telekommunikation. Mit MODEM war es für zwei Mikrocomputer möglich, über das Telefon Dateien miteinander auszutauschen.

Der Start von MODEM war jedesmal eine längere Zeremonie, bei der die beiden Gesprächspartner eine Reihe geheimnisvoller Rituale zu befolgen hatten, die genau aufeinader abgestimmt waren. Beide hatten zuerst normalen telefonischen Kontakt miteinander aufzunehmen, dann die Telefonhörer auf den Akustikkoppler zu legen, ein schuhschachtelgroßes Gerät, das die Telefone mit dem Computer verband. Der Akustikkoppler kommunizierte mit dem Computer über ein Modem (MOdulator-DEModulator), der die vom Computer kommenden elektronischen Impulse in akustische umwandelte, die per Telefon weitergeleitet werden konnten. Zugleich wandelte er auch die eingehenden akustischen Impulse wieder in elektronische Impulse um. Waren auf diese Weise die Computer endlich miteinander verbunden, mußten nur noch die Befehle eingegeben werden, die die Übertragung der Dateien veranlaßten. Bis zu der Art automatischer Kommunikation, die für EMail oder Netze wie das ARPANET Voraussetzung ist, war es noch ein weiter Weg. Aber es war immerhin ein Anfang.

1979 veröffentlichten Keith Peterson und Ward Christiansen eine neue Version ihres Programms, das nun in der Lage war, Übertragungsfehler automatisch zu korrigieren – ein Stück Hightech-Entwicklung von Hobbyprogrammierern, das selbst bei Störungen in der Telefonleitung die fehlerfreie Übertragung von Dateien erlaubte. Fehlerkorrigierende Übertragung ist besonders wichtig, wenn Computerprogramme, wie zum Beispiel MODEM selbst zu versenden sind, da jeder Fehler dazu führen kann, daß das übertragene Programm nicht mehr funktioniert. Dieses neue Dateiübertragungsprotokoll nannten sie XMODEM. Das Jahr 1979 erscheint gemessen am heutigen Stand der technischen Entwicklung als Steinzeit, und doch nutzen auch jetzt noch Millionen PC-Besitzer dieses Protokoll zur Übertragung von Dateien. Da es an so viele verschiedene Computertypen angepaßt wurde, glaubt Christiansen, es sei das am meisten modifizierte Programm in der Geschichte des Computers.

Die Entwicklung der Hobby-Telekommunikation begann damit, daß Christensen sein Programm als Public Domain freigab, und das hatte für die BBS-Kultur schwerwiegende Folgen. Denn einerseits erwies sich mit diesem Programm der Nutzen von Bulletin-Board-Systemen, über die nun weitere Public-Domain-Software verbreitet werden konnte. Andererseits hatte Christensen verhindert, daß irgend jemand dieses Programm als sein alleiniges Eigentum beanspruchen konnte.

Das Ziel von Christensen und anderen bestand darin, Textbotschaften zu empfangen und weiterzuleiten und Dateien zu übertragen. 1978 schufen Christensen und Randy Suess das *Computer Bulletin Board System (CBBS)*. Laut Christensen, begann alles am 16. Januar 1978 in Chicago, einem Tag, an dem es heftig schneite. Sie entschlossen sich, ein einfaches, computervermitteltes Kommunikationssystem zu schaffen, zu dem Christensen die notwendige Software beisteuern sollte, während Suess die Hardware-Seite übernahm. In der November-Ausgabe von 1978 der Zeitschrift *Byte*, in der immer schon von den neuesten Entwicklungen im Bereich der Mikroelektronik und der Mikrocomputer berichtet worden war, erschien der Artikel «Hobbyist Computerized Bulletin Boards» von Christensen und Suess. Diese Pioniere entwickelten nicht nur eine neue Technologie, sie berichteten auch sofort darüber. Nun erschloß sich ein für die Personal Computer ganz neuer Bereich der Anwendung, und den frühen PC-Benutzern öffneten sich neue Territorien, die der Computerspiele und -grafik oder der Datenbanken müde geworden waren.

1989 erinnert sich Christensen in einem Beitrag für Chinet, ein im Raum Chicago arbeitendes Konferenzsystem, an diese Ereignisse. Er schreibt: «XMODEM entstand aus der Notwendigkeit, Dateien vor allem zwischen Randy und mir zu übertragen, und zwar etwas schneller, als es auf dem Postweg möglich war (hätten wir weniger als dreißig Meilen auseinandergewohnt, hätten wir die Post benutzt und XMODEM wäre nie entstanden). CBBS entwickelte sich aus diesen Voraussetzungen: Alles, was wir brauchen, ist da, es schneit wie @#$%, also hacken wir.»

CBBS wurde 1979 für das Publikum von Chicago online verfügbar, und damit konnte jeder Botschaften an andere schreiben oder Botschaften von anderen lesen, wie bei einem normalen schwarzen Brett, das an irgendeinem Ort der nichtvirtuellen Welt angeschlagen ist und an das jedermann Notizen von allgemeinem Interesse hängen kann. Modems waren damals noch teuer und langsam, die Beiträge wurden weder thematisch strukturiert noch irgendwelchen Diskussionsforen zugeordnet, aber die Leute kommunizierten mittels ihres PCs und ihres Telefons, und das war für die ersten Zirkel der Enthusiasten faszinierend genug. Und genauso wichtig war auch die Tatsache, daß weder die Kommunikationsunternehmen noch die Computerindustrie irgendeine Ahnung davon hatten, was Leute wie Christensen schon erreicht hatten.

1979 bestand sie BBS-Gemeinschaft fast ausschließlich aus Computer-Hobbyisten, die sich für alle Fragen interessierten – sofern diese Fragen etwas damit zu tun hatten, wie man Computer zum Funktionieren bringen konnte. Die Leute, die diese Technik nutzten, um über Haustiere, Politik oder Religion zu sprechen, kamen erst später. Es gab jedoch eine bezeichnende Ausnahme: Das BBS *CommuniTree* nahm 1978 seine Arbeit auf – zur gleichen Zeit wie CBBS in Chicago. Ich selbst stieß zufällig auf CommuniTree, als ich damit begann, online von BBS zu BBS zu springen, und was ich dort fand, beeindruckte mich so sehr, daß ich einige der Beiträge dieses BBS zehn Jahre lang aufgehoben habe.

Wie der Name schon andeutet, legte CommuniTree den Schwerpunkt darauf, mit Bulletin-Board-Systemen Gemeinschaften aufzubauen, und das zu einer Zeit, als andere immer noch stärker an der Technologie selbst interessiert waren. CommuniTree war auch in den Jahren 1982 und 1983 noch aktiv, als ich begann, die Online-Welt zu erforschen. Das Forum, das mich so sehr interessierte, daß ich die Beiträge in einer Datei auf meinem Computer protokollierte, vereinte Menschen, die eine neue Art Gemeinschaft auf spiritueller, nicht theologischer, Grundlage aufbauen wollten. Sie nannten dieses Forum ORIGINS.

ORIGINS hatte seine Ursprünge in einem Diskussionsbereich mit dem Thema «Schaffen Sie sich Ihre eigene Religion». Es befand sich inmitten des nordkalifornischen Überangebots an wohlorganisierter, religiöser Erleuchtung, die zu hohen Preisen gekauft oder gemietet werden kann. Es freute mich daher zu lesen: «ORIGINS hat keine Führer, keine offiziell anerkannte Existenz, nichts zu verkaufen. Da ORIGINS als offene Comnputerkonferenz begann, weiß niemand, wer all die Schöpfer sind.» Die zentralen Grundsätze der Bewegung fanden ihren Ausdruck in den «Übungen», die Tag für Tag in der realen Welt auszuführen waren. Welche Welt die Schöpfer von ORIGINS vor Augen hatten, wird ziemlich deutlich durch die Art der Übungen, denen sich die Anhänger Tag für Tag zu unterziehen hatten: «Eine Gunst erweisen; um Hilfe bitten und sie empfangen, sein Charisma einsetzen, eine Arbeit erledigen, seine Vorstellungskraft benützen, sich selbst beachten, empfangene Wohltaten zu teilen.»

Oft habe ich mich gefragt, was aus ihnen geworden ist. Auf der ersten Cyberspace-Konferenz 1990 in Austin, Texas, traf ich jemanden, der sich daran erinnern konnte. Das CommuniTree-BBS hätte ein ganzes Netz ausbrüten können, wurde aber – so berichtete Allucquere Roseanne

Stone, eine Teilnehmerin aus den großen Tagen dieses BBS – Opfer eines Problems, das auch heute noch die BBS-Gemeinschaften heimsucht: Leute, die Bulletin-Board-Systeme als Arena benutzen, in der sie ihre asozialen Impulse ausleben können. «Studenten, anfangs zumeist junge Burschen, mit den sprachlichen Ausdrucksformen pubertierender Heranwachsender, entdeckten die Telefonnummer von CommuniTree und versäumten keine Zeit, sich in die Konferenzen einzuklinken,» erinnert sich Stone in ihrem Vortrag auf der Konferenz in Austin.

Der relativ intellektuelle und sprituelle Geist, der die laufenden Diskussionen bestimmte, schien ihnen nicht zuzusagen, und sie drückten ihre Unzufriedenheit in der Art aus, die ihrem Alter, ihrem Geschlecht und ihren sprachlichen Möglichkeiten entsprach. Innerhalb kurzer Zeit wurde CommuniTree überschwemmt mit obszönen und beleidigenden Mitteilungen. Die ankommenden Beiträge ließen sich nicht so ohne weiteres überprüfen, und es war auch nicht einfach, sie herauszufiltern, wenn sie schon im System waren...

Schon nach wenigen Monaten war kein Leben mehr in CommuniTree, tödlich getroffen von dem, was ein Teilnehmer «die Konsequenzen der Redefreiheit» nannte. Während der Jahre, in denen das System arbeitete, hatten jedoch einige junge Teilnehmer ihre Lektion begriffen und die Bedeutung eines solchen Systems erkannt. Sie richteten ihre eigenen Systeme ein. Innerhalb weniger Jahre entstanden Online-Gemeinschaften, die vielleicht nicht so visionär waren, aber dafür ausgefeiltere Möglichkeiten boten, mit den eingehenden Beiträgen umzugehen...

Der visionäre Charakter des elektronischen Wesens von CommuniTree erwies sich als hinderlich für das Überleben des Systems. Die Privatheit aller Bereiche des Systems bei freiem Zugang zu allen Konferenzen ließ sich nicht aufrechterhalten, wenn gleichzeitig immer mehr Terminals Jungendlichen zur Verfügung standen, die nicht notwendig die Ideen von CommuniTree darüber teilten, was für eine Gemeinschaft wesentlich ist. Wie ein CommuniTree-Veteran meint: «Die haben uns einfach niedergemacht, wie die Vandalen.» Die Praxis zeigte, daß Überwachung und Steuerung notwendige Voraussetzungen zur Aufrechterhaltung der Ordnung in einer virtuellen Gemeinschaft sind.

Damals war es eher eine Ausnahme, daß, wie bei CommuniTree, der Schwerpunkt auf sozialen und spirituellen Bereichen lag. Die erste Generation der BBS-Enthusiasten bestand aus Bastlern, die über eine Menge technisches Know-how verfügten. Leute in verschiedenen Städten begannen, Bulletin-Board-Systeme einzurichten. In den frühen achtziger Jahren waren die Preise für Modems recht hoch – mehr als 500

Dollar für Geräte, die Daten schneller als 300 Bit per Sekunde (Erwachsene können im allgemeinen schneller lesen) übertragen konnten. Telekommunikation für den Heimbedarf war immer noch das Territorium einiger kundiger Hobbyisten, die ihre eigene Software entwickeln und die Hardware konfigurieren konnten. Und dann kam Tom Jennings daher.

Jennings, Programmierer bei einem kleinen Unternehmen für Computer-Software in Boston, hatte 1980 und 1981 damit begonnen, über seinen Akustikkoppler mit CBBS Verbindung aufzunehmen. Als er 1983 nach San Francisco umzog, hatte er einige Wochen frei, bevor er wieder arbeiten mußte, und er entschloß sich, ein BBS-Programm zu schreiben. Im Dezember 1983 ging Jennings mit Fido BBS #1 online.

Jennings und Tim Pozar, der Partner beim Zusammenbasteln seines Netzes, und ich verbrachten 1991 einen Nachmittag damit, über den Ursprung und die Entwicklung von FidoNet zu sprechen. Pozar und ich hatten uns über WELL kennengelernt, und ich war so neugierig auf die Geschichte des Steckenpferd-BBS-Netzes, daß Pozar und Jennings schließlich mit mir in meinem kleinen, engen Büro bei der *Whole Earth Review* beisammensaßen, um von den Anfängen zu erzählen. Schon von weitem sieht man, daß Jennings kein konventioneller Programmierer, ja, daß er in keiner Weise konventionell ist. An dem Tag, an dem wir miteinander sprachen, waren seine Haare knallrot gefärbt und eine Anzahl metallischer Gegenstände schmückte seine Lederjacke, seine Ohren und seine Nase. Er fährt Skateboard, ist Schwulen-Aktivist und ein Anarchist, dem jeder Gedanke verhaßt ist, der den freien Austausch von Ideen zu unterdrücken versucht.

Der Name «Fido» geht auf einen Vorfall bei einem kleinen Unternehmen zurück, bei dem Jennings in den späten achtziger Jahren arbeitete. Der Computer des Unternehmens gehörte Jennings und war eine aus verschiedensten Teilen zusammengewürfelte Promenadenmischung mit «einer 10-Milliarden-Ampere-Stromversorgung und einem Lüfter, der alles wegblasen konnte,» erinnert sich Jennings. Eines Nachts, als sie nach der Arbeit noch ein Bier tranken, schrieb jemand das Wort «Fido» auf eine Visitenkarte und klebte sie an den Computer. Der Name ging auf das BBS über. Das Spitzbübische dieses Namens gibt einen Vorgeschmack auf die Kultur jener virtuellen Gemeinschaft, die um ihn herum entstehen sollte.

Schon von Anfang an wollte Jennings ein extrem lockeres Bulletin-Board-System, bei dem die Benutzer die Regeln festlegen sollten. In der ersten Version von Fido hatte Jennings ein für alle zugängliches Forum eingerichtet, das er «Anarchy» nannte. «Ich sagte den Benutzern, sie könnten tun, was sie wollten,» erzählte Jennings. «Zu dieser Haltung stehe ich jetzt schon seit acht Jahren, und ich habe nie Probleme mit den Bulletin-Board-Systemen gehabt. Den Ärger haben nur die faschistoiden Führer-Freaks. Ich denke, wenn du klarmachst, daß die Anrufer die Regeln festlegen – schon allein diese Worte zu bentzen, ekelt mich an –, daß sie die Inhalte bestimmen, dann haben sie auch das Mittel in der Hand, auf diese Ärsche reagieren.»

Jennings bestätigt, daß Fido-Sysops «auf gemeine Weise unabhängig» bleiben. Bis zum heutigen Tage läßt sich die Philosophie, der die meisten Fido-Sysops anhängen, in folgenden Geboten zusammenfassen: «Du sollst niemanden beleidigen. Du sollst nicht leicht zu beleidigen sein.» Eine solche Haltung fordert Leute heraus, die Probleme mit Autorität haben, die Toleranz von Sysops auf die Probe zu stellen. Ausbrüche mit persönlichen Attacken sind in Fido-Systemen keine unbekannten Ereignisse. Auch beleidigende Angriffe, wie die, die das CommuniTree-System zur Aufgabe zwangen, kommen im Fido-Netz vor. Das Signal-Rausch-Verhältnis kann in einem Fido-System sehr niedrig sein, insbesondere wenn man es mit den der Wissenschaft gewidmeten Mailing-Listen vergleicht. Andere Fido-Systeme wiederum halten diesem Vergleich durchaus stand und sind intellektuell genauso stimulierend wie irgendein Bereich des Netzes. Fido ist rohe, unbearbeitete Telekommunikation auf dem Niveau der Straße. Wie schon William Gibson in seinem Buch Neuromancer, dem wir den Begriff Cyberspace verdanken, schrieb: «Die Straße findet für die Technologie ihre eigenen Anwendungen.»

Fido begann sich auszubreiten, als ein Fido-Benutzer aus Baltimore Jennings dazu bringen konnte, ihm dabei zu helfen, eine Version für einen anderen Computertyp zu entwickeln. Im Januar 1984 wurde Fido #2 online in Baltimore verfügbar. Fido-Systeme begannen sich nun sehr rasch zu verbreiten, denn die Software, die zum Aufbau eines eigenen Systems notwendig war, war eine der Dateien, die leicht von jedem existierenden Fido-BBS bezogen werden konnte: Die Technik verbreitete sich von alleine. Jennings erinnert sich, daß zu dieser Zeit die Fido-Software einen Anteil von etwa zehn Prozent an der von Bulletin-Board-Systemen heruntergeladenen Software ausmachte. Ende 1984 arbeiteten bereits mehrere Dutzend Fido-Systeme.

Jennings legte für jene, die eine Kopie der Fido-Software bekommen wollten, um ihr eigenes BBS zu starten, eine ungewöhnliche Preisstruktur fest: «Für 199 Mäuse, das ist der aktuelle Preis, verkaufe ich Ihnen das kommerzielle Paket, das Sie geschäftlich nutzen können. Für 40 Dollar gebe ich Ihnen zu Hobbyzwecken *genau das gleiche* Paket. Und für 40 Dollar können Sie es auch von einem BBS herunterladen. Stellen Sie mir nur nicht zu viele Fragen. Sie wählen den Rang, den Sie einnehmen wollen. Wenn Sie hoch und ganz offiziell einsteigen wollen, dann schicken Sie mir 200 Mäuse, und was Sie kriegen ist Glaubwürdigkeit sich selbst gegenüber. Ich sag das den Leuten so nicht. Oder eigentlich sag ich's ihnen ja, und sie tun es trotzdem.» Das BBS-Geschäft hatte für Jennings nie das Wichtigste. Er hatte ein höheres Ziel. Wenn er eine sich selbst verbreitende BBS-Software basteln konnte, war es dann nicht auch möglich, ein ganzes *Netz* zusammenzubasteln?

«Das Ding ging mir nicht aus dem Kopf,» erinnert sich Jennings. «Schon Jahre zuvor dachte ich daran, ein Netz von Bulletin-Board-Systemen zu haben, die miteinander kostenfrei über das lokale Telefonnetz Verbindung aufnehmen würden, und das über das ganze Land hinweg. Das hört sich zunächst phantastisch an, aber dann dämmert es Ihnen, wieviel Tausende von Anrufen notwendig sind, um das ganze Land zu überdecken. Dazu wäre ein voll ausgebautes Netz notwendig, ein BBS alle zwanzig Meilen.»

Die Idee blieb lebendig, auch wenn die Dutzende von Fido-Systemen jener Zeit weit von dem kontinent-überspannenden Netz entfernt waren, das erforderlich war, um Jennings Plan zu realisieren. Daher berechnete er, was nächtliche Ferngespräche kosten würden, verglichen mit der Menge an Material, das dabei übertragen werden konnte. 1985 gab es schon preiswerte Modems für Personal Computer, die 1.200 Bit pro Sekunde übertragen konnten. Damit würde es ungefähr 25 Cents kosten, etwa drei engbedruckte Seiten Text quer über den Kontinent zu schicken. «Wir mußten also nicht quer durchs Land hoppeln,» erkannte Jennings, «sondern konnten mitten in der Nacht, wenn die Gebühren niedrig sind, direkt anrufen.»

Dies war der Startschuß für die nationale Fido-Stunde. Jede Nacht zwischen ein und zwei Uhr wurden die Fido-Systeme für Anrufer abgeschaltet und riefen einander an. Jennings gab jedem BBS eine eindeutige Identifikationsnummer. Damit konnten die Teilnahmer anderen Teilnehmern von irgendeinem Knoten im Netz EMail schicken. Das Netz schickte diese elektronischen Botschaften entsprechend der mit ihnen verbundenen Knotennummern weiter. Die Knoten des Netzes konnten die Telefonnummern anderer Knoten aus den Knotenlisten ermitteln, die Jennings als EMail weiterverteilte. Als in größeren Städten mehrere Fido-Knoten entstanden, veränderte Jennings das System so, daß es nun auch lokale Gateways berücksichtigen konnte. Statt siebzehn mal St.Louis anzurufen, brauchte nun ein Knoten in Baltimore nur einmal das Gateway in St. Loius anzurufen, und dieses Gateway kümmerte sich um die lokale Verteilung der eingegangenen Nachrichten.

Eine der Charakteristiken von Netzen besteht darin, daß Ereignisse bei lokalen Knoten sehr schnell auch die gesamte Gruppe erreichen. 1985 und 1986 brachten verschiedene Entwicklungen, von denen einige auf Jennings, andere auf Sysops und Benutzer lokaler Knoten zurückgingen, das Wachstum von Fidonet auf den Stand, den wir heute kennen. Ein Benutzer in Dallas entwickelte ein Verfahren, Echomail genannt, mit dem im Fido-Netz auch so etwas wie Konferenzen möglich wurden. Anfangs konnten im Fido-Netz nur jeweils zwei Systeme EMail miteinander austauschen; die Nachrichten, die Jennings zusammen mit den Knotenlisten und der EMail aussandte ausgenommen, gab es kein verteiltes Konferenzsystem. Durch Echomail wurde auch dies möglich. 1986 besuchten mehrere hundert Fido-Sysops das erste Treffen der Fido-Benutzer in Colorado Springs, das nun unter dem Namen Fidocon zur ständigen Einrichtung wurde. Im Spätjahr 1986 begann das FidoNet explosionsartig anzuwachsen.

Ende 1986 gab es ungefähr tausend Knoten. Nimmt man, vorsichtig geschätzt, zehn Benutzer pro Knoten an, dann bedeutete dies, daß das Netz ungefähr zehntausend Menschen miteinander verband. Alle Telefonrechnungen wurden von den Sysops bezahlt, in deren Hand es ebenfalls lag, ob sie ihr System kommerziell betrieben oder kostenlosen Zugang gewährten. 1991 gab es schon mehr als zehntausend Knoten mit, vorsichtig geschätzt, mehr als hunderttausend Fidonet-Benutzern. Als die Frage der Verbindungen immer interessanter wurde – es gab 1991 schon Gateways nach Europa, Australien und Asien –, begann Tim Pozar daran zu arbeiten, die entscheidende Verbindung herzustellen.

«Ich kam zu WELL und sah dort die Konferenzen und die Usenet-Newsgroups, die eintrafen und wußte daher, daß es noch eine andere Welt gab, mit der man Verbindung aufnehmen konnte,» erklärt Pozar. In den Jahren 1986 und 1987 arbeitete Pozar mit Programmierern in Florida und Wisconsin an einem Verfahren, das die elektronischen Nachrichten des Fidonet in eine Form bringen sollte, die auch von anderen Netzen verstanden wurde. «Ich arbeitete auch mit Ken Harrington von SRI an der Verbindung zwischen FidoNet und Internet. Er war begeistert von der Idee, daß der Zugriff auf das Internet auch normalen Bürgern möglich sein sollte. Er half uns bei den Finanzierungsproblemen und dem ganzen Verwaltungsmist.» Diese Zusammenarbeit war vielleicht der Schlüssel zum Erfolg des Unternehmens. Das US-Verteidigungsministerium hatte in den späten sechziger Jahren bei SRI die Einrichtung des ersten Network Information Center für das ARPANET finanziert, und in den späten achtziger Jahren hatten die Netz-Verantwortlichen bei SRI immer noch großen Einfluß.

Pozar richtete das erste Gateway zwischen FidoNet und Internet in dem Radiosender in San Francisco ein, in dem er als Techniker arbeitete. 1991 gab es über die ganze Welt verstreut schon vierzig Gateways. Die weltweit verstreuten Knoten des Internet kommunizieren untereinander mit sehr hoher Geschwindigkeit. Wird also das Verfahren der nächtlichen nationalen Fido-Stunde genutzt, um eine Nachricht bei einem Internet-Knoten abzuliefern, wird sie mit Lichtgeschwindigkeit an einem anderen Internet-Knoten in Australien oder in Amsterdam wieder erscheinen, um dort wie gewohnt spät in der Nacht weiterverteilt zu werden.

Es gibt viele verschiedene Arten von Fido-Systemen, und es gibt verschiedenste Systeme außerhalb des Fido-Kosmos. Wie beim Usenet vermittelt auch die Vielfalt der Bulletin-Board-Systeme einen Eindruck von der Vielfalt der Subkulturen, die überall wie Pilze aus dem Boden schießen. Die meisten Systeme gewähren freien Zugang und erfordern keine umständliche Anmeldeprozedur. Daher ist es möglich, Verbindung mit einem System aufzunehmen, dessen Liste anderer Systeme zu konsultieren, und den Abend damit zu verbringen, von System zu System zu springen.

Wenn man wissen will, was mit einem BBS gemeint ist, dann betrachtet man es am besten selbst. Schon ein Blick auf die Einführungsmenüs verschiedener Systeme gewährt Einblick in die Vielfalt der Systeme. Als Beipiel nehme ich hier ein System, dessen Name meine Neugier weckte. Bulletin-Board-Systeme werden von Menschen jeder politischen Richtung benutzt. Die extreme Rechte und die extreme Linke, Heiden und Presbyterianer, Aktivisten und Publizisten, sie alle benutzen Bulletin-Board-Systeme. Die COMBAT ARMS BBS (Schußwaffen-BBS) ist ein Beispiel dafür, was es alles gibt. Sie erhalten einen guten Eindruck von dem Wesen einer Gemeinschaft, die sich um ein BBS schart, wenn Sie sich deren Informationsmenüs und die gebotenen Diskussionsforen ansehen.

Der Startbildschirm von COMBAT ARMS verkündet unter anderem:

```
\\\:    BITTE... Benutzen Sie nur Ihren wirklichen Namen!    :\\\
\\\:                                                         :\\\
\\\:    Dieses BBS widmet sich Schußwaffen, Gesetzen,       :\\\
\\\:            Luftfahrt und Naturwissenschaften           :\\\

WENN SIE ANONYM EIN VERBRECHEN ANZEIGEN WOLLEN, DANN BENUTZEN SIE
''CRIME'' ALS VORNAMEN, ''REPORT'' ALS NACHNAMEN UND ALS KENNWORT
''CRIMETIP'', WENN SIE VERBINDUNG AUFNEHMEN. SENDEN SIE DANN IHRE
ANZEIGE.
```

\\\: Wollen Sie (sofern ausgeschrieben) eine Belohnung erhalten,
signieren Sie Ihre Anzeige mit einer aus neun Ziffern bestehenden
Nummer. Wenn Sie wollen, können Sie dazu auch Ihre Sozialversicherungsnummer verwenden. Diese Informationen sind natürlich streng
vertraulich.

Einige der regulären Diskussionen («Echos», in der Sprache der Fido-
Systeme) machten mich neugierig. Da gab es Fragen und Antworten über
und von Leuten der Exekutive, Diskussionen über den Bürgerkrieg,
Fragen und Antworten zu Schußwaffen und dem Problem der schuli-
schen Ausbildung zuhause, zu Bürgerrechten und Immobilien, zur Einrichtung eines BBS und zur Teilnahme an Such- und Rettungsoperatio-
nen. Dieses BBS scheint für den Sysop eine Art Schuhschachtel zu sein,
in den er eine breite Sammlung von Artikeln und Texten packt, die jeder
herunterladen kann. Hier ein kleiner Ausschnitt aus der Liste:

\\\\\Combat Arms BBS Bulletin Menu
\\\\\
\\\\\\\\\
\\\\\\1-Was das Combat Arms BBS ist.
\\\\\\5-Vorbereitung auf eine Katastrophe.
\\\\\\6-Gesetzgebende Körperschaften der Bay Area, denen Sie
\\\\\\mitteilen können, daß Sie gegen Waffenkontrollgesetze sind.
\\\\\\7-Ballistische Informationen für Polizeibeamte (& andere).
\\\\\\8-Eine Liste aller Bulletin-Board-Systeme, die sich mit
\\\\\\Gewehren befassen
\\\\\\9-Einige der Ereignisse, die dem amerikanischen
\\\\\\Unabhängigkeitskrieg vorausgingen. Lest es und LERNT daraus.
\\\\\\Die meisten Leute habeen davon keine Ahnung.
\\\\\\10-Wie man in Kalifornien Wildschweine jagt. Das gilt auch für
\\\\\\die meisten anderen Staaten (die Regelungen ausgenommen).
\\\\\\11. Der Text des kalifornischen Waffenkontrollgesetzes, der
\\\\\\erklärt, welche Waffen davon betroffen sind. Es trat am
\\\\\\1. Januar 1990 in Kraft.
\\\\\\12-Wie man sich für ein M1 Garand qualifiziert und es direkt
\\\\\\von der US-Armee erhält. Dieser Text stammt von dem Leiter des
\\\\\\Civilian Marksmanship Program.
\\\\\\15-Was ist wirklich unter einer ''Angriffswaffe'' zu verstehen?
\\\\\\Hier ein Bericht von Dr. Edward C. Ezell von dem Smithonian
\\\\\\Institute über dieses Thema an den Kongreßabgeordneten Dingell.
\\\\\\Er enthält wertvolle Informationen für Forscher und jene Schuß-
\\\\\\waffenfreunde, die technische Informationen für die ahnungs-

\\\\\losen Reporter der Massenmedien benötigen. Der Text kann als
\\\\\EZELL.ZIP heruntergeladen werden.
\\\\\16-Tips zum korrekten Aushängen der Flagge.
\\\\\17-Ergebnisse der UCLA-Studie über Kondome. Einige der getes-
\\\\\teten Produkte erwiesen sich NICHT als sicher genug, um vor
\\\\\AIDS zu schützen.
\\\\\18-Zusammenfassung der vom 18. Januar bis zum 3. März erschie-
\\\\\nenen Nachrichten über den Golfkrieg. Dieser Bericht hat
\\\\\einen Umfang von 231.808 Byte.
\\\\\19-Wie Sie eine höhere Zugriffsebene für dieses BBS erhalten
\\\\\können.
\\\\\21-Ein hervorragender Artikel über die 1911-A1-Pistole von
\\\\\Springfield Armory.
\\\\\Bitte unbedingt lesen, bevor Sie sich eine kaufen.
\\\\\24-Wie ein Artikel zu schreiben und als Nachricht in das
\\\\\Combat Arms BBS zu laden ist. Dieses Verfahren gilt auch für
\\\\\andere Bulletin-Board-Systeme.
\\\\\26-Dies ist der tatsächliche Text der Entscheidung des Supreme
\\\\\Court des klassischen Falles USA gegen Miller. Enthalten sind
\\\\\auch die Kommentare Ihres Sysops und jene eines für Besitz von
\\\\\Schußwaffen eingestellten Rechtsanwalts.
\\\\\37-Wie führen Sie ein Ferngespräch, wenn die übliche Fernver-
\\\\\mittlungsstelle außer Betrieb ist? Dies ist eine sehr, sehr
\\\\\nützliche Information.
\\\\\33-Der gesamte Text der berühmten Rede von Patrick Henry
\\\\\''Gebt mir Freiheit oder gebt mir den Tod!'' vom März 1775.
\\\\\Lesen Sie das und denken Sie über Amerikas aktuelle politische
\\\\\Situation nach.
\\\\\42-Interessieren Sie sich ernsthaft für die Wissenschaft der
\\\\\Ballistik?
\\\\\Wenn ja, dann finden Sie hier einige Informationen zu einem
\\\\\Graduiertenprogramm im Bereich der Ballistik der Drexel
\\\\\University in Pennsylvania. Ich erwäge, jedem Benutzer (Level
\\\\\10 oder höher) ein Stipendium zu gewähren, der sich später für
\\\\\dieses Programm einschreibt.

Beachten Sie den Menüpunkt 19. Dies ist eine allen Bulletin-Board-Systemen gemeinsame Eigenschaft. Jedes BBS ist offen für jeden, der Verbindung aufnehmen will. Sie können eine Weile mit dem System arbeiten, um sich dann mit dem Sysop in Person zu treffen, damit er Ihnen den Zugang zu den eher abgeschotteten Diskussionsbereichen des gleichen Systems gewährt, an denen sich nur die inneren Zirkel der Benutzer beteiligen.

Mit einem Telefonanruf ist es möglich, von dem BBS der Survivalisten in ein BBS für Theologen zu springen. Ich brauchte nicht lange, um festzustellen, daß ein Tag nicht reichen würde, um all das mitzubekommen, was allein in den religiösen Bulletin-Board-Systemen des Gebiets um die San Francisco Bay vorging. Manche arbeiten mit Gemeinden der realen Welt zusammen, andere gehören keiner Konfession an und bieten alle Möglichkeiten unorthodoxer Glaubensrichtungen an. Die Rolle der Kommunikationsmedien bei Formen religiöser Übung ist seit den Tagen der Episteln ein zentrales Problem, und der vielleicht wichtigste Wandel, den die organisierte Religionsausübung im 20. Jahrhundert erfahren hat, ist die Entstehung von Fernsehgemeinden. Religion für den Massenmarkt im Stil der Fernseh-Evangelisten ist ein Produkt des alten Rundfunk-Paradigmas, das die Medieninstitutionen in den letzten Jahrzehnten dominiert hat. Die Graswurzel-Dynamik innerhalb der Weltreligionen ist ein ungewöhnlich vielversprechender Hintergrund für das Paradigma der Kommunikation vieler mit vielen, bei dem die Gläubigen zueinander finden und auch zwischen Gottesdiensten in Kontakt bleiben und über nicht traditionelle Medien sogar das gewohnte Miteinander aufbauen können.

Das Catholic Information Network (CIN) besitzt vier Knoten im Bereich der San Francisco Bay und sechs weitere überall im Land. An Diskussionsforen bietet dieses System neben dem Hauptbereich Themen wie Gebete, Ökumene, «Ask Father», Bibel, Ethik und schulische Ausbildung zuhause. LDSNet, ein aus sechzehn Knoten bestehendes nationales Netz für die Heiligen der letzten Tage (Mormonen), besitzt zwei Knoten in Colorado, die beide in Kirchen angesiedelt sind. Die Diskussionsforen des CompuPal BBS bieten Zugriff auf verschiedene christliche Fido-Echos, ein Programm zur Online-Suche nach Bibelstellen und den gesamten Text der Bibel, der heruntergeladen werden kann. Das Newlife Christian Network umfaßt etwa 45 über das Land verstreute Bulletin-Board-Systeme und bietet Foren über christliche Medien, Schöpfungslehre, Glaubenskriege und Sport. Weiter gibt es das Orthodox Christian BBS, Corpus Christi BBS, das Netz Computers for Christ mit etwa dreißig Knoten in den USA, Kanada und England, das AgapeNet und das Netz Christian Fellowship. Und das sind nur einige wenige Beispiele der allein im Bereich der San Francisco Bay aktiven Bulletin-Board-Systeme. Wie die Deadheads und die Computerprogrammierer sind auch die Strenggläubigen Mitglieder von Gemeinschaften, die auch zwischen ihren Treffen in der realen Welt den Kontakt zueinander aufrechterhalten wollen. Die Kultur der Bulletin-Board-Systeme umfaßt weit mehr als nur Cyberpunks und Computernarren.

Die christlichen Bulletin-Board-Systeme dominieren, sind aber keineswegs die einzigen konfessionell orientierten Systeme in meiner Umgebung. Keshernet ist ein jüdisches Netz (*kesher* ist hebräisch und bedeutet «verbinden») mit verschiedenen Fido-Echos, die sich zum Beispiel mit Judaika oder jüdischer Genealogie beschäftigen. Das BBS Body Dharma online bietet Konferenzen für das gesamte Spektrum östlicher, westlicher und heidnischer Traditionen. Zen Connection ist ein Fido-System. PODS, das Pagan/Occult Distribution Network hält Informationen zu verschiedenen Glaubensrichtungen bereit und bietet spirituelle Informationen zur Göttin. Dann gibt es auch Systeme wie Bay Area Sceptic für diejenigen, die gegenüber Religionen skeptisch eingestellt sind; aber auch – um die ganze Skala zu zeigen – Dutzende von Systemen wie Temple of the Screaming Electron.

Bulletin-Board-Systeme, die sich der Gesundheit und medizinischen Diskussionen widmen, gibt es ebenfalls zuhauf. Neben spirituellen Themen bietet das BBS Body Dharma Ressourcen und Diskussionsbereiche über medizinische und alternative Therapien und solche für Behinderte. ADAnet ist ein für das gesamte FindoNet zugängliches Echo, das Themen wie Epilepsie, multiple Sklerose, Muskelschwund und Post-Poliosyndrome diskutiert. Gesponsert von der Disability Law Foundation stellt ADAnet Arbeitgebern Informationen über das Behindertengesetz von 1991 zur Verfügung. Das BBS Grateful Med bietet Echos über traditionelle und alternative Gesundheitsvorsorge, daneben auch über biomedizinische Entwicklungen und Erste Hilfe. Das BBS Blink Connection unterstützt blinde und sehgeschädigte Benutzer, die sich die verfügbaren Informationen akustisch ausgeben oder in großen Schriftzeichen auf dem Monitor darstellen lassen können. Und natürlich gibt es auch das BBS AIDS Info.

Erdbeben sind ein speziell im Bereich der San Francisco Bay interessantes Thema; Bulletin-Board-Systeme für die Katastrophenvorsorge gibt es jedoch überall im Land. Im Gebiet der Bay gibt es das Public Seismic Network mit vier Knoten in Menlo Park, San Jose, Pasadena und Memphis, Tennessee; Freiwillige des U. S. Geological Survey versorgen den Knoten in Menlo Park mit seismografischen Daten. Das BBS Rising Storm widmet sich der allgemeinen Katastrophenvorbereitung und bietet Diskussionsforen über Selbstversorgung, Selbstverteidigung, Recht und Gesetz, Feuerwaffen und Bürgerrechte. Rising Storm ist der kalifornische Knoten eines kleinen Survivalisten-Netzes, das auch Informationen über Überlebensmaßnahmen und -techniken bietet. SALEM-

DUG ist ein BBS für die Angestellten der überregionalen und regionalen FEMA-Behörde (Federal Emergency Management Administration).

Und natürlich ist Sex auch ein Thema. Kinky Komputer war eines der ersten sex-orientierten Bulletin-Board-Systeme in der Bay von San Francisco; als Tom Jennings in diesem Gebiet auftauchte und in der Bucht zu surfen begann, konnte das System sozusagen alle einschlägigen Bereiche abdecken. Bei einem Kommunikationsmedium, das Leuten miteinander Kontakt aufzunehmen erlaubt, ohne daß diese ihren wirklichen Namen, ihr Alter oder ihr Geschlecht angeben müssen und deren Aussehen im Dunkeln bleibt, ist vorherzusehen, daß es auch für erotische Zwecke eingesetzt wird. Manche sex-orientierten Bulletin-Board-Systeme bieten nur Gespräche und wenig Aktion – Bühnen für Sexphantasien mit Fremden, die nicht wissen, wo Sie zu finden sind. Andere Systeme gleichen eher Abschleppkneipen als Theatern. Manche Systeme fordern von den Teilnehmern das Ausfüllen detaillierter Sex-Fragebogen. Und in den meisten sex-orientierten Systemen scheint es nur männliche Männer und frauliche Frauen und endlos viele Leute zu geben, die – zumindest in diesem Medium – augenscheinlich keine Hemmungen haben, ihre sexuellen Wünsche bis ins kleinste Detail darzustellen.

Meine Forschungsreisen in das Reich der Bulletin-Board-Systeme beschränkten sich zwar auf die Region von San Francisco, doch bieten die meisten Systeme eine Liste weiterer Bulletin-Board-Systeme in anderen Teilen der Welt. Wenn Sie Verbindung zu einem themenorientierten BBS aufnehmen, werden Sie in der Regel eine Liste anderer Systeme finden. Ein BBS mit dem Namen Linkages zum Beispiel führt Sie zu Dutzenden von afro-amerikanischen Systemen. Es gibt ein ganzes Netz von MUFON-Systemen (Mutual UFO Network), die alle aufeinander verweisen. Es gibt Netze mit Systemen, die sich den Folgen des Drogenmißbrauchs und des körperlichen und sexuellen Mißhandlung widmen. Ich habe auch Bulletin-Board-Systeme für Dicke gefunden (THE BIG BOARD, das mit der National Association for Fat Acceptance zusammenarbeitet), für Fotografen, für Trekkies (so heißen die Fans der Fernsehserie *Star Trek*, die bei uns unter dem Titel *Raumschiff Enterprise* lief; für diese Fans gibt es viele Systeme, auch für die Splittergruppe, die der Überzeugung ist, Spok und Kirk seien insgeheim ein Liebespaar; diese Fans werden K/S-Enthusiasten genannt), für Veteranen, für Zionisten, Umweltschützer, Feministinnen, Freigeister, Aktivisten für die Rechte der Tiere, für Asien-Amerikaner. Wenn Sie in einer amerikanischen Stadt die Straße entlang gehen, dann könnten Sie unter den Leuten, die Sie sehen, mindestens einen BBS-Benutzer finden.

Von WELL bis zu der weltgrößten Diskussion in dem wilden und unergründlichen BBS-Reich scheint das Universum der virtuellen Gemeinschaften immer größer zu werden, so wie auch unsere Imagination sich ausweiten muß, will sie all das begreifen, was um uns herum geschieht. Die Existenz und das Ausmaß dieser weltweiten Subkultur zu entdecken, ähnelt ein wenig der Erforschung eines unbekannten Kontinents, in dem wir mit einer Vielzahl an unbekannten Formen des Lebens konfrontiert werden.

5

MUDs und alternative Identitäten

Im Schloß ihres Erzfeindes kriecht Buffy Mojo, deine alternative Identität, durch das Tunnellabyrinth des Verließes. Die Wände sind feucht, das Licht ist schummrig, die Ruhe unheilverkündend. Buffys einziger Verbündeter ist durch einen Fluch in eine Kröte verwandelt worden. Deine Hände auf der Tastatur sind feucht; dein Herz schlägt laut. Wenn Buffy hier unten auf den falschen Darsteller trifft, bedeutet dies deinen Tod. Hunderte Stunden Arbeit, die du in die Ausführung ihres Auftrags gesteckt hast, würden verschwendet sein. Doch es steht mehr auf dem Spiel, als nur das Leben deines imaginären Darstellers, denn Buffys Schicksal beeinflußt die virtuellen Leben anderer, die Freunde aus der wirklichen Welt repräsentieren. Du befindest dich in einem MUD, gemeinsam mit weltweit Zehntausenden anderer, die im Netz eine Phantasie-Welt errichten.

Willkommen in der wilden Ecke der Cyberspace-Kultur, wo das Magische real und die Identität fließend ist. MUD (engl. mud = Schlamm) ist die Abkürzung von Multi-User Dungeon (Multi-User-Verließ) – MUDs sind imaginäre Welten, die in Datenbanken errichtet werden. Wörter und Programmiersprachen werden eingesetzt, um Melodramen zu improvisieren, Welten und all ihre Objekte aufzubauen, Rätsel zu lösen, Vergnügungen und Werkzeuge zu erfinden, um Ansehen und Macht zu ringen, Wissen zu erwerben, Rache zu üben und sich seinen Trieben, gewalttätigen Impulsen und seiner Habgier hinzugeben. In einigen MUDs kannst du körperlosen Sex treiben, in wiederum anderen sogar morden – oder sterben.

Mit einem Computer einer englischen Universität fing 1980 alles an. Im Juli 1992 gab es im Internet mehr als 170 verschiedene Multi-User-Spiele in neunzehn verschiedenen welten-errichtenden Sprachen. Die beliebtesten Welten haben Tausende von Benutzern. Richard Bartle, einer der Väter des MUDdens schätzte 1992 die Zahl der weltweiten ehemaligen und aktiven MUDder auf einhunderttausend. Der MUD-Forscher Pavel Curtis schätzte 1992 die Zahl der aktiven MUDder auf zwanzigtausend. Derzeit ist das MUD-Völkchen noch erheblich kleiner als die Völker anderer Bereiche des Netzes. Aber es wächst sehr schnell, und beeindruckend schnell entwickelt es neue Formen. MUDs sind lebendige Laboratorien, in denen die unmittelbaren Auswirkungen virtueller Gemeinschaften studiert werden können – die Auswirkungen auf unsere Psyche, unsere Gedanken und Gefühle als Individuen. Und bei unseren Versuchen, die Auswirkungen solcher Phänomene wie MUDs auf unsere Beziehungen im realen Leben und in unseren realen Gemeinschaften zu untersuchen, stellen sich fundamentale Fragen, nach den sozialen Werten in einem Zeitalter, in dem so viele unserer zwischenmenschlichen Beziehungen von Kommunikationstechnologien vermittelt werden.

«Was ist mit denen los?» fragen sich viele Leute, wenn sie zum ersten Mal von MUDdern hören. «Haben sie keine sozialen Bedürfnisse?» Dies ist die größte Sorge, die sich bei der Betrachtung der jüngeren Geschichte des Mediums einstellt – handelt es sich bei ihm um ein gefährliches Suchtmittel?

Dokumentierte Fälle, in denen MUDder fast ihre gesamte Zeit in ihren fiktiven Welten verbringen, sind das Hauptargument für die These, daß CMC neben sozialen Chancen auch ernste soziale Gefahren in sich birgt. Doch die Frage der Kommunikationssucht läßt sich nicht so leicht beantworten, wie dies zunächst den Anschein hat. Einer meiner Führer ins MUD-Universum war Amy Bruckman vom Media Lab (Medienlaboratorium) des Massachusetts Institute of Technologie (MIT), die dieses Phänomen selbst erforscht. Sie meint dazu: «Was sollen wir über Zehntausende von College-Studenten denken, die ihre Zeit und staatlich geförderte Einrichtungen dazu nutzen, virtuelle Drachen zu jagen? Um diese Frage zu beantworten, muß man sich ernsthaft mit dem Problem auseinandersetzen und die Prämissen klären, die bei der Beurteilung sinnvollen Umgangs der Menschen mit ihrer Zeit gemacht werden. Welche Werturteile sind in den vielen Antworten auf diese Frage impliziert?»

Zunächst ist es wichtig, den Reiz, die Faszination, die Gründe zu untersuchen, die die Menschen dazu veranlassen, das Medium so enthusiastisch, ja sogar besessen zu benutzen. Welche einzigartigen Eigenschaften sind es, die diese Anziehungskraft auf die Psyche ausüben und welche Schlüsse lassen sich daraus auf die menschlichen Bedürfnisse ziehen? Ich glaube, daß die Antwort in einem veränderten Identitätsbegriff liegt, und daß für dessen Veränderung frühere Kommunikationsmedien verantwortlich sind. Einige Menschen waren auf die Kommunikationsfülle vorbereitet, die von den MUDs angeboten wird, weil sie es von Geburt an mit kommunikationsgesättigten Umgebungen zu tun hatten. MUDs sind Bestandteil der neuesten Phase einer langen Reihe geistiger Entwicklungen, die die Erfindung und der verbreitete Gebrauch von Symbolen mit sich brachten.

Frühere Kommunikationsmedien überwanden die traditionellen zeitlichen und räumlichen Barrieren, die die Menschen voneinander
getrennt hatten, und änderten damit auch das menschliche Denken;
zunächst wurde durch die geschriebene Sprache und durch Druck-
verfahren eine Art kollektives Gedächtnis geschaffen, ein gespeicherter
Gruppengeist, der vielen zugänglich war, nicht nur ein paar Barden und
Priestern, die vorher, in der Ära der mündlichen Überlieferung, das
kollektive Wissen bewahrt hatten. Menschen, die lesen und schreiben
können, denken anders, als nicht alphabetisierte Menschen oder auch
Menschen «postalphabetisierter» Kulturen und sie haben auch ein ande-
res Selbstbewußtsein. Marshall McLuhan hat darauf hingewiesen, daß
Telegraph, Telefon, Radio und Fernsehen das Überall und Jederzeit in
ein Hier und Jetzt verwandelt haben. Heute hat jeder, der ein paar
Münzen – oder eine Telefonkarte – besitzt und sich in der Nähe einer
Telefonzelle befindet, eine Macht über Zeit und Raum, die antike
Herrscher niemals zu begehren wagten. Menschen, für die eine solche
Macht gewohnter Bestandteil ihrer Realität ist, denken auch von sich
selbst in einer besonderen Weise. Wie bei früheren sozialen Veränderungen, beispielsweise dem Übergang des Bewußtseins, Untertan eines
feudalen Herrschers zu sein, zum Selbstbewußtsein eines demokratischen Bürgers, hat auch die gegenwärtige Veränderung an ihren Aus-
läufern begonnen und bewegt sich nun zum Zentrum hin.

Ähnlich, wie frühere Medien an Raum und Zeit gebundene soziale
Schranken überwanden, scheint das neueste computervermittelte Kommunikationsmedium nun auch die Grenzen der *Identität* zu überwinden.
Wir, «die Kinder von McLuhan» überall auf der Welt, die mit dem
Fernsehen und mit Telefonverbindungen ohne die Hilfe des «Fräuleins
vom Amt» aufgewachsen sind, scheinen unsere Zeit – sei es mit Minitel
in Paris, mit kommerziellen Computer-Plauderdiensten in Japan, England oder den Vereinigten Staaten oder mit interkontinentalen Inter-
net-Revieren wie den MUDs – damit zu verbringen, *so zu tun, als wären
wir eine andere Person* oder sogar vorzugeben, wir wären gleichzeitig
mehrere andere Menschen.

Ich kenne einen allseits respektierten Informatiker, der Stunden als
imaginärer Fähnrich an Bord eines virtuellen Raumschiffes voll anderer
realer Menschen aus aller Welt verbringt, die alle so tun, als wären sie
Darsteller in einem Star-Trek-Abenteuers. Ich selbst stelle in verschiedenen virtuellen Gemeinschaften im Netz drei oder vier Persönlichkei-
ten dar. Ich kenne jemanden, der täglich Stunden als Fantasy-Darsteller
verbringt, der «wie eine Kreuzung aus Thorin Oakenshield und dem
Kleinen Prinzen aussieht» und in einer imaginären Weltallkolonie

Architekt, Erzieher und manchmal auch eine Art Magier ist. Tagsüber ist David Energieökonom in Boulder in Colorado und Vater von drei Kindern; nachts ist er Spark aus Cyberion City, wo man mich nur als Pollenator kennt. Einige Leute benutzen diese sehr entpersonalisierte Kommunikation auch dazu, sehr persönlich zu werden. Für sie ist CMC ein Medium, bei bestimmten Gelegenheiten mit anderen Menschen Kontakt aufzunehmen. Wegen der Maskierungen und Distanzierungen, die das Medium ermöglicht, werden diese Beziehungen im Cyberspace, anders als im wirklichen Leben, zugleich ständig in Frage gestellt. Maskierungen und Enthüllungen gehören zu Cyberspace, wie schnelle Schnitte und Bilder von großer Intensität zum Fernsehen gehören. Identitätsspielereien sind in den CMC-Medien stets vertreten: neue Identitäten, falsche Identitäten, Multi-Identitäten und sich wandelnde Identitäten sind in diesem Medium in den verschiedensten Ausführungen anzutreffen.

Steckt man einmal im MUD, kann man ein Mann oder eine Frau oder etwas vollkommen anderes sein. Man kann die Identität eines Bienenstocks annehmen. Für andere bedeutet das Netz den Zugang zur Library of Congress, zu politischen Debatten, wissenschaftlichen Daten oder müßiger Plauderei – für MUDder dient es zur Reise in virtuelle Räume, in denen ihre anderen Identitäten wohnen.

Identität ist das erste, was in einem MUD geschaffen wird. Sie muß beschrieben werden, zum Vergnügen der anderen Leute, die im selben MUD leben. Die Schöpfung dieser Identität trägt dazu bei, eine ganze Welt zu erbauen. Gemeinsam mit den Rollen der anderen Darsteller ist die Rolle des eigenen Darstellers Bestandteil der Phantasie-Architektur, die für jedermann im MUD die Illusion aufrechterhält, ein Zauberer in einem Schloß zu sein oder der Kapitän an Bord eines Raumschiffs: die Rolle gibt anderen neue Bühnen, auf denen neue Darsteller agieren können, die die Realität des gesamten Szenarios bekräftigen.

Wie auch in WELL, können die Teilnehmer von MUDs miteinander über eine Reihe öffentlicher und privater Kanäle kommunizieren. MUD-Bewohner können einander private EMail schicken, die in den elektronischen Briefkasten des Empfängers gelegt und gelesen und beantwortet wird, wenn der Empfänger die Zeit dafür findet. Sie können sich an den verschiedenen Orten im MUD zu persönlichen Plauderstunden treffen, wie auch zu persönlichen Telefongesprächen. Mit jedem anderen im selben Raum können sie «sprechen», «flüstern», «posieren» und auf diese Weise eine Art Gruppengespräch führen, in dem die Begrenzungen metaphorischer Räume als soziale Begrenzungen gelten. Zu einem bestimmten Thema können über «CB-Funk» halböffentliche Gespräche geführt werden, während man einen bestimmten Ort wählt um dort zu «sprechen» oder zu «posieren». Zuerst ist dies sehr verwirrend, so als erlernte man eine Art von Kommunikationsgymnastik.

Daß, um Bedeutungen auszudrücken, sowohl Posen als auch Wörter verwendet werden, stattet MUDs mit einer eigenartigen, aber sehr nützlichen Art körperloser Körpersprache aus. Posing (posieren), das auch Emoting (Gefühle ausdrücken) heißen kann, wird in höflichen, formellen Gesprächen verwendet, aber auch bei den radikal informellen Aktivitäten, dem Tinysex (Minisex). Wenn Sie beispielsweise der Darsteller *Wirrkopf* sind und den Befehl «emote springt auf die Bühne» eingeben, sieht jeder andere, der sich an demselben Ort aufhält, die Nachricht: «Wirrkopf springt auf die Bühne» auf seinem Bildschirm. Ihre Kommunikationsmöglichkeiten werden um eine neue Dimension bereichert. Anstatt einer Behauptung zu entgegnen, können Sie grinsen. Anstatt den Raum zu verlassen, können Sie in einer Wolke schillernder Blasen mit Kaugummigeschmack verschwinden. *Emoting* scheint zunächst eigenartig und künstlich zu sein, doch wenn Sie einmal darauf eingestiegen sind, gibt es Ihnen zusätzlichen Einfluß auf die Atmosphäre, in der ein Gespräch stattfindet – ein bißchen von dem so sehr wichtigen Kontext, den Worte allein oft vermissen lassen.

MUDs sind Echtzeit-Kommunikationseintöpfe, mit einem Anklang an das Improvisationstheater. Anders als bei Computerkonferenzen wie WELL oder anderen Bulletin-Board-Systemen interagieren die Leute in einer Art Echtzeit-Plaudermodus. Bei MUDs ist es sehr wichtig, wer gleichzeitig am selben Ort ist und wie die Interaktion zwischen diesen Leuten abläuft. MUDs sind Orte, in denen man sich eher rumtreibt als publiziert; sie sind mehr Spiel- als schwarze Bretter.

Anders als bei Computerkonferenz-Systemen oder normalen Plauderdiensten können MUD-Teilnehmer auch Objekte erfinden, mit magischen Kräften, wie fliegende Teppiche, die ihre Besitzer in geheime Gegenden des Königreichs bringen. Andere können diese Objekte kaufen oder stehlen – aber nur, nachdem sie genügend Wissen über den MUD angesammelt haben, seine welt-schöpfende formale Sprache ausreichend beherrschen und einige Herausforderungen gemeistert haben. Sie müssen nach bestimmten Positionen streben und Feuerproben bestehen. In einigen MUD-Welten besteht die einzige Möglichkeit, die Geheimnisse zu ergründen, die außerordentliche Kräfte verleihen, darin, einen Mord zu begehen oder einen Fluch auszusprechen. Anders gesagt, die anderen MUDder müssen sich einig sein, daß Sie etwas von Wert für die Allgemeinheit geschaffen haben, bevor Ihnen Zauberkräfte verliehen werden.

Es gibt Welten, in denen Sie sich in acht nehmen müssen, nicht hinterrücks erdolcht zu werden, und andere Welten, in denen der anerkannte Diskurs eher darin besteht, gemeinsam etwas zu schaffen, als sich zu duellieren. Sowohl in den «sozialen» als auch in den «Abenteuer»-MUDs ist es das Ziel eines jeden Neulings, die Kraft zu erwerben, die Umgebung zu verändern, in der das Spiel stattfindet. Nach dem Ausloggen aus WELL hinterläßt man die Wörter, die man verschickt hat. Nach dem Ausloggen aus einem MUD können die anderen Einwohner die Häuser bewohnen oder erkunden, die man gebaut hat, die Städte, die man geplant hat, die Werkzeuge, Spielzeuge oder Waffen benutzen, die man erfunden hat.

Die Gemeinschaften und Gemeinden der MUD-Welten unterscheiden sich deutlich von denen anderer Räume wie WELL oder dem riesigen elektronischen Tohuwabohu Usenet oder den unzähligen Stadthallen und Salons kleinerer Bulletin-Board-Systeme. In MUDs findet über die Darsteller die Kommunikation mit anderen Menschen irgendwo im Netz statt; die Rolle wird aber auch gespielt, um sich Kennisse über eine Welt zu erwerben, in der dieses Wissen sich in Macht über die anderen Einwohner verwandeln kann. Leute, die damit genügend Stunden ihres Lebens verbracht haben, werden zu ZauberInnen (wizzes, wie die informelle, geschlechtsneutrale Bezeichnung für *wizard*, Zauberer lautet, das heißt, zu MUD-Experten, die besondere Fähigkeiten erlangt haben, die beispielsweise die Macht gewinnen können, sich unsichtbar zu machen und heimlich den Gesprächen anderer Bewohner zu lauschen.

In weniger respektablen Winkeln des MUD-Universums ist es ein berüchtigter Trick, jemanden zu überreden, mit in eine dunkle Ecke im MUD zu kommen, um ein wenig Tinysex zu treiben, anzügliche Gespräche über den Bildschirm, als Darsteller in einem MUD, mit viel *Posing* – in einer dunklen Ecke, in der sich vielleicht einige unsichtbare ZauberInnen versteckt haben und heimlich beobachten, was vor sich geht. Der Mißbrauch der Zauberkräfte zum Herumspionieren ist in den Teilen von Usenet, wo MUDder diskutieren, ein ständig wiederkehrendes Thema.

Net.sleazing, wie die heftigen Dialoge mit eindeutig zweideutigem Inhalt genannt werden, ist zweifelhafte, aber häufige und populäre Praxis in MUD-Land. Der vielleicht übelste Streich, den man einem Neuling in der MUD-Kultur spielen kann, ist, ihn (die meisten MUDder sind männlich, einschließlich vieler, die als weibliche Akteure auftreten) zu Tinysex zu überreden, der heimlich in einer Textdatei aufgezeichnet wird, und diese anschließend in die weltweite Usenet-Diskussion über das MUD-Leben einzubringen. Ebenso könnte man auch jemanden verführen, die Begegnung auf Video aufzeichnen und kostenlose Kopien über den Video-Laden in der Nachbarschaft verteilen. Es gibt MUDs, in denen regelrechte Orgien an der Tagesordnung sind. Es gibt auch MUDs, in denen es so keusch zugeht, wie dies in Klöstern angeblich der Fall ist, doch haben Sexgespräche einen festen Platz im MUD-Universum.

Tinysex, net.sleazing und die Vortäuschung eines anderen Geschlechts sind durchaus Aspekte von MUDs und CMC, die es wert sind, untersucht zu werden, doch ist es ein Fehler, das breite Spektrum von Verhaltensweisen im MUD auf ein niedriges Niveau zu reduzieren. Die größte soziale MUDder-Gruppe sind College-Studenten zwischen siebzehn und dreiundzwanzig und die besondere Verwendungsweise, die sie für diese Technologie haben – Identitäts-Spiele und sexuelle Andeutungen – spiegeln die hauptsächlichen Bedürfnisse dieser Gruppe wider. Aber nicht alle MUDder, die noch ohne akademischen Titel sind, sind unreif. Viele fühlen sich im MUD in mancherlei Hinsicht wohler als in der realen Welt. Amy Bruckman beschreibt den Ort, an dem sie gern ihre Zeit verbringt, folgendermaßen:

Es ist 3:30 Ostküstenzeit und ich unterhalte mich mit meinem Freund Tao in meinem Quartier an Bord des Raumschiffes *RS Yorktown*. In Wirklichkeit bin ich in Massachusetts und Tao befindet sich in South Carolina. Wir sind mit einem Multi-User-Simulation-Environment (MUSE, Multi-User-Simulationsumgebung) verbunden, das Star-Trekking zum Thema hat. Im Moment haben sechsunddreißig Leute aus aller Welt eine Verbindung hergestellt. Der Name meiner Darstellerin lautet Mara. Tao kann alles sehen, was ich sage oder tue, weil er sich im selben Raum befindet; alles, was bekanntgegeben wird, wird von allen sechsunddreißig verbundenen Leuten gesehen. Unsere private Konversation – über Geschlechterrollen und die Weisen, wie weibliche Akteure mit Aufmerksamkeiten überhäuft werden – ist mit einer öffentlichen Diskussion verwoben, die das Star-Trekking zum Thema hat und von berechnenden Wortspielen nur so wimmelt.

Amy beschreibt einen intellektuellen, ironischen Raum für Kenner des Mediums, in dem vielschichtige Metaphern, Wortspiele und clevere Programmierung das Salz in der Suppe sind. Trek-MUSE basiert auf den Rollen der Fernsehserie «Raumschiff Enterprise – Das nächste Jahrhundert».

Wenn Sie hingegen den Original-MUD betreten, MUD1, der 1979 bis 1980 von Roy Trubshaw und Richard Bartle, damals Studenten der Universität von Essex, England, geschaffen wurde, sehen Sie das folgende:

Du befindest dich auf einer schmalen Straße zwischen *The Land* und dem Ort, von dem du aufgebrochen bist. Im Norden und Süden befinden sich die Ausläufer einiger majästetischer Berge, die von einer riesigen Mauer umgeben sind. Die Straße setzt sich nach Westen fort, wo du in der Ferne eine strohgedeckte Kate und ihr gegenüber einen alten Friedhof sehen kannst. Der Weg hinaus führt nach Osten, wo Nebelschleier den geheimen Pfad verdecken, über den du *The Land* betreten hast.

The Land ist ein Ort, wo Gerissenheit lebensnotwendig sein und die Freundschaft mit einer ZauberIn den Weg zu Wohlstand abkürzen kann. Es kann Ihren Darsteller das Leben kosten, wenn Sie nicht vorsichtig dabei sind, ihm zu sagen, wohin er gehen soll. Wenn Sie lange überleben wollen, brauchen Sie ein Schild und ein Schwert, und wenn Sie auf ein Objekt oder ein lebendes Wesen treffen, denken Sie lieber zweimal nach, was Sie machen.

Indem Sie Befehle eintippen, herumreisen, Prüfungen bestehen, Ihr Wissen erweitern, Freundschaften schließen und Ihre eigenen Beiträge zum kollektiven Unternehmen deutlich machen, können Sie genug Kenntnisse über den MUD erwerben und mächtig genug werden, um die Fantasy-Welt durch eigene Schöpfungen zu bereichern und das Leben für alle anderen Leute, die dorthin kommen, um zu spielen, interessant machen.

Die ZauberInnen sind nur der unterste Rang der Erleuchteten. Leute, die einen höheren Rang erreichen, indem sie einen eigenen MUD schaffen, mit aller Überheblichkeit, die dazugehört, werden als Götter bezeichnet. ZauberInnen machen das Leben der Spieler interessant, Götter sind die ultimativen Gebieter.

Aber für den harten Kern der MUDder dreht sich die Frage mehr um das traditionelle Problem der Online-Leute: «Verdiene Deinen Lebensunterhalt». Wenn man siebzig oder achzig Stunden pro Woche auf seinen Fantasy-Darsteller verwendet, bleibt nicht mehr viel Zeit für ein gesundes gesellschaftliches Leben.

Für Studenten – und Studenten stellen den Löwenanteil der MUDder – kann es sich genauso zerstörisch auf ihr Leben auswirken, wenn sie wöchentlich siebzig Stunden mit MUDden beschäftigt sind, wie wenn sie von einer chemischen Droge abhängig sind. In dem bekannten Forschungszentrum PARC (Palo Alto Research Center) der Firma Xerox in Palo Alto schuf der Informatiker Pavel Curtis auf seinem Arbeitsplatzrechner einen experimentellen MUD, LambdaMOO. Bei einer Podiumsdiskussion in Berkeley, Kalifornien, sagte er das folgende zum Problem des Suchtpotentials, das das MUDden hat:

Ich bin wirklich besorgt über das Ausmaß, in dem Menschen virtuelle Gemeinschaften als unterhaltsam empfinden. Manche Leute, die Lambda-MOO benutzen, haben darüber keinerlei Kontrolle. Sie sind, glaube ich, ernsthaft im klinischen Sinne süchtig.... Sie sind nicht von Videospielen abhängig, das wäre nicht dasselbe für sie. Sie sind kommunikationssüchtig. Sie sind besessen davon, daß sie vierundzwanzig Stunden täglich ausgehen können und immer Leute für interessante Unterhaltungen finden. Ich rede von Menschen, die wöchentlich bis zu siebzig Stunden in einem MUD verbringen. Siebzig Stunden in der Woche, während sie versuchen, die Schule in Cambridge zu schaffen. Ich rede von einem Typen, der an Feiertagen von seinen Eltern zuhause in Cambridge erwartet wird, seinen Zug um fünf Stunden verpaßt, seine Eltern anruft und erfundene Gründe für sein Zuspätkommen erzählt, den nächsten Zug nimmt, um 0:30 ankommt, nicht nach Hause, sondern in einen Computer-Raum der Universität geht und weitere zwei Stunden in einem MUD verbringt. Um 2:30 kam er zuhause an und fand dort die Polizei und seine Eltern in Panik vor und fing dann an, darüber nachzudenken, ob ihm etwas aus der Kontrolle geraten war. Dies, denke ich, ist ein Problem. Aber wenn Menschen viel von ihrer Zeit damit verbringen, soziale Kontakte zu anderen Leuten zu pflegen, die sich Tausende von Kilometern entfernt befinden, kann man nicht sagen, daß sie sich abgeschottet haben. Sie scheuen die Gesellschaft nicht. Vielmehr suchen sie sie sehr aktiv. Vielleicht aktiver, als irgend jemand in ihrer Umgebung. Es ist ein vollkommen neues Ding. Das ist es, was ich über virtuelle Gemeinschaften zu sagen habe.

Amy Bruckman wählte die komplexen sozialen Welten, die sie in ihren Lieblings-MUDs entdeckte, zum Gegenstand ihrer Untersuchungen der psychologischen und sozialen Spezifika der MUD-Kultur. Sie graduierte mit dieser Arbeit am Massachusetts Institute of Technologie. 1992 schrieb sie über MUDs als «Identitäts-Werkstätten». 1993 initiierte sie die Gründung von MediaMOO, der MUD-Version des Media Lab – einer ernsthaften Ergänzung wissenschaftlicher Kongresse. 1992 galten ihre Studien der Frage nach den suchtverursachenden Eigenschaften der MUDs. Wie Pavel Curtis problematisiert sie vorschnelle Urteile darüber, ob ausgedehntes MUDden für bestimmte Personen in bestimmten Situationen förderlich oder schädlich ist. Sie führt einen Fall aus ihrem Bekanntenkreis im MUD an, einen Studenten, der es schaffte, einen guten Notendurchschnitt zu erzielen, einen Teilzeitjob zu erledigen und dennoch siebzig oder mehr Stunden wöchentlich im MUD verbrachte. Dieser Mensch kam seinen Verpflichtungen im wirklichen Leben nach – welche Kulturpolizei will ihm also sagen, er sei süchtig und brauche Hilfe?

Eine von Bruckmans Mentoren, Dr. Sherry Turkle, Professorin am MIT, verfaßte etwas über die Gewohnheiten junger zwanghafter Programmierer, das vielleicht auch ein Schlüssel zum Verständnis des suchtverursachenden Potentials der MUDs sein könnte. Turkle legt den Schwerpunkt auf die Reflexion des Aspekts Meisterung des Lebens, ein Element, das viele junge Menschen in ihrem Leben schmerzlich vermissen:

> In der Entwicklung eines jeden Individuums spielt das Problem der Meisterung des Lebens eine wichtige Rolle. In der Entwicklung des Kindes gibt es einen Zeitpunkt, normalerweise ist dies der Beginn der Schulzeit, an dem das Problem der Lebensmeisterung eine herausragende, zentrale Rolle zu spielen beginnt. Lebensmeisterung ist der Schlüssel zur Autonomie, zu dem wachsenden Vertrauen in die Fähigkeit, sich aus der elterlichen Welt hinausbegeben zu können und sich in der Welt der Peergroups zurechtzufinden. Später, in der Pubertät, wenn Eltern und die Mitglieder der Peergroup neue soziale und geschlechtsspezifische Anforderungen stellen, kann erworbene Lebensmeisterung einen ruhenden Pol bieten. Die sicheren Mikrowelten, die sich das Kind erbaut hat – die Mikrowelten des Sports, Schachspiels, der Literatur oder mathematischer und technischer Interessen – können Fluchtpunkte sein. Die meisten Kinder benutzen diese Plattformen, um die unbekannten Gewässer der Adoleszenz Schritt für Schritt zu erforschen. Sie tun dies mit ihrem individuellen Tempo. Für einige aber sind die Probleme, die während der Pubertät auftreten, dermaßen bedrohlich, daß sie ihre sicheren Räume nie verlassen. Sexualität erscheint ihnen als zu bedrohlich, als daß sie sie erforschen wollten. Was sich aus der Vertrautheit mit anderen Menschen entwickeln kann, ist so wenig vorhersehbar, daß sie als unerträglich empfunden wird. Wenn wir aufwachsen, formen wir unsere Identität und bauen dabei auf dem letzten Entwicklungsschritt unserer Psyche auf, den wir als sicher empfunden haben. Viele Menschen definieren sich daher über Kategorien der Kompetenz und Kontrolle.
>
> Der Stolz auf die Fähigkeit, Dinge bewältigen zu können, ist eine positive Angelegenheit. Wenn jedoch das Selbstgefühl danach bemessen wird, worüber eine perfekte Kontrolle ausgeübt werden kann, wird die Welt, in der man sich sicher fühlt, sehr stark eingeschränkt – weil Kontrolle in der Regel über Dinge und nicht über Menschen ausgeübt wird. Lebensmeisterung kann zum Hindernis der individuellen Entwicklung werden, wenn sie dazu dient, die Furcht vor dem Ich und der Welt jenseits davon zu maskieren. Sie kann zu einer Falle für die Menschen werden.

Ausgefeilte MUD-Kenntnisse, Geschick bei der Kommunikation mit MUDdern, um die im MUD gesteckten Ziele zu erreichen, die Fähigkeit,

Orte und Geheimnisse zu erfinden, die von anderen erkundet werden können, all dies können Formen dieser Art von Lebensmeisterung sein. Menschen mit einem geringen sozialen Ansehen in der realen Welt können sich durch ihre Geschicklichkeit in der Welt der MUDs Ansehen in ihrer alternativen Gemeinschaft erwerben. Auf Menschen, deren reales Leben von Eltern, Professoren und Chefs kontrolliert werden, üben Welten eine große Anziehungskraft aus, in denen Lebensmeisterung und die Bewunderung der Mitglieder der Peergroup jedem zuteil wird, der über Phantasie und intellektuelle Neugier verfügt.

In einem der MUDs habe ich eine Familie kennengelernt, deren Vater seine Kinder in der Programmierung und den Naturwissenschaften unterrichtet und auch einfach nur in der Kunst, Phantasiewelten zu erbauen. Der Unterricht dieser Kinder findet in einem kleinen Winkel von Cyberion City statt, einem besonderen MUD, in dem solche Bildungsexperimente ausdrücklich erwünscht sind. Ist MUDden für diese Familie eine Sucht oder ein nachahmenswertes Bildungsmodell? Diese Frage kann auch auf die Verwendung anderer CMC-Medien in anderen sozialen Zusammenhängen ausgedehnt werden. Bevor man entscheiden kann, ob ein Achtzig-Wochenstunden-MUDder süchtig oder ein Virtuose ist, muß man die Art und Weise untersuchen, wie er das Medium verwendet und wie die Technologie sein Verhalten, seine Gedanken und Beziehungen zu anderen Menschen beeinflußt.

An verschiedenen Orten kann man verschiedene Identitäten haben. In Cyberion City werde ich durch einen Darsteller namens Pollenator repräsentiert, in WELLMUSE durch Funhead (Wirrkopf). Wenn ich in Cyberion City den *look*-Befehl verwende, um Spark anzuschauen, werde ich in seiner Identitätsbeschreibung über seine Ähnlichkeit mit Thorin Oakenshield informiert:

```
look Spark
Du siehst eine Kreuzung aus Thorin Oakenshield und dem Kleinen Prin-
zen. Immer lächelt er und pfeift ein Lied. Die meisten der Lieder
sind bereits 600 Jahre alt.
Er hat bei sich:
Sparks Schwebe-Board (#41221vI)
Den erleuchteten Schöpfer (#1255v)
mg
Flamme
Apfel
```

Der *look*-Befehl für irgendeines der Objekte, die Spark dabei hat, würde weitere Beschreibungen zutage fördern, manchmal sogar Anweisungen, wie sie zu verwenden sind. In MUD-Welten ist eine Beschreibung dasselbe wie eine Schöpfung. MUDs sind Beweise dafür, daß Texte sogar in diesem ausgesprochen visuellen Medium immer noch sehr wirksam sind. Wenn man Text in eine der interaktiven Landschaften einflicht, die die MUDs bereithalten, kann man die Umgebung verzaubern. Amy Bruckman erinnert sich, daß das erste Objekt, das sie in einem MUD schuf, ein Teller mit Spaghetti war, die «sich unruhig wanden», wenn irgend jemand im Raum das Wort «hungrig» aussprach. Auch dann, wenn Amys Darstellerin nicht im MUD war, sah jeder, der sich in dem Raum befand, in dem sie den Teller hatte stehen lassen, die Worte «die Spaghetti auf dem Teller winden sich unruhig », wenn das Wort «hungrig» fiel. Es entsteht ein deutlich anderer Kommunikationskontext, wenn man Teller mit sich windenden Spaghetti herumstehen hat, die darauf warten, sich in die Konversation einzuschalten. Die Reaktion der anderen Leute auf die geschaffenen Objekte zu beobachten, erhöht die Spannung des MUDdens ungemein.

Mein erstes Objekt war eine magische Kamera. Wie ich bei ihrer Herstellung vorgehen mußte, lernte ich in einem von mir selbst gestalteten Zauberseminar der virtuellen Universität im MUD. Ich konnte die Kamera in dem Raum aufstellen, in dem ich mich befand, und mir zeigen lassen, wer gerade noch unterwegs war und was an anderen Orten in meiner Abwesenheit passierte. Jetboy aus Cyberion City hat ein altes Grammophon in seinem Salon. Wenn man den Befehl «play Grammophon» eintippt, wird danach alle dreißig Sekunden der Titel einer Neuerwerbung für Jetboys riesige Sammlung klassischer hawaiianischer Musik angezeigt, gleichgültig, was sich sonst noch auf dem Bildschirm abspielt.

MUDs sind tief in dem Teil der menschlichen Natur verwurzelt, der es liebt, Geschichten zu erfinden und zu schauspielern. In *Computers as Theater* stellt Brenda Laurel die These auf, daß die starke Identifizierung, die die Spieler von Computerspielen mit den virtuellen Charakteren der Computer-Datenbanken empfinden, ein Beispiel für die menschliche Fähigkeit der *Mimesis* ist, der Aristoteles die kathartische (und damit soziale) Wirkung des Dramas zuschrieb.

Richard Bartle, einer der ersten MUD-Götter, der an dem Ur-MUD mitwirkte, stellte eine eigene *Mimesis*-Theorie auf, als er 1990 schrieb:

MUAs [Muli-User Adventures, Muli-User-Abenteuer] beeinflussen eine große Zahl ihrer Spieler weit mehr, als dies eine Online-Konversation oder ein Computerspiel allein tun. MUAs üben auf die Spieler eine emotionale Anziehungskraft aus, die in der Möglichkeit, sich mit der Figur im Spiel zu identifizieren, begründet ist, in dem Gefühl, daß die Dinge, die der Figur im Spiel widerfahren, unmittelbar dem Spieler selbst passieren.

Der erste MUD war eine Multi-User-*Märchenwelt*, Tolkiens *Herr der Ringe* nachgebildet, einer Welt der Zwerge und Schätze, Krieger und ZauberInnen, Schwertkämpfe und Zauberei – *The Land*. Die MUDs der zweiten Generation führten weitere Metaphern ein und nun gibt es Varianten der dritten, vierten und fünften Generation. Ein MUSE (*Multi-User Simulation Environment*), eine Multi-User-Simulationsumgebung, ist eine der MUD-Spielarten, in der alle Spieler, nicht nur die ZauberInnen, ihre Umgebung verändern können. Mit dem MUSEcode können auch Computer-Simulationen realer Phänomene erstellt werden, so daß MUSEs auch für wissenschaftliche und Bildungszwecke geeignet sind.

MUD-Welten entstehen aus Erzählungen. Jeder Darsteller, jedes Ding und jeder Ort hat eine Geschichte. Für jedes Objekt in einem MUD, sei es die Identität eines Darstellers oder der Stuhl auf dem er sitzt, gibt es eine schriftliche Charakterisierung, die auf dem Bildschirm erscheint, wenn man beschließt, einen Blick (*look*) darauf zu werfen.

In der MUD-Sprache (*MUDspeke*) heißt diese Beschreibung «the description». Sobald Sie sich die Qualifikation dafür erworben haben, können Sie eine graue Maus oder auch eine lila Bergkette erfinden oder was sonst noch durch Worte beschrieben werden kann. Obwohl die Phantasie-Welten der MUDs nicht mehr Realität besitzen als Romane oder Seifenopern, bezeugen die Leute, die ich im realen Leben getroffen habe und die einen Teil ihres Lebens in MUD-Welten verbringen, leidenschaftlich, daß ihre Gefühle für ihre Darsteller sehr real und oftmals sehr intensiv sind.

1992 sagte Richard Bartle in einer Unterhaltung mit mir:

Es ist schrecklich, in einem Spiel seine Persönlichkeit zu verlieren. Es ist das Schlimmste, was einem passieren kann, und die Leute sind wirklich sehr davon mitgenommen. Normalerweise sagen sie, daß sie «ausgeweidet» wurden. Dies ist das Wort, das Spieler verwenden, weil nur mit ihm beschrieben werden kann, wie schrecklich es ist. Man kann nicht sagen «du meine Güte, ich habe meine Persönlichkeit verloren!», so wie man sagt «Ich habe meinen Schuh verloren». Es ist nicht einmal mit dem Ausruf «Ich habe meinen Lieblingshamster verloren!» vergleichbar. Es ist mehr wie «Mein Gott, ich bin gerade gestorben. Der, den sie gerade umgebracht haben, das bin ich!» Es geht nicht um «Ich habe gerade alle Früchte meiner Arbeit verloren, all die Zeit war vergeudet und alle Anstrengung umsonst.» Es bedeutet «Ich bin gerade *gestorben*, das ist furchtbar! Oh, mein Gott, ich bin *tot*! Leer.»

In einigen MUDs sind Reinkarnationen möglich, in anderen ist der Tod nicht wieder rückgängig zu machen.

Mein erstes Abenteuer im MUD, genauer in einem MUSE, spielte sich in einer Kombination aus Raumkolonie und Wissenschaftsmuseum ab. Während einer ziemlich ernsten privaten Konferenz mit einem WELLianer, in der es um geschäftliche Angelegenheiten ging, hörte ich zum ersten Mal von Cyberion City; er entdeckte, daß ich mich für virtuelle Gemeinschaften interessiere und beschrieb mir in einer EMail einen Ort im Netz, in dem er und sein zehnjähriger Sohn beim Aufbau einer Raumkolonie mithalfen. Dieser Freund, den ich nie persönlich gesehen hatte, erzählte mir, daß einige gebildete Leute mit utopischem Glauben an die Möglichkeiten, Cyberspace als Bildungsmedium zu verwenden, eine neue Variante von Computerkonferenz-System gechartert hatten, ausdrücklich dafür, eine virtuelle Gemeinschaft aufzubauen.

Aslan und Moulton, die ersten ZauberInnen, die ich im MUD, in Cyberion City, traf, waren von der hilfsbereiten Sorte. Ich hätte vollkommen andere Erfahrungen machen können, wenn ich ohne jegliche Unterstützung in der Hack-and-Slash bzw. -Slay-Welt (Programmieren und Abschlachten) des harten Kerns der MUDder gelandet wäre und die Aufmerksamkeit eines übellaunigen Zauberers oder Gottes auf mich gezogen hätte, noch bevor ich ein Schild hätte erwerben können. Heute ist mir klar, daß ich mit Cyberion City großes Glück hatte. Damals existierte Pollenator noch nicht, ich hatte noch nicht einmal daran gedacht, daß ich einen passenden Namen für die Identität würde wählen müssen, die ich in dieser vollkommen neuen Welt annehmen würde. Ich war damals, so würde man mich in den rauheren Gegenden des MUD-Universums bezeichnen, ein «ahnungsloser Newbie» (Neuling) – ein Begriff, der in dem englischen MUD-Original geprägt worden war und in die «MUDspeke» (MUD-Sprache) eingegangen ist.

Als ich zum ersten Mal in der Landebasis von MicroMUSE ankam, wurde ich von Moulton, einem der drei Direktoren empfangen, der mich herumführte. Bei meinem ersten Besuch machte Cyberion City den folgenden Eindruck auf mich:

```
-------------------------------------------------------------------
Willkommen in der MicroMUSE! Unser Host heißt chezmoto.ai.mit.edu,
Port 4201.


-------------------------------------------------------------------
ERINNERUNG: Lies regelmäßig die 'NEWS', um über Änderungen und Ergän-
zungen des Servers auf dem laufenden zu bleiben. 'NEWS' enthält eine
Liste der neuen Befehle, Details finden sich in 'help' (Online-
```

Hilfe). Um weitere Informationen zu erhalten, sollten neue Mitspieler folgendes eintippen: help getting started (Hilfe bei den
ersten Schritten)

Cyberion City Haupttransporter-Landebasis (HTLB)
Langsam kommen die hellen Umrisse der Transporter-Landebasis von
Cyberion City in Sicht. Von einer der Transporterstationen der Erde
bist du hier herauf gebeamt worden (und das war mit beträchtlichen
Kosten verbunden). Du bist einer der wenigen abenteuerlustigen und
mäßig wohlhabenden Leute, die sich dazu entschlossen haben, Cyberion
City, die größte Weltraumstadt des Sonnensystems, zu besuchen (und
vielleicht hier zu leben). Der Transportbegleiter, der allen Neu-
ankömmlingen in dieser Weltraumstadt erste Hinweise gibt, heißt dich
willkommen.
Anwesend:
Begleiter
Sichtbare Ausgänge:
Ausgang
Willkommen in der MicroMUSE, dein Name ist Gast1
Begleiter sagt ''Willkommen, Gast, in Cyberion City.''
Begleiter sagt ''Tu dir keinen Zwang an, jeden regulären Bewohner um
Hilfe zu bitten.''
Begleiter sagt ''Lies auf jeden Fall unsere ausführliche Online-
Hilfe.''
Begleiter sagt ''Ich hoffe, du genießt deinen Aufenthalt.''
Der Begleiter lächelt dich an.
Du steigst von der HTLB-Plattform herunter.
Haupttransporter-Halle
Dieser Raum hat eine hohe, gewölbte Decke und weiße Wände. Der dicke
schwarze Teppich verschluckt das Geräusch deiner Schritte. Du befin-
dest dich mitten in der Transporter-Halle, in der alle Besucher von
der Erde ankommen. Auf der einen Seite befindet sich der Informa-
tions-Tresen. Eine Tür führt zum Reisebüro, eine weitere Tür ist der
Ausgang und führt direkt nach Cyberion City. Intercom von der Abtei-
lung für Public Relations steht in der Mitte der Halle; tippe 'look
Intercom', wenn du Hinweise brauchst.
Anwesend:
Spark
Sparks Helfer, die Feuerfliege
koosh
Mymosh

Ramandu

Intercom

TourBot

Sichtbare Ausgänge:

Information, Ausgang, Tür zum Reisebüro

Spark sagt ''Hi!''

Du sagst ''Hi''

Spark sagt ''Kann es sein, daß du Howard bist?''

Du sagst ''Genau. Gerade angekommen!''

Spark sagt ''Gut so!''

Spark sagt ''Warte eine Sekunde''

Du sagst ''Worum gehts?''

Dein Armband-Kommunikator macht eine leise Ansage: ''Mache einen Drachenflug zu dem sagenumwobenen Planeten Pern, der Heimat des DrachenReiters von Pern! Abflüge der Drachenflüge von Abteilung 0-Arc 7 im Teleportations- und Transport-Center. Geh dorthin und 'winke Drachen', um einen kostenlosen Erkundungsflug nach Pern zu erhalten.''

Spark sagt ''Ich glaube, Aslan würde gern hi sagen und er sagt, er muß bald gehen.''

Aslan ist angekommen.

Während du gerade nicht hinschaust, erscheint Aslan.

Spark sagt ''Möchtest du hallo sagen?''

Spark sagt ''Verflixte Zauberer:)''

Aslan sagt ''Hallo Howard. Nett, dich kennenzulernen!''

Du sagst ''Hallo!''

Gast5 ist angekommen.

Gast5 verläßt die Haupttransporter-Anlage

Gast5 ist gegangen.

Aslan sagt ''Vielleicht hättest du gern einen Darsteller mit einem anderen Namen als Gast1?''

Du sagst ''Darüber muß ich erst einmal nachdenken. Der Name ist eine wichtige Sache. Im Moment versuche ich erst einmal, herauszubekommen, wo ich bin.;-)''

Aslan sagt ''Okay:)''

Aslan sagt ''Nun, ich muß gehen. Schön, daß du da bist. Ich nehme an, daß Spark dich herumführen wird.''

Du sagst ''Bis später.''

Spark sagt ''Ich würde dir raten, zunächst einmal eine Weile Gast zu bleiben. Du trägst dann ein Schild, auf dem steht: ''Sei nett zu mir, ich bin ein Gast'' ''

```
Aslan winkt.
Spark sagt ''Bye!''
Während du gerade nicht hinschaust, verschwindet Aslan.
Aslan geht nach Hause.
Aslan ist gegangen.
Spark winkt.
Du sagst ''Was ist los, ''Spark winkt?'' Wie machst du das?
Spark sagt ''Wenn du einen Doppelpunkt tippst, wie beispielsweise
'':winkt'', sehen wir alle, wie dein Darsteller diese Pose einnimmt.
:winkt
Gast1 winkt.
```

Aus diesem Ausschnitt aus einer MicroMUSE-Sitzung können Sie ersehen, daß, wenn jemand den Raum betritt, in dem Sie sich befinden, dies vom Computer bekanntgegeben wird. Sobald jemand den Raum betritt oder verläßt, erscheint auf dem Bildschirm aller anderen Mitspieler, deren Darsteller sich ebenfalls in diesem Raum befinden, eine Meldung. Es kommt also darauf an, wer sich in dem Raum befindet, in dem Sie ihre Gespräche führen, und Sie müssen sich umsehen und schauen, wer da ist. Cyberion City und die anderen MicroMUSE-Planeten bestehen aus mehreren Hundert miteinander verbundener Räume und es gibt sowohl sehr belebte Zonen, wie die Haupthalle, als auch private Bereiche, wie die Wohnungen der Bewohner von Cyberion City.

Wenn Leute kommen oder gehen, sprechen oder posieren, weiß dies jeder, der in demselben Raum ist. Oder, wenn ein magisches Objekt oder der Raum selbst so programmiert wurde, daß er auf bestimmte Wörter oder ein bestimmtes Verhalten reagiert, weiß dies jeder, der in demselben Raum ist. Die öffentliche Bekanntgabe, die meine Konversation mit Spark unterbrach, wurde über den öffentlichen Kanal gesendet, eine Art systemweiter CB-Funk. Es gibt eine ganze Reihe verschiedener Kanäle und jeder kann private Kanäle für sich selbst und seine Freunde oder für Arbeitsgruppen gründen. Kanäle können an- und ausgeschaltet werden und Sie können private Räume schaffen, in denen Sie sicher sein können, daß Ihre Unterhaltung von niemand Fremdem gehört wird – es sei denn, Sie werden gerade von einer ZauberIn ausspioniert.

Stundenlang wanderte ich durch Cyberion City, bevor ich einen ungefähren Eindruck von der Größe dieses Ortes hatte. Mein Darsteller, Pollenator, erhielt als neuer Einwohner genug Kredit, um eine Wohnung in einem der Wohnbezirke kaufen zu können. Moulton, der wohl einer der verantwortlichen Zauberer und Zauberinnen war (hier wurden sie allerdings Einwohner, Erbauer und Administratoren und nicht Newbies,

ZauberInnen und Götter genannt), erklärte mir den Befehl («dig»), mit dem ich ein paar Räume schaffen konnte, um Gäste zu empfangen und an Projekten zu arbeiten. An der Universität von Cyberion City gibt es einige Tutorials, deren Lerntempo man selber bestimmen kann, und es gibt auch ein Online-Glossar der Befehle, aber jeder sagt, daß man hauptsächlich lernt, indem man andere Einwohner fragt. Dieser MUD hat von sich selbst das Bild entworfen, eine Bildungskolonie zu sein, in der jeder jeden unterrichtet. Wenn man in Cyberion City landet, kann man der Charta den warnenden Hinweis entnehmen, daß es sich bei den Einwohnern um Kinder, Lehrer, Bibliothekare und sonstige Leute handelt, die ihren Spaß haben wollen, und daß jeder, der die Regeln der höflichen Kommunikation verletzt, damit rechnen muß, daß sein oder ihr Darsteller entfernt wird. Im Vergleich zu dem rauhen Klima in WELL, im Usenet oder einem ernsten Abenteuer-MUD ist es ein vollkommen anderes Gefühl, sich an einem neuen Ort zurechtzufinden, an dem jeder sofort seine Arbeit oder sonstige Aktivität unterbricht, um den Neuankömmling herumzuführen.

Ich traf einige andere Darsteller, während ich mich umsah und langsam heimisch wurde. Ich freundete mich mit Eri an, einer Bibliothekarin aus Nord Carolina, die einen recht boshaften Humor hat: Auf dem Fußboden ihres Wohnraums in Cyberion City befindet sich ein Schild mit der Aufschrift: «Achtung, schwarzes Loch». Wenn man den Fehler macht, in das schwarze Loch hineinzusehen, fällt man in den Keller, in dem man mit dem «look»-Befehl lediglich die Auskunft «Im Keller ist es dunkel» erhält. Wenn man es mit «abrakadabra» oder «hokuspokus» versucht, erhält man die Meldung «Sag das magische Wort, das deine Mammi dich gelehrt hat». Sagt man schließlich «bitte», wird man wieder aus dem schwarzen Loch in Eris Wohnzimmer entlassen.

Moulton zeigte mir, wie der MUSEcode verwendet werden muß, um Objekte zu erfinden – eine Angelegenheit, die für jemanden wie mich, der nicht programmieren kann, zunächst frustrierend rätselhaft war. Auf Teenager, die ständig auf der Suche nach einer neuen kniffligen Denksportaufgabe sind, scheint MUSEcode eine große Anziehungskraft auszuüben. In sozialen MUDs ist es eine große Belohnung, wenn man ein Werkzeug oder Spielzeug oder etwas anderes Erstaunliches schafft, das die anderen kaufen oder kopieren oder sich ausleihen möchten. Wenn Sie sich als weibliches Wesen ausgeben, kommt es vor, daß Zauberer Ihnen magische Objekte schenken, mit denen Sie schnell von Ort zu Ort gelangen können oder die Sie vor irgendwelchen Angriffen schützen.

Während Moulton mir zeigte, wie ich einer der Raumkonstrukteure von Cyberion City werden könnte, fragte ich ihn, wie er dazu gekommen war, bei MUSE mitzumachen. Moulton, IRL Barry Kort, hatte eine zwanzigjährige Karriere als Netzspezialist bei den Bell Laboratories, dem Raumzentrum der NASA und MITRE, einer der großen Software-Denkfabriken hinter sich. In den späten achtziger Jahren verspürte er das Bedürfnis, etwas für den Zustand der Welt zu tun. Er beschloß, sich auf Bildungsfragen zu konzentrieren, ein Gebiet, wo er vermutlich sein Fachwissen würde nutzbar machen können. In unserer Gesellschaft besteht ein großer Bedarf und zugleich ein großer Mangel an wissenschaftlicher Bildung. Er wußte, daß leistungsfähige Netztechnologie, kombiniert mit Computersimulation, ein riesiges, noch lange nicht ausgeschöpftes Bildungspotential darstellt. Er geriet rein zufällig zu den MUDs und kam zu der Überzeugung, daß ihre Technik für etwas von größerem sozialen Wert verwendet werden könnte. In einem dieser MUDs lernte er Stan Lim kennen, der sich an der California State University auf Systementwicklung spezialisiert hatte. Sie begannen, eine neue Art MUD zu konzipieren.

Schon vor einigen Jahren hat Kort seine Karriere als Netzspezialist aufgegeben. Einen Teil seiner Zeit verbringt er mit einer ehrenamtlichen Tätigkeit im Computermuseum von Boston; seine sonstige Zeit verbringt er damit, MicroMUSE aufzubauen, das Computer-Universum, in dem sich Cyberion City (zusammen mit anderen Planeten und Kolonien) entwickelt. Er hat die Möglichkeit, Hardware und Internet-Verbindungen im KI-Laboratorium von MIT zu benutzen, und ein Büro bei der EDV-Beratungsfirma Bolt, Beranek und Newman in Cambridge – wo vor zwanzig Jahren die ersten Computernetze entwickelt wurden.

Bei seinen autodidaktischen pädagogischen Studien stieß Kort auf den Schweizer Entwicklungspsychologen Jean Piaget, der jahrzehntelang beobachtete, wie Kinder spielen. Er fand heraus, daß Kinder lernen, indem sie die Welt erforschen und mit ihr spielen und daß es möglich ist, die zur spielerischen Entdeckung einladende Umgebung so zu gestalten, daß einige der traditionellen Lehrinhalte vermittelt werden können. Die Anhänger Piagets sind davon überzeugt, daß Kinder mehr Wissensinhalte in einem kürzeren Zeitabschnitt begreifen, wenn sie ihnen als eine Welt präsentiert werden, die sie entdecken können, und nicht als Pensum, das auswendiggelernt werden muß. Daß manche Leute so viele Stunden im MUD verbringen und sogar ihre anderen Pflichten vernachlässigen, war laut Kort ein Beweis dafür, wie wirkungsvoll dieses Medium eingesetzt werden konnte – man mußte sich nur vor

Augen führen, welche Mühe die Leute auf sich nahmen, um die esoterischen MUD-Codes zu erlernen.

«Ich wußte», erzählte mir Kort während einer unserer Treffen, bei denen wir weiter an MicroMUSE bauten, «daß Kinder enorm schnell lernen würden, und daß sie eine Menge Fähigkeiten und viel Wissen erwerben würden.» Kort war aber auch daran interessiert, eine Gemeinschaft zu gründen. Die Online-Bildung sollte auch darauf abzielen, eine Online-Gemeinschaft zu gründen.

Kort und Lim orientierten die Regeln von MicroMUSE, der Simulationsumgebung von Cyberion City, an dem Children's Television Workshop – und schufen ein nicht kommerzielles, nicht profitorientiertes Unternehmen, das die in Netzen schlummernden Bildungsmöglichkeiten ausschöpfen sollte. Dieses Regelwerk – von allen zukünftigen Einwohnern zu lesen – war ein demokratischer, aber dennoch für alle verbindlicher Verhaltenskodex, und das persönliche Engagement, das die Architekten von MicroMUSE aufbrachten, setzte die Maßstäbe für eine neue Spielart von MUDs. Anstelle von Schlachtfeldern findet man hier ein Wissenschaftsmuseum, in dem Kinder mit Computersimulationen spielen können, die naturwissenschaftliche Gesetzmäßigkeiten lehren; an der Universität einige MUSEcode-Tutorials, deren Lerntempo man selber bestimmen kann; Spielplätze, magische Königreiche, sogar Weltraumhäfen, wo man sich einschiffen kann, um zu anderen MUSE-Planeten zu fliegen.

Das gesamte MicroMUSE-Universum, in dem sich Cyberion City befindet, ist auf mehr als zweitausend Einwohner aus der ganzen Welt angewachsen. Sie können bis zu einhundert Objekte schaffen. Wenn sie noch darüber hinausgehen wollen, werden sie aufgefordert, etwas von Wert für die Allgemeinheit zu schaffen. Wissenschaftszentrum, Museum, Universität, Einkaufszentrum, Vergnügungsviertel, Regenwald, Yellowstone-Park und Planetarium sind Werke, mit denen sich Einwohner als Erbauer qualifizierten.

Die traditionellen Abenteuer-MUDs haben alle eine Spielstruktur, die eine bestimmte Anzahl von «Erfahrungs»-Punkten fordert, wenn die Spieler mit mehr Macht und Prestige ausgestattet werden wollen. In der blutigsten aller MUD-Welten, im MUD1, das an der Universität Essex geschaffen wurde, runzelt man die Stirn, wenn jemand Erfahrungs-Punkte sammelt, indem er einen unerfahrenen Spieler köpft. In einigen anderen Welten wundert man sich über gar nichts. Man kann sich wie in einem Horrorfilm vorkommen.

Wenn es nur MUDs gäbe, in denen man gewalttätige Ersatzhandlungen und andere antisoziale Verhaltensweisen an den Tag legen kann, wäre die Entscheidung, wie man mit ihnen in den staatlich geförderten und universitären Netzen verfahren soll, nicht so schwer zu beantworten. Doch die Entwicklung der MUDs verzweigte sich, als entdeckt wurde, daß mit derselben Technologie weniger blutrünstige Interaktionen realisiert werden können.

Das Genre der sozialen MUDs, in dem zwar auch hierarchische Machtstrukturen vorkommen können, in dem es aber keine vorgegebenen Ziele und kein Punktesystem gibt, entwickelte sich, nachdem James Aspnes von der Universität Carnegie-Mellon 1988 TinyMUD geschaffen hatte. Ausgehend von egalitären und gewaltfreien Werten, entwickelte Aspnes eine Vielzahl unterschiedlicher MUD-Welten und neuer MUD-Sprachen. In dem Moment, als jeder MUD-Einwohner, nicht nur die ZauberInnen, am Aufbau des Spiels teilnehmen konnte, und als Raub und Mord keinen Gewinn mehr brachten, entstand auch eine neue Spezies von MUD-Enthusiasten.

Amy Bruckman richtete an Aspnes die Frage, wie sich diese Ideale entwickelt hätten – ob sie durch das Design beabsichtigt waren oder sich zufällig durch die Mitglieder der ersten TinyMUD-Gemeinschaft ergaben –, und er verriet folgendes:

> Die meisten Abenteuerspiele und früheren MUDs hatten irgendein Punktesystem, aus dem sich soziale Ränge und oft auch besondere Privilegien ableiteten; solch ein System wollte ich nicht, nicht aufgrund ausgeprägter egalitärer Ideale (obgleich ich denke, daß es triftige egalitäre Argumente gegen die Prinzipien der traditionellen MUDs gibt), sondern weil ich ein Spiel mit offenem Ausgang schaffen wollte, und jedes Punktesystem das Problem mit sich brachte, daß irgendwann jeder Spieler den höchsten Rang beziehungsweise die höchste Entwicklungsstufe erreicht hatte und das Spiel für ihn damit beendet war, wenn er nicht neue Motive fand, mitzuspielen. Dieser Ansatz zog Leute an, die für Gleichheit waren und stieß Spieler ab, die Punkte gewinnen und andere Spieler ausstechen wollten – ich habe durchaus einen «score»-Befehl eingebaut, weil fast jeder diesen Befehl ausprobierte, doch die meisten Spieler merkten bald, daß es sich um einen Scherz handelte. Ich glaube, daß dieser Ansatz eine Art natürlicher Auslese mit sich brachte, die schließlich zu den egalitären Idealen führte. Ich mag das, aber es war nicht mein eigentliches Ziel.

Bruckman schlußfolgerte aus dieser Äußerung von Aspnes, «daß sie Langdon Winners Feststellung bestätigen, Artefakte hätten politische Implikationen. Die Änderungen an der MUD-Software waren die Grundlage für andere Interaktionsstile, zogen Menschen mit anderen Persönlichkeitsmerkmalen an und förderten die ethische Seite der Gemeinschaft zutage. Das Software-Design übte starken Einfluß darauf aus, was zutage trat.»

Richard Bartle äußert sich nicht über soziale MUDs, aber er hat eine dezidierte Meinung zu MUDs als Spiele. In einem Gespräch mit dem Autor betonte er mehrfach, daß das MUDden, so wie er es ursprünglich konzipierte, seinen eigentlichen Witz verliert, wenn nicht mehr die Möglichkeit besteht, daß ein Spieler sterben kann. Die Menschen benutzen solche MUDs als soziale Spielzeuge oder als Theater, doch nach Bartles Meinung handelt es sich um kein Spiel mehr. Diese unterschiedlichen Betrachtungsweisen führten dazu, daß sich die Evolution der MUDs in zwei verschiedene Richtungen verzweigte, und von beiden Richtungen – der Abenteuer- und der sozialen MUD-Variante – ist zu erwarten, daß sie sich weiterentwickeln werden.

Wenn man nicht nur kommuniziert, sondern virtuelle Objekte in virtuellen Gebäuden in virtuellen Königreichen schafft, ist der Speicherbedarf dieser Datenbanken enorm. MUDs bedeuten für die Hosts, auf denen sie ausgeführt werden, daß das Datenaufkommen im Telekommunikationsnetz und die Belastung des Arbeitsspeichers enorm steigen. Eines der berühmtesten gewaltlosen MUDs, Islandia, ein TinyMUD der Universität Berkeley in Kalifornien, wuchs auf dreitausend Spieler an, von denen die Hälfte aktiv waren, und die Datenbank mußte 14.900 Zimmer beherbergen. An der Amherst-Universität führte die Kombination von Suchtgefahr und Systembelastung dazu, daß das MUDden von dort verbannt wurde. Für die Verbannung der MUDs aus ganz Australien war die offizielle Begründung, das hohe Datenaufkommen im Telekommunikationsnetz. Das regionale Telofonnetz Australiens ist über Satellit mit Internet und damit mit den Hauptnetzen der anderen Kontinente verbunden; die Kosten dafür werden zur Hälfte von der NASA getragen, die Australien aufforderte, die großen Steigerungsraten des Datenaufkommens zu reduzieren. MUDs hatten auf der Prioritätenliste der australischen Netzverwaltung, in der die «akzeptablen» Verwendungszwecke von Internet klassifiziert werden, einen sehr geringen Stellenwert.

Daß im MUD das Spiel mit der sexuellen Identität einen vorrangigen Stellenwert hat, ist einer der Gründe, warum konservative Autoritäten das MUDden mit Universitätscomputern unterbinden. Die Vortäuschung eines anderen Geschlechts und andere Betrügereien sind in Cyberspace nichts Neues. Richard Bartle erzählte mir die Geschichte von «Sue», die in den frühen achtziger Jahren so viele Köpfe verdreht und Herzen hatte höher schlagen lassen:

Sue lebte in Südwales, also weit entfernt vom Rest der MUD-Gemeinschaft, lange Ferngespräche entfernt. Und Sue schaffte den ganzen Weg nach oben, zur Position des Spielverwalters, «Arch Witch». Sie schrieb jedem Briefe, lange, altmodische Briefe auf Papier. Sie legte Fotos von sich bei. Sie sieht ziemlich gut aus. Für uns war Sue weiblichen Geschlechts. Einer unserer Zauberer verliebte sich bis über beide Ohren in Sue, schickte Fotos, Geschenke und so weiter und Blumen, und er machte ihr sogar einen Heiratsantrag. Dann verhielt sich Sue plötzlich vollkommen anders, als gewohnt. Und plötzlich sagte sie, daß sie als Aupair nach Schweden gehen würde, und das war's. Wir hörten nichts mehr von ihr, was uns verdächtig vorkam.

Eine Gruppe ZauberInnen trug Fakten aus Sues Briefen zusammen, daß ihr Vater eine Fabrik besaß, und du weißt ja, daß sie in Südwales lebt, und wir hatten die Adresse, an die wir geschrieben hatten. Einige von uns fuhren hin – ich war nicht dabei –, um Sue zu besuchen, klopften an, und diese Frau öffnete die Tür. «Hallo, wir wollen Sue besuchen» Die Frau sagt: «Sie kommen besser herein. Der Name von Sue ist leider Steve, und er ist verhaftet worden und wird beschuldigt, im Verkehrsministerium Unterschlagungen begangen zu haben. Im Moment ist er im Gefängnis. Ich bin seine Frau.»

Die Möglichkeit des elektronischen Betrugs, sich die intimsten Geheimnisse anderer Menschen zu erschleichen, gehört zum Wesen dieser Technologie. Es handelt sich bei den Schwindlern nicht nur um ein paar Leute. Wenn man die *messageries roses* in Paris und weltweit die elektronischen Plauderdienste und Bulletin-Board-Systeme zusammenzählt, gehen die Online-Geschlechtsumwandlungen in die Hunderttausende. Einige täuschen perfekt genug, um eine ganze virtuelle Gemeinschaft auf den Kopf zu stellen.

Im Oktober 1985, WELL war gerade sechs Monate alt, erschien in der Zeitschrift *Ms.* die Geschichte «The Strange Case of the Electronic Lover» (Der merkwürdige Fall eines elektronischen Liebhabers) von Lindsy Van Gelder – ein warnendes Beispiel für alle, die sich in virtuelle Gemeinschaften hineinwagen.

Van Gelder hatte die Welten der Online-Kommunikation untersucht und war auf den CB-Kanal in CompuServe gestoßen. CompuServe ist ein internationaler Informationsdienst, der EMail, Konferenzsysteme und einen Plauderdienst anbietet, der dem CB-Funk der siebziger Jahre nachempfunden ist. 1985 hatte CompuServe bereits mehr als einhunderttausend Mitglieder – die drei- bis fünfmal so viel zahlten wie WELL verlangte. Eine der aktiven Mitglieder, die Van Gelder kennenlernte, war

Joan, bei CompuServe eine Berühmtheit. Nachdem sie sie in einer großangelegten öffentlichen Plaudersitzung getroffen hatte, lud sie sie zu einem privaten Gespräch ein. Sie erfuhr, daß Joan Neurologin war, Ende zwanzig, in New York lebte und nach einem Autounfall entstellt, behindert und stumm geblieben war. Der betrunkene Täter hatte Fahrerflucht begangen. Joans Pfleger hatte ihr einen Computer, ein Modem und eine Mitgliedschaft bei CompuServe besorgt, wo sie sofort aufgeblüht war. Van Gelder zitierte viele von Joans Freunden und berichtete, daß Joan nicht nur für Hunderte von Leuten eine Quelle der Klugheit und menschlicher Wärme war, sondern sogar eine Art Online-Charisma hatte. Joan sprach die Menschen in einer besonderen Weise an, gewann sehr schnell ihr Vertrauen und half ihnen mit vielen wertvollen Ratschlägen, besonders andere behinderte Frauen. Sie änderte das Leben der Menschen. Daher war es ein Schock für die CB-Gemeinschaft, als Joan enttarnt wurde und sich herausstellte, daß sie IRL weder behindert noch entstellt oder taub war und auch nicht weiblichen Geschlechts. Joan war ein New Yorker Psychiater, Alex, der von seinen eigenen Experimenten besessen war, davon, als Frau behandelt zu werden und an Frauenfreundschaften teilzuhaben.

Die wütende Reaktion, die auf Joans Enttarnung folgte, bezog sich zunächst auf die Zerstörung der direkten Bekanntschaften Joans, Freundschaften, deren enge Vertrautheit auf perfekter Täuschung beruhte. Es gab jedoch auch noch den Betrug, der in dem indirekten Angriff auf das Vertrauen bestand, das für jede Gruppe essentiell ist, die sich als Gemeinschaft versteht. Van Gelder formulierte dies so: «Sogar jene, die Joan kaum kannten, fühlten sich von Alex' Täuschung betroffen – und irgendwie betrogen. Viele von uns Online-Leuten glauben, daß wir eine utopische Gemeinschaft der Zukunft darstellen, und Alex' Experiment machte uns allen deutlich, daß Technologie nicht vor Betrug schützt. Wir verloren unsere Unschuld, wenn nicht sogar unseren Glauben.» Van Gelder zitierte eine andere Frau, eine der besten Freundinnen Joans, die dem Interview nur zustimmte, weil sie folgendes deutlich machen wollte: «Obwohl ich glaube, daß es ein wunderbares Medium ist, ist es dennoch gefährlich, und es ist für Frauen gefährlicher als für Männer. Männer sind in dieser Gesellschaft mehr auf diese Art von Schwindel vorbereitet, während Frauen so disponiert werden, daß andere von ihren Zweifeln profitieren können.»

Ich persönlich finde, daß die wichtige Erkenntnis darin besteht, daß CMC nicht vor Betrug schützt. Diese Erkenntnis kann für die vielen Menschen, die gerade erst in Cyberspace heimisch werden, eine wichtige Immunisierung gegen seine Gefahren bedeuten. Daß sich in jeder virtuellen Gemeinschaft clevere Betrüger aufhalten, muß allgemeines Bewußtsein werden, bevor die Online-Gemeinschaft ein kollektives Immunsystem entwickeln kann. Menschen, die heute virtuellen Gemeinschaften beitreten, werden kaum formelle Regeln mitgeteilt, die sie auf die Feinheiten von Online-Beziehungen, wie Identitätsschwindel, vorbereiten würden. Die beste Antwort der Online-Welt wäre es, Normen zu formulieren und zu verbreiten, so daß Neulinge sich die dunkleren Seiten der Chance klarmachen könnten, Freunde zu finden, die man nicht sehen kann. Obwohl die CMC-Technologie ein Mittel an die Hand gibt, andere zu täuschen, hat doch der besondere Stellenwert, den die Geschlechterrollen und die Vortäuschung eines anderen Geschlechts haben, seine Ursachen in sozialen Gegebenheiten, die weit über die Technologie hinausgehen, die sie ins Rampenlicht stellt. Dennoch ist die Möglichkeit des Betrugs Konstruktionsprinzip des Mediums. Wenn Entdecker von Cyberspace dies ignorieren, so tun sie dies auf eigene Gefahr.

Van Gelders Artikel ist vor fast einem Jahrzehnt erschienen, und es ist mehr als zehn Jahre her, daß Sue aus MUD1 enttarnt wurde. Vortäuschung eines anderen Geschlechts ist so häufig, daß Darstellern, die sich als Frau präsentieren, in der Regel unterstellt wird, daß sie lügen, bis sie das Gegenteil beweisen können. Pavel Curtis stellte 1992 in einem Aufsatz Vermutungen an, warum die virtuellen Geschlechtsumwandlungen bleibendes Phänomen der MUDs sind:

> Es ist offensichtlich, daß die große Mehrzahl der Spieler männlich ist, und die Mehrheit von ihnen präsentiert sich auch so. Einige Männer nutzen jedoch die Tatsache aus, daß Frauen in MUDs relativ selten anzutreffen sind, und präsentieren sich als Frauen, um sich bis zu einem gewissen Grad aus der Masse herauszuheben. Einige tun dies nur aus Spaß daran, andere zu täuschen, doch andere gehen so weit zu versuchen, andere Spieler, die sich männlich präsentieren, in explizit sexuelle Gespräche und Interaktionen zu verwickeln. Dies ist in der Tat derart verbreitet, daß es naheliegend ist, jeden flirtenden Spieler, der sich als Frau präsentiert, für jemanden zu halten, der im realen Leben ein Mann ist. Daher werden diese Spielerinnen oft verachtet. Einige MUD-Spieler haben mir gegenüber die Vermutung geäußert, daß in transvestierenden Flirts vielleicht Männer ihre eigenen (auch latenten) homosexuellen Bedürfnisse oder Phantasien ausleben und die perfekte Anonymität der MUD-Umgebungen ausnutzen, um auszuprobieren, wie es ist, sich anderen Männern zu nähern. Ich habe diese Art von Gesprächen nie persönlich erlebt und noch weniger die Gelegenheit gehabt, die Motive der Spieler zu ergründen, doch scheint mir diese Theorie plausibel zu sein,

wenn man an all die anderen Formen denkt, in denen die Anonymität der MUDs es Menschen ermöglicht, ihre Hemmungen zu überwinden.

Andere Männer präsentieren sich als Frauen eher aus Neugier, als um zu betrügen; sie möchten erleben, «wie die andere Hälfte lebt», wie es ist, in einer Gemeinschaft als weibliches Wesen behandelt zu werden. Nach allem, was ich gehört habe, sind diese Experimente sehr erfolgreich.

Spieler, die sich als Frauen präsentieren, haben mir erzählt, daß sie häufig sowohl Belästigungen ausgesetzt sind, als auch bevorzugt werden. Einer berichtete, daß er beobachtet hatte, wie zwei neue Spieler im MUD ankamen, der eine präsentierte sich als Frau, der andere als Mann. Die anderen Spieler im Raum begannen sofort eine Unterhaltung mit der angeblichen Frau und boten ihr an, sie herumzuführen, während sie den Mann vollständig ignorierten und er sich allein zurechtfinden mußte. Und andererseits – wohl hauptsächlich deswegen, weil so viele männliche Spieler sich als Frauen ausgeben – berichten viele Spielerinnen, daß sie häufig (und manchmal recht aggressiv) herausgefordert werden, zu «beweisen», daß sie wirklich weiblichen Geschlechts sind. Soweit ich weiß, werden männliche Darsteller, wenn überhaupt, kaum herausgefordert, einen entsprechenden Beweis anzutreten.

IRL-Romanzen, manchmal sogar über Kontinente hinweg, sind in MUD-Kreisen keine Seltenheit. Auch Online-Ehen, mit und ohne Hochzeiten der wirklichen Personen, sind nichts Neues. In allen Teilen der Welt gibt es heute Menschen, die miteinander verheiratet sind, weil sie sich im MUD kennengelernt und ineinander verliebt haben, bevor sie sich von Angesicht zu Angesicht gesehen hatten. Die Technik, die Scheidungen verursacht, kann die Menschen auch verbinden.

Warum tun die Leute so, als wären sie Darsteller einer Fernsehserie? Der internationale, generationenübergreifende Kult der Star-Trekking-Enthusiasten, der Trekkies, ist vielleicht die bekannteste «Fan-Kultur» der realen Welt. Die Fans geben Newsletters (Rundschreiben) und Fanzines (Fan-Magazine) heraus und veranstalten Kongresse. In der Fernsehsendung «Saturday Night Live» machte man sich über sie lustig, als William Shatner, der den Captain Kirk in *Raumschiff Enterprise* spielte, einem fiktiven Auditorium eines fiktiven Trekky-Kongresses empfahl, «sich dem Leben zu stellen».

Eine ehrliche Antwort auf die Frage, ob «diese Leute wirklich leben» lautet, daß den meisten Menschen kein besonders glanzvolles Leben geboten wird. Sie arbeiten und assistieren, sie sind einsam oder verängstigt, schüchtern oder unattraktiv oder sie halten sich dafür. Oder sie sind einfach anders. An dem Phänomen der «Fans» wird deutlich, daß nicht jeder ein Leben führen will, wie es vom Mainstream definiert wird; manche Leute steigen einfach aus und versuchen, ein alternatives Leben zu führen. Der Deadhead-Kult würdigt diesen Mangel an Konformität mit den normalen gesellschaftlichen Erwartungen als «misfit power», Stärke der Unangepaßten. Anhand welcher Kriterien kann beurteilt werden, ob eine Fan-Kultur konstruktiv und gemeinschaftsbildend ist oder pathologischer Eskapismus, und wer spricht das Urteil? In Studentenkreisen werden diese Fragen bei der Auseinandersetzung mit Rezipiententheorien lebhaft diskutiert.

Auf das Phänomen der Fan-Kulturen wurde ich von Amy Bruckman aufmerksam gemacht, als ich nach Gründen forschte, warum so viele Menschen vom MUD fasziniert, manche sogar davon besessen sind. In ihrer Magisterarbeit «Identity Workshops» (Identitätswerkstätten) zitiert Bruckman aus der Arbeit von Henry Jenkins, der sich mit Fan-Kulturen beschäftigt hat und liefert damit einen Beitrag für das Verständnis des harten Kerns der MUD-Kultur und ihrer aktuellen Anziehungskraft.

Warum sind diese fiktiven Welten so beliebt? Fans von *Raumschiff Enterprise* fahren zu Kongressen, schreiben Geschichten und Romane, machen Videos und schreiben Lieder über die *Raumschiff-Enterprise*-Welt. In seiner Arbeit «Schreibtisch-Wilderer, Fernseh-Fans und die Kultur der Mitbestimmung» analysiert Henry Jenkins die Fan-Kultur unter besonderer Berücksichtigung der Lese- und Schreibgewohnheiten von Fans. Wie die MUDs ist auch die Welt der Fan-Kulturen eine alternative Realität, die viele der Teilnehmer als erheblich fesselnder empfinden als ihre profanen Lebensumstände. Die Zusammenfassung des Artikels über die Schreibtisch-Wilderer trägt die Überschrift «'In meiner Wochenendwelt...': Revision der Urteile über Fan-Kulturen» und als Motto das folgende Epigramm eines Fans. Sie schreibt:

Eine Stunde in einer Scheinwelt
In dieser freundlichen Kongreßhalle
Mein Kopf ist frei, zu denken
Und ich fühle intensiv
Eine Vertrautheit, nie gefunden
In ihren stummen Räumen
In einem Jahr oder mehr
In dem, was sie Realität nennen

In meiner Wochenendwelt
Die sie Scheinwelt nennen
Treffe ich jene, die mit mir
Meine Visionen teilen.
In ihrem Real-Time-Leben

Von dem sie sagen, daß es real sei
Haben die Dinge, die ihnen wichtig sind
Für mich keine Realität

Jenkins sagt zu diesem Lied eines Fans, daß es «ihre Erkenntnis ausdrückt, daß Fan-Kulturen nicht so sehr der Realitätsflucht dienen, sondern eine alternative Realität sind, die humanere und demokratischere Werte hat als die reale Gesellschaft.» Die Autorin des Liedes «zieht Kraft und Selbstbewußtsein aus der Zeit, die sie in der Fan-Kultur verbringt. Fan zu sein hilft ihr dabei, angesichts der Unwürde und Einsamkeit des Alltags psychisch stabil zu bleiben.»

Bruckman schreibt, daß «Jenkins These gewagt» sei und sie nicht wisse, ob «die Aussage auf Fan-Kulturen zutrifft oder auf die Welt des MUDs übertragbar ist. Es ist jedoch wichtig, zu erkennen, daß Urteile darüber, ob jemand seine Zeit nützlich verbringt, Werturteile sind. Oft maskieren sie lediglich einen *Geschmack*, und ihre politischen und ethischen Implikationen müssen in Frage gestellt werden.» Deutlich wird dies auch, wenn man sich einmal vorstellt, daß die Oberschicht des elisabethanischen England sich totgelacht hätte, wenn jemand gesagt hätte, daß der vulgäre Shakespeare Jahrhunderte später als großer Dichter anerkannt sein würde; wer kann behaupten, daß MUDs und andere außerirdische Vorposten, wie die Fan-Kulturen, nicht genauso legitim sind wie das elisabethanische Theater? Shakespeare ist wegen seiner Erkenntnisse und seiner Sprachgewalt in die Weltgeschichte des Theaters eingegangen und nicht, weil seine Zeitgenossen ihn als «großen Künstler» beurteilten, der dem «guten Geschmack» entsprach.

Ein anderer Beobachter der gesellschaftlichen Entwicklung, Kenneth J. Gergin, betrachtet die Art, wie die Kommunikationstechnologie die menschliche Psyche verändert, allgemeiner. Er verwendet den Begriff «Technologien der sozialen Übersättigung», um die von den Medien vorangetriebene Hektik in unseren zwischenmenschlichen Beziehungen zu kennzeichnen. In *Das übersättigte Ich: Identitätsdilemmas der Gegenwart* argumentiert er, daß die modernen Kommunikationsmedien den Durchschnittsmenschen mit den «Meinungen, Werten und Lebensstilen anderer» konfrontieren. Es ist offensichtlich, daß viele von uns täglich per Telefon, Fax, und EMail mit mehr Menschen kommunizieren, als dies unsere Urgroßeltern in einem Monat, Jahr oder gar Leben getan haben. Nach Gergin ist die soziale Übersättigung Folge davon, daß wir die Identitäten von mehr Menschen internalisieren, als dies jemals andere Menschen getan haben. Gergin behauptet, daß unser Ich von vielen anderen «bevölkert» wird.

Ich weiß nicht, ob Kenneth J. Gergin jemals von MUDs gehört hat, aber der folgende Abschnitt kann als weiterer Schlüssel dienen, um herauszufinden, welche Änderungen der menschlichen Persönlichkeit von den MUDs reflektiert werden:

> Soziale Übersättigung entsteht, wenn die Tage mit einer ständig wachsenden großen Zahl verschiedener intensiver Beziehungen überfüllt sind. Um das Ausmaß der kulturellen Veränderungen und die wahrscheinliche zukünftige Entwicklung vollständig zu erfassen, muß man sich zunächst auf den technologischen Kontext konzentrieren, weil eine Vielzahl technologischer Innovationen zu einer enormen Inflation der Beziehungen geführt hat....
> Während die soziale Übersättigung voranschreitet, werden wir im wahrsten Sinne des Wortes zu Karrikaturen, zu Imitationen voneinander. Im Gedächtnis bleiben weitere Muster des Ich-Seins. Sobald die Bedingungen günstig sind, können wir diese Muster aktivieren. Jeder von uns wird der andere, als Repräsentant oder als Ersatz. Allgemeiner ausgedrückt, ist in diesem Jahrhundert unser Selbst zunehmend von den Charakteren anderer bevölkert worden. Wir sind nicht eins, auch nicht wenige, sondern wir haben, wie Walt Whitman sagte, «vielfache Identitäten». Wir erscheinen einander als einzelne Identitäten, einzigartig und aus einem einheitlichen Stoff gemacht. Mit der sozialen Übersättigung geht jedoch einher, daß wir zu Trägern einer großen Zahl von Potentialen werden – eine Blues-Sängerin zu sein, ein Zigeuner, ein Aristokrat oder ein Krimineller. All diese Identitäten sind latent und werden unter bestimmten Umständen zum Leben erweckt.

Im MUD werden diese latenten Identitäten von der Technologie freigesetzt. Und wie lebendig sie sind!

Weil sich das Medium in einer außerordentlich kreativen Entwicklung befindet, ist es gefährlich, die Zukunft der MUDs aus den aktuellen Realisierungen der Technologie abzuleiten. Die sozialen und Abenteuer-MUDs sind lediglich die Ahnen. Niemand kann vorhersagen, welche Varianten und Mutanten diese Technologie einige Generationen später hervorgebracht haben wird.

Im Sommer 1992 begann im PARC von Xerox, wo Pavel Curtis sein LambdaMOO-Experiment durchgeführt hatte, das Projekt Jupiter – ein Mulitimedia –, sich international ausbreitender MUD, gedacht als Arbeitsmittel für Entwickler der virtuellen Arbeitsplätze der Zukunft.

Curtis ist derzeit damit beschäftigt, den LambdaMOO-Server anzupassen, um ihn für ein internationales Telekonferenz- und Bilderdatenbank-System für Astronomen zu benutzen. Dies würde es den Wissenschaftlern ermöglichen, weltweit Online-Präsentationen ihrer Forschungsergebnisse zu geben, mit Dias und Illustrationen, die auf dem Bildschirm jedes Teilnehmers erscheinen. «Dasselbe Verfahren könnte auch verwendet werden, um für Wissenschaftler anderer Richtungen Online-Treffpunkte zu schaffen, ebenso wie für andere nicht wissenschaftliche Gemeinschaften», schrieb Curtis. «Ich glaube nicht, daß wir die einzigen sind, die in dieser Richtung forschen. In naher Zukunft, höchstens ein paar Jahren, werden solche spezialisierten virtuellen Realitäten zumindest in der akademischen Gemeinschaft alltäglich und allgemein akzeptiert sein.»

Ein weiterer Forschungsansatz im PARC besteht darin, virtuelle Realität zu verwenden, um die geographischen Barrieren großer Gebäude oder zwischen den Menschen zu überwinden, die in zunehmenden Maße zuhause arbeiten, indem MUDs durch digitalisierte Stimmen ergänzt werden. Befinden sich zwei Leute in demselben virtuellen Raum, werden die Audio-Kanäle ihrer Computer miteinander verbunden.

Xerox-PARC, in dem in den siebziger Jahren PCs und lokale Netze erfunden wurden, hat in Cambridge, England, ein Schwesterforschungsinstitut, das genau in dieses große Projekt paßt, zukünftig die Xerox-Forscher weltweit in einem virtuellen Multimedia-Büro zusammenzuschließen.

Als ich 1992 EuroPARC in Cambridge besuchte, bekam ich einen Eindruck davon, was es bedeutet, die Netzwelt auf Video-Niveau zu heben. An dem Tag führte mich Paul Dourish herum, Informatiker aus Schottland, Deadhead und Netz-Enthusiast, so daß wir zwei sich überschneidende Kult-Themen hatten, über die wir plaudern konnten, während ich mich dort akklimatisierte. In seinem Büro saß Paul vor einem riesigen Bildschirm, auf dem diverse Fenster geöffnet waren, die Dokumente zeigten und Teile des Netzes. Links davon stand ein weiterer, fast genauso großer Bildschirm, auf dem ein Videobild zu sehen war. Als wir das Büro betraten, war der Gemeinschaftsraum des Labors zu sehen, der sich ein Stockwerk tiefer befand. Über dem Videobildschirm war das Objektiv einer Kamera zu sehen.

Ungefähr eine Minute, nachdem wir begonnen hatten, uns zu unterhalten, hörten wir ein knarzendes Geräusch, wie wenn eine sehr alte Holztür geöffnet würde. Er erklärte mir, daß dies das gebräuchlichste einer Reihe von Geräuschen war, die den EuroPARC-Forschern zur Verfügung standen, um zu signalisieren, daß sie von jemandem beobachtet wurden.

«Es ist wichtig, etwas so Indiskretes wie Video-Technologie in deinem Büro unter sozialer Kontrolle zu halten», erklärte mir Dourish und rief ein Menü mit Kommunikations-Optionen auf. Auf dem Bildschirm sah ich eine Liste von Namen. Einige waren durch eine kleine Marke gekennzeichnet.

«In dem Dienstplan der Leute, die zur Technik Zugang haben, kann ich diejenigen auswählen, die bei mir zur Tür reingucken dürfen», fuhr Dourish fort. «Reingucken» bedeutet, daß die autorisierte Person, wann immer sie will, zwei Sekunden lang ins Büro gucken darf. Es entspricht dem kurzen Blick durch die Bürotür, um zu sehen, ob man beschäftigt ist oder Zeit für ein Gespräch hat. Er zeigte mir das Menü, aus dem er das knarzende Geräusch ausgewählt hatte, das ihn darauf aufmerksam machte, daß jemand reinguckte. Und er zeigte mir das ultimative Mittel, um soziale Kontrolle über die Technologie auf seinem Schreibtisch auszuüben – die Schutzkappe für das Objektiv.

Das nächste Mal, als es knarzte, sah Dourish auf den Bildschirm unter der Kamera und begann zu sprechen. Die Szene auf dem Bildschirm wechselte von der Einstellung, die den Gemeinschaftssraum gezeigt hatte, zu einer Nahaufnahme einer jungen Frau. Sie redeten über ein Dokument, an dem sie arbeiteten. Während sie miteinander sprachen, sahen sie sich auch das Dokument auf ihren Computer-Bildschirmen an. Paul stellte mich vor. Ich sah auf die Videokamera, lächelte und sagte hallo. Während ich mit ihr sprach, sah ich ihr Gesicht. Ihre Unterhaltung über einen bestimmten Abschnitt ihres Dokuments dauerte ungefähr dreißig Sekunden. Dann verabschiedeten sie sich und Paul wandte sich wieder mir zu. Auf dem Video-Bildschirm gab es wieder einen Szenenwechsel zum Gemeinschaftsraum.

Alle zehn Minuten gab es ein anderes, klickendes Geräusch, wie von dem Auslöser einer Kamera. Das war die Kamera, die in regelmäßigen Abständen ein Standbild quer über den Atlantischen Ozean und den Nordamerikanischen Kontinent zum Schwesterforschungsinstitut von Xerox in Palo Alto übermittelte. Diese Standbilder waren das erste Stadium einer zukünftigen vollständigen Videoverbindung.

Eines der Motive für den Aufwand, die elektronische Gruppenkommunikation durch einen Videokanal zu ergänzen, ergibt sich aus der Prämisse, daß dadurch die informelle, zufällige Konversation, wie sie sich auf Fluren oder bei der Kaffeemaschine ergibt, stimuliert werden kann, und daß der Raum, wo sie stattfindet, auf alle Plätze ausgedehnt wird, an denen sich die Kollegen gerade befinden mögen. In gewisser Weise wird versucht, «informelle öffentliche Räume», wie der Soziologe Ray Oldenburg sie nennt, synthetisch herzustellen. Ein anderes Experiment, das kürzlich bei Xerox durchgeführt wurde, bestand darin, einen Bildschirm von der Größe einer Wand im Gemeinschaftsraum des Labors in Palo Alto mit dem Gemeinschaftsraum eines Schwesterlabors in Oregon zu verbinden. Die Leute in Oregon konnten IRL durch ihren Raum gehen, auf dem Bildschirm sehen, daß jemand bekannter in der kalifornischen Hälfte des Gemeinschaftsraums war, und eine Unterhaltung beginnen.

Dieses Experiment habe nicht ich gesehen, sondern der Computerexperte John Barlow. Beide sind wir daran interessiert, die Computerkonferenzen durch Video zu ergänzen. Daß eine gewisse Unbestimmtheit und Mißtrauen zum Wesen von Cyberspace gehören, liegt daran, daß der Kommunikation Körpersprache und Mimik abgehen. Mißverständnisse bringen Gruppendiskussionen durcheinander und vergiften persönliche Online-Beziehungen; dies könnte vielleicht vermieden werden, wenn man das Online-Vokabular durch eine hochgezogene Augenbraue oder einen scherzhaften Tonfall ergänzen könnte. Barlow erzählte mir, daß seine diesbezügliche Hoffnung ein wenig enttäuscht worden sei. Irgendetwas schien zu fehlen. Er teilte seine Enttäuschung dem Informatiker mit, der ihm das Experiment demonstrierte. Dieser Wissenschaftler, ein gebürtiger Inder, lächelte und sagte ihm, daß das Video die «Prana» – wörtlich der Atem –, die Lebenskraft der anderen Menschen nicht übermitteln kann. Wenn man daran denkt, daß sich andere Kommunikationsmedien stets als zweischneidig erwiesen haben, sollte man so umsichtig sein, anzunehmen, daß die Ergänzung der Computerkonferenzen durch Video Vor- und Nachteile für die Gruppenkommunikation haben wird.

Das Projekt Jupiter, das aus dem von Curtis beschriebenen Multimedia-MUD hervorging, ist als allgemeiner Raum gedacht, in dem die individuellen informellen Räume mit Hilfe von Stimme, Text und Video zu einem virtuellen Büroraum ausgedehnt werden können. Die MUD-Struktur bindet die verschiedenen Kommunikationskanäle zu einer einheitlichen Architektur zusammen. Wenn in MUDs eigene Räume geschaffen werden können, dann ist es auch möglich, für bestimmte Projekte spezielle Räume zu schaffen; dort können die Konferenzmaterialien aufbewahrt werden, können die Kollegen ihre Ergebnisse und Probleme auf einer virtuellen Wandtafel illustrieren, kann man kurz reinschauen, um ein wenig zu plaudern. Der Darsteller wandert auf einer Karte herum, die den MUD-Raum darstellt, kann realen Kontakt mit jedem aufnehmen, der sich in demselben virtuellen Raum befindet, und hat zugleich die Möglichkeit, Wörter und Grafiken in den Gemeinschaftsraum des MUD zu schicken. Mit diesem Projekt versuchen die PARC-Forscher, verschiedene Ziele zu erreichen. Sie erarbeiten ein Modell von Cyberspace, experimentieren mit Erweiterungen der realen Arbeitsräume durch Cyberspace und benutzen die neu geschaffenen und kombinierten Medien in guter alter Forschungstradition bei ihrer alltäglichen Arbeit. Zur Zeit tauchen die ersten Multimedia-MUDs auf. Die ersten, von denen ich hörte, entstanden in Skandinavien und erfordern leistungsstarke Arbeitsplatzrechner und Hochgeschwindigkeitsverbindungen zu Internet. Man kann seinen Darsteller durch ein visuelles Modell eines Kerkers oder einer Raumkolonie führen und sogar eigene sichtbare Welten schaffen und sie mit anderen Teilnehmern gemeinsam benutzen. Multimedia-MUDs sind noch zu neu, als daß genügend Beobachtungen gemacht worden wären, die ausgewertet werden könnten. Die Menschen können sich jetzt sichtbar ausdrücken, mit Computerdiensten, die Grafiken generieren, und den Welten, die auf Gestaltung durch Worte beschränkt waren, neue Elemente hinzufügen. Die Text-Welten werden sicherlich weiter gedeihen, wenn man bedenkt, daß es viel einfacher ist, eine ganze Zivilisation mit Worten zu konstruieren als mit Grafik. Und ob die Multimedia-MUDs besondere Spezifika entwickeln werden, bleibt abzuwarten.

Nachdem Amy Bruckman die Forschungen zu ihren «Identitäts-Werkstätten» abgeschlossen hatte, führte sie ihre professionelle Untersuchung des Mediums MUD fort, indem sie gemeinsam mit einem Kollegen des MIT-Media-Lab MediaMOO schuf, ein weiteres MUD für die ernsthafte Kommunikation. Amy Bruckman entdeckte einen weiteren Bereich in ihrem Leben, in dem ein Kommunikationsmedium mit den Charakteristika eines MUD einem ernsthaften Zweck dienen und zugleich der Unterhaltungswert und der informelle Charakter des MUD erhalten werden konnte – die virtuellen Gemeinschaften, die sich aufgrund gemeinsamer Interessen oder gleicher Berufe bilden.

Wissenschaftler und Spezialisten in den Unternehmen treffen sich ein oder zweimal im Jahr auf Konferenzen und Kongressen, lesen dieselben Fachzeitschriften und elektronischen Journale und korrespondieren miteinander, eine alltägliche informelle, interkontinentale Kommunikation dieser Interessensgemeinschaften gibt es jedoch nicht. Warum sollte man nicht einen MUD entwerfen, in dem die informellen Konversationen fortgesetzt werden konnten, die Konferenzen einen so wichtigen Stellenwert in der wissenschaftlichen Diskussion verleihen? Die «professionelle virtuelle Gemeinschaft», an die Amy Bruckman und ihr Kollege Mitchel Resnick dachten, war eine Gemeinschaft von Leuten wie sie selbst – Medienforscher.

MediaMOO wurde 1993 angekündigt. In dem Konzept für einen Vortrag, in dem MediaMOO vorgestellt werden sollte, beschreiben Bruckman und Resnick das Verhältnis zwischen dem Aufbau des MUD und den sozialen Zielen des Projekts.

MediaMOO ist eine virtuelle Version des Media Lab von MIT…. Die Entwickler haben absichtlich nicht das gesamte Media Lab abgebildet, sondern lediglich die öffentlichen Räume, die Flure, das Treppenhaus, die Aufzüge und ein paar interessante öffentliche Plätze. Der Rest kann von der virtuellen Gemeinschaft selbst gestaltet werden. Dies ist kein Sachzwang gewesen, sondern eine absichtsvolle Entscheidung. Die Zusammenarbeit beim Aufbau einer gemeinsamen Welt schafft eine Grundlage für Interaktion und Kommunikation.

Konferenzbesucher haben nicht nur gemeinsame Interessen, sondern teilen auch Räume und Aktivitäten, die ebenfalls Interaktion generieren.

Person A:	Kannst du mir sagen, wie ich in den Ballsaal komme?
Person B:	Ich gehe gerade in dieselbe Richtung. Hier gehts lang.
Person A:	Danke!
Person B:	Wie ich sehe, sind sie von Firma X…
Person C:	Ist dieser Platz frei?
Person D:	Ja.
Person C:	Ich bin überrascht, daß es so voll ist.
Person D:	Naja, Y ist ein wirklich guter Redner….

Eine virtuelle Umgebung, die auf Text basiert, kann sowohl gemeinsam genutzte Räume (die virtuelle Welt), als auch gemeinsame Aktivitäten (das Erkunden und Ausbauen der virtuellen Welt) enthalten. Es ist Konvention, daß es passend ist, wie bei einer Kaffeepause auf einer Konferenz mit Fremden, deren Namen man ihren Namensschildern entnehmen kann, ein Gespräch anzufangen. In den meisten MU*s sind die Charaktere anonym und es gibt keine Möglichkeit, die reale Person des Spielers auf die virtuelle Person abzubilden. In MediaMOO besteht die Wahl, ob die Spieler anonym bleiben oder die Darsteller mit den realen Personen, die hinter ihnen stehen, identifiziert werden können. Außerdem werden die Anwender aufgefordert, eine Beschreibung ihrer wissenschaftlichen Interessen mit sich zu führen. Es sind also mehr Informationen verfügbar als ein Namensschild, und sie können diskret abgerufen werden – die Person wird nicht informiert, wenn man die Beschreibung ihrer wissenschaftlichen Interessen anschaut, und man ist daher nicht gezwungen, sich darüber zu unterhalten.

Die Architekten von MediaMOO beschlossen, den MUD am 20. Januar 1993 mit einem Ball zu eröffnen. Eine Woche vorher fuhr ich auf Einladung von Amy Bruckman zu MIT, und entwarf ein paar Kostüme für das festliche Ereignis. Zuerst mußte ich den Weg vom Ballsaal zur Garderobe finden, die sich im realen Media Lab auf der vorletzten Etage befindet. Manchmal bildet die Topologie von MediaMOO die realen Räume des Media-Lab-Gebäudes ab, und manchmal, wie beim Ballsaal, gibt es MediaMOO-spezifische Cyberspace-Erweiterungen. Nachdem ich den Weg zum Ballsaal gefunden hatte, brachte Amy mir die Zauberformel bei, die ich brauchte, um die Kostüme zu entwerfen. Jedes so geschaffene Kostüm wurde in die Garderobe gebracht. Als die siebenundsechzig Gäste des Balls, die aus fünf Kontinenten zusammenkamen, eintrafen, wurden sie eingeladen, in die Garderobe zu gehen und den «search»-Befehl (suchen) zu verwenden, um sich eins der Kostüme auszusuchen. Ich war nur einer der vielen Kostüm-Designer und trug zu der Sammlung ein grün-orangefarbenes paisley-gemustertes, zweireihiges Dinnerjacket bei, einen Mikrofaser-Smoking mit Klettverschlüssen und einen kunterbunten Lendenschurz.

Außer meinem Kostüm konnten die anderen Gäste des Balls meinen wirklichen Namen sehen, daß ich über virtuelle Gemeinschaften schreibe und meine EMail-Adresse. Obwohl es eine Eröffnungsparty gab und die Atmosphäre informell ist, besteht MediaMOO aus Leuten, die virtuelle Gemeinschaften wissenschaftlich untersuchen. Daher hatte dieses «gesellschaftliche» Ereignis für jeden eine intellektuelle und berufliche Bedeutung.

Immer, wenn Menschen ein neues Kommunikationsmedium derart attraktiv finden, daß sie zum Teil besessen davon sind, müssen mehrere Fragen geklärt werden: Wie ist es heute um die Menschen und die Art, wie sie interagieren, bestellt, daß so viele Menschen kommunikationssüchtig sind? Welche Verantwortung haben Institutionen wie Universitäten bei der Reglementierung des Online-Verhaltens besessener Anwender, und welche Rechte auf Schutz ihrer Privatsphäre haben die Studenten? Welche Kriterien müssen angewendet werden, um ein bestimmtes Verhalten als Besessenheit beurteilen zu können? Auf die Frage nach den Werten, die der Umgang mit dem MUD impliziert, habe ich keine Antwort, aber ich weiß, daß die Problematik vielschichtig ist und grundlegende Fragen zur Identität des modernen Menschen und zu seinen zwischenmenschlichen Beziehungen im Informationszeitalter aufwirft.

6

Eingeborene der Echtzeit

Tausende von Menschen in Australien, Dänemark, Deutschland, Finnland, Frankreich, Großbritannien, Holland, Israel, Italien, Japan, Kanada, Korea, Mexiko, Neuseeland, Norwegen, Österreich, Schweden, der Schweiz, Spanien und den USA treffen sich in diesem Moment in einer multikulturellen Wundertüte geschriebener Konversation, Internet Relay Chat (IRC) genannt, dem Plauderdienst von Internet. IRC hat eine weltweite Subkultur auf der Basis dreier Elemente hervorgebracht: künstliche, aber stabile Identitäten, Schlagfertigkeit und die Verwendung von Worten, um für die Konversation einen imaginären gemeinsamen Kontext zu schaffen. Für die Erforschung der virtuellen Gemeinschaften kann IRC als Experiment betrachtet werden, das sich gerade in seiner entscheidenden Phase befindet: Welche Kommunikationselemente müssen mindestens vorhanden sein, damit eine Gruppe Gemeinschaftsgeist entwickelt? Welche Kulturen entstehen, wenn der menschliche Diskurs all seiner kulturellen Elemente beraubt wird, mit Ausnahme geschriebener Wörter?

Mit künstlicher, aber stabiler Identität ist gemeint, daß niemand weiß, wer sich hinter den IRC-Spitznamen verbirgt, man aber vollkommen sicher sein kann, daß die Person mit einem bestimmten Spitznamen, mit der man heute kommuniziert, dieselbe ist, die den Namen gestern verwendet hat. Es ist durchaus erlaubt, sich einen neuen Spitznamen auszudenken und eine neue Identität zu schaffen, doch sowohl der alte als auch der neue Name müssen eindeutig sein. Diese Stabilität der Spitznamen ist eine der wenigen formellen sozialen Anforderungen in IRCland; ein Programm, «Nickserv» («nickname» engl. Spitzname), stellt sicher, daß niemand einen Spitznamen verwendet, den schon jemand anderer hat registrieren lassen.

Schlagfertigkeit ist gefordert, weil in diesem geschriebenen Medium schnelle Entgegnungen genau so wichtig sind, wie bei einer Konversation von Angesicht zu Angesicht. IRC ist eine dynamische Art der Kommunikation: Der Bildschirm ist ständig in Bewegung, unten tauchen neue Zeilen auf, während die oberen verschwinden. Irgend jemand auf der Welt hat diese neuen Zeilen wenige Sekunden vorher auf seiner Tastatur getippt; wenn Ihnen die richtigen Worte einfallen, um zu antworten, können sie sich in die Konversation einschalten und dafür sorgen, daß diese Person oder auch andere Leute rund um den Erdball laut loslachen, wütend werden oder erotische Gefühle entwickeln.

IRC übt vielleicht auch deswegen eine so große Anziehungskraft aus, weil die Konversation wortwörtlich über den Bildschirm fließt. Man kann IRC als Zuschauersport betreiben und sich niemals selbst zu Wort melden. Oder man kann den Eingeborenen von IRC zeigen, wie schnell man mit einer gut formulierten Replik zur Hand ist und mit anderen Teilnehmern mithält, clevere Kommentare ineinander zu verweben. IRC ist ein Strom. Viele Leute, die stundenlang an ihren Arbeitsplatzrechnern sitzen – Studenten, Programmierer – lassen auf ihren Bildschirmen für IRC ständig ein kleines Fenster geöffnet, während sie ihre Arbeit erledigen. Um Leute, die sich neu einschalten, zu begrüßen oder anderen, die sich verabschieden, auf Wiedersehen zu sagen, haben sie eigene Programme, die «bots». Wenn sie aus den Augenwinkeln sehen, daß etwas Interessantes abläuft, schalten sie sich ein.

Der soziale Kontext, der ursprünglich fehlte und dann rekonstruiert wurde, ist das dritte grundlegende Element, aus dem IRC-Enthusiasten ihre Subkultur aufbauen. Ohne Mimik, Unterton der Stimme, Körpersprache, Kleidung, gemeinsame reale Umgebung oder andere Kontextelemente, die mit der physischen Präsenz in einer sozialen Gruppe verbunden sind, verwenden IRC-Teilnehmer ausschließlich Worte, um ihren Identitäten einen Kontext zu geben. «Actions» (Handlungen) werden hinzugefügt, um dem laufenden Dialog eine Metaebene hinzuzufügen – beispielsweise «Howard lächelt ironisch» oder «Howard fühlt sich angegriffen und es sieht fast so aus, als wenn er dir gleich eins auf die Nase gibt». Diese virtuellen Aktionen werden von den Worten, die zum eigentlichen Dialog gehören, typografisch abgesetzt. Die «actions» in IRCland sind dasselbe wie «posing» und «emoting» im MUD und dienen einem ähnlichen Zweck. Sie modifizieren die starren Wortbedeutungen und geben kontextbezogene Hinweise, zum Beispiel darauf, wie etwas gemeint ist oder in welcher Stimmung es gesagt wird.

Die Menschen, die sich in den IRC einschalten, tausende, rund um die Uhr, tun dies auf verschiedenen «channels», Kanälen, die sie jederzeit betreten («join») oder verlassen («leave») können. Wie die Kanäle für die Interessengruppen im Usenet sind auch diese durchgehend geöffnet und haben eine Vielzahl von Themen. Die Palette reicht von Wissenschaft bis zu Obszönitäten. Verstreute Arbeitsgruppen von Unternehmen und Spezialeinheiten technischer Experten und Wissenschaftler benutzen sie auch für ihre eigentliche Arbeit. Ich habe an IRC-Diskussionen über elektronisches Publizieren teilgenommen, die von den Teilnehmern organisiert war, die ihr College-EMail um die Echtzeit-Dimension erweitern wollten. Diese CMC-Variante wurde jedoch nicht für geschäftliche Zwecke erfunden, sondern dafür, mit Kommunikation zu spielen, und dies ist die hauptsächliche Verwendung geblieben.

Wenn man alles entfernt, was es einem normalerweise erlaubt, die unausgesprochenen, allen bekannten Voraussetzungen einer Kommunikation zu erkennen, Voraussetzungen, die die Kommunikation umgeben und sie unterstützen, dann kommt IRC heraus, und daher bleibt der größte Teil des Gewebes sozialer Konventionen, denen wir sonst entnehmen, was Worte und Verhaltensweisen in unseren Gesellschaften bedeuten, verborgen. Wenn man mit Leuten über IRC plaudert, kann man sie nicht sehen; man kann nicht einmal ihre wirkliche Identität feststellen, und es ist sehr unwahrscheinlich, daß man ihnen im wirklichen Leben begegnet oder sie dann erkennt. «Chat»-Systeme haben keinen Gemeinschafts-Speicher, kein gemeinschaftliches Gedächtnis wie Bulletin-Board-Systeme, Computerkonferenzen oder MUDs, wo in bestimmter Weise festgehalten wird, was gesagt oder getan wurde, während man nicht anwesend war. Obwohl die Worte geschrieben und übermittelt werden (und daher elektronisch aufgezeichnet, kopiert und wieder übermittelt werden können) gehört dies nicht zum eigentlichen Plaudersystem. Dieser Diskurs bleibt an den Augenblick gebunden.

Trotz der Anonymität und flüchtigen Natur ihrer Kommunikation werden die IRC-Bewohner süchtig, schließen enge Freundschaften und verlieben sich. Es gibt sogar eine Usenet-Gruppe – alt.irc.recovery –, in der IRC-Süchtige und Leute, die jetzt clean sind, sich zu ihrer Sucht bekennen, sich gegenseitig unterstützen und ihre Probleme diskutieren. Schon nach einem kurzen Besuch bei IRC spürt man, daß viele dieser Menschen eine Form der Gemeinschaft aufgebaut haben, die sie so leidenschaftlich verteidigen würden, wie dies die engagiertesten WELLianer, regelmäßigen Teilnehmer von EMail-Listen, die Usenet-Veteranen oder die vollendetsten MUDder tun würden.

Systeme, die es möglich machen, daß eine Person eingetippte Worte direkt auf den Bildschirm einer anderen Person schicken kann, deren Terminal mit demselben System verbunden ist, gab es bereits für die ersten Timesharing-Computer der sechziger Jahre. Insofern sind sie wahrscheinlich die älteste Form von CMC, älter als EMail. EMail entwickelte sich aus Kommunikationsprogrammen, die es erforderten, daß beide Personen zur gleichen Zeit mit dem System verbunden waren. Die elektronischen Mitteilungen wurden in einem privaten elektronischen Briefkasten im Computer gespeichert, bis der Adressat sich beim Computer anmeldete und sie las. Doch auch als Systeme entstanden, in denen sich viele Leute geschriebene Mitteilungen asynchron senden konnten, wuchs das Bedürfnis nach einer Möglichkeit direkter CMC-Konversation weiter. Der vielleicht älteste kommerzielle Plauderdienst mit Dauerbetrieb der Welt ist der CB-Dienst von CompuServe. Für die *messageries roses* des französischen Minitel, ein außerordentlich beliebtes, nationales, mit Steuermitteln subventioniertes «Chat»-System, ist bereits das zweite Jahrzehnt angebrochen. Habitat von Fujitsu kombiniert die cartoon-artige grafische Repräsentation der Teilnehmer und ihrer Umgebung mit einem synchronen Plaudersystem. Und IRC ist das erste Multi-User-«Chat»-System von Internet. IRC ist die Stammkneipe, das Café, der Gemeinschaftraum – der «Dritte Raum» des Netzes.

Auf den meisten Computern, die mit Internet verbunden sind, wird ein Programm ausgeführt, das «talk» heißt und dafür sorgt, daß Leute, die an verschiedenen Host-Systemen arbeiten, simultan von Bildschirm zu Bildschirm miteinander kommunizieren können. Wenn ich vermute, daß eine andere, mit bekannte Person an einem anderen Standort irgendwo auf der Welt ebenfalls an ihrem Computer sitzt, kann ich eine «Chat»-Anfrage durch das Internet schicken. Wenn die Person wirklich im Netz angemeldet ist, und sei es am anderen Ende der Welt, wird diese Anfrage direkt auf ihren Bildschirm geschrieben (und nicht in eine Mailbox). Wenn auch der Empfänger plaudern will, können wir miteinander kommunizieren, indem wir auf den jeweils anderen Bildschirm Echtzeit-Sätze schreiben. Ich sehe meine Wörter unten auf dem Bildschirm und die der anderen Person oben. Es handelt sich also um das einzige Kommunikationsmedium, mit dem die beiden beteiligten Personen gleichzeitig «reden» und «zuhören» können – eine Eigenschaft, die bei Schnelltippern, die online häufig anzutreffen sind, große Leistungen freisetzen kann. Aber «talk» funktioniert nur zwischen jeweils zwei Beteiligten.

Das ursprüngliche IRC-Programm wurde 1988 an der finnischen Universität von Oulu von Jarkko Oikarinen geschrieben, ein Multi-User-Dienstprogramm für synchrone Kommunikation, das dafür ausgelegt war, im Internet zu funktionieren. Getestet wurde es zunächst in einem lokalen Netz mit zwanzig Anwendern. Dann wurde es im nationalen finnischen Netz installiert und schließlich im skandinavischen Teil von Internet. Ende 1988 hatte sich IRC – sowohl die Software, als auch Informationen darüber, was es leisten konnte – über das gesamte Internet verbreitet. In den frühen neunziger Jahren gab es Hunderte von Kanälen, und Tausende von Leuten plauderten über das Netz, rund um die Uhr. Gelegentlich erfuhren auch Wissenschaftler, daß IRC sich dafür eignete, Kollegengespräche über große Distanzen zu führen; die große Beliebtheit von IRC scheint aber vor allem von seiner Anziehungskraft als psychologischer und intellektueller Spielplatz herzurühren.

Warum sollten Steuerzahler irgend jemandes Vergnügen finanzieren? Das ist eine gute Frage und sie zielt mitten ins Zentrum der aktuellen Debatte über die Privatisierung des Netzes. Bei der Beantwortung lohnt es sich jedoch, ein bißchen Geschichte im Hinterkopf zu behalten, weil Spielwiesen eine entscheidende Rolle bei der Entwicklung der Computertechnologie gespielt haben. Die ersten Entwickler der interaktiven Computertechnologie schufen in den frühen sechziger Jahren auch das außerordentlich beliebte Spiel «Spacewar», mit dem kostspielige Forschungsrechner in leistungsfähige Vorläufer der späteren Video-Spiele verwandelt wurden. In den führenden Forschungszentren für Datenverarbeitung schlugen sich dieselben Leute, von denen man erwartete, daß sie die nächste Generation der Computertechnologie entwickeln würden, die Nächte um die Ohren und pusteten sich gegenseitig auf primitiven Grafikbildschirmen mit Protonen-Torpedos um. Denken Sie daran, daß die meisten Versuche scheiterten, «Spacewar» aus den Computerzentren zu verbannen. Administratoren, die versuchten, die «Spacewar»-Aktivitäten zu stoppen, mußten feststellen, daß die Produktivität der Programmierer sank, anstatt zu steigen. «Spacewar» überlebte die bürokratischen Angriffe, weil seine Anhänger zugleich die besten Forschungsprogrammierer waren.

Die von der US-Regierung bezahlten Entwickler, die das erste ARPANET schufen, fingen an, die staatlich finanzierten Einrichtungen dafür zu benutzen, EMails über Science Fiction auszutauschen. Als die «SF-LOVERS»-Gruppe immer mehr Kommunikationskapazität des Systems verbrauchte, waren die ARPA-Administratoren so klug, noch leistungsfähigere CMC-Systeme zur Verfügung zu stellen. Jene, die IRC für eine angsterregend durchgeistigte und mechanisch entmenschlichte Form der Interaktion halten, sind gut beraten, sich die Fälle «Spacewar» und «SF-LOVERS» zu merken.

IRC entzieht sich den konventionellen Kommunikationstheorien, weil die CMC- Technologie etwas möglich macht, das es früher nicht gegeben hat – das geschriebene Wort dient nun als Medium der Konversation zwischen geografisch voneinander getrennter Menschen. Vieles, was die Wissenschaft über menschliche Kommunikation weiß, geht von körperlicher Präsenz der Beteiligten oder zumindest potentieller Präsenz aus; Voraussetzungen, die für IRC nicht gelten. Telefone vermitteln mehr von dieser körperlichen Präsenz, mehr von dem Lebewesen, das hinter den übertragenen Wörtern steht. Wörter, die Eleganz des Ausdrucks und die zeitliche Dimension, die sie haben, existieren im IRC in einer reinen, körperlosen Form.

Für soziale Forschungen sind die Subkulturen, die sich auf die «Chat»-Programme gründen, ein noch nicht erschlossenes Betätigungsfeld. So wie Amy Bruckman das Phänomen der MUDs zum Thema der Medienforschung machte und Marc Smith die Online-Kulturen aus soziologischer Perspektive untersuchte, war auch Elizabeth M. Reid eine Examenskandidatin, die zufällig auf das Netz stieß und erkannte, daß Cyberspace ein lebendes Laboratorium für einige der spannendsten theoretischen Kontroversen in ihrer Disziplin Geschichte ist. *Electropolis: Communication and Community on Internet Relay Chat* lautete der Titel ihrer 1991 veröffentlichten Dissertation an der Universität Melbourne. Der Text wurde überall im Netz verbreitet. Reids zentrale These lautet, daß «IRC im wesentlichen ein *Spielplatz* ist. Hier können die Menschen frei mit verschiedenen Formen der Kommunikation und Selbstdarstellung experimentieren.» Reid stellt fest, daß die IRC-Einwohner auf diesem Experimentierfeld der Kommunikation Regeln, Rituale und Kommunikationsstile entwickelt haben, die in ihrer Gesamtheit, gemessen an den Kriterien namhafter Sozialwissenschaftler, als eigenständige Kultur anzusehen sind.

Diese These berücksichtigt, daß bei den IRC-Plaudereien die Funktion des sozialen Kontexts für die Formung von Konversationen und Gemeinschaften revidiert wird. In der wirklichen Welt haben sich soziale Konventionen in Häusern, Schulen und Büros materialisiert und werden von der Art der Kleidung, Anstandsregeln, Körperhaltung, Modulation der Stimme und Hunderten anderer Hinweise mit symbolischer Bedeutung signalisiert, denen die Menschen entnehmen, welches Verhalten in einer bestimmten sozialen Situation oder Gesellschaft angemessen ist. Die Menschen lernen, ihr Verhalten an einem verinnerlichten Modell konventioneller Verhaltensmuster auszurichten. Vor der Ära der elektronischen Kommunikationsmedien waren fast alle Hinweise auf den sozialen Kontext von Kommunikation eher gegenständlicher als verbaler Art. Im IRC hingegen reagieren die Menschen auf eine Welt, die dieses nonverbalen Kontexts entkleidet ist, indem sie diesen Kontext neu schaffen. Und zwar dadurch, daß sie mit geschriebenen Worten ausdrücken, wie sie sich verhalten und wie die soziale Umgebung aussieht – in einer gemeinsamen, nur in der Vorstellung existierenden, vollkommen konstruierten Welt. Die Leute «fallen in Ohnmacht», «eilen zu Hilfe» oder «sind entsetzt», und sie befinden sich dabei auf dem Rücken eines Pferdes, hinter dem Lenkrad einer Limousine oder auf der sonnenabgewandten Seite des Mondes.

Reid stellt die Theorie auf, daß die IRC-Teilnehmer den Mangel an Kontext und materieller Umgebung als Chance begreifen, alternative Gemeinschaften aufzubauen, indem sie geschriebene Wörter dazu verwenden, gedruckte Versionen der grundlegenden Mechanismen zu schaffen, die die IRL-Gemeinschaften verwenden, um sich ihrer Solidarität zu versichern: «Im IRC werden sowohl die negativen als auch die positiven Sanktionen entwickelt, mit denen Gemeinschaften ihren Zusammenhang erhalten. Es werden computervermittelte Belohnungen vergeben und Strafen auferlegt. Komplexe Rituale sind entwickelt worden, um die IRC-Gemeinde zusammenzuhalten und den Umgang mit den verschiedenen Befugnissen zu regulieren.» Das größte Tabu bricht derjenige, der über einen Hacker- oder anderen Trick den IRC-Spitznamen eines anderen Teilnehmers verwendet. Als Beispiel für ein Sühne-Ritual zitiert Reid das herzzerreißende «Geständnis» eines Mitglieds dieser Subkultur, das dieses absolute Tabu gebrochen hatte, vorgebracht in einer Usenet-Gruppe, in der sich die IRC-Enthusiasten treffen. Chanops (channel operators) – die Leute, die für Betrieb und Verwaltung der individuellen Kanäle zuständig sind – und *Opers*, IRC-Operators, die freiwillig den IRC-Betrieb aufrechterhalten, haben besondere Eingriffsmöglichkeiten, die die anderen Anwender betreffen können. Chanops können Leute aus dem Kanal hinauswerfen und Opers können bestimmte Internet-Teile aus dem IRC verbannen. Diese Maßnahmen werden jedoch stets begründet – obwohl es offiziell keine Macht gibt, die eine solche Begründung erzwingen könnte.

Die Unantastbarkeit der IRC-Spitznamen zu verletzen, ist deshalb tabu, weil damit eine der Grundlagen der IRC-Kultur zerstört wird: minimale Gewißheit über die Identität aller Teilnehmer am Diskurs. Reid weist darauf hin, daß «die Eindeutigkeit der Namen, ihre konsistente Verwendung, die Erwartung und die Respektierung ihrer Integrität entscheidend für die Entwicklung der Online-Gemeinschaften ist». Sie stellt besonders heraus, daß die öffentlichen Bekenntnisse Rituale darstellen, die das Tabu wieder in Kraft setzen und es dem Täter erlauben, in die Gemeinschaft zurückzukehren. Die Erklärungen der Chanops und Opers sind freiwillige Rituale, mit denen sie ihre Macht beschränken und zugleich die Loyalität gegenüber der Hierarchie, die die minimale soziale Ordnung im IRC ausmacht, aufrechterhalten.

Die von Reid beobachteten Aspekte des IRC-Verhaltens erfüllen etliche der Kriterien, die der zeitgenössische Ethnologe Clifford Geertz aufgestellt hat, um Kulturen zu definieren. «Kultur», so Geertz, «ist ein Gefüge von Kontrollmechanismen – Pläne, Rezepte, Regeln, Instruktionen (was Informatiker Programm nennen würden) –, mit denen Verhalten reglementiert wird». Reid nimmt Bezug auf diese Definition und stellt fest, daß «die IRC-Mitglieder in diesem Sinne eine Kultur, eine Gemeinschaft konstituiert haben», weil sie für die Probleme, die aus dem Medium erwachsen, komplexe soziale Lösungen entwickelt haben.

Sühne und Tabus sind negative soziale Kontrollmechanismen. Der wirksamste positive Mechanismus, mit dem in der IRC-Kultur Solidarität gewährleistet wird, ist Anerkennung durch Gleichgesinnte. In der IRC-Kultur bemißt sich der soziale Status nach der Fähigkeit, mit Worten Kontext herzustellen und imaginäre Handlungen zu beschreiben. Diejenigen, die große Kunst darin beweisen, die Illusion gemeinsamen Kontexts herzustellen (und die daher am meisten dazu beitragen, die virtuelle Gemeinschaft zu erhalten) sind auch diejenigen, denen von ihren Mitstreitern die meiste Anerkennung und Zuneigung zuteil wird. Wie ein Besucher einer relativ neuen Stammkneipe oder eines anderen informellen öffentlichen Raums weiß man, daß man in der sozialen Hierarchie eines IRC-Kanals aufgestiegen ist, wenn die Insider zur Begrüßung nicht mehr ihre Bot-Konserven verwenden, sondern herzliche persönliche Worte finden. Im IRC ist persönliche Aufmerksamkeit ein verbreitetes Phänomen: Jeder, der möchte, geht auf die Bühne, jeder ist Zuschauer und jeder ist Kritiker.

Die Vorstellung von Lebensmeisterung, auf die Sherry Turkle und Amy Bruckman rekurrieren, wenn sie die Beliebtheit der MUDs bei Studenten erklären, spielt auch im IRC eine Rolle. Die Posen zu beschreiben, die mit bestimmten Handlungen einhergehen, erfordert Kreativität, schnelle Auffassungsgabe, Vorstellungskraft und entweder literarisches Talent oder das eines Stegreifkomödianten. Wie viele MUDder, sind auch viele IRC-Teilnehmer Studenten. Einige von ihnen, deren schriftstellerische Geistesblitze und Schlagfertigkeit – eine Kombination aus lockerer Diskussion ernster Themen und Tagträumerei – nicht die nötige Anerkennung des anderen Teils ihrer Welt erfahren, stellen fest, daß sie im IRC einen höheren sozialen Rang einnehmen können. Einige von ihnen mögen im IRC zum ersten Mal in ihrem Leben die soziale Anerkennung durch eine Insider-Gruppe gefunden haben.

Als ich mir gelegentlich die Mitteilungen der Usenet-Gruppe alt.irc.revovery anschaute, las ich häufiger Bekenntnisse, daß Menschen zuviel von ihrer Zeit im IRC und zuwenig Zeit mit ihren IRL-Freunden verbracht hatten; langfristig hatte sie dies zu Einsiedlern gemacht, zu Menschen, die vor allem dann sehr einsam waren, wenn sie nicht mit der einen Gemeinschaft im Netz verbunden waren, wo alles gut lief. Wie bei der Frage, wann ein MUDder als süchtig angesehen werden muß, ist auch hier zu hinterfragen, was wir in unserer Gesellschaft als sinnvoll verbrachte Zeit ansehen. Wenn ein einsamer Mensch täglich viele Stunden damit verbringt, getippte Geistesblitze mit Fremden in anderen Kontinenten auszutauschen – ist das gut oder schlecht? Woher kann eine Person oder Institution sich das Recht nehmen, in solchen Fällen einzugreifen?

Bislang sind nur Anekdoten über den Gebrauch des Usenet im Umlauf und es gibt keine systematischen empirischen Untersuchungen. Schlußfolgerungen, dieses Medium sei suchterregend, wären also vorschnell. Es gibt aber genügend Menschen, die IRC als persönliche Gefahr empfinden, so daß es angebracht scheint, darin ein soziales Problem zu vermuten. Um seine Dimensionen abschätzen zu können, müssen wir noch mehr Details in Erfahrung bringen. Aus den ernsten Fragen nach den möglicherweise negativen Auswirkungen des Mediums wird deutlich, daß eine wissenschaftliche Untersuchung der sozialen Dimensionen des Cyberspace längst überfällig ist. Auf Geschichten über Suchtverhalten in MUDs und im IRC reagieren die Bürokraten mit dem Ruf nach einem Verbot. Benötigen wir eine neue Variante kultureller Reglementierung für die Online-Welt oder wäre es eine bessere Strategie, effektive Methoden zur Vorbeugung zu entwickeln und die konkreten Fälle von Kommunikationssucht zu behandeln?

Die beliebtesten IRC-Kanäle sind nach wie vor +hottub, ein Raum für Dauerflirts, die meist heterosexueller Natur sind, und +gblf für Gays, Bisexuelle, Lesben und ihre Freunde. Sexgespräche und Gespräche über Sex, net.sleazing und virtuelle Geschlechtsumwandlungen sind der IRC-Gemeinschaft genauso vertraut wie den MUDdern. Und eben so, wie es inzwischen Dutzende von Fällen gibt, in denen sich MUDder in der Fantasy-Welt kennenlernten und schließlich heirateten, obwohl sie dafür Kontinente überqueren mußten, gibt es Fälle im IRC, in denen informelles Plaudern schließlich in den Hafen der Ehe führte. Während einer IRC-Diskussion im Usenet las ich die folgende Ankündigung, elektronisch formatiert, um die traditionellere Form der Bekanntmachung nachzuahmen:

```
Karl ''poptart'' Kleinpaste
            und
Deborah ''KarlsGirl'' Brown
     geben sich die Ehre,
       der IRC-Gemeinschaft
 ihre Verlobung bekanntzugeben,
   die am Abend des 7. August 1992
        stattgefunden hat.
```

Wir planen, im Mai 1993 zu heiraten,
Ort und Zeit werden noch bekanntgegeben,
sobald Miss Brown ihr Examen an der
Case Western Reserve University School of Law
bestanden hat.
Das Paar wird danach seinen Wohnsitz in
Pittsburg, Pennsilvania
nehmen.

Danach schickte ich Karl «poptart» Kleinpaste eine EMail und fragte ihn nach den näheren Umständen dieses Ereignisses. Er antwortete mir folgendes:

Vor ungefähr 4 Monaten, wollte Debbie mit irgend jemandem plaudern und sah eine /names-Liste durch. Sie wählte mich aus, weil (wie sie später sagte) ich einen ''süßen, nicht furchterregenden'' Spitznamen hatte. Ein paar Tage lang unterhielten wir uns gelegentlich ein bißchen, dann wurde es zu einer täglichen Gewohnheit. Es gab jede Menge Gemeinsamkeiten zwischen uns, und nach ungefähr einem Monat lud ich sie ein, mich hier in Pittsburgh zu besuchen. (Sie wohnt in Cleveland.) Zum ersten Mal kam sie am Memorialday-Wochenende. Seitdem haben wir es so eingerichtet, daß wir uns jedes Wochenende sehen können, und wechseln uns dabei ab, wer zu wem fährt. Außerdem sprechen wir jeden Tag im IRC miteinander, und seit kurzem telefonieren wir auch viel. Gestern abend sind wir groß essen gegangen und ich habe sie gefragt, ob sie mich heiraten will, und sie hat ja gesagt. Wahrscheinlich werden wir nächstes Jahr im Mai heiraten.
Wir warten aus organisatorischen Gründen noch solange, weil sie gerade das dritte und damit letzte Jahr ihres Jurastudiums absolviert. Aber sie hat ihre Pläne geändert und wird jetzt eine Gerichtszulassung für Pennsylvania anstatt für Ohio beantragen und sich nach einer Position in einer Firma in Pittsburgh umsehen.

Wie sich zeigt, und entgegen landläufiger Meinung, kann aus Beziehungen, die im IRC entstehen, durchaus etwas werden.

Liebe und Ehe – net.romances – mögen als die positiveren Beispiele aus dem IRC angesehen werden. Andere Beispiele sind weniger positiv. Sara Kiesler und andere, die die sozialen Auswirkungen der IRC-Gespräche auf die Arbeitsgruppen von Unternehmen untersucht haben, bemerkten dabei, daß das Fehlen des sozialen Kontexts sowohl Hemmungen abbauen und sich positiv auswirken, sich aber auch enthemmend und damit negativ auswirken kann. Menschen, die normalerweise schüchtern sind, gehen plötzlich aus sich heraus und Leute, die in einer Gruppe physisch Anwesender niemals andere Menschen beschimpfen oder beleidigen würden, tun dies plötzlich online. Reid stellt fest, daß regelmäßige Teilnehmer in IRC-Kanälen häufig ihre Verschlossenheit überwinden und mit Online-Freunden Probleme ihres realen Lebens besprechen. Diese Kanäle verfügen über gewisse Regulierungsmechanismen in dem Sinne, daß Neulinge, die diese Offenheit dazu benutzen, andere Leute zu verletzen, von den Chanops «abgewürgt» werden können. Und IRC verfügt auch über einen Mechanismus, um der Selbstisolierung der Insiderkanäle entgegenzuwirken, die Kriterien dafür aufstellen, wer bei ihnen mitmachen darf: Jeder IRC-Anwender kann jederzeit einen neuen Kanal schaffen und so Chanop werden. Es gibt also auch private Kanäle, doch das größte Plauderaufkommen haben derzeit die öffentlichen Kanäle.

Antisoziales Verhalten ist im IRC nicht selten. Rassistische und homosexuellenfeindliche Ausbrüche sind keine Seltenheit. Feindselige Individuen programmieren Bots und überfluten den Kanal mit Strömen von Zeichen. Es ist ärgerlich, wenn man einen Teil seines Bildschirms für IRC reserviert und ihm einen Teil seiner Aufmerksamkeit schenkt und irgend jemand auf der Welt damit anfängt, Schmähungen, Pamphlete, Inhalte von Wörterbüchern oder wirre Zeichen loszuschicken. Der gleiche Mangel an sozialer Rückkopplung, der es gehemmten Menschen erlaubt, ihre Verschlossenheit zu überwinden, wirkt auch enthemmend auf andere, die in diese Gruppen hineinbrechen und damit manchmal das empfindliche Gewebe des Vertrauens zerreißen, das in monatelanger Konversation zwischen körperlosen Fremden gewoben wurde.

Reid weist darauf hin, daß es sich beim IRC um ein weltumspannendes kulturelles Phänomen handelt, das über ein großes Kommunikationpotential verfügt, das Menschen über nationale und ideologische Grenzen hinweg verbindet:

> Es ist nichts Ungewöhnliches für die IRC-Kanäle, daß in ihnen Leute versammelt sind, von denen jeder aus einem anderen Land kommt. Weil das Medium die Menschen zu Vertraulichkeit ermutigt, und die Tendenz besteht, die konventionellen sozialen Regeln zu ignorieren, wird es möglich, daß die Menschen die Unterschiede zwischen den Kulturen, denen sie angehören, ergründen. Die Förderung von Freundschaft zwischen Menschen mit verschiedenen kulturellen Hintergründen, wie oberflächlich sie auch sein mag, hilft jede Spur von Intoleranz zu tilgen, die mancher noch für die Kultur des anderen empfinden mag, und begründet ein kulturübergreifendes Gemeinschaftsgefühl.

So wie die Fälle von Sucht, die geschildert werden, ein soziales Problem deutlich machen, das nähere Untersuchungen verdient, wäre auch die Potenz dieses neuen Mediums, Verständnis der verschiedenen Kulturen füreinander zu schaffen, eine genauere Untersuchung wert.

Das am meisten zitierte multikulturelle Gespräch im IRC wurde während des Golfkrieges geführt. In Kuweit gab es eine Internet-Verbindung, die vor der Invasion durch den Irak hergestellt worden war, und diese Verbindung konnte noch eine Woche nachdem die Rundfunk- und Fernsehverbindungen gekappt worden waren aufrechterhalten werden. Studenten aus Kuweit und auch israelische Studenten sandten über diese Verbindung ihre Augenzeugenberichte. Reid wurde berichtet, daß «die IRC-Benutzer beider Länder miteinander kommunizierten und sich kaum Differenzen ergaben, sondern meist Mitgefühl für die Lage und die Aussichten der anderen Seite bestand.» In der Zwischenzeit gab es im Usenet einige Diskussionen über die Rolle, die das Netz im Golfkrieg spielte:

```
From: frechett@spot.Colorado.EDU (-=Runaway Daemon=-)
Subject: Re: IRK Folk History
```

Zunächst wurde der Kanal +report genannt. Moderiert wurde er zuerst von einem Bot, das von lynx ausgeführt wurde und dann von mir. In erster Linie handelte es sich um einen moderierten Kanal, und eine ganze Menge Leute aus der ganzen Welt schalteten sich ein und hörten zu. Wenn irgend jemand etwas zu berichten hatte, gab er oder sie einen neuen Spitznamen an, wie AP oder NBC oder CBS etc., der für eine Presseagentur stehen sollte. (Nur irgend welche Leute, die die Nachrichten aufgeschnappt hatten, nicht wirkliche Repräsentanten dieser Agenturen.) Diese Leute wurden dann Chanops und konnten die Meldungen weiterleiten, sobald sie reinkamen.

Eine Sache, an die ich mich besonders erinnere (soviel ich weiß, hat auch das Wall Street Journal darüber berichtet) war, daß ein Israeli – er verfügte über ein Terminal in einem Schutzraum – sich in den Kanal einschaltete und von einem Angriff mit Scud-Raketen berichtete, dann einige Minuten später wieder im Kanal auftauchte und von diesem Schutzraum aus weiter an uns tippte.

Ich erinnere mich auch daran, daß einer der Israelis [sic] erwähnte, daß er, als er die ersten Einschläge der Scuds hörte, auch hörte wie israelische Jets aufstiegen und westwärts flogen. Dies waren Infos, die ich niemals von CNN, AP oder in den Nachrichten des Netzes bekam.

Ich forschte ein wenig nach und fand die Netz-Archive, in denen die Aufzeichnungen der IRC-Runden während des Golfkrieges gespeichert sind. Wenn man sich durch diese Aufzeichnungen wühlt, hat man wieder dieses Gefühl, diese Nachrichtengier, die den Nebel, der den Krieg in seinen ersten Tagen umgab, begleitete. Hier ein paar ausgewählte Ausschnitte aus dem IRC-Kanal, der dem +report-Kanals vorausging. Ironischerweise war dies der +peace-Kanal.

```
IRC CHANNEL +peace
IRC Log started Thu Jan 17 01:03
<umfonta6>Auf Bagdad fallen Bomben
<hstanley>Jeesh
<spamgod>Komme ich durch?
<CaptainJ>CNN HAT EINEN KNÜLLER FÜR EUCH!
#Breeze#CNN eingeschaltet
<Arkie>Dieser Kanalname [sic]!
<spam>Koala* der letzte Angriff war vor 20 Minuten
<spamgod>Danke
<hstanley>Wer hier ist in Bagdad?
<Mark>Knüller? Hah!
<umfonta6>Bomben fallen
<Mosiah>Bomben aufs Netz!
<CaptainJ>2 große Explosionen-1 nahe Hauptkommunikations-Zentrum
<umfonta6>Telefone zusammengebrochen
<stealth>Angriffe begannen 02:30 Ortszeit
<Lipstick>Ich glaube nicht, daß Bagdad im Netz ist =]
<BOY>Keine arabischen Länder im Netz..
<Datawolf>Wartet Netzdiagnose ab..
<Pheadrus>wir haben die finnischen d00ds verloren
<Faustus>IST JEMAND AUS ISRAEL HIER?
<stealth>Boy und Ely sind aus Israel.
<<BOY>Fau Ich bin AUS ISRAEL.
<stealth>Hast du deine Gasmaske bereit, Boy?
<CaptainJ>Immer noch AA-Feuer - unregelmäßig (CNN)
<<BOY>steal:Ja .. und wir haben gerade das Haus gegen Gas abgedichtet.
<Alexander>KRIEG!!!!!!!!!!!!!!!!!!!!!KRIEG!!!!!!!!!!!!!!!!!!!!!!!!KRIEG!!!!
!!!!!!!!!!!!!!!!KRIEG!!!!!!!!!!!!!!!!!!!!!!!KRIEG!!!!!!!!!!!!!!!!!!!!!!KRIEG!!
!!!!!!!!!!!!!!!!!KRIEG!!!!!!!!!!!!!!!!!!!!!
#Hamlet#Befreiung Kuwaits hat angefangen
<Bertin>Hallo bardo Willkommen in +peace.Hallo chris Willkommen in
+peace.
```

```
<<Will>u guys lets please keep this channel english only (bitte
Jungs laßt uns in diesem Kanal beim Englischen bleiben)
```

Wie die MUDs, so hat auch IRC das Potential, sich zu einem ernsthafteren Kommunikationsmedium zu mausern. Kann Plauderei nicht nur ein Spiel- sondern auch ein Werkzeug sein? Jupiter und MediaMOO sind Versuche, MUDs ohne Drachen zu schaffen, in denen die symbolischen Kämpfe zwischen imaginären Abenteurern durch informelle Gespräche zwischen geistig ebenbürtigen Kollegen ersetzt werden. Im IRC würde Vergleichbares geschehen, wenn sich bestimmte Berufsgruppen täglich oder wöchentlich zu einer bestimmten Zeit treffen würden, um den Teil der Arbeit zu erledigen, der am besten interaktiv und synchron vonstatten geht – Brainstormings sind das beste Beispiel für die Art von Interaktionen, die im IRC möglich sind, wenn man das Medium geschickt einsetzt.

In dem Moment, in dem akademische oder kommerzielle Arbeitsgruppen die MUDs und IRC als Kommunikationsmedien verwenden, so wie in den siebziger Jahren Textverarbeitung und in den achtziger Jahren EMail aufgegriffen wurde, verwandeln sich diese CMC-Spielplätze in eine Disziplin, die den Namen *computer-supported cooperative work* (CSCW, computergestützte Kooperation) erhalten hat. In den letzten Jahren war CSCW Thema internationaler interdisziplinärer Kongresse, wurde in Fachzeitschriften besprochen und von Unternehmensberatungen diskutiert. Und zur Zeit wird die Idee der *Groupware* – ein Begriff, der vom harten Kern der CMC-Revolutionäre geprägt wurde – bei der Weiterentwicklung kommerzieller Informationssysteme aufgegriffen.

Doch hat das computergestützte kooperative *Spiel* ganz eigene Dimensionen.

Habitat: das computergestützte kooperative Spiel

Als ich die Bezeichnung «computergestütztes kooperatives Spiel» zum ersten Mal in einer wissenschaftlichen Zeitschrift des Kyoto Institute of Technology las, fügten sich viele Bruchstücke von Ideen, die mir durch den Kopf gegangen waren, zu einer genaueren Vorstellung zusammen. CSCW ist zwar eine vielversprechende Sache, hat aber nur die Nützlichkeit des Mediums im Auge. Wenn es in der Industriegesellschaft ein Tabu gibt, das so sehr mit ihr verwachsen ist, daß es überhaupt nur von wenigen als Tabu erkannt wird, dann das *Spiel*. Wenn man kein Kind mehr ist und auch kein Fußballprofi, dann gilt das Spielen als irgenwie unpassendes Verhalten. Man erwartet von Erwachsenen, daß sie ihre Zeit «konstruktiv» verbringen. Arbeit, Fortbildung, Elternschaft und sogar die organisierte kommerzielle Erholung, wie das Fernsehen oder ein ordentlich geplanter Urlaub – all dies wird als konstruktiv angesehen. Nicht aber das Spielen. Dennoch zeigt die bisherige Entwicklung von CMC, daß das neue Medium genau dafür benutzt wird: Es dient zum Spielen; und einige Entwicklungspsychologen, vor allem Jean Piaget, betonen, daß Menschen am besten spielerisch lernen.

In ihrem Aufsatz über Menschen, die in einer virtuellen Online-Welt leben, schlugen Atsuya Yoshida und Jun Kakuta vom Department of Information Technology des Kyoto Institute of Technology vor, den Begriff «computergestütztes kooperatives Spiel» einzuführen:

> Die Art Kommunikation, die in Habitat zu finden ist, bezeichnen wir als spielerische Kommunikation. Historisch gibt es Beispiele spielerischer Kommunikation, wie Wandmalereien in Höhlen und das Trommeln bei Festen benachbarter Dörfer, während die Rauchzeichen der Indianer und die Flaggen des Militärs Beispiele funktionsorientierter Kommunikation sind. Spielerische Kommunikation könnte das Hauptkonzept für die nächste Generation humaner Kommunikationsarchitektur sein und Habitat ist als Studienobjekt für Konzepte spielerischer Kommunikation sehr gut geeignet, weil es sich dabei um ein computergestütztes kooperatives Spiel handelt.

Bei dem von Jun Yoshida und Kakuta als Beispiel einer Online-Gemeinschaft diskutierten Spiel Habitat handelt es sich um ein Projekt des Japanischen Computer-Weltraum-Elektronikgiganten Fujitsu. Habitat basiert auf der ersten, von der Firma Lucasfilm Games entwickelten, grafischen virtuellen Gemeinschaft, und stützt sich auf einen der älteren amerikanischen kommerziellen Online-Dienste, QuantumLink Communications. Die japanische Habitat-Version habe ich gesehen, als ich Fujitsus Forschungs- und Entwicklungseinrichtungen in Kawasaki besuchte, doch die Architekten des Originals lernte ich bereits einige Jahre früher kennen. 1990 wurde in Austin, Texas, die First Conference on Cyberspace veranstaltet. Dort traf ich die zwei Programmierer, die den ersten großangelegten, kommerziellen virtuellen Multi-User-Spielplatz schufen.

In dieser Konferenz faßten Chip Morningstar und F. Randall Farmer in einem später unter dem Titel «The Lessons of Lucasfilm's Habitat» veröffentlichten Vortrag die Erfahrungen zusammen, die sie als Designer und Manager einer virtuellen Gemeinschaft gemacht hatten, die sowohl Computergrafik als auch Wörter verwendete und Zehntausende von Teilnehmern umfaßte. Viele der Beiträge und Diskussionen auf dieser

Konferenz drehten sich um virtuelle Realitäten, in denen die Leute Brillen und Handschuhe trugen, um die von Computergrafiken geschaffene Illusion dreidimensionaler virtueller Welten zu erleben. Aus dieser High-Tech-Gemeinde fielen Randy Farmer und Chip Morningstar ein wenig heraus, weil ihr Cyberspace mit billigen Homecomputern funktionierte, die oft auch als Spielcomputer bezeichnet wurden, und ihre virtuelle Welt aus zweidimensionalen cartoon-artigen Darstellungen aufgebaut war. Aber Farmer und Morningstar hatten Erfahrungen gesammelt, über die die 3-D-Enthusiasten nicht verfügten: Mit ihrem System Habitat hatten Zehntausende gespielt.

In den frühen achtziger Jahren begann man bei Lucasfilm Games, einer Abteilung von LucasArts Entertainment, mit einer Serie ambitionierter Forschungsvorhaben. Farmer und Morningstar wurde die verlockende, aber auch vertrackte Aufgabe übertragen, für die große Zahl derer, die zuhause einen der schwächlichen Computer Commodore-64 stehen hatten, eine virtuelle Gemeinschaft zu entwerfen. Bevor 1984 die Macintosh-Computer auf den Markt kamen, war der Commodore C64 weltweit der beliebteste Homecomputer. «64» steht für 64 Kilobyte Hauptspeicher. Heute verfügen die Arbeitsplatzrechner über Hauptspeicher, dessen Kapazität in Megabyte gemessen wird, und der C64 wird allgemein als Spielzeug betrachtet. Damals aber hatte Lucasfilm Games ein Geschäftsabkommen mit der Firma QuantumLink Communications geschlossen, die einen Online-Service für modemverbundene C64-Computer anbot.

Farmer und Morningstar hatten die Vorgabe, das Design für Zehntausende von Anwendern auszulegen, von denen Hunderte gleichzeitig online sein würden. Sie alle verfügten über Kommunikationsmöglichkeiten mit lächerlich geringen Geschwindigkeiten, und die Homecomputer, die sie besaßen, waren kaum intelligenter als Taschenrechner. Ausgehend von diesen Beschränkungen entwickelten Farmer und Morningstar ein grafisches «Chat»-System, mit dem Zehntausende spielen, eine soziale Ordnung ausbilden, Politik machen und kämpfen, ja sich sogar gegenseitig «umbringen» konnten; sie konnten religiöse Gemeinschaften gründen, Kriege führen, sich verlieben, heiraten, Märkte erschließen und eine Volkswirtschaft aufbauen. Die zentrale «Lektion», die den beiden Systemdesignern bei ihrer Arbeit an Habitat erteilt wurde, war, daß «detaillierte zentralisierte Planung unmöglich ist – versuchen Sie es erst gar nicht.» Man solle den Anwendern Werkzeuge zur Verfügung stellen, mit denen sie ihre eigene Gemeinschaft aufbauen könnten, und sich von ihnen sagen lassen, was man tun solle, schlußfolgerten Farmer und Morningstar, weil dies ohnehin passieren werde, gleichgültig wie sehr man versuche, Werkzeuge für einen bestimmten Zweck zu konstruieren.

Bei Habitat fungieren die C64-Computer als *Frontend*-Rechner: Wenn eine Verbindung mit dem System hergestellt wird, erzeugt der C64 eine bewegte Grafik von Habitat auf dem Bildschirm. Der Anwender steuert die Habitat-Welt mit einem Joystick und wird von einem cartoon-artig dargestellten Wesen, einem *Avatar*, repräsentiert. Avatars sind meistens, aber nicht immer, menschenähnlich, haben Köpfe und Körper und können sich in dem Raum bewegen, der gerade auf dem Bildschirm dargestellt wird. Auf dem Bildschirm sind die Avatars mehrerer Spieler zu sehen, aber auch Objekte, Münzen und Revolver und ein Teil der Landschaft von Habitat, beispielsweise Bäume. Die C64-Computer sind per Modem mit erheblich leistungsfähigeren Rechnern verbunden, dem *Backend* des Habitat-Systems. Hier wird das «Weltmodell» festgehalten, wer sich gerade wo befindet und welche Objekte wo herumliegen. Wenn Sie etwas auf der Tastatur tippen, wird dies vom *Backend*-Rechner gelesen und auf dem Bildschirm jedes Spielers ausgegeben, dessen Avatar sich gerade in derselben Region aufhält, und zwar in Form einer Sprechblase, die über dem Kopf Ihres Avatars erscheint. Wenn Sie ein Objekt aufheben oder fallenlassen, bewegt der *Backend*-Rechner dieses Objekt auch in dem Weltmodell jedes anderen Spielers.

Im Unterschied zum IRC können Avatars neben der verbalen Echtzeit-Konversation auch gestikulieren, beispielsweise nicken und sich anderen Avatars zuwenden, und so demjenigen, der gerade spricht, nonverbal ihre Aufmerksamkeit bezeugen. In IRL-Konversationen haben diese Handlungen eine wichtige Funktion, beispielsweise, wenn von einem Thema zum anderen übergegangen wird oder um nonverbale Nuancen des Gesprächs wahrzunehmen. Konversationen in Habitat erscheinen lebendiger, weil man beispielsweise seine Augen auf einen anderen Avatar richten kann, der gerade etwas Interessantes sagt. Die Avatars können aber nicht nur ihre Köpfe drehen und ihre Miene verändern, sondern sich auch von Ort zu Ort bewegen und Gegenstände aufnehmen, weglegen und bearbeiten. Dutzende Klassen von Objekten gibt es in Habitat, die Währung heißt *Token* (Marke), und mit dem *Change-o-matic* kann man das Geschlecht seines Avatars verändern; ferner gibt es Knüppel, Revolver oder Messer, um in den rauheren Gegenden zurechtzukommen und Medikamente, um Wunden zu heilen.

In Habitat wurde ein besonderes Raumkonzept realisiert. Jeder Spieler kann auf seinem Bildschirm eine bestimmte Region von Habitat sehen. Der Avatar kann sich in eine der vier Richtungen bewegen und durch Türen eine benachbarte Region betreten, oder er kann eine

Teleportzelle oder ein Gerät benutzen, um sofort in entferntere Regionen zu gelangen. Im Design von Habitat sind zwanzigtausend Regionen vorgesehen. Jedem Anwender wird eine Privatregion zur Verfügung gestellt, ein *Turf*, wo Gegenstände untergebracht werden können, er sich verstecken kann oder wohin er Gäste einladen darf.

Farmer und Morningstar berichteten, daß ihre Erfahrung als Programmierer sie zunächst verleitete, bei der Entwicklung von Habitat von einem zentralen Plan auszugehen. Für zwanzigtausend Avatars planten sie zwanzigtausend Häuser, zusammengefaßt in Klein- und Großstädten. Sie planten Durchgangsstraßen, Naturschutzparks und Einkaufszentren. «Doch wir verloren bei unserem Versuch, die Rolle der omnipotenten Zentralplaner zu spielen, den Boden unter den Füßen», berichteten sie. Als sie zu entscheiden hatten, was zur Unterhaltung der Spieler geschaffen werden sollte – Anreize, die dafür sorgen sollten, aus den Spielern Stammgäste zu machen –, wendeten sie sich explizit gegen die Spielstrukturen der ersten MUDs, gegen «Erfahrungs»-Punkte, Hierarchien und ZauberInnenkräfte:

> Die Idee, die hinter unserer Welt steckte, war, für ihre Bewohner auf keinen Fall feste Ziele zu definieren, sondern eine breite Palette möglicher Aktivitäten zur Verfügung zu stellen, aus denen die Spieler sich etwas aussuchen konnten, das ihrer Neigung entsprach. Wir wollten eine Bandbreite möglicher Erfahrungen bereithalten, die von Abenteuern mit Regeln und Zielen (beispielsweise einer Schatzsuche) über Aktivitäten, die von der persönlichen Motivation der Spieler vorangetrieben wurden (Eröffnung eines Geschäfts, Gründung einer Zeitung), bis zu vollkommen frei gestalteten, existentiellen Aktivitäten reichen sollte (mit Freunden herumstreifen, Gespräche führen).

Nachdem sie wochenlange Arbeit in Entwürfe durchstrukturierter Schatzsuchen für die ersten Anwender von Habitat gesteckt hatten, wurde ihnen klar, daß die Spieler mit den bereitgestellten Werkzeugen stets Aktivitäten erfinden würden, die weder geplant noch vorhersehbar waren:

> Immer wieder stellten wir fest, daß wir bei den Aktivitäten, die wir uns ausdachten, oft unbewußt bestimmte Annahmen machten, wie die Spieler sich verhalten würden, und daß die Spieler – wenn es sich nicht sogar um regelrechte Fehlschläge unserer Planungen handelte – sich immer wieder vollkommen anders verhielten, als wir angenommen hatten. Es war klar, daß wir die Kontrolle verloren hatten. Und je mehr Leute wir in das Spiel einbezogen, desto weniger Kontrolle konnten wir ausüben. Wir konnten

Einfluß nehmen, wir konnten interessante Situationen herstellen, wir konnten mögliche Ereignisse bereithalten, aber wir konnten nie vorschreiben, was dabei herauskommen sollte.... Diese Erfahrungen brachten uns dazu, unseren Arbeitsstil zu ändern; wir überließen es den Spielern selbst, zu bestimmen, in welcher Richtung sich das Design entfalten sollte. Diese Methode erwies sich als erheblich effektiver. Anstatt die Gemeinschaft in eine bestimmte Richtung zu treiben – ein Vorhaben, das damit vergleichbar war, einen Sack Flöhe hüten zu wollen –, gingen wir dazu über, zu beobachten, was die Leute machten und sie dabei zu unterstützen. Wir waren nicht nur Designer und Programmier, sondern auch Ausstatter. Dies bedeutete oft, daß wir dem System in Windeseile neue Eigenschaften und Regionen hinzufügen mußten, aber fast alles, was wir machten, fand die Anerkennung der Leute, weil es gut zu ihren Wünschen und Bedürfnissen paßte.

Weil die beiden Designer fanden, daß «die Spieler die Möglichkeit haben sollten, nicht nur miteinander zu reden, sondern auch physisch aufeinander einzuwirken und dies in einer Weise, die wirkliche moralische Entscheidungen verlangte», können Avatars sterben und sind in bestimmten Regionen auch Waffen erlaubt. «Wir folgten dem uralten literarischen Prinzip, daß der Konflikt das Kernstück des Dramas ist.» Tod in Habitat bedeutet, daß der Avatar in seine Heim-Region teleportiert wird, den Kopf unterm Arm, und seines gesamten Besitzes beraubt. In manchen MUDs ist der Tod gleichermaßen vorübergehend. Farmer und Morningstar bestätigen die Beobachtungen Richard Bartles, daß der imaginäre Online-Tod die Leute außerordentlich hart trifft: «Dennoch wurde der metaphorische Tod von den Leuten sehr ernst genommen.»
Weil die Designer dem sozialen Verhalten der Avatars nur wenige Regeln auferlegten, sahen sich die Spieler in Habitat gezwungen, Debatten über soziales Verhalten zu führen. Eine der wesentlichen Fragen bestand darin, wie die Avatars unter ontologischen Gesichtspunkten zu beurteilen seien: War ein Avatar die Projektion der Persönlichkeit des Spielers, und mußte daher respektvoll behandelt werden? Oder war ein Avatar nicht realer als die Figur eines Video-Spiels? Aus Abstimmungen ging hervor, daß die Spielergemeinschaft in dieser Frage gespalten war. Die Diskussion wurde erneut geführt, als eine Gruppe von Spielern viele andere Avatars erschossen, um auf das ungelöste Problem aufmerksam zu machen. In der folgenden großen Debatte, die über den Waffengebrauch in Habitat geführt wurde, wurden zwei interessante Beschlüsse gefaßt: Die Spieler beschlossen, Schußwaffen aus den Städten zu verbannen, aber außerhalb der Stadtgrenzen weiterhin zuzulassen. Daraus ergab sich die Notwendigkeit, Sheriffs zu wählen, denn wenn ein Gesetz

beschlossen wird, muß es auch durchgesetzt werden. Das andere erstaunliche Ergebnis bestand in der Gründung des *Order of the Holy Walnut*, der ersten Religionsgemeinschaft in Habitat. Der Gründer, im wirklichen Leben ein Priester der Griechisch-Orthodoxen Kirche, erlegte seinen Gemeindemitgliedern auf, nicht zu stehlen und keine Waffen zu tragen. «Seine Religionsgemeinschaft hatte ziemlich großen Zulauf», stellten Farmer und Morningstar fest, «und er wurde ein hochangesehenes Mitglied der Habitat-Gemeinschaft.»

Die Designer versahen Habitat auch mit ökonomischen Elementen, eine Tatsache, die vor dem Hintergrund besonders interessant ist, daß sie jetzt Angestellte der Firma American Information Exchange (Amix) sind, die derzeit einen Online-Markt aufbaut, auf dem die Kunden von den Anbietern Informationen, Grafik und Software gegen wirkliches Geld beziehen können. In Habitat konnten die Avatars ihr Einstiegsvermögen von 2.000 Tokens aufbessern, indem sie dort Zeit verbrachten und damit weitere Tokens verdienten. Aus Verkaufsautomaten konnte man für seinen Avatar einen neuen Kopf ziehen und andere Dinge, die in Habitat nützlich sind. Interessant wurde es, als eines Nachts einige Spieler entdeckten, daß in einer Region einer der Verkaufsroboter versehentlich Puppen für 75 Tokens verkaufte und in einer anderen Region eine Pfandleih-Maschine Puppen mit 100 Tokens belieh. Schlimmer noch, derselbe Verkaufsroboter verkaufte für 18.000 Tokens Kristallkugeln, für die man von der Pfandleih-Maschine 30.000 Tokens bekommen konnte.

Während die Designer offline waren, investierten einige Spieler ihr gesamtes Geld in Puppen und pendelten zwischen den Maschinen hin und her, bis sie das Geld für eine Kristallkugel zusammen hatten. Am nächsten Morgen, als Farmer und Morningstar sich wieder im Netz einfanden, konnten sie den Ausgaben ihrer Protokollprogramme entnehmen, daß sich über Nacht die umlaufende Geldmenge von Habitat verfünffacht hatte. Als sie den Unternehmern auf die Spur gekommen waren und den Fehler beseitigt hatten, mußten sie feststellen, daß die Spieler das Geld nicht zurückgeben wollten. Obwohl es in ihrer Macht gestanden hätte, beschlossen sie, die Angelegenheit nicht zu forcieren – und die allgemeine Zufriedenheit wurde nicht nur wiederhergestellt, sondern wuchs beträchtlich, als die neureichen Spieler ihre angehäuften Tokens verwendeten, um für viele andere Spieler eine Menge neuer Spiele zu finanzieren.

1991, als Farmer und Morningstar von ihren Erfahrungen berichteten, war die nordamerikanische Version von Habitat, *Club Caribe*, zwei Jahre lang im Netz von QuantumLink Communications gelaufen und hatte eine Anhängerschaft von ungefähr fünfzehntausend Spielern. 1993 war aus QuantumLink America On-Line geworden, ein kommerzieller Online-Dienst für Macintosh-Rechner, und die Anzahl der aktiven C64-Anwender war erheblich kleiner geworden. 1993 berichete mir Farmer per EMail, daß es den Club Caribe immer noch gab und daß er im QuantumLink lief, «der immer mehr zusammenschrumpfenden Ecke von America On-Line. CC wird von den Kunden ganz allein verwaltet. QuantumLink hat nur noch ein paar tausend Kunden und einige hundert sind noch im Club Caribe aktiv.»

Jeder, der sich mit der Entwicklung oder der Verwaltung kommerzieller Online-Systeme beschäftigt, sollte die Erfahrungen der Designer von Habitat als Pflichtlektüre betrachten. Eine der ersten Firmen, die auf den Rat von Farmer und Morningstar hörten, war Fujitsu, die Habitat von Lucasfilm Games kaufte und an die japanischen Verhältnisse anpaßte. Anstelle der antiquierten C64-Rechner kam die neue Hardware von Fujitsu, FM Towns, zum Einsatz, ein Computer, zu dessen Ausstattung auch ein CD-ROM-Laufwerk gehört - mit dem auf große Datenmengen, Bilder und Töne zugegriffen werden kann. Dieser Rechner ist ein Prototyp für die Multimedia-Arbeitsplatzrechner, die Fujitsu und andere Firmen Ende der neunziger Jahre weltweit auf den Markt bringen wollen.

Die komplexen Grafikeigenschaften, die ein System haben muß, um Online-Darstellungen realistischer aussehen zu lassen als Cartoon-Figuren, gehen weit über das hinaus, was der C64 und andere PCs dieser Generation leisten konnten. Doch schon die aktuelle Generation grafikfähiger Computer mit hoher Rechenleistung wurde nur zögernd vom Markt aufgenommen. Wie lange wird es dauern, die künftige Generation mit Multimediaeigenschaften – der Kombination von Tönen und Geräuschen, Text, Grafik und Video –, um das derzeit solch ein Tamtam gemacht wird, am Markt zu plazieren?

Zwischen den allerersten PCs und den Multimedia-Rechnern, die Fujitsu, Apple und andere Unternehmen auf den Markt werfen wollen, gibt es eine Parallele: sie sind eine Lösung, für die das Problem erst noch gefunden werden muß. Daher fanden es die Manager von Fujitsu sinnvoll, die Multimedia-Eigenschaften mit einem Online-Publikum zu verknüpfen und dabei auf der Pionierarbeit für Habitat aufzubauen. Nachdem NTT, Fujitsu und andere Firmen das japanische Kommunikationssystem mit superschnellen Glasfaserleitungen ausgestattet hatten, und eine schon schnelle PC-Version von der nächsten, noch schnelleren gejagt wurde, bestand ein dringender Bedarf an realen Anwendungen, die den bereits informations- und technologie-übersättigten Leuten demonstrieren konnten, daß sie all diese neuen Eigenschaften dringend benötigten. Diese Unternehmen operieren auf derart hohem Level, daß es eine kosteneffektive Forschungs- und Entwicklungstrategie war, Habitat zu kaufen und für die neue Computergeneration weiterzuentwickeln.

Im März 1992 besuchte ich das Forschungs- und Entwicklungszentrum von Fujitsu in Kawasaki, in der Nähe von Tokio. Die dort beschäftigten Forscher fragten mich nach meiner Sicht der Online-Welt und sie zeigten mir das Fujitsu-Habitat, das sie implementiert hatten. 1990 war es in Betrieb genommen worden, und man hatte das eigene Netz NIFTY-serve benutzt, um die Besitzer von FM-Towns-Rechnern via Modem mit dem Zentralrechner zu verbinden. (In der Zwischenzeit ist die Habitat-Software auch auf andere in Japan verbreitete Rechner portiert worden.) NIFTY-serve ist eine kommerzielle Kommunikationseinrichtung, die ungefähr 360.000 Anwendern in Japan EMail-, Plauder- und andere Online-Dienste bietet. Im April 1992 hatte die virtuelle Gemeinschaft Populopolis – so bezeichnete Fujitsu die neue Habitat-Gesellschaft – insgeamt 6.200 Einwohner. Gemessen daran, was bei Massenmedien üblich ist, sind diese Zahlen verschwindend klein. Legt man jedoch die Maßstäbe der virtuellen Gemeinschaften an, so ergibt sich, daß Populopolis in zwei Jahren so bevölkert war, wie WELL nach sieben Jahren.

Ich bin davon überzeugt, daß die Fujitsu-Manager, genauso wie Farmer und Morningstar schließlich erkennen werden, daß die Habitat-Anwender ihre eigene Kultur entwickeln werden, wenn ihnen nur genügend Spielraum und Mittel zur Verfügung stehen. Sogar in Japan bilden die Multimedia-Maschinen unter den verkauften Rechnern noch eine kleine Minderheit. In einer EMail teilte mir Farmer 1993 mit: «Habitat von Fujitsu wird täglich größer, derzeit sind über 7.000 Kunden registriert. Ungefähr 10% sind 'hochaktiv' und bilden den Kern der Gemeinschaft. Die Software für die Macintosh-Frontends wurde im März 1993 ausgeliefert und, wie bei den Versionen, die zuvor für die FMTowns, für FMR und den PC-9801 auf den Markt gebracht wurden, wird diese neue Version zu einem steilen Anstieg der Registrierung neuer Kunden führen. Fujitsu denkt zur Zeit über eine amerikanische Version nach.»

Einige der wichtigsten Fragen, die Fujitsu mit diesem Experiment klären wollte, drehen sich darum, ob sich aus Habitat künftig weitere, noch ausgefeiltere und leistungsfähigere Versionen entwickeln lassen. Die Resonanz der Anwender hat in den japanischen Forschungs- und Entwicklungs-Zyklen immer eine wichtige Rolle gespielt. Traditionell geht man so vor, daß die Konsumenten frühzeitig Prototypen der vielen verschiedenen Konsumgüter erwerben können; ferner werden nur die in Japan wirklich erfolgreichen Waren für den Weltmarkt in Betracht gezogen. Insofern ist die auf siebentausend Menschen angewachsene und ständig wachsende Bevölkerung von Populopolis ein kulturelles Laboratorium, in dem Designexperimente für Cyberspace durchgeführt werden – auf japanische Art. Japanische Kommunikation hat sehr viele visuelle Elemente. Dies wird manchmal als Grund dafür angesehen, warum das auf Text beschränkte Netz für die weitere Bevölkerung Japans nicht geeignet zu sein scheint. Die Bevölkerung von Populopolis hat nun die Gelegenheit zu versuchen, eine mehr visuell orientierte Online-Kultur zu entwickeln.

Atsuya Yoshida und Jun Kakuta vom Kyoto Institute of Technology, das von Fujitsu unterstützt wird, untersuchten systematisch «die Charakteristika des Verhaltens und der sozialen Beziehungen der Anwender einer virtuellen Online-Welt». Als Testperson wählten sie einen neuen Anwender des EMail- und Plauderdienstes des Japanese University Network (JUNET), einen vierundzwanzigjährigen examinierten Informatikstudenten und stellten ihm Habitat von Fujitsu vor. 81 Tage lang beobachten sie das Verhalten ihrer Versuchsperson «Mr T.», dann berichteten sie:

> Mr T. paßte sich außerordentlich schnell an die visuelle Netzgesellschaft von Populopolis an. Vom ersten Tag an verbrachte er ständig mehr Zeit in Populopolis, ein Phänomen, das wir als Suchtverhalten charakterisieren. Mr T. machte sich langsam mit der Netzgruppe vertraut, nahm dann aktiv an einer Wahl zum Präsidenten der Wohnungsbaugesellschaft teil, beteiligte sich an einer Diskussionsrunde über den Osaka-Dialekt und schloß sich bereits frühzeitig einem Offline-Treffen an.

Yoshida und Kakuta beobachteten ferner, daß Mr T. und andere Anwender von Habitat «dahin tendierten, eine eigene Sprache zu entwickeln, eine spezielle Zeichensprache, die für jemanden, der sich nicht in Netzen und in Populopolis auskannte, nicht verständlich war.» Teil dieser Sprache waren *emoticons*, typografische Konventionen, um Lächeln oder Stirnrunzeln auszudrücken. Die Netzversion eines lächelnden Gesichts besteht aus einem Doppelpunkt, einem Bindestrich und einer runden rechten Klammer, so daß sich ein lächelndes Gesicht ergibt, wenn man den Kopf nach links legt: :-) , aber die Version von Fujitsu-Habitat sieht eher wie die abstrakte Darstellung eines Gesichts aus: (^-^). Die Analyse der Konversationen in Populopolis ergab, daß 45% aller Äußerungen auch Zeichensprache enthalten.

In Japan spielt der nonverbale Kontext von Konversationen eine sehr wichtige Rolle; Gesten, Körperhaltung und Tonfall der Stimme gehören zu einem klar definierten und von jedermann verstandenen System kontextueller Bezüge. Besonders wichtig sind Dialekte – die Forscher entdeckten, daß die japanischen Anwender, die fließend Osaka-Dialekt sprachen, verglichen mit ihrem Anteil an den NIFTY-Teilnehmern in Habitat unterrepräsentiert sind. Irgendetwas an Habitat macht es unmöglich, die Ausdrucksformen des Osaka-Dialekts zu verwenden – dies war auch Thema von Online-Diskussionen. Diese unsichtbare und nonverbale Komponente japanischer Konversation, *kansei* genannt, kann nur unscharf übersetzt werden als intuitives, ästhetisches Gefühl dafür, daß die Kontextelemente einer Konversation stimmig sind.

Yoshida und Kakuta betonen, daß «die Anwender von Habitat ein differenziertes Kansei entwickelt haben, um symbolisch codierte sozial-emotionale Informationen zu übermitteln und zu empfangen». Sie vergleichen die Schnittstelle zwischen Mensch und Instrument der Kommunikation explizit mit der Idee des Kansei. Auch mein Freund Joichi Ito, einer der jungen Netz-Pioniere, der sowohl in Japan als auch in den USA tätig ist, betont, daß man Kansei verstehen muß, wenn man die japanische Kommunikation beurteilen will, auch und gerade die Online-Kommunikation, der viele der wichtigen sozialen Elemente fehlen. Wenn es einen idealen Ort gibt, um die Theorie zu testen, daß Mimik und Körpersprache durch grafische Elemente emuliert werden und auf diese Weise der Kontext von Kommunikation – Kansei – wiederhergestellt werden kann, dann ist dies im Habitat von Fujitsu.

Kansei könnte für das gesamte Netz zu einem wichtigen Begriff werden, zum Kriterium für die Beurteilung der Vor- und Nachteile neuer Netzeinrichtungen für bestimmte Zwecke. Das Netz wird immer mehr zu einem multikulturellen Forum – dem einzigen von Gewicht. Es ist durchaus legitim, sich bei seinen Untersuchungen auf die USA zu konzentrieren, weil das Netz dort erfunden wurde, und weil dort viele der technischen und sozialen Innovationen stattfinden. Wenn man es aber dabei beläßt, entgeht einem das Wesen des Netzes: es umspannt die ganze Welt. Die Macher der japanischen Industrie haben einen deutlichen Schwerpunkt auf die Entwicklung der Kommunikations- und Informationstechnologien gelegt, und dies auf höchstem technischem Niveau. Daher stellen Japan und das Netz den vielleicht größten Unsicherheitsfaktor in der zukünftigen Entwicklung des Weltnetzes dar.

7

Japan und das Netz

Izumi Aizu bahnte sich einen Weg durch das Netz, um mich nach Japan zu holen. Unsere Freundschaft fing mit einer EMail-Anfrage eines meiner amerikanischen Freunde an: Ob ich daran interessiert sei, nach Japan zu fliegen und mit einigen japanischen Spezialisten über die Zukunft virtueller Gemeinschaften zu diskutieren? Die Kosten würden übernommen werden. Ein japanischer Freund meines amerikanischen Freundes hatte eine Konferenz organisiert, auf der japanische Wissenschaftler ihre Vision der Telekommunikationskultur, von ihnen *Hypernetwork Society* genannt, diskutieren würden. Diese Einladung war zu schön, um wahr zu sein. Natürlich sagte ich, daß ich interessiert sei.

Am nächsten Tag rief mich Izumi Aizu an und versicherte mir, daß ich nicht geträumt hatte. Schon tags darauf begannen wir, die Reise im Detail zu planen, per EMail. Am dritten Tag, nachdem mein Schicksal diese unerwartete Wendung genommen hatte, erhielt ich EMail von Katsura Hattori. Er stellte sich als technischer Redakteur von *Asahi Shibun* vor, der zweitgrößten japanischen Zeitung. Er hatte meine Bücher gelesen und von Aisu-san erfahren, daß ich nach Tokio kommen würde und bot mir seine Hilfe an.

Während unserer EMail-Korrspondenz entdeckten Aizu, Hattori und ich sehr bald schon, daß unsere Lebensläufe in wichtigen Punkten Gemeinsamkeiten aufwiesen und wir Interessen und Wertvorstellungen hatten, die uns trotz unserer unterschiedlichen geografischen und kulturellen Herkunft verbanden. Wir gehörten zur Generation der Achtundsechziger, und von Beruf waren wir Journalisten und Redakteure, die sich damit beschäftigten, Wissenschaftlern, Politikern, Industriellen und auch allen anderen Bürgern dabei zu helfen, die Implikationen der neuen Technologien zu verstehen. Und, was am wichtigsten war, wir alle glaubten daran, daß das Netz uns dabei helfen könnte, für unsere Kinder eine bessere Welt zu schaffen.

Aizu-san und Hattori-san zeigten mir eine neue Welt – im wahrsten Sinne des Wortes. Weit entfernt von Tokio lernte ich eine kleine virtuelle Gemeinschaft kennen, traf einen Lokalpolitiker und den Bürgermeister einer Kleinstadt, die beide bei ihrer politischen Arbeit CMC einsetzten, und nahm an den Versammlungen der enthusiastischen Mitglieder zweier verschiedener japanischer Computerkonferenzsysteme teil.

Diese Treffen von Angesicht zu Angesicht hatten eine Atmosphäre oder vielleicht besser ein *kansei*, das mir von den persönlichen Treffen der WELLianer nur allzu vertraut war. Dieses Gefühl unausgesprochener Seelenverwandschaft, über alle sozialen Schranken hinweg, veranlaßte mich, mich mit diesen Gemeinschaften genauer zu befassen, online und auch persönlich. In den letzten drei Jahren habe ich auch die japanische Online-Kultur erforscht, und ich bin sowohl auf Gemeinsamkeiten als auch auf Unterschiede zwischen den virtuellen Gemeinschaften Japans und der USA gestoßen.

Auf meinen beiden Reisen nach Japan habe ich etwa vier Wochen dort verbracht. Zu meinen elektronischen Brieffreunden zählen nun auch die sechs Japaner, die ich auf diesen Reisen kennenlernte. Izumi Aizu hat mich in Tokio zu sich und seiner Familie nach Hause eingeladen – für einen amerikanischen Besucher ein seltenes Erlebnis, und er hat mich und meine Familie in den USA besucht. Wir erklärten uns gegenseitig die Feinheiten der japanischen und amerikanischen Kultur, die man in keinem Buch erklärt findet. Unter der Oberfläche scheinbarer Gemeinsamkeiten verbergen sich teilweise gravierende kulturelle Unterschiede, und als Amerikaner hätte ich ohne die Hilfe von Izumi Aizu nicht einmal ein Prozent dessen verstanden, was ich in Japan erlebte, noch hätten mir dort alle Tore offen gestanden. Über ihn lernte ich auch weitere Kollegen kennen, mit denen ich immer noch freundschaftlich verbunden bin. Hätten wir uns nicht im Cyberspace getroffen und uns schon online freundschaftlich verbunden gefühlt, hätte ich ihn und die anderen Mitglieder japanischer virtueller Gemeinschaften niemals persönlich kennengelernt.

Meine Reisen zu den realen Gemeinschaften, die sich hinter den virtuellen Gemeinschaften verbergen, und die Beobachtungen, die ich dort machen konnte, sind sicherlich unsystematisch und berühren oft nur die Oberfläche – es würde Jahre dauern, die Menschen selbst nur einer kleinen Auswahl virtueller Gemeinschaften kennenzulernen. Dennoch denke ich, daß es sich lohnt, einige der Gemeinsamkeiten anzuschauen, die ich unter der Oberfläche entdeckt habe – auch wenn es, gemessen an wissenschaftlichen Maßstäben, nur Anekdoten sind, die ich berichten kann.

Gemeinsamkeiten sind immer leichter zu entdecken; sie springen ins Auge, wenn sie sich von einem ansonsten wenig vertrauten Hintergrund abheben. Es sind die Unterschiede zwischen den virtuellen Gemeinschaften verschiedener Kulturen, die erheblich schwieriger zu ermitteln sind. Hier verlasse ich mich auf meine japanischen Führer und auf die Informationen jener Leute, denen sie mich vorstellten. Auf meinen Reisen, die ich gemeinsam mit Izumi Aizu durch das ländliche Japan machte, lernte ich einige der wichtigsten virtuellen Gemeinschaften kennen, und vielerorts – online und IRL – traf ich auf mögliche Parallelen zwischen der amerikanischen und der japanischen Cyberkultur. Diese Beobachtungen machte ich meistens auf der Ebene der Graswurzeln.

Ein wichtiges Charakteristikum haben die japanischen Forscher und Manager der Forschungsabteilungen mit ihren Kollegen in den großen amerikanischen und europäischen Telekommunikationsunternehmen, die ich schon besucht habe, gemein: Sie scheinen sich nicht bewußt zu sein, daß zwischen den sozialen Revolutionen an den Graswurzeln von CMC und der hochtechnisierten Kommunikationsinfrastruktur, die derzeit von den Industriegiganten Japans installiert wird, eine Kollision bevorstehen kann, aber auch Konvergenzen möglich sind. Die Fachleute in Sachen Telekommunikation bei NTT (Nippon Telephone and Telegraph), Fujitsu und anderen Größen der japanischen Kommunikationsindustrie scheinen jetzt jedoch sehr schnell aufzuwachen, nachdem Präsident Clinton plant, in den USA eine nationale Informationsinfrastruktur aufzubauen. In Japan werden Ideen, insbesondere auf technologischem Gebiet, schneller von den industriellen Zentren aufgegriffen, als in den USA. Die Wirtschaftsführer Japans, wie auch die Technologiemanager der USA sehen sich gezwungen, über den Tellerrand ihrer Technologien und Profitzentren zu schauen, und das gesamte System, die *Infrastruktur* zu betrachten – die sozialen Veränderungen genauso wie die der Hard- und Software, die mit der Entstehung einer nationalen oder internationalen Gedankenschnellstraße verbunden sein werden.

Über Aizu lernte ich Jeff Shapard kennen, den Mitbegründer von TWICS, einer der ersten virtuellen Gemeinschaften in Tokio. Die Hälfte der Mitglieder von TWICS sind Japaner, die im Einzugsgebiet Tokios wohnen, während die andere Hälfte von Tokios nichtjapanischer Bevölkerung gestellt wird, darunter auch eine große Anzahl von im Ausland lebenden Amerikanern. Shapard stellte mich seinem Partner vor, Joichi Ito, ein wendiger Typ, der in zwei Kulturen zuhause ist. Er wurde mein Freund, sowohl in Japan als auch in den USA. Aizu und Hattori wiesen mich auf einige Gemeinsamkeiten hin, die die virtuellen Graswurzelgemeinschaften verbinden; in unseren zahlreichen Diskussionen halfen sie mir aber auch dabei, einige wesentliche Unterschiede zwischen der japanischen und der amerikanischen Online-Kultur zu erkennen – und die kulturelle Herausforderung, die das weltumspannende Netz für seine Konstrukteure und die japanische Gesellschaft darstellt.

In den frühen achtziger Jahren gehörten Aizu und Ito zu den ersten Leuten in Japan, die den Einsatz von Computern als Kommunikationsmedium erforschten – ungefähr zur gleichen Zeit, als in den USA Pioniere wie Hiltz und Turoff, Dave Hughes, Lisa Carlson und Peter und Trudy Johnson-Lenz EIES und *The Source* verwendeten, um sich über die sozialen Netze zu unterhalten, die mit CMC möglich wurden. Izumi Aizu hatte sich schon lange nach Möglichkeiten umgesehen, soziale Veränderungen zu bewirken. Außerdem brauchte er als Studienabbrecher und selbständiger Unternehmensberater etwas, das ihm einen Zugang zum realen sozialen Netz zwischenmenschlicher Beziehungen verschaffte.

In Japan ist das Studium, insbesondere an der Universität Tokio, die unverzichtbare Voraussetzung für eine berufliche Karriere. Daher war Aizus Entschluß, sein Studium abzubrechen, erheblich schwerwiegender, als dies in den USA gewesen wäre. Weil ihm das traditionelle Netz der in der Universität geknüpften Kontakte fehlte, mußte Aizu das elektronische Netz benutzen, um die sozialen Kontakte zu knüpfen, die er für die Entwicklung seines Unternehmens benötigte.

«1968 war ich sechzehn und die Studentenproteste in Amerika, Paris und Tokio übten großen Einfluß auf mich aus», erzählte mir Aizu an meinem ersten Abend in Tokio. In den japanischen Häusern, mit ihren Wänden aus Reispapier, ist es generell kühler als in den amerikanischen Heimen. Daher saßen wir bis spät in der Nacht um einen *hori-gotatsu*, eine Grube im Fußboden, in der sich ein Fußwärmer befindet. Ich werde nie vergessen, wie wir dort saßen, eine Wolldecke über den Schoß gelegt und die Füße im *hori-gotatsu*, und über Werte sprachen und die Entscheidungen, die unserem Leben die entscheidenden Wendungen gegeben hatten. Die Umgebung war so fremd, doch die Unterhaltung vollkommen vertraut. Aizu erzählte weiter: «Ich begann, immer mehr Bücher zu lesen, die an der Universität keine Pflichtlektüre waren und suchte nach dem Sinn des Lebens. Warum sollte ich all diese Mühen auf mich nehmen und durch die Examenshölle gehen, nur um etwas zu tun, was mir nichts bedeutete?»

In der Zeit, als er Bücher verschlang, wurde er finanziell von seiner Mutter unterstützt. Mit zwanzig fing er an, im Vertrieb einer Druckerei zu arbeiten. Einige Jahre später war er Spezialist für Satz und Druck und wechselte zu einer Werbeagentur. Das führte wiederum dazu, daß er Handbücher und Broschüren ins Englische übersetzte. Als er achtundzwanzig war, kamen in Japan die ersten erschwinglichen PCs auf den Markt. Er mußte feststellen, daß die japanischen Handbücher viele Wünsche offen ließen, also half er ab 1983 mit, die Firma High Technology Communications aufzubauen und produzierte ein erfolgreiches

Anwenderhandbuch für den ersten Apple-Computer auf dem japanischen Markt. Dann experimentierte er mit einem altmodischen Akustikkoppler, um Text auf eine Fotosatzanlage zu übertragen. Sein Chef und Förderer in dieser Firma, Mr Hiyashi, machte ihn mit The Source bekannt. Als er feststellt, daß die Redaktion ein ziemlich verschlafener Haufen war, beschloß er, Leben in die Bande zu bringen. Nachdem sein transpazifischer verbaler Schubs dafür gesorgt hatte, daß wieder lebendige Konversationen stattfanden, kündigte er an, daß er in die USA kommen würde – hatte jemand Lust, ihn zu treffen?

Als WELL 1985 seine Arbeit aufnahm, hatte Aizu gerade die ersten wichtigen Mitglieder der damals noch kleinen Gesellschaft von CMC-Enthusiasten kennengelernt. Seine Geschichte unterschied sich nicht so sehr von der meinen. Ich habe zwar nicht das College abgebrochen, aber als ich mit zweiundzwanzig freiberuflicher Schriftsteller wurde, war dies meine Art, auszusteigen und mein Leben sinnvoll zu gestalten. Wie bei Aizu spielte sich ein großer Teil meines privaten und beruflichen Lebens in der Welt der PCs und dann in der CMC-Welt ab. Wie bei Aizu wurde, anders als durch PCs allein, durch CMC mein Interesse an sozialen Veränderungen wieder geweckt. Aber zu der Zeit, als ich eben anfing, mich in WELL zurechtzufinden, hatte Aizu durch Ereignisse in seiner Heimatstadt Zushi schon lange damit begonnen, CMC unmittelbar als politisches Druckmittel einzusetzen.

In Japan ist der Ort, an dem man geboren und großgezogen wurde, von großer Bedeutung. Joichi Ito erzählte mir, daß in Kyoto ein alter Stein steht, auf dem die Namen von vierundzwanzig Generationen seiner Familie eingraviert sind. Später wird dort auch sein Name stehen. Dieser Ort ist die Heimat seiner Seele. Diese Art Bindung verspürt Izumi Aizu zu der Stadt Zushi, einer Stadt am Meer in der Nähe von Yokohama, in der er aufwuchs. Bis zum zweiten Weltkrieg gehörte auch ein großer Wald, Kago, zum Stadtgebiet und machte ungefähr ein Achtel der Fläche aus. Er war unangetastet geblieben, weil sich unter ihm ein großes Munitionslager der japanischen Kriegsmarine befand. Nach dem zweiten Weltkrieg diente es zu irgendwelchen Zwecken der US-Navy. Weil sie etwas dagegen hatten, daß irgendwelche Leute auf ihrer Munition herumliefen, sorgten sowohl das japanische als auch das Militär der USA dafür, daß sich kein menschliches Wesen in dem Gebiet aufhielt. Als 1985 das Lager verlegt wurde, kündigte die japanische Regierung an, daß dort zweitausend Wohneinheiten für Angehörige der US-Armee gebaut werden sollten. Die japanische Regierung, die Bauindustrie und die Armee der Vereinigten Staaten waren mächtige Gegner, dennoch beschlossen die Einwohner von Zushi, um den Erhalt des Waldes zu kämpfen. Sie wählten den jungen Kichiro Tomino zum Bürgermeister, einen der Anführer dieser Graswurzelbewegung. «Tomino und ich besuchten dieselbe Schule, allerdings war er sieben Jahre älter als ich. Wir hatten gemeinsame Freunde, und als er hörte, daß ich mit Computernetzen zu tun hatte, fragte er mich, ob man diese Netze nicht dazu benutzen könnte, internationale Unterstützung für die Anti-Bebauungsbewegung zu mobilisieren», erinnerte sich Aizu auf der zweistündigen Fahrt von Tokio nach Zushi. Aizu schaltete sein Modem ein, um nach geeigneten Leuten zu suchen, bekam Kontakt zu Lisa Carlson und Frank Burns, die 1985 mit dem Aufbau ihres Systems Metanetwork begonnen hatten und suchte sie persönlich in Washington auf. Ergebnis dieses Treffens war, daß er über Metanetwork einen Unterstützungsaufruf der Einwohner von Zushi verbreitete. Sie wandten sich insbesondere an alle Leute, die in der Lage waren, den Appell in soviele Länder wie möglich weiterzuleiten. Nach einigen Monaten waren über eintausend Antworten eingegangen, aus über hundert Ländern. Die über Metanet verbreitete Nachricht hatte ihren Weg durch die Bulletin-Board-Systeme der ganzen Welt und die Netze von Umweltschützern gefunden – und das war 1985, also vor dem eigentlichen explosionsartigen Wachstum der Netze.

Als ich 1992 Bürgermeister Tomino in seinem Büro im Rathaus von Zushi traf, bestätigte er, daß die Computerkonferenz-Kampagne eine wesentliche Rolle in der Bürgerinitiative von Zushi gespielt hatte. Im Rathaus dieser Stadt von fünfzigtausend Einwohnern, einem Seebad für Urlauber aus der Mittelschicht, befindet sich in einem öffentlichen Raum im Erdgeschoß eine Reihe von Macintosh-Computern, von denen aus Bürger, die zuhause keinen Computer haben, direkt mit Beamten der Stadtverwaltung kommunizieren können. Tomino hat ein städtisches Computerkonferenzsystem eingerichtet. «Die meisten Menschen glauben, daß normale Bürger gegen mächtige Institutionen nichts ausrichten können», antwortete mir Tomino, als ich ihn nach seinen Motiven für Zushis Vernetzung fragte. «und ich möchte ihnen beweisen, daß sie der Stadtverwaltung dabei helfen können, Probleme zu lösen, die uns alle angehen.» Ermutigt durch die positiven Erfahrungen bei der Bewegung zur Erhaltung von Kago, nahmen einige hundert Bürger die Einladung des Bürgermeisters an und lösten in Online-Diskussionen das Problem, die Stadtbibliothek zu reorganisieren. «Die Leute hier versuchen zu beweisen, daß sie in der Lage sind, selbst über ihre Zukunft zu bestimmen. Das haben wir vor etlichen Jahren durch Zutun der Vereinigten Staaten gelernt. Ihre Politik der militärischen Besatzung zur Demokratisierung Japans war ein voller Erfolg.» Dies sagte Tomino zu mir und lächelte dabei.

In den frühen achtziger Jahren hatten einige Leute, die sich auf Computerkonferenzen kennengelernt hatten, die Idee, soziale Netze aufzubauen, ähnlich den Kommunikationsnetzen aus Computern und Modems. Ende der achtziger Jahre hatte sich dieser Begriff als neue Bezeichnung für das altbekannte Verfahren eingebürgert, soziale Beziehungen für das berufliche Fortkommen zu nutzen, doch die frühen Verfechter sozialer Netze hatten ein erheblich revolutionäreres Motiv, als nur Geld und Profit. Izumi Aizu war von den CMC-Evangelisten Jessica Lipnack und Jeffrey Stamps beeinflußt worden, die in der Online-Welt allgemein als «J. and J.» bekannt waren. Lipnack und Stamps veröffentlichten ihre Ideen 1982 in dem Buch *Networking, People Connecting with People, Linking Ideas and Resources*. «Ich hatte das Gefühl, daß sie über mich persönlich schrieben», kommentierte Izumi Aizu den Eindruck, den dieses Buch auf ihn gemacht hatte.

Aizu, Schwimmer gegen den Mainstream der großen Firma mit dem Namen Japan und Organisator von Protestaktionen, war in der alternativen Kultur natürlich allgemein respektiert. Seine Erfahrungen im Geschäftsleben und seine Kenntnisse der CMC-Technologie brachten ihm aber auch die Unterstützung einiger einflußreicher Insider der japanischen Machtzentren ein. Nach seinen ersten Reisen in die USA, auf denen er die Online-Welt mithilfe von The Source erforscht hatte, schrieb er einen Bericht über den aktuellen Stand von CMC und veröffentlichte ihn in Japan. Damals verstanden die meisten Japaner, wenn sie überhaupt schon etwas davon gehört hatten, Modems als Mittel, an die Informationen großer Datenbanken heranzukommen; Aizo hingegen konzentrierte sich in seinem Bericht auf die sozialen Netze zwischenmenschlicher Beziehungen, die auf diesen Computernetzen Huckepack reiten konnten. Dieser Bericht verbreitete sich schnell in verschiedenen Kreisen der japanischen Gesellschaft. Die Computerenthusiasten sahen in ihm eine erste Landkarte eines vollkommen neuen Territoriums. Und auch einige der mutigsten Visionäre der japanischen Kommunikationsindustrie wurden auf ihn aufmerksam.

Aizu wurde zur Brücke zwischen verschiedenen Welten. Er verband Japan mit Amerika, Graswurzelelemente mit Firmenstrategien, Stadtbewohner mit Technologien. Er beschloß, seine Neigungen zum Beruf zu machen und die sozialen und technischen Maschen des Netzes mit den Computerkonferenzen zu verknüpfen. Nachdem er Leute gefunden hatte, die ihm ihre finanzielle Unterstützung zugesichert hatten, gründete er ein Unternehmen mit dem Namen Institute for Networking Design.

Schon bald, nachdem er CMC sowohl bei den Graswurzelaktivisten als auch bei städtischen Regierungsleuten eingeführt hatte, bekam er

Gelegenheit, ein Computernetz und eine virtuelle Gemeinschaft für einen ganzen Regierungsbezirk zu entwerfen – eine Region, in der 1,25 Millionen Menschen auf mehr als sechstausend Quadratkilometern leben. Diesmal war der glühende Anhänger virtueller Gemeinschaften der Präfekt der Provinz Oita, Hiramatsu. Zu dem Vortrag, dem meine erste Reise nach Japan galt, sprach Hiramatsu die einleitenden Worte. Im Frühjahr 1990, am Morgen nach meiner ersten langen Nacht in Tokio, ging ich mit Izumi Aizu an Bord einer Maschine der All-Nippon Airlines, um nach Oita auf Japans südlichster Insel Kyushu zu fliegen. Alles, was mehr als anderthalb Flugstunden von Tokio entfernt liegt, bietet ein völlig anderes Bild als die Hauptstadt. Als ich im Konferenzzentrum an der Bucht Beppu ankam, an der auch Oita liegt, war der Kulturschock sogar noch größer als mein Jetlag.

An der Konferenz, auf der ich sprechen sollte, nahmen alle namhaften Vertreter des japanischen Technologieprogramms teil, doch die Organisatoren waren alle Mitglieder der lokalen virtuellen Gemeinschaft namens COARA. Als am Ende meiner ersten Woche in Japan die erste Konferenz der Hypernetwork Society vorüber war, ging ich mit ungefähr dreißig Mitgliedern von COARA aus, und verbrachte mit ihnen einen Abend bei gutem Essen, Drinks und anderen Vergnügungen. Wir feierten den Erfolg dieser Konferenz, in deren Vorbereitung sie Wochen harter Arbeit gesteckt hatten. Weder Aizu, noch sonst einer der offiziellen Übersetzer hatte Zeit, mich zu begleiten. Ich spreche kein Japanisch und kaum jemand auf der Party konnte Englisch sprechen. Ich wurde natürlich als Ehrengast behandelt und alle, die ein wenig Englisch sprechen konnten, bemühten sich, mir zu erklären, was da vor sich ging. Ich erinnere mich noch daran, wie erstaunt ich war, als ich begriff, daß ich zwar kein Wort von dem verstand, was die anderen sagten, daß ich aber sehr wohl begriff, was sich auf der emotionalen Ebene dieses COARA-Treffens abspielte. Nichts erinnerte mich so sehr an die monatlichen WELL-Partys wie dieses Treffen. Hier waren lauter Leute, die sich sehr gut kannten, die die Gesellschaft der anderen genossen und die viele gemeinsame Erfahrungen hatten, die ihnen halfen, Unterschiede des Geschlechts, des Berufs, soziale und geografische Schranken zu überwinden. Sie redeten und redeten.

Noch nie war ich soweit von zuhause weggewesen wie hier in Oita. Und ich nahm nicht an, daß ich jemals wieder hinkommen würde. Doch zwei Jahre später wurde ich wieder eingeladen, und mit mir John Barlow, Robert Johansen und Peter und Trudy Johansen-Lenz. In der Zwischenzeit hatte die Idee, CMC nicht nur an den Graswurzeln als sozialen Hebel zu verwenden auch Anhänger unter den Strategen der japanischen

Kommunikationstechnologien gefunden, und COARA hatte als politisches Experiment einen gewissen Bekanntheitsgrad erreicht. Diesmal wurde ich von den COARA-Mitgliedern wie ein Verwandter begrüßt, den man lange nicht gesehen hat. Während dieses zweiten Besuchs veranstalteten sie wieder bis spät in die Nacht hinein Partys, und zwar jeden Abend. Sie hatten sich im Konferenzzentrum eine Karaokebar eingerichtet – mit einer aus einem Mikrofon und einer Videodisk bestehenden Anlage, die die Begleitmusik spielt und auf einem Bildschirm die jeweiligen Texte anzeigt. Die Leute können das Mikrofon nehmen und Solos singen.

Karaoke spielt im japanischen Berufsleben eine neue, sehr wichtige Rolle. Die Leute, die den ganzen Tag in ihren Büros sitzen und zusammenarbeiten, gehen oft abends miteinander in ihre Lieblings-Karaokebar, wo sie viele dünne Whiskey-Sodas trinken und sich nach der förmlichen Zusammenarbeit im Firmenalltag ein bißchen entspannen, indem sie falsch singen und darüber lachen. Die Mitglieder von COARA werden nie müde, noch einen Song vorzutragen. Eine interessante Sache, wenn man bedenkt, daß sie sonst nur über die stummen Briefe auf dem Bildschirm miteinander kommunizieren. Es ist wirklich amüsant, wenn jemand, mit dem man monatelang ernste CMC-Diskussionen geführt hat, plötzlich ans Mikrofon geht und eine Elvis-Nummer abzieht. Die Vorstellung, die man sich online von dieser Person gemacht hat, nähert sich mehr der realen Person an. Sie brachten mich dazu, «I Left My Heart In San Franscisco» zu singen.

Nach der zweiten Hypernetwork-Konferenz blieb ich noch für ein paar Tage bei den COARA-Leuten; die anderen Teilnehmer waren bereits abgereist. Wir fuhren zusammen nach Beppu, einem Dorf, das für seine heißen Quellen berühmt ist. Wir badeten und entspannten uns nach diesen mit förmlichen Reden und informeller, aber nicht weniger wichtiger, sozialer Netzarbeit ausgefüllten Tagen. Ich unterhielt mich mit den einzelnen COARA-Mitgliedern und fragte sie, wie ihre virtuelle Gemeinschaft entstanden war und wie sich ihr Leben dadurch geändert hatte. Izumi Aizu stand mir bei meinen offiziellen wie auch inoffiziellen Reden als Übersetzer bei.

Ich erfuhr, daß COARA ursprünglich eine Art Datenbank für eine kleine Gruppe von Computerbegeisterten gewesen war; dann hatte es als lokaler Informationsdienst für Verkehrsverbindungen, Wettervorhersagen und andere Dinge von allgemeinem Interesse gedient. Aber dann sahen sich die Gründer von COARA veranlaßt, es zu einem ausgewachsenen Computerkonferenz-System umzuorganisieren. Eine der historischen Wurzeln des starken Zusammgehörigkeitsgefühls, das diese Leute verbindet, ist, daß COARA mit einer Reihe persönlicher Treffen zwischen Leuten begann, die eine gemeinsame Informationsquelle aufbauen wollten, aber nicht genau wußten, wie sie das anstellen sollten. Dann kam Izumi Aizu ins Spiel. Toru Ono, Besitzer einer Haushaltwarenfabrik in Oita und einer der Computer-Enthusiasten hatte seinen Bericht gelesen. Ono rief ihn in Tokio an und bat ihn, sich zu überlegen, ob er beim Aufbau des Systems helfen wollte.

1985 wurden in Japan viele Experimente ins Leben gerufen. Für die Graswurzeln der Telekommunikation war es ein Wendepunkt, weil viele der Reglementierungen der Telekommunikationsindustrie aufgehoben wurden. Früher mußte man bürokratische Hürden überwinden, um ein Modem einsetzen zu dürfen, und es war zudem sehr teuer. Im Zuge der Liberalisierung war dann aber viel von den «neuen Medien» zu hören, und Ono interessante sich insbesondere für Bulletin-Board- und CMC-Systeme. Viele der Experimente mit den «neuen Medien» orientierten sich an dem altbekannten Beispiel des Rundfunks, Informationen irgendwo zu sammeln und dann den Leuten Gelegenheit zu geben, von irgendwoher darauf zuzugreifen. Aizu war einer der wenigen, die dafür eintraten, Netzstrukturen aufzubauen und persönlichere Kontakte von Mensch zu Mensch zu ermöglichen, weil er in den USA die Erfahrung gemacht hatte, daß die Leute CMC vor allem dafür verwendeten, Kontakt miteinander aufzunehmen, und erst in zweiter Linie daran interessiert waren, auf Informationen zuzugreifen.

An dem Ausflug nach Beppo nahm auch Yukitsugu Fujino teil, ein junger Informatikstudent, der 1985 bei der Gründung von COARA mitgearbeitet hatte. Zunächst hatte er sich nur nach einer Datenbank umgesehen, in der er seine Privatbibliothek von mehr als zwanzigtausend Büchern katalogisieren konnte. Während sich Fujino intensiver mit PC-Netzen beschäftigte, traf er sich in Oita mit Ono und einem Dutzend anderer Leute mit Vertretern der Stadt, um darüber zu beratschlagen, ob man einen Computer kaufen könnte, um eine Art kommunaler Datenbank einzurichten und der Öffentlichkeit die Möglichkeiten zu geben, eine Datenverarbeitungseinrichtung zu benutzen. Es stellte sich heraus, daß die Region Oita bereits im Besitz eines Rechners war, der benutzt werden konnte. Gemeinsam machten sich Fujino und Ono daran, die benötigte Software zu entwickeln. Die erste Information, die die Leute dann abrufen konnten, war der Fahrplan für die Zugverbindungen von Oita. Die dreißig Gründungsmitglieder wollten gern noch mehr Informationen zur Verfügung stellen, waren aber unsicher, welche Informationen Anklang finden würden. Daher entwickelten sie ein einfach strukturiertes öffentliches Forum, in dem sie sich über ihre Informationsbedürfnisse verständigen konnten. Und dann passierte etwas, das COARA vollkommen umkrempelte.

Von den COARA-Mitgliedern, die ich befragte, erwähnten mehr als ein Dutzend, daß die Gemeinschaft in dem Moment entstand, als ein Schüler der Highschool namens Baba anfing, autobiografische Notizen zu veröffentlichen. «Als er anfing, darüber zu schreiben, was ihn, den Highschool-Schüler, bewegte», erzählte mir Fujino, «wurde COARA viel attraktiver. Es war viel aufregender, etwas über das Leben eines Highschool-Schülers zu erfahren, als jede Menge trockener Fakten zu veröffentlichen. Die Leute fingen an, regelmäßiger Verbindung mit COARA aufzunehmen, weil sie wissen wollten, was los war und weil sie sich darüber unterhalten wollten. Uns wurde klar, wie wertvoll diese zwischenmenschliche Interaktion war. Daher beschlossen wir, daß wir Möglichkeiten schaffen wollten, persönlicher zu schreiben.»

Ohne irgend jemanden um Erlaubnis zu bitten, erfand Baba einen virtuellen Ort, an dem informelle öffentliche Diskussionen stattfinden konnten, das Café COARA. Normalerweise ist dies nicht die Art, wie man die Dinge in Japan angeht, aber alle fanden, daß es gut gewesen war. Aizo wurde hinzugezogen, neue Software wurde entwickelt, weitere Modems gekauft und Telefonleitungen gelegt und damit ein regionales Computerkonferenz-System geschaffen, etwa zu der Zeit, als in der Region von San Francisco WELL gegründet wurde und TWICS in Tokio. Die Jungunternehmer in der Handelskammer von Oito schlossen sich an, weil sie den Nutzen des neuen Informationsdienstes für kleine Unternehmen erkannten. Die Online-Bevölkerung wuchs.

Die Menschen, die ich im engeren Kreis von COARA kennenlernte, kamen mir in vielfacher Hinsicht bunter vor, als andere soziale Gruppen in Japan, und mein Eindruck bestätigte sich, als ich nachfragte. Erstens entstammten die Mitglieder verschiedenen Gesellschaftsschichten und hatten unterschiedliche Berufe. Ono-san ist der Eigentümer einer wichtigen Fabrik in Oita. Fujuno-san war Informatikstudent. Ein weiteres beliebtes Mitglied der Gemeinschaft, das mich schließlich auch in Kalifornien besuchte, unterrichtet an der örtlichen Universität in der Kunst der Porzellanherstellung. Einige Hausfrauen, deren Kinder aus dem Haus und deren Ehemänner noch berufstätig sind, initiierten und organisierten die sozialen Ereignisse, bei denen man sich persönlich trifft. Für die japanische Gesellschaft, in der sehr viele Aktivitäten nach Geschlechtern getrennt stattfinden, war es auch ungewöhnlich, daß so viele Frauen anwesend waren und sich zu Wort meldeten. Die Grenzen, die für gewöhnlich durch Beruf, Alter und Geschlecht gesetzt sind, waren in der COARA-Gemeinschaft längst nicht so rigide wie in anderen sozialen Gruppierungen Japans.

Wie auch um WELL ranken sich Mythen um COARA, weil hier Liebesbeziehungen entstanden. Wenn andere Leute erleben, wie sich in ihrer Gruppe zwei Menschen begegnen und schließlich heiraten, verstärkt das den Charkter der Gruppe als wirklicher Gemeinschaft – und Fujino-san war sogar einer der Gründungsmitglieder. Seine Frau und er lernten sich in COARA kennen, und ihre Hochzeit war für die Gemeinschaft eines der ersten Ereignisse dieser Art. Eine der jüngeren Frauen von COARA erzählte mir, daß sie dort, ohne damit die japanischen sozialen Gepflogenheiten zu verletzen, eine erheblich größere Auswahl in Frage kommender junger Männer getroffen hat, als im wirklichen Leben. Die Frauen in Japan lernen ihre zukünftigen Ehemänner kennen, indem diese ihnen von ihrer Familie oder ihren Arbeitgebern vorgestellt werden. COARA hat daher auch eine liberalisierende Funktion, weil sich Menschen kennenlernen, deren Familien oder Arbeitgeber sich nicht kennen und daher auch nicht die Aufgaben der Anstandsdame übernehmen können. Wenn es also so ist, daß ältere Hausfrauen und jüngere berufstätige Frauen in Japan mit CMC die traditionellen Schranken, die ihren gesellschaftlichen Freiraum einengen, durchbrechen können, dann bedeutet dies eine ernste Gefahr für die herkömmlichen Beziehungen zwischen den Geschlechtern - und damit für eine der wichtigen Säulen, auf denen die traditionelle Sozialstruktur Japans ruht.

Eines der dreißg bis fünfzig Mitglieder von COARA, auf das man bei den Treffen immer zählen kann, ist eine energische Hausfrau, die zunächst die Textverarbeitung mit Computern erlernte. «Nachdem ich auf COARA getroffen war», so erzählte sie mir «lernte ich schnell, daß Computer noch andere Dinge leisten können als Textverarbeitung. Sie helfen mir dabei, mit den Köpfen und Herzen anderer Menschen zu kommunizieren.» Genauso, wie sich die Autobiografie eines Schülers als faszinierend für die meist älteren Mitglieder der Gemeinschaft erwies, erregten die selbstbewußt formulierten Standpunkte einer Hausfrau mit erwachsenen Kindern die Aufmerksamkeit der überwiegend männlichen Bevölkerung von COARA. Ihr Ehemann ist Mitte fünfzig und arbeitet in der Stahlfabrik Nippon in Oita. Jeder der beiden nimmt täglich für ungefähr eine Stunde Kontakt zu COARA auf. Ich fragte ihn, was ihn an COARA faszinierte, und er antwortete mir: «Haben Sie die dichten Wälder außerhalb der Stadt gesehen? Die Wälder, die sterben, sind diejenigen, in denen nur eine Baumart gepflanzt wurde. Die Wälder, die überleben und denen es gut geht, bestehen aus vielen verschiedenen Bäumen. Ich glaube, daß es mit den Menschen genauso ist. Ich genieße es, viele verschiedene Meinungen kennenzulernen. Es tut meinem Verstand und meiner Seele gut.» Nicht alle Gesellschaftsmitglieder denken so, und daher könnte eine der engsten Parallelen zwischen WELL und COARA – die Bereitschaft ihrer Mitglieder, eine große Bandbreite verschiedener Meinungen zu tolerieren – sich auch als Wachstumsschranke erweisen. Daß die Grenzen zwischen den verschiedenen Online-Gruppen derzeit so durchlässig sind, könnte ein Phänomen sein, das nur zum Anfangsstadium des Mediums gehört – und seine Zukunft könnte eher von Zersplitterung, Hierachisierung, rigiden sozialen Schranken und Nischen bestimmt sein, in denen sich Leute zusammenfinden, um sich gegenseitig in ihrer Intoleranz zu bestätigen.

Ich habe mich auch mit jungen berufstätigen Leuten unterhalten – einem Versicherungskaufmann, einem Angestellten einer Autoleasingfirma und einem Rathausangestellten, der in der Schulbehörde arbeitet. Sie alle hatten Oita für einige Zeit verlassen, um die Universitäten und Fachschulen größerer Städte zu besuchen, und hatten in dieser Zeit COARA dazu benutzt, den Kontakt mit zuhause aufrechtzuerhalten. Als sie wieder in ihre Heimatstadt zurückkehrten, wie dies in Japan viele Hochschulabgänger tun, war ihre Verbindung zu dem sozialen Leben, das in der Zwischenzeit ohne sie stattgefunden hatte, nicht abgerissen. Ich unterhielt mich mit zwei anderen Eheleuten, die leidenschaftliche Mitglieder der Elternkonferenz von COARA waren. Ihnen konnte ich sagen, daß ich sie hundertprozentig verstand, als sie mir gegenüber betonten, wie wichtig die Unterstützung und der Rat der anderen COARA-Mitglieder für sie gewesen war, als ihr Kind hohes Fieber hatte, das sich die Ärzte nicht erklären konnten. Eine andere Frau, eine Hausfrau um die fünfzig, erzählte mir, daß sie EMail an Hiramatsu geschickt und sich zur staatlichen Entschädigungspolitik bei Taifunschäden geäußert hatte. Die detaillierte Antwort hatte sie so sehr beeindruckt, daß sie sich jetzt oft an den Online-Diskussionen über Lokalpolitik beteiligte.

Als Hiramatsu 1986 Mitglied von COARA wurde und anfing, sich mit den anderen Mitgliedern über die Möglichkeiten des Mediums zu unterhalten, folgte eine weitere Periode schnellen Wachstums, und die Zukunftsvisionen für das Medium wurden erneut weiter gefaßt – eine aufregende Angelegenheit für die Mitglieder der Gemeinschaft. Hiramatsu verhielt sich nicht nur wie ein Ehrenmitglied, sondern er nahm wirklich an Online-Diskussionen teil und antwortete wirklich auf die EMail, die man ihm schickte.

«Hiramatsu ist eine sehr interessante Persönlichkeit», sagte Aizu zu mir, bevor ich den Präfekten in Oita kennenlernte. Er erklärte mir, daß

Hiramatsu ein sehr einflußreiches Mitglied von MITI gewesen war – dem wichtigen japanischen Ministry of International Trade and Industry – und daß er zum Kreise derer gehört hatte, die in den siebziger Jahren mit ihren Planungen den Erfolg Japans auf dem Gebiet der Mikroelektronik vorbereitet hatten. Wie seine amerikanischen Kollegen von der ARPA war auch Hiramatsu dafür bekannt, Projekte ausfindig zu machen und zu fördern, die technologische Durchbrüche versprachen, und nicht so sehr auf Technologieentwicklung von oben nach unten zu bauen. Als er pensioniert wurde, kehrte er in seine Heimatprovinz zurück, um seine Vision der Entwicklung einer Hightech-Ökonomie zu realiseren, bei der nicht wieder der Fehler gemacht werden sollte, übergroße Industriezentren zu schaffen und die Umwelt zu zerstören. Er war einer der Architekten der Vision Technotopia, einer auf Kommunikationstechnologie gestützten regionalen ökonomischen Entwicklung. Als Präfekt von Oita, einer an Ressourcen reichen, weitgehend ländlichen Region, die von den Machtzentren Japans weit entfernt liegt, hatte er die Chance, ganz von vorn anzufangen. Beppu, die Bucht, an der auch Oita liegt, birgt einen unerschöpflichen Schatz an Fischen und Meeresfrüchten und hat noch immer einige unzerstörte Küstenstriche. Das Land wird überwiegend landwirtschaftlich genutzt, hat einige lokale Kraftwerke und ein wenig Industrie.

Als ich ihn 1990 interviewte, erklärte mit Hiramatsu seine Vision, die darin bestand, «die konkreten Umweltbedingungen mit den Hightech-Industrien, die wir anziehen wollen, in Einklang zu bringen. Wir wollen sicherstellen, daß diese Hightech-Unternehmen die Landwirtschaft, die Fischereiwirtschaft und die natürliche Schönheit dieser Region nicht zerstören. Das dritte Element dieser Vision besteht darin, Ausbildungsmöglichkeiten wissenschaftlicher und handwerklicher Art zu schaffen, um die in den Hightech-Unternehmen entwickelten Technologien in den lokalen Industrien zu realisieren.» Eines wußte Hiramatsu von Anfang an: Um dies zu erreichen, war es notwendig, die Zentralisierung von Information ebenso wie die Konzentration der Bevölkerung und der Industrie auf Tokio zu überwinden. In Oita mußte eine eigenständige Informationsquelle aufgebaut werden. Als er von COARA, stürzte er sich sofort darauf. Er nahm sowohl an den Online-Foren als auch an den persönlichen Begegnungen teil. Er förderte die Idee, sowohl normale Bürger als auch Wirtschaftsbosse einzubeziehen, Geschäftsleute aus der Region und die jüngeren Computer-Freaks, für die es selbstverständlich war, Mitglied von COARA zu sein. Und er riet, sich verstärkt um die Mitarbeit von Frauen zu bemühen.

Hiramatsus Vision, sein Rat und auch die Tatsache, daß die Mitglieder-
zahl von COARA erst auf über hundert und dann auf über tausend
anwuchs, machten es möglich, die Hard- und Softwareausstattung des
Systems zu modernisieren und das System besser an die Bedürfnisse
seiner Anwender anzupassen. Immer mehr Online-Foren wurden
gegründet, es wurde über Bücher, Restaurants, Unterhaltung, Elternschaft, lokale Politik, Kunst und Philosophie diskutiert. Die aktivsten
Mitglieder von COARA fingen an, sich einmal im Monat von Angesicht
zu Angesicht zu treffen. Ein Gemeinschaftsgeist bildete sich aus. Aus
dem fernen Tokio meldete sich Shumpei Kumon und wurde festes
Mitglied. Er war ein herausragender Wissenschaftler und Berater hoher
Regierungsbeamter und sein großes Interesse galt der Rolle, die die
Informationstechnologien bei den sozialen Veränderungen spielen würden, die er vorhersah. Jetzt konnte er seine Theorien mit den Beobachtungen abgleichen, die er bei COARA machte. Die Vision vom Hypernetwork, die die Gründer von COARA, Izumi Aizu und Hiramatsu gehabt
hatten, und die sich in COARA weiterentwickelte, wurde von Kumon
durch eine wissenschaftlich fundierte Basis untermauert. Er gab der Idee
CMC-gestützter sozialer Veränderung, die sich in COARA kollektiv
weiterentwickelte, eine theoretische Form.

Shumpei Kumon, der in Japan immer respektvoll mit dem Titel
sensei angesprochen wird, weil er Professor an der wichtigsten aller
Universitäten, der Universität Tokio war, ist ein Abtrünniger ganz
besonderer Art. Nun, da er in den Fünfzigern ist, sieht er ganz wie ein
Berater der Regierung aus, und genau das ist er auch; in den sechziger
Jahren gehörte er jedoch der orthodoxen Linken an. Dann wandte er
sich von dieser politischen Richtung ab und der Frage zu, wie Gesellschaften, wie die Vereinigten Staaten und Japan, es geschafft hatten, die
durch tiefgreifende technologische Umwälzungen bewirkten Veränderungen zu verkraften. Er wurde Professor und seine Mentoren an der
Universität Tokio machten ihn mit einigen der scharfsinnigsten und
aufgeschlossensten Vertreter der mächtigen japanischen liberal-demo-
kratischen Partei bekannt. Als er feststellte, daß die Zeit noch nicht reif
war für tiefgreifende politische Reformen, konzentrierte er sich auf seine
theoretische Arbeit auf den Gebieten der Ökonomie, Geschichte und
Kybernetik. Er kam zu dem Ergebnis, daß in den neunziger Jahren die
politischen und ökonomischen Beziehungen zwischen Japan und den
USA die Stütze einer sozialen Transformation sein würden, die von den
neuen Informationstechnologien ausgelöst würde.

In Kumons Theoriegebäude werden die drei wichtigsten Entwicklungsstadien menschlicher Zivilisation begrifflich als soziale Spielfor-

men gefaßt, die nacheinander ihren Einfluß auf die Mächtigen dieser Gesellschaften ausübten: erst das Prestige-Spiel, dann das Reichtums-Spiel und schließlich das Wissens-Spiel. Im Prestige-Spiel ging es um Militarisierung, um den Einsatz von und die Drohung mit Gewalt, um den Gewinn und die Erhaltung von Macht über die anderen Mitspieler. Es bildete sich die Idee des Nationalstaats heraus, und die gewaltsamen Auseinandersetzungen wurden durch abstraktere Beziehungen auf einer höheren Ebene abgelöst. Die nationalen ökonomischen und kulturellen Mächte forderten die militärischen Kräfte zu einem Wettbewerb um die Vorherrschaft heraus. Dann schuf die industrielle Revolution die Voraussetzung dafür, daß in der letzten Entwicklungsperiode der auf der Nutzung von Technologien beruhende Reichtum das wichtigste Kennzeichen der weltweiten Sozial-Spiele wurde und seinen Platz neben Prestige und Rüstung einnahm. Die älteren Spiele werden fortgesetzt, aber im Zentrum der Aufmerksamkeit stehen nicht mehr Königshäuser und Nationen, sondern virtuelle, nationenübergreifende, kommunikationsvermittelte Beziehungen.

Nach Kumons Theorie wird der derzeitige Übergang zu einem neuen Stadium vom weltweiten Telekommunikationsnetz vorangetrieben, und im nächsten Spiel wird es um Informationen, Wissen und weltweite Kooperation gehen. Der traditionelle Begriff von industriellem Reichtum wird seine herausragende Bedeutung verlieren, so wie dies zuvor mit der militärischen und nationalen Gewalt und dem Prestige geschah. Kumon entdeckte als erster, daß die virtuellen Gemeinschaften, die es heute bereits gibt, kleine Vorläufermodelle einer Gesellschaft sind, in der die Kommunikation zwischen den Menschen einen kollektiven Reichtum schaffen wird. Reichtum, zu dem auch die Existenz der Elternkonferenz gehört, ist mehr als reiner Informationsaustausch, daher charakterisiert Kumon das zukünftige soziale Gerüst als Wissens-Spiel, in dem die Quelle der Macht in der «Herstellung von Konsens durch gemeinsame Information und gemeinsames Wissen» liegen wird. Auf regionaler Ebene wurde dieses Spiel bereits gespielt. Würde es eine höhere Ebene erreichen? Die Vorstellung, aktiv an einer gesellschaftlichen Entwicklung teilhaben zu können, der er bislang nur rein intellektuell als Beobachter der Geschichte auf der Spur war, faszinierte ihn.

Kumon entschloß sich zu einem Schritt, der fast so radikal war, wie Aizus Entscheidung, das Universitätsstudium hinzuwerfen – er entschloß sich, seine Professur aufzugeben und sich ganz seinen Studien der ökonomischen und sozialen Konsequenzen der Computernetze zu widmen, die ihn so sehr fesselten. Aber er wollte nicht nur forschen. Zusammen mit Aktivisten wie Aizu und Hiramatsu gründete er das

Institut GLOCOM, das sich dem Studium und der Implementierung des Wissens-Spiels verschrieb. Hier hatte er die Gelegenheit, im wirklichen Leben das soziale Potential der Netze zu demonstrieren, über das er in seinen Büchern geschrieben hatte. Auf beiden Reisen nach Japan habe ich mich mit Kumon und seinen Partnern in Oita und Tokio getroffen, und sie haben mich auch schon in den Vereinigten Staaten besucht.

Kumons Interesse an ökonomischen und sozialen Veränderungen führte dazu, daß er sich die Grundbegriffe der Computertechnologie aneignete. Als er die Macht erkannte, die vom Netz ausgeht, schrieb er Artikel und Bücher über Japan als «vernetzter Gesellschaft». Für Japan ist diese Sichtweise zutreffend, denn hier überlappen sich formelle und informelle Gruppierungen und bilden das soziale, wirtschaftliche, politische und kulturelle Geflecht der japanischen Institutionen. Doch nicht die ganze Welt ist ethnisch und historisch so homogen wie Japan. Der wesentliche Einwand gegen eine Verallgemeinerung der japanischen Kultur als Modell für die Beurteilung anderer sozialer Netze, besteht darin, daß die sozialen Netze in so heterogenen Gesellschaften wie den Vereinigten Staaten und anderen Teilen der Welt nicht denselben allgemein verbindlichen ethnischen und historischen Kontext haben, der so stark die soziale Kommunikation in Japan prägt. Als Kumon auf das der Computerwelt entlehnte Konzept der *Emulation* stieß, glaubte er, die Lösung für das Problem gefunden zu haben, das ihm bei seiner Theorie die größten Kopfschmerzen bereitet hatte: Wie werden die unterschiedlichen kulturellen Gegebenheiten Japans und der USA in einen globalen Kontext eingebunden?

Bei Computern ist Emulation die Lösung der Probleme, die durch die große Bandbreite der Hardwarekonzepte aufgeworfen werden: Es können Programme geschrieben werden, die die Rechner dazu veranlassen, sich so zu verhalten, als seien sie die Hardware eines anderen Herstellers, die einem anderen Konzept folgt. Dies ist die Voraussetzung dafür, daß in einem Netz mit verschiedenen Hardwarekomponenten Daten und Programme gemeinsam genutzt werden können und so ein Teil des Netzes von der Rechenleistung des anderen profitieren und andererseits zum kollektiven Ganzen beitragen kann.

Könnte der Begriff der kulturellen Koemulation wegweisend sein für die Verständigung zwischen Japanern und Amerikanern über alle Mentalitätsunterschiede hinweg? Aizu und Kumon schrieben: «Für Japan und die anderen Nationen ist es die beste Methode, sich dem Informationszeitalter zu stellen, wenn die spezifischen kulturellen Komponenten der jeweils anderen Nationen, die gut geeignet zu sein scheinen, mit den Anforderungen dieser neuen Entwicklung zurechtzukommen, koemuliert werden.» Aus diesem theoretischen Ansatz erklärt sich auch, warum ich 1990 nach Oita, und warum 1993 Barlow, Johansen und Peter und Trudy Johnson-Lenz gemeinsam mit mir eingeladen wurden. In der letzten Zeit haben die Versuche, diese Theorie praktisch umzusetzen, zu mehreren Treffen zwischen Kumons Institut GLOCOM und der Electronic Frontier Foundation geführt. Izumi Aizu nimmt regelmäßig an den WELL-Konferenzen teil, und viele junge japanische CMC- Enthusiasten besuchen in den USA die Leute, die zuvor in Japan ihre Gäste waren.

Hypernetwork Society hieß die Vision, über die die japanischen Kommunikationswissenschaftler schließlich alle zwei Jahre in Oita diskutierten. Obwohl Kumon und Aizu den größten Teil des Jahres in Tokio verbrachten, blieb doch die Weiterentwicklung dieser Vision fest mit COARA verbunden. Mit Unterstützung der treuesten Mitglieder von COARA, denen die Kommunikation mit Menschen in anderen Teilen der Welt sehr am Herzen lag, wurden in Oita weitere internationale Gemeinschaften vorbereitet. Wenn CMC die Bewohner einer Region dabei unterstützen konnte, soziale Schranken zu überwinden, die sonst im ländlichen Japan unüberwindbar sind, dann konnte die Kommunikation zwischen den Bürgern der ganzen Welt auch dazu beitragen, nationale Differenzen zu überwinden und damit Konflikte zu vermeiden. Japan ist für Amerika und die Amerikaner ein wichtiges Land, doch in Japan lernte ich, daß für Japan Amerika im Zentrum der Aufmerksamkeit steht.

Japan wird von vielen Menschen in den Vereinigten Staaten als gefährlicher ökonomischer Konkurrent angesehen, und eine lautstarke Gruppe von Japan-Gegnern sieht in Japan einen regelrechten Feind der Vereinigten Staaten. Die japanischen Normalbürger sind daher frustriert über die Nachrichten aus den Vereinigten Staaten, die sie ihren eigenen Medien entnehmen, und über die Informationen, die die amerikanischen Massenmedien in den USA über Japan zu verbreiten scheinen. Die Bürger von Oita, die ich kennenlernte, waren darauf erpicht, mit CMC die Massenmedien zu umgehen und direkt mit Bürgern in Kontakt zu kommen, mit den Hausfrauen und Berufstätigen in Santa Monica und überall sonst auf der Welt zu kommunizieren, um zu zeigen, daß Japan mehr ist, als das Bild, das die amerikanischen Massenmedien von ihm vermitteln.

Die Mitglieder von COARA wollten ihre Gemeinschaft bald auf die Menschen in den Dörfern und ländlichen Regionen um Oita ausdehnen, die hohen Kosten für modemvermittelte Fernverbindungen verhinderten dies jedoch zunächst. 1990 faßte dann Hiramatsu einen

Beschluß, der nicht nur COARA weiterhalf, sondern auch die Verwaltung von Oita unterstützte und ihn seiner Vision von einem Technotopia ein Stück näher brachte. In der Region Oita entstand das erste staatlich finanzierte regionale Paketvermittlungsnetz der Welt. In einigen Städten wurden spezielle Computer, Router, aufgestellt, und die Präfektur zahlte für die Installation eines Netzes, das es den Bürgern zwölf weiterer Städte ermöglichte, mit preiswerten Ortsgesprächen Verbindung mit COARA und anderen Informationsdiensten aufzunehmen. Schließlich wurde sogar eine Verbindung quer über den Pazifik zwischen COARA und dem Public Electronic Network (PEN) in Santa Monica hergestellt. Nicht nur die ländliche Umgebung von COARA, sondern auch andere Teile der Welt wurden also in den Plan einbezogen. Schließlich konnten Mitglieder von COARA und PEN in einem gemeinsamen Forum miteinander kommunizieren. Als COARA zum Gastgeber für CMC-Evangelisten der ganzen Welt wurde, war es bereits mehr, als nur ein erfolgreiches Experiment – es war ein Prüfstand für die Kooperation zwischen Bürgerbewegungen und regionalen Verwaltungen beim Aufbau virtueller Gemeinschaften.

1992 wandte sich Hiramatsu an eine kleine Schar geladener Gäste, darunter John Sculley von Apple und Topmanager von Sony und anderen japanischen Unternehmen:

> Für mich ist das Toyonokuni-Netz eine «Informationsstraße». Ebenso, wie die Gemeinschaft der Autofahrer nicht nur entstand, weil Automobile entwickelt wurden, sondern auch ein Straßennetz gebaut werden mußte, glaube ich, daß eine echte Informationsgesellschaft ohne diese Art sozialer Infrastruktur nicht möglich ist. Eine ländlich strukturierte Region wie die Präfektur Oito ist nur für wenige private Investoren attraktiv; daher habe ich es für notwendig befunden, Regierungsgelder dafür zu verwenden, einen Dienst zur Verfügung zu stellen, von dem ich sicher bin, daß er in der Zukunft als sozial unverzichtbar angesehen werden wird.

Oita, das mustergültige Beispiel einer ausgereiften virtuellen Gemeinschaft, war der erste Ort in Japan, in dem ich nach meiner Ankunft in Tokio gewesen war. Daher war es ein Schock für mich, als ich die Telekommunikationszentren in Kyoto und Tokio besuchte. Ich hatte einen Präfekten und den Bürgermeister einer kleinen Stadt kennengelernt, die gut über vielseitige Kommunikationsmedien Bescheid wußten und aktiv an ihrem Ausbau beteiligt waren. Bei den hochrangigen Managern der Telekommunikationsforschung in den japanischen Unternehmen mußte ich jedoch feststellen, daß sie von dem explosionsartigen Wachstum des Netzes genauso wenig wußten, wie ihre amerikanischen Kollegen. Doch wie die amerikanischen und europäischen Manager der Telekom-Gesellschaften ging ihr Interesse zumindest soweit, daß sie sich meine Worte über die kulturbildenden Kräfte des Netzes anhörten. Es war, als erzählte ich ihnen davon, wie es eine außerirdische Kolonie geschafft hatte, sich das Telefonnetz anzueignen.

Die Ironie dieser Ignoranz der Telekommunikationsmanager gegenüber den zwischenmenschlichen Potentialen von CMC liegt darin, daß es dieselben Technologien sind, die sie so kompetent entwickeln – die Glasfasernetze mit ultrahohem Datendurchsatz, die Funktelefone und Geräte zur Digitalisierung von Video –, die die Möglichkeiten der derzeitigen Graswurzelexperimente ständig im großen Maßstab erweitern. Die japanischen Informatiker und Entwickler von Computertechnologie hatten Jahrzehnte Zeit, ihr umfangreiches kollektives Fachwissen zu erarbeiten. Dennoch wurden diejenigen in Japan, die lernten, wie man virtuelle Gemeinschaften gründen kann, bis in die Mitte der achtziger Jahre hinein immer wieder entmutigt, weil der Einsatz von Modems so teuer war, daß dies einem Verbot gleichkam. Daher trieben sich bis dahin nur wenige im Netz herum. Wenn die Entwicklung der neuen Technologie in Japan nach dem gleichen Muster abläuft wie in den USA, dann werden die wenigen unerschrockenen Pioniere, die sich Modems anschafften, als dafür noch saftige Steuern an ein verständnisloses Ministerium abzuführen waren, die Netzkultur Japans während ihres Aufholprozesses stark beeinflussen. Die Hunderttausende von Netzenthusiasten, die es heute gibt, werden das, was sie gelernt haben, an diejenigen weitergeben, die ihnen nachfolgen. NTT hat sich selbst die Verpflichtung auferlegt, bis zum Jahr 2000 jeden japanischen Haushalt mit einem Glasfaserkabelanschluß zu versorgen.

Doch zur selben Zeit, da die Strategen der japanischen Industrie auf die Hardwareausstattung des Netzes setzen und darin das Kernelement für die Vorbereitung des Netzes auf das einundzwanzigste Jahrhundert sehen, sind die japanischen Universitäten nicht gleichermaßen mit Internet verbunden wie die amerikanischen und europäischen, weil dies erneut von der japanischen Regierung erschwert wird. In Japan ist es sehr schwierig, einen Internet-Account zu bekommen, und bei der Hauptverbindung zwischen Japans Netz und dem weltweiten Internet handelt es sich um eine relativ langsame Leitung mit relativ geringem Durchsatz. Die Machthaber Japans haben bisher immer eine strikte Kontrolle über die Außenkontakte der japanischen Bürger ausgeübt. Diese Kontrolle würde unmittelbar gefährdet, wenn zum internationalen Internet ein Zugang mit ausreichender Kapazität allgemein verfügbar wäre. Wie dieser Konflikt gelöst wird, wird sich entscheidend auf alle kulturellen Veränderungen der nächsten Zeit auswirken.

Japan steht vor einem Dilemma. Sein anhaltender ökonomischer Erfolg hängt von den weiteren Erfolgen auf dem Gebiet der technologischen Forschung und Entwicklung und in immer stärkerem Maße auch von dem Wissen darum ab, was die Kollegen tun und was auf den benachbarten Fachgebieten passiert. Möglicherweise muß das Netz für die Bürger geöffnet werden, wenn der Wettbewerb erfolgreich fortgesetzt werden soll; und diese einfache Entscheidung, die Leute aus dem Netz herausfischen zu lassen, was sie wollen, wird unweigerlich große Veränderungen der japanischen Kultur und der Kultur des Netzes nach sich ziehen. Die Tragweite der Entscheidung, ob sich Japan in großem Maßstab an das Netz anschließen wird oder nicht, ist den Machthabern Japans und der USA erst kürzlich bewußt geworden. Der Wettlauf darum, wer die schnellsten Glasfasernetze entwickelt, die hochauflösendsten Fernsehgeräte und die leistungsfähigsten Funktelefone, ist sehr konkret und daher leicht verständlich. Mit der Evolution der weltweiten intellektuellen Kommunikation Schritt zu halten, ist ein abstrakteres Problem, dessen Lösung aber nicht weniger entscheidend für das Überleben der Wirtschaft eines so innovationsabhängigen Landes wie Japan ist. Mit großer Wahrscheinlichkeit wird es schon bald zu einer Kollision oder einer Einigung kommen.

COARA war die erste von vielen virtuellen Gemeinschaften, die ich in Japan kennenlernte, aber ich erfuhr, daß es eine noch ältere gab. Bevor ich die Vereinigten Staaten verließ, erwarb ich ein Account bei TWICS in Tokio und stellte mich seinen Mitgliedern vor. Von den Mitbegründern von TWICS, Jeff Shapard und Joichi Ito, hatte ich schon viel gehört, und seine Mitglieder schienen genauso zu diskutieren und sich zu verbünden, wie ich das von WELL kannte. Nach ein paar Wochen, in denen ich immer wieder mit ihnen darüber diskutiert hatte, wie die virtuellen Gemeinschaften dies- und jenseits des Pazifiks aussehen, beschlossen sie, den Termin für ihr monatliches Treffen so zu legen, daß ich sie während meiner Reise besuchen konnte.

Das Büro von TWICS befindet sich mitten im Zentrum von Tokio, in dem Gebäude, in dem sich auch seine Mutterorganisation befindet. An dem Abend, an dem ich dort auftauchte, lernte ich fast alle Leute kennen, mit denen ich mich online schon unterhalten hatte, und ungefähr dreißig weitere. Schließlich fuhren wir alle mit der U-Bahn zu einem rauhen Sushi-Restaurant, wo immer eine Ecke für sie reserviert war. Die Leute in Japan haben es nicht leicht, sich persönlich zu treffen, weil ihre Wohnungen und Häuser sehr klein sind. Daher weichen sie für ihre Begegnungen und Vergnügungen auf «Dritte Räume» aus. Diese virtuelle Gemeinschaft liebte es, sich um ein paar Tische in einem Arbeiterrestaurant zu versammeln, zu essen, Bier zu trinken und zu plaudern, vier oder fünf Stunden lang. Vorher hatten wir in ihrem Büro gesessen und uns über ihre virtuelle Gemeinschaft unterhalten, und sie hatten mir Fragen zu den anderen virtuellen Gemeinschaften gestellt, die ich besucht hatte.

Jeff Shapard stammt aus Montana, von wo er 1981 wegging, und irgendwie war er in Japan gelandet. Er wurde Englischlehrer, «verfing sich 1984 im Netz» und ist seitdem dort engagiert, «ohne Unterbrechung und länger als bei einer Vollzeitbeschäftigung. Manche Leute beschreiben mich als vollkommen wahnsinnigen, verrückten, besessenen Workoholic und leidenschaftlichen Idealisten in Sachen DV-Lösungen» fügte er trocken hinzu. Es liegt nahe, daß ein Einwohner Tokios, der Montana-Dialekt spricht und sich für CMC interessiert, der perfekte Partner für einen jungen Japaner ist, der die Sozialisation eines amerikanischen Teenagers mitbekommen hat. Joichi Ito gewann Shapard für ein vom International Education Center finanziertes Projekt, das sich mit Weiterbildung und internationaler Kommunikation beschäftigt. Das International Education Center ist die Mutterorganisation, bei der jetzt TWICS untergebracht ist. Sie bauten zu einer Zeit, als dies in Japan noch nicht so leicht war, ein kleines BBS auf – damals eines der ersten sechs Experimente dieser Art. Von Anfang an ergab sich aus der Aufgabenstellung von TWICS, daß «wir mehr kommunikationsorientiert und auf Menschen ausgerichtet waren, als auf Daten und Informationen. Von Anfang an machten wir klar, daß es uns nicht um einen weiteren Ort ging, an dem man sich über Computer unterhielt und Software austauschte.»

1985 wurde aus TWICS ein Multiuser-System, und Ito und Shapard entdeckten, «daß Computerkonferenzen unsere Sache waren». Noch bevor WELL oder COARA ihre regionalen Konferenzsysteme einrichteten, gab es bereits TWICS. 1986 modernisierten sie die Hardware und fanden einen Weg, mit dem Rest der Welt Verbindung aufzunehmen, wenn auch mit langsamerer Übertragungsrate, als das Internet sie bietet: Die internationalen Telekommunikationsgesellschaften bieten oft billige Tarife für die Zeit an, in der weniger Gespräche geführt werden. Diese Tarife nutzten TWICS und früher auch WELL, um die Kosten niedrig zu halten. 1988 nahmen Ito und Shapard an der Konferenz der Electronic Networking Association in Philadelphia teil, und dort traf Shapard John S. Quarterman, den Kartografen des Netzes (das er «The Matrix» nennt). Diese Begegnung öffnete Shapard die Augen: «Ich hatte das Gefühl, als hätten wir bis dahin im Mittelalter der Elektronik gelebt. Wir hatten in abgelegenen Gegenden kleine Dörfer errichtet und uns Gedanken darüber gemacht, wie die Leute uns erreichen konnten, und wie wir zu den Dörfern in unserer Nachbarschaft gelangen konnten, und wir dachten, daß wir etwas wirklich Brandneues taten – und dann entdeckten wir pötzlich das elektronische China mit seiner ausgedehnten, komplexen, uralten Zivilisation.» Danach fand TWICS einen Weg, eine reguläre Verbindung zum Usenet aufzubauen.

Die Leute, die von Anfang an bei TWICS dabeigewesen waren, noch in den Tagen, als es sich um ein BBS handelte, konnten auch von Anfang an am Aufbau ihrer virtuellen Gemeinschaft teilnehmen. Shapard machte darauf aufmerksam, daß die Metapher, die sie für den Ort wählten, an dem sie sich trafen, sehr wichtig dafür sein würde, welche Art von virtueller Gemeinschaft sie aufbauten. Aus der Klärung dieser Frage ging die elektronische metaphorische Insel Beejima hervor. «Weil wir nicht nur einen weiteren Informationsdienst, sondern einen Ort schaffen wollten, an dem sich die Leute als Mitglieder von irgendetwas verstanden, wählten wir die Metapher einer Gemeinschaft, aus der die grundlegenden Organisationsprinzipien für unser neues Computerkonferenzsystem abgeleitet werden konnten. Das Bild von Beejima, das vor dem inneren Auge entstehen sollte, war eine freundliche kleine Inselgemeinde in der elektronischen japanischen See in der Nähe von Tokio, aber von überall erreichbar, ein japanisches Modell, das sich an dem japanischen Kontext orientierte, mit einem internationalen und multikulturellen Akzent.»

Die Fragen, die die Mitglieder von TWICS mir stellten, nachdem sie von sich erzählt hatten, deckten einige Ähnlichkeiten mit anderen Online-Systemen auf. Den Hintergrund der ersten Frage bildete sogar eine Diskussion der Leute von TWICS, die eine wörtliche Übersetzung der in WELL oder CIX geführten Diskussionen hätte sein können: «Glauben die Leute in anderen virtuellen Gemeinschaften, daß Wörter auf Bildschirmen andere verletzen können?» Ich antwortete, daß ich persönlich dieser Meinung sei, doch auch die Meinung gehört hatte, daß jeder die Wahl hat, wie er das aufnehmen will, was jemand anderes auf seiner Tastatur getippt und via Modem an andere Rechner geschickt hat. Ein Typ, ein Amerikaner, der an vielen verschiedenen Diskussionen im Usenet teilnahm und sogar mit TWICS in Verbindung stand (die Vielzahl seiner Kontakte könnte eine Erklärung für seine Haltung sein) hatte gemeint: «Alles, was du tun mußt, ist, deinen Computer auszuschalten. Wenn du ein BBS nicht magst, weil die Leute dort streitsüchtig sind, wähle das nächste BBS an.» Eine der Frauen meldete sich daraufhin zu

Wort und sagte, daß es aber so sei, daß die Menschen verletzt werden könnten und daß dies darauf hinauslaufen könnte, daß nur die Leute «dabeibleiben, die eine Haut wie ein Elefant haben».

Wir kamen zu einem anderen beliebten Thema. Wie leicht kam es bei Online-Diskussionen zu Mißverständnissen, weil das Medium keine nonverbalen Äußerungsmöglichkeiten bietet. Eines der japanischen Mitglieder von TWICS formulierte das folgendermaßen und bezog sich dabei auf zwei in Japan überaus wichtige nonverbale Elemente der höflichen Diskussion: «Wie soll man sich online verbeugen, wie seine Augen abwenden?» Ein anderes Mitglied entgegnete, daß CMC gerade deswegen attraktiv sei, weil es sich vom alltäglichen Leben unterscheide. «Warum soll man in einem neuen Medium die Welt verdoppeln, in der man sich von Angesicht zu Angesicht begegnet? In Diskussionen im wirklichen Leben ist es unhöflich, wenn drei Leute auf einmal reden, aber online geht das.» Die dann folgende Diskussion erinnerte mich an etwas, worauf Elizabeth Reid hingewiesen hatte. Für virtuelle Gemeinschaften hat ein gemeinsamer imaginärer Kontext eine wichtige gemeinschaftsbildende Funktion.

Dann kamen wir auf die Natur der Gemeinschaft zu sprechen, wie dies in solchen Diskussionen immer geschieht. Jeff Shapard erhob sich, ging zur Wandtafel und bat die Mitglieder, alle Attribute von Gemeinschaft zu nennen, die ihnen einfielen. Hier einige der Antworten: «Gemeinsame Tabus», «ein gemeinsames Forum für soziale Interaktion», «Zusammenschluß gegen eine gemeinsame Bedrohung», «gemeinsame Kultur», «Vertrautheit und Respekt», «allseitiges Vertrauen», «Freude und Schmerzen teilen», «Techniken für den Umgang mit Veränderungen». Wie sich herausstellte, war dieses Treffen der Einwohner von Beejima eines, wo eine einschneidende Veränderung angekündigt wurde. Jeff Shapard erhob sich und hielt eine kleine Ansprache, die ihm und auch ein paar anderen Mitgliedern zu Tränen rührte: nach zwölf Jahren in Japan und neun Jahren bei TWICS würde er zurück in die Vereinigten Staaten gehen.

Erst als auch ich wieder zurückgekehrt war, lernte ich den anderen Gründer von TWICS kennen, dessen Name immer fällt, wenn es irgendwo in Japan um die Geschichte von CMC geht. Seine Geschäftsreisen führen ihn manchmal in die Nähe meines Wohnortes, so daß wir uns gelegentlich sehen. Er erzählte mir, daß er in Kyoto geboren wurde, der im Hinblick auf Traditionen konservativsten Stadt Japans – Kyoto war tausend Jahre lang Hauptstadt von Japan, bis aus einem kleinen Fischerdorf namens Edo die Stadt Tokio wurde. Seine Mutter stammt aus einem alten Herrschergeschlecht, das auf eine Geschichte von achtzehn Generationen zurückblicken kann. Sein Vater stammt aus einer alten Kaufmannsfamilie. Beide wurden von ihren Familien enterbt, als sie heirateten, weil eine Ehe zwischen Angehörigen so unterschiedlicher Schichten als skandalös empfunden wurde. «Jetzt mögen sie uns wieder», sagte Ito. Seine Mutter und sein Vater wanderten in die USA aus, als er drei Jahre alt war. Daher verbrachte Joichi den größten Teil seiner Kindheit in einem Vorort von Detroit, zu einer Zeit, als es mit Detroit wegen des Erfolgs der japanischen Autos wirtschaftlich bergab ging. Er und seine Schwester verbrachten die Sommerferien in Japan bei ihrer Großmutter, «die uns die traditionellen Werte Japans eintrichterte». Mit vierzehn ging er zurück nach Japan, um zunächst die Nishimachi International School und später die American School in Japan zu besuchen und «Tokios Slang, die Tricks der Straße und den Umgang mit Computern zu lernen». In den frühen achtziger Jahren war er ein Teenager und fand heraus, daß Computernetze ein Mittel waren, um über den Horizont der Highschool-Welt zu blicken und sich mit anderen Menschen auseinanderzusetzen. Die Computernetze vergrößerten mein Wissen um gesellschaftliche Zusammenhänge enorm, in einer Zeit, in der ich mich täglich mit Schulklassen, Judo, Schülerkonkurrenzen, Mädchen und dummen Lehrern abgeben mußte. Mit einer der Online-Gruppen in The Source verstand er sich so gut, daß er und andere Leute aus aller Welt sich in Toledo trafen, als dort zwei der Gruppenmitglieder heirateten. Er kann sich noch daran erinnern, daß einige der Gruppenmitglieder ziemlich geschockt waren, als sie sahen, daß er, mit dem sie über verzwickte kulturelle Fragen diskutiert hatten, noch so jung war.

In seiner Jugend betätigte er sich auch manchmal als Hacker, und bekam heraus, wie er durch die Online-Kulturen der Welt reisen konnte, ohne daß seine Telefonrechnungen allzu hoch wurden. Er entdeckte sogar den ersten MUD der Universität Essex in England; der Erfinder von MUD1, Richard Bartle, kann sich noch an den jungen Enthusiasten erinnern, der den weiten Weg von Japan durch das Netz fand. Und Ito erinnert sich an die Nacht, in der er in seinem Zimmer saß und weinte, weil sein MUD-Darsteller getötet worden war. Später besuchte er Tufts und die Universität von Chicago, aber wie auch Izumi Aizu fand er die beruflichen und kulturellen Möglichkeiten wichtiger, die das Computernetz in Japan bot, daher brach er sein Studium kurz vor Schluß ab und nahm einen Teilzeitjob bei der Metasystems Design Group an. Er gründete mit Jeff Shapard die virtuelle Gemeinschaft in Tokio und arbeitete nachts als DJ in Diskotheken.

1985 war er neunzehn und entwickelte und vertrieb die japanische Version von Caucus, einem der führenden Softwarepakete für Computerkonferenzen. «Damals machte ich Shows für die Diskotheken, in denen ich versuchte, eine kulturelle und künstlerische Synergie zwischen den gegensätzlichen Kulturen herzustellen, etwas, das ich von Kindesbeinen an gelernt hatte.» Heute arbeitet er als Berater bei schwierigen Verhandlungen zwischen amerikanischen und japanischen Firmen, entwickelt und koordiniert panpazifische technische und kulturelle Projekte und ist Mitglied des vom japanischen Ministerium für Telekommunikation eingerichteten Kommitees für Computernetze. Wenn irgend jemand die Herausforderung versteht, die Japan und das Netz füreinander darstellen, vor allem im Hinblick auf die Generation der jetzt Zwanzigjährigen, dann Joichi Ito. Er glaubt, daß die meisten Japaner das Potential sozialer Veränderungen unterschätzen, das den neuen Kommunikationstechnologien innewohnt, einfach deswegen, weil Japan so ausgefeilte Mechanismen entwickelt hat, von außen kommenden sozialen Änderungsversuchen zu widerstehen.

«Die japanische Kultur ändert sich nicht, und weil Japan sich dabei so wohl fühlt und sich so sicher ist, daß der Kern der japanischen Kultur unantastbar bleibt, werfen nur oberflächliche Veränderungen keine Probleme auf», erklärte mir Ito. Ich hatte ihn nach der wahrscheinlich bevorstehenden Kollision zwischen den japanischen Werten und der Technologie gefragt.

> Amerika hat ein erheblich empfindlicheres kulturelles Immunsystem als Japan. Amerika hält sich von gefährlichen Dingen fern. Weil das japanische Immunsystem so sehr an Veränderungen gewöhnt ist, kann man sich in aller Ruhe über Hypernetwork, Cyberspace oder Robotics unterhalten. Als die Punkwelle nach Japan schwappte, konnte man mit einem Jugendlichen zusammenrempeln, der «fuck off und stirb» auf seinem Button stehen hatte, und das wirkt ziemlich rebellisch. Du stößt also auf der Straße mit ihm zusammen, und dann hörst du: «Entschuldigung, das wollte ich nicht.» Und das, siehst du, ändert sich nicht. Aber ich habe den Eindruck, daß Computernetze und ihre globale Kultur das japanische System zum ersten Mal seit tausend Jahren ändern könnten. Viele haben das noch nicht begriffen. Daher sehe ich eine Reaktion in Japan kommen, eine allergische Reaktion, wie sie Japan noch nicht erlebt hat. Ich glaube, das wird ziemlich sicher auf uns zukommen.

Ito glaubt, daß eine Menge der Klischees, die als Erklärung dafür angeführt werden, warum der Cyberspace in Japan auf so wenig Begeisterung gestoßen ist, einen wahren Kern haben. Beispielsweise führen Japaner in öffentlichen Foren nur widerwillig kontroverse Diskussionen. Das Netz könnte von der japanischen Konversationsetikette einiges lernen, und die japanischen Netz-Enthusiasten werden einiges über die Werte öffentlicher Diskussionen im Netz lernen müssen. «Diskussionen sind kein Bestandteil der japanischen Kultur», stellt Ito fest. «Es gibt kaum Rechtsstreitigkeiten, und Gruppentherapien funktionieren in Japan nicht besonders gut. Ich glaube, daß es sehr schwer ist, Japaner dazu zu bringen, sich in Gegenwart anderer Leute zu entspannen, und daher ist es schwierig, mit einer Gruppe unsichtbarer Fremder Gemeinschaftssinn zu entwickeln, es sei denn, sie haben etwas Entscheidendes gemein, zum Beispiel irgendwie am Rande der Gesellschaft zu stehen oder ein starkes gemeinsames Interesse oder einen realen gemeinsamen Wohnort.»

«Ich weiß, daß es für die Japaner schwierig ist, an der Netzkultur teilzunehmen, so, wie sie bis jetzt entstanden ist», sagt Ito. «Sie wurde nicht für die Japaner entwickelt. Aber ich weiß nicht, was passiert, wenn die nächste Netzgeneration sich entwickelt, wenn das Nintendo-Spiel, in das all die japanischen Marotten, die Ästhetik, die spezifischen Kommunikationsbedürfnisse und das Timing der japanischen Kultur eingegangen sind, in den Hochgeschwindigkeitsnetzen läuft, die die großen Unternehmen geplant haben.» Die ideografische und kalligrafische japanische Schrift ist wichtiger Bestandteil der japanischen Kultur und läßt sich nicht in Form von Buchstaben auf Bildschirmen wiedergeben. Die Experimente, die derzeit von NTT, Fujitsu und anderen Unternehmen mit visuellen Medien durchgeführt werden, könnten dem Netz eine interessante Wendung geben. Auf diesem Feld könnte die japanische Kommunikationsästhetik zu einer führenden Rolle Japans beitragen. «Ich glaube, daß sich die Japaner ihre eigene Version eines Online-Kommunikationsmediums machen werden, und daß das Netz wachsen wird, um diese Version weltweit einzugliedern», meint Ito. «Und ich glaube, daß das Produkt einer solchen Fusion die größte Übertragung japanischer Kultur in den Westen sein wird, die jemals stattgefunden hat. Die Amerikaner haben die japanischen Methoden zur Qualitätskontrolle in ihr Unternehmensmanagement integriert. Man stelle sich vor, was passiert, wenn der Westen anfängt, Kommunikationsdienste zu benutzen, deren Design auf japanischen und asiatischen Kommunikationsgepflogenheiten basiert.»

8

Télématique und *Messageries Roses:*
Die Geschichte zweier
virtueller Gemeinschaften

Anderthalb Jahre, nachdem ich in Tokio Izumi Aizu und Katsura Hattori kennengelernt hatte, traf ich in Paris Lionel Lumbroso und Annick Morel. Auch sie wurden meine Freunde, meine Dolmetscher und Führer durch ihre wunderbare Stadt. Die Bekanntschaft mit der Online-Kultur Frankreichs half mir, einige weitere globale Eigenschaften des Netzes zu erkennen. Die japanische Version der Netzkultur zeigte mir zum erstenmal, wie weit das Netz seine amerikanischen Ursprünge schon hinter sich gelassen hatte und wie weit virtuelle Gemeinschaften die Grenzen der englischsprachigen Welt und der amerikanischen Kultur bereits überschritten hatten. Meine Wanderungen durch die beiden verschiedenen virtuellen Städten Frankreichs bestätigten meinen Eindruck, den ich schon bei anderen Gelegenheiten gewonnen hatte: Große Institutionen halten CMC oft für eine Art Datenbank, für ein Mittel, Informationen an viele Menschen weiterzugeben, die dann ihre Zeit damit verbringen, mit diesen Informationen zu arbeiten. Diese Menschen jedoch nutzen CMC fast immer dazu, in einer neuen, von den Entwicklern des Systems nicht vorgesehenen Weise mit anderen Menschen zu kommunizieren. Überall scheinen die Menschen Kommunikation mit anderen Menschen interessanter zu finden als die Kommunikation mit Datenbanken.

Die erste der beiden virtuellen Städte, die ich in Paris besuchen konnte, war CalvaCom, das älteste noch existierende Refugium virtueller Gemeinschaften. CalvaCom benutzt ein ähnliches System wie WELL und COARA und hat ein relativ hohes Niveau des Diskurses und der Geselligkeit erreicht. Die andere virtuelle Stadt ist erheblich größer; sie wird von den über sechs Millionen Minitel-Benutzern bewohnt, die für sich selbst eine vielfältige Kultur des Miteinanderredens in einem Informationssystem schufen, das ursprünglich als Telefonverzeichnis und Datenbank gedacht war. Die Tatsache, daß in Frankreich unter den PC-Benutzern keine der kleinen virtuellen Gemeinschaften entstand, und die Wege, die die Anwender von Minitel einschlugen, um dieses Medium für Zwecke zu nutzen, die von den Planern dieses Multi-Milliarden-Systems nie auch nur erwogen wurden, sind wichtige Erfahrungen, die bei der Schaffung künftiger virtueller Gemeinschaften zu berücksichtigen sind. Natürlich konnte ich bei meinen vier Besuchen in Paris und den Gesprächen, die ich dort führte, nur die augenfälligsten Erscheinungen der französischen Online-Kultur wahrnehmen. Das nun schon zehn Jahre alte Télétel-Projekt Frankreichs, das größte nationale CMC-Netz der Welt, ist ein wichtiger Faktor in der Entwicklung des weltweiten Netzes, als daß dieses Projekt einfach übergangen werden könnte.

Meine Pariser Freunde fand ich auf die gleiche Weise, wie Izumi Aizu mich gefunden hatte – über gemeinsame Freunde im Netz. Ich hatte schon von Minitel und den berüchtigten messageries roses gehört – jenen Sex-Plaudereien, die das gesamte nationale Netz Frankreichs in der ersten Phase der Popularität von Minitel überlastet hatten. Ich konnte jedoch nicht glauben, daß Online-Erotika den wesentlichsten Beitrag Frankreichs zu dem weltweiten Netz darstellen sollten. Von Kalifornien aus war es nicht einfach, virtuelle Gemeinschaften Frankreichs zu entdekken – weder im Usenet, noch in MUDs oder in IRC traten sie sichtbar in Erscheinung. Ich war gespannt auf andere Spielarten von CMC in Frankreich, konnte aber zunächst keinen direkten Kontakt herstellen. Das Netz brachte mich schließlich über zwei Zwischenschritte, die Electronic Networking Association und eines ihrer in Paris lebenden Mitglieder, in Kontakt mit Lumbroso und Morel, zwei in Paris lebenden aktiven Mitgliedern der ältesten virtuellen Gemeinschaft dieser Stadt.

CalvaCom ist wie WELL ein System, mit dem PC-Benutzer über Modem und Telefonleitung eine Verbindung aufbauen und an Gruppendiskussionen teilnehmen können. Damit repräsentiert das System eine technische Minorität in Frankreich, denn die Minitel-Terminals, die kostenlos von der französischen Regierung verteilt wurden, können direkt mit der Telefonleitung verbunden werden, und benötigen weder einen Computer noch ein Modem. CalvaComs Teilnehmerzahl entspricht mit mehreren Tausend in etwa der von WELL, COARA oder TWICS wenige Jahre vorher erreichten Zahl, obwohl das ursprüngliche, unter den Namen Calvados laufende System früher seine Arbeit aufnahm als alle anderen virtuellen Gemeinschaften, die ich kenne. CalvaCom existierte schon, als France Télécom, die staatliche Telekommunikationsgesellschaft, sich in einem wohlüberlegten Schritt, der das ganze Land in das Informationszeitalter versetzen sollte, dazu entschloß, Millionen von Minitel-Terminals an die Bürger abzugeben.

Ich hatte Annick Morel schon bei einem früheren Aufenthalt in Paris getroffen. Mit Lionel Lumbroso jedoch tauschte ich mehrere

Monate lang zweimal in der Woche EMail aus, bevor ich ihn endlich traf. Ich hatte ihn mir als wohlbeleibten Mann in den Fünfzigern vorgestellt und war total davon überrascht, daß er schlank und erst Ende dreißig war. Wir stellten fest, daß unsere Lebensläufe die gleichen Parallelen aufwiesen, daß wir die gleichen Interessen und Wertvorstellungen hatten, die mich auch mit Aizu und Hattori verbanden.

Ich kann mich gut an das starke Gefühl der Verbundenheit erinnern, das ich 1968 im College als Kriegsgegner und Aktivist der Gegenkultur empfand, und das mich mit den Studenten verband, die auf den Straßen von Paris gegen die Politik der französischen Regierung demonstrierten, und den japanischen Studenten, die die sie beherrschenden Autoritäten herausforderten. Sie alle waren Teil der Bewegung, zu der auch ich und meine amerikanischen Freunde gehörten. Wir alle waren der Meinung, daß die überkommenen Wege politischen Handelns und ihre Ungerechtigkeiten uns am Ende dieses Jahrhunderts nicht mehr weiterhelfen konnten. Als ich Aizu und Hattori traf, sagten sie mir, daß sie damals genau das gleiche gefühlt hätten; und hier, mehr als zwei Jahrzehnte später, trafen wir uns nun im Cyberspace und freuten uns über diese Möglichkeit der positiven Weltveränderung. Lumbroso, Morel und ich diskutierten zuerst über genau das gleiche Thema, und wie bei meinem ersten Treffen mit meinen Freunden in Tokio, redeten auch wir bis spät in die Nacht miteinander, als wir uns schließlich in Paris begegneten – wie uralte Freunde, die sich seit Jahren nicht mehr gesehen hatten.

Lionel Lumbroso lebt in einem jener versteckten, alten Hinterhäuser in Paris, die vor langer Zeit den Offizieren Napoleons als Pferdeställe gedient hatten, und die von der Straße aus nur durch ein großes, hölzernes Tor zu erreichen sind. Wenn ich an CalvaCom denke, dann sehe ich vor meinem geistigen Auge Lumbrosos Wohnzimmer, das für viele Real-Life-Treffen der an CalvaCom Beteiligten herhalten mußte, und das Bistro um die Ecke mit seinem Steak tartare als besonderer Spazialität.

Lumbroso war in den frühen achtziger Jahren einer der Gründer von Calvados. Wenige Jahre zuvor hatte er als Übersetzer im technischen Bereich zu arbeiten begonnen, was sein Interesse an Computern weckte. 1981 lernte er eine Amerikanerin, Gena, kennen, die später seine Frau wurde. Gena brachte ihn in Kontakt mit Steve Plummer, dem Studentensprecher der American University of Paris. Plummer und ein weiterer Partner wollten PC-Anwender über ein Netz miteinander in Kontakt bringen. Damals war in Frankreich der Apple II am meisten verbreitet, ein an heutigen Maßstäben gemessen lächerlich antiquiertes

Spielzeug, und die Modems übertrugen Daten mit einer Geschwindigkeit von nur 300 Bit in der Sekunde. Sie hofften aber, daß die Hardware immer leistungsfähiger würde, und ihr Unternehmen sich dadurch immer besser entwickeln könnte.

Plummer und sein Partner suchten einen technisch erfahrenen Franzosen. Da kam Lumbroso, absolvierte einen Computer-Crash-Kurs und begann damit, das Online-System aufzubauen, gerade rechtzeitig für eine große Computerausstellung. Damals baute Apple gerade seine französische Zweigstelle, Apple France, auf, und der Verantwortliche für Apple France, Jean-Louis Gassée, meinte, das Calvados-System könne für die Apple-Anwender wichtig werden. Daher wurde Lumbroso nicht nur von der American University sondern auch von Apple unterstützt.

Lumbroso schrieb die Programme, besuchte die Apple-Händler und traf sich mit Geschäftsleuten. «Ich tanzte auf allen Hochzeiten. Es war ziemlich aufregend», erinnert sich Lumbroso zehn Jahre später. «Zu der Zeit, als wir anfingen, 1982 und 83, war Minitel immer noch ein auf die Pariser Vorstadt Velizy beschränktes Experiment, wo France Télécom die Idee in der Praxis ausprobierte. Unsere Vorbilder für Calvados waren die großen amerikanischen Online-Dienste. Damals war The Source ein großes System, CompuServe allerdings noch längst nicht so groß wie heute.»

Calvados begann als Gemeinschaft von Apple-Benutzern und Apple-Händlern; und die Teilnehmer tauschten Informationen über Apple-Computer und über die verschiedenen Programme aus, begannen daneben aber bereits in Gruppen von zwanzig oder dreißig Leuten mit Online-Plaudereien. Die Teilnehmer verfolgten damit keinen bestimmten Zweck, außer dem, einander vor Lachen aus dem Stuhl kippen zu lassen. «Wir schossen bei unseren Diskussion regelrecht Sätze aufeinander ab. Der ganze Spaß kam aus der Vermischung der unterschiedlichsten Themen. Man konnte das Gespräch am Bildschirm verfolgen. Wir hätten das stundenlang machen können.» Sein Ruf verbreitete sich unter der französischen Apple-Gemeinde, und 1985 zählte Calvados etwa dreitausend Teilnehmer, die dem System ungefähr hunderttausend Dollar Einnahmen brachten. 1986 trieb Steve Plummer zwei Millionen Dollar auf, mit denen er das System über die Grenzen der American University hinaus ausdehnen konnte. Sie kauften leistungsfähigere Hardware, überarbeiteten die Software und hatten vor, diesen Dienst nicht allein den Apple-II- sondern auch den PC-Benutzern anzubieten.

Sie entwickelten eine neue Version ihres Online-Dienstes, den sie jetzt CalvaCom nannten, und benutzten das Bild verschiedener «Städte», die jeweils verschiedene Diskussionsforen repräsentierten. Die

Macintosh-Stadt, die PC-Stadt und die Atari-Stadt waren die wichtigsten dieser Foren. Wie die ersten Bulletin-Board-Systeme der USA wurde auch CalvaCom hauptsächlich von denen frequentiert, die sich von Berufs wegen oder zu ihrem Privatvergnügen mit Computern beschäftigten, und natürlich waren Computer das dominierende Thema. «Wir schufen ganz bewußt Städte, die nichts mit dem Thema Computer zu tun hatten», erinnert sich Lumbroso. «Eine davon nannten wir 'Redefreiheit'.» Es war ein Sammelbegriff für Diskussionen über politische Probleme, über Filme oder Videos, über Philosophie oder worüber sonst die Leute in einem Forum diskutieren wollten. Ein Forum ist etwas anderes als die Gruppenplaudereien, die sich auch in CalvaCom immer noch großer Beliebtheit erfreuten. Bei einer Plauderei werden die einzelnen Beiträge weder aufgezeichnet noch in eine irgendwie strukturierte Ordnung gebracht. In einem Konferenzsystem, einem Diskussionsforum dagegen werden die Beiträge aufgezeichnet und einem bestimmten Thema zugeordnet.

Diejenigen der Benutzer ausfindig zu machen, die sich am aktivsten und am anregendsten am Geschehen beteiligten, war eine von Lumbrosos Strategien, den Online-Dienst lebendig zu halten und auszubauen. Solche Leute stellte er an und nannte sie *animateurs* – bezahlte Äquivalente der Hosts in WELL. Bei einer solchen Gelegenheit traf er auf Annick Morel, der mich mit den Architekten von *télématique* und einigen Sysops der Online-Erotikdienste zusammenbrachte. Ich fragte Lumbroso, welches soziale Problem ihn von seinem Standpunkt aus am meisten aufgeregt hätte. «Der Konflikt zwischen der Notwendigkeit, eine gastliche Atmosphäre aufrechtzuerhalten, und der Versuchung, Leute zu zensieren», antwortete er.

Lumbroso erinnert sich, daß es ein paar Jahre lang online in der Macintosh-Stadt eine recht lautstarke Gruppe von Leuten gegeben hatte, die alle Produkte von Microsoft haßten. Wann immer Leute in anderen öffentlichen Foren Tips auszutauschen versuchten, wie man mit den Programmen von Microsoft arbeiten konnte, wurden diese Diskussionen unterbrochen von den schon vertrauten, ermüdenden Tiraden über die Missetaten von Microsoft. «Ich denke, ein Online-Forum ist eine Bühne für manche Leute, die im realen Leben keine Gelegenheit haben, sich auszudrücken.» Versucht aber ein Sysop, eine Diskussion abzuwürgen, bei der alle außer den ganz Hartgesottenen die Flucht ergreifen, dann entbrennt sofort im ganzen System die Debatte über Zensur und Redefreiheit. Ich habe solche Debatten schon in WELL und TWICS verfolgt, und Lumbroso zufolge, flammen sie in Calvacom immer wieder auf.

Da er nicht mehr für CalvaCom arbeitet, hat Lumbroso in den letzten Jahren die Zeit, die er online verbringt, stark eingeschränkt. Er und Gena haben zwei kleine Kinder, die nun ihre Zeit beanspruchen, und er sagte mir, er sei der dauernden Online-Auseinandersetzungen überdrüssig geworden. Er meinte, nach dem Austausch von Informationen und Ratschlägen, gelegentlichen humorvollen Beiträgen, seien Auseinandersetzungen die verbreitetste Form von Online-Aktivität. Ich beschrieb ihm die Elternkonferenz in WELL und COARA, und er sagte, daß es in CalvaCom nichts gäbe, was dieser Form der Gemeinschaft ähnlich wäre, obwohl eine Gruppe von CalvaCom-Benutzern sich auch im realen Leben träfe. Unterhaltsame Plaudereien seien die Regel, ernsthafte Diskussionen über bestimmte Themen die Ausnahme.

Nina Popravka, eine Computerspezialistin, die sich wegen des hohen Niveaus der technischen Diskussionen für CalvaCom statt für Minitel entschieden hatte, kam mit anderen alten Freunden, die sie über CalvaCom kennengelernt hatte, bei Lumbroso vorbei. Lumbroso und ich sprachen gerade über die Art des Miteinanders, die sich in den Elternkonferenzen in Amerika und Japan zeigt, und diskutierten die Frage, warum sich solche Gemeinschaften weder in CalvaCom noch in dem weit größeren Minitel gebildet hatten. Popravka stellte die Theorie auf, für diese Formen gemeinschaftsfördernder CMC-Dienste bestünde in Frankreich kein Bedarf, ansonsten wären sie in Minitel längst verbreitet. «In Frankreich», meinte sie «ziehen die Leute Zäune zwischen ihre Häuser. Sie wollen keinen allzu engen Kontakt mit ihren Nachbarn. Wenn sie sich mit Freunden treffen wollen, dann gehen sie ins Café.» In der Tat, wenn von einer Stadt gesagt werden kann, sie sei noch reich an der Art informeller öffentlicher Räume, die Oldenburg «Dritte Räume» nannte, dann von Paris.

Vielleicht ist es gerade dieses öffentliche Miteinander, für das Paris berühmt ist, was andere Leute suchen, und für das sie in virtuellen Gemeinschaften nur einen Ersatz, eine Nachahmung finden. Und natürlich warf Popravka die Frage auf, ob für die Menschen die verbindende Seite virtueller Gemeinschaften die gleiche Bedeutung auch dort hat, wo sich Menschen in dem immer noch lebendigen Herzen ihrer Stadt begegnen können, und ob nicht die Stadtrandsiedlungen, die Slums und die Einkaufszentren des modernen Amerika eine notwendige Bedingung für die Verbreitung virtueller Gemeinschaften sind. Darauf zielt auch der französische Philosoph und Sozialkritiker Boudrillard ab, der elektronische Kommunikation als Teil des Gewebes hyperrealistischer Illusionen sieht, denen wir uns in unserer technisch simulierten Flucht aus dem Zusammenbruch menschlicher Gemeinschaften zugewandt haben.

Zwei andere Benutzer von CalvaCom, die ich bei Lumbroso traf, Jean-Marc und Jean-David, erinnerten mich an zwei ihnen ähnliche junge Burschen in den USA und Japan. Im Alter von zwölf oder dreizehn erwachte ihr Interesse an Computern. Sie begannen, mit ihren Modems Online-Systeme auszuforschen, und fanden schließlich Wege, diese Systeme kostenlos benutzen zu können: Sie «knackten» die Systeme. Eines Tages machte einer von ihnen in einem öffentlichen Forum eine Bemerkung, die verriet, daß er ein anderer war, als er CalvaCom hatte glauben lassen. Als Lumbroso entdeckte, daß dieser Bursche zusammen mit seinem Freund das System geknackt hatte, machte er ganz instinktiv einen brillianten Schachzug: Er gab ihnen freien Zugang und machte sie für die Sicherheit des Systems verantwortlich.

Eine junge Frau, Chine Lanzmann, die jetzt für den beliebten alternativen französischen Fernsehsender Canal Plus arbeitet, war früher eine legendäre Animateurin in CalvaCom. In Frankreich hatte sie als Autorin der erotischen Autobiografie einer Studentin eine gewisse Bekanntheit erreicht, und sie fand, daß sie eine Schwäche dafür hatte, Online-Plaudereien zu stimulieren, aber auch das Talent dazu besaß. «Am Schluß entdeckte ich, daß zuviele Stunden meines wirklichen Lebens dafür draufgingen. Es war eine Sucht. Ich schmiß den Kram sofort hin.» Über die Suchtgefahren in Minitel erfuhr ich weitere Einzelheiten, als ich endlich die Person ausfindig machen konnte, die die Möglichkeit von Online-Plaudereien für den Rest der französischen Online-Welt geschaffen hatte.

Mitten in der Entwicklung dieser Gemeinschaft trat etwas weitaus Größeres als CalvaCom auf den Plan – Minitel. Kein Wunder, daß die über Modem erreichbaren Online-Dienste für PC-Anwender sich in Paris nicht explosionsartig entwickelten, denn die französische Regierung verteilte kostenlos Millionen von Terminals mit eingebauten Modems. Und dies war nur ein Schritt innerhalb eines größeren Plans für den Ausbau der Informationstechnologien in Frankreich, ein Schritt in die Ära des CMC auf nationaler Ebene. Und dieser Schritt in Sachen Informationstechnologie basierte auf einer Vision, die einer von den besten Gelehrten der Nation erarbeitet worden war. Das Erstaunlichste an dieser futuristischen Vision ist die Tatsache, daß all dies schon in den siebziger Jahren begann, und daß das auslösende Moment das notorisch schlechte Telefonsystem war.

Von *Télématique* zu den *Messageries Roses*: Die Überraschungen von Minitel

1968 besaßen nur 60 Prozent der französischen Haushalte ein Telefon. Die Verbreitung des Telefons entsprach eher einem Land in der Dritten Welt als einer Nation, die über Nuklearwaffen verfügte. Der Zustand des französischen Telefonnetzes wurde allgemein als nationale Katastrophe betrachtet. Die französische Regierung kann auf eine lange Tradition direkter Einwirkungen auf die Entwicklung von Kunst und Wissenschaft zurückblieben. Das Wort *dirigiste* meint speziell eine politische Führung wie die französische Regierung, die aktiv kulturelle und technologische Entwicklungen fördert, reguliert, steuert und beeinflußt, die als wichtig für die Allgemeinheit angesehen werden. In den frühen siebziger Jahren wurde die Direction Générale des Télécommunications (DGT) damit beauftragt, einen Plan zur Modernisierung des Telefonnetzes zu entwickeln.

Mitte der siebziger Jahre war die französische Industrie von IBM verunsichert und in Sorge über das britische Videotext-Experiment – das (fehlgeschlagene) Experiment, den britischen Bürgern Informationsdienste anzubieten, die sie über Telefontastatur auf dem Fernsehbildschirm abrufen konnten. Französische Intellektuelle und Wissenschaftler begannen, von der Bedeutung des heraufziehenden Informationszeitalters zu schreiben. Der Druck auf Regierung und Industrie, mehr zu unternehmen, als nur ein antiquiertes Telefonsystem zu modernisieren, nahm zu. 1978 erhielt die DGT ein riesiges Budget, um ein Megaprojekt zu entwickeln. 1978 legten Simon Nora und Alain Minc ihren auf Initiative des Präsidenten der französischen Republik, Giscard d'Estaing erstellten abschließenden Bericht über die «Computerisierung der Gesellschaft» vor.

Der Nora-Minc-Report, wie er von da an genannt wurde, hält sich in seinen Voraussagen nicht zurück: «Die Zukunft wird eine massive gesellschaftliche Computerisierung erleben, die die Gesellschaft wie Elektrizität durchströmen wird... Im Mittelpunkt der Debatte wird die Frage der Interconnectivität stehen... Das Ringen um die Macht wird sich zwischen denen entscheiden, die Netze errichten, und denen, die die Satelliten kontrollieren...» Der Report sagt voraus, daß die Verfügbarkeit billiger Computer zusammen mit leistungsfähigen, weltweiten Kommunikationsmedien zu einer unsicheren Gesellschaft, zur Entstehung unzähliger dezentraler Konflikte führen werde, zu einer computerisierten Gesellschaft, deren Werte zum Objekt zahlreicher, aus ungewissen Ursachen entbrennenden Rivalitäten werden, begleitet von unendlich viel Kommunikation. Um weiterhin einen Platz in der ersten Reihe der Nationen behaupten zu können, müsse Frankreich in einer umfassenden nationalen Anstrengung ein neues Feld okkupieren, ein Feld das sie télématique nannten (eine Kombination der beiden französischen Wörter *télécommunication* und *informatique*). Und sie versäumten auch nicht, darauf hinzuweisen, daß «*télématique*, anders als das Stromnetz, keine Form der Energie weiterleitet, sondern Informationen, und das heißt: Macht» und daß «das Netz aufzubauen ein essentielles Ziel ist. Dies erfordert, es im Rahmen eines öffentlichen Dienstes zu entwickeln.»

Die Kosten der Verteilung gedruckter Telefonbücher für das neue, aktualisierte und erweiterte Telefonnetz wurden zum ausschlaggebenden Faktor. Die DGT schätzte, daß 1979 zwanzigtausend Tonnen Papier gebraucht würden, und 1985 bereits hunderttausend Tonnen. Die Idee eines nationalen Videotext-Systems, das die gedruckten Telefonbücher ersetzen sollte, war Anlaß für die Entwicklung des Télétel-Systems, des gewaltigen, umfassenden Projekts der Einbindung von Computerzentren überall im Land in ein Hochgeschwindigkeitsdatennetz.

Bald darauf entwickelte sich einer dieser dezentralen Konflikte und zahlreiche Kontroversen entbrannten: Die Besitzer der Zeitungsverlage reagierten recht ungehalten auf den Vorschlag, Wörter über Bildschirme statt auf Papier zu verbreiten. Einige Zeitungen verwarfen die Idee in Bausch und Bogen. *Le Monde* sagte am 27. September voraus, daß *télématique* «das Grab für das gedruckte Wort schaufle.» Andere Zeitungen beschlossen, selbst in das Télétel-Geschäft einzusteigen. Im Sommer 1981 fand das entscheidende Experiment statt. Zweitausendfünfhundert Haushalte in Velizy wurden mit elektronischen Dekodern ausgestattet, die es erlaubten, ungefähr zwanzig verschiedene Dienste mit dem heimischen Fernsehgerät in Anspruch zu nehmen. Im Herbst 1981 wurde das Experiment auf drei größere Städte im Land ausgedehnt. Das System in Straßburg, *Grétel* genannt, wurde von der Zeitung *Dernières Nouvelles d'Alsace* gesponsert. Und in *Grétel* – so berichtet es die Minitel-Legende – änderte ein Benutzer den Informationsdienst so ab, daß es ihm möglich war, mit anderen Benutzern direkt in Verbindung zu treten.

Anfang 1992 traf ich mich kurz mit Michel Landaret, dem Verantwortlichen von Grétel, als er im internationalen Flughafen von San Francisco umsteigen mußte. Wir unterhielten uns etwa eine Stunde lang in der ruhigsten Cocktailbar, die wir finden konnten. Er bestätigte, daß die erste Online-Unterhaltung nur deshalb stattfand, weil ein Benutzer das System geändert hatte:

Wir führten gerade ein Experiment mit sehr wenigen Benutzern durch, um zu ermitteln, ob Firmen und Institutionen Datenbanken benutzen würden. DGT sah Minitel noch nicht als Kommunikationssystem. Was dann passierte, änderte das Verhältnis zwischen Grétel und seinen Benutzern in einem wichtigen Punkt. Damals hatten wir nur ein paar Dutzend Leute, die den Dienst in Anspruch nahmen. Für Forschungszwecke zeichneten wir ihren Umgang mit dem System auf. Wir konnten also sehen, daß Benutzer, für die das System neu war, in Verwirrung gerieten und eine Reihe ineffektiver Befehle eingaben. Daher entwickelten wir ein System, um mit diesen Anwendern zu kommunizieren, indem wir Hinweise direkt auf ihrem Bildschirm ausgeben und die Benutzer uns Nachrichten zuschicken konnten. Dadurch lernten sie, mit dem System umzugehen. Einer unserer Benutzer knackte nun diesen Teil des Systems, um mit seinen Freunden reden zu können. Sobald wir herausgefunden hatten, was passiert war, verbesserten wir diesen Dienst und machten ihn zum normalen Bestandteil des Systems. Mit großem Erfolg.

Sechs Monate später konnte das System bereits täglich siebenhundert Verbindungsstunden verzeichnen, gegenüber ein- bis dreihundert Stunden während des Experiments in Velizy, wo die Teilnehmer zwar auf Informationen zugreifen, aber nicht miteinander kommunizieren konnten. Bei meinem nächsten Paris-Aufenthalt wurde ich von Landaret und meinen anderen Freunden einigen der Leute vorgestellt, die an der schicksalhaften Entscheidung beteiligt gewesen waren, den in Grétel zum ersten Mal in Erscheinung getretenen Plauderdienst für das nationale Minitel-System zu übernehmen. Landaret hatte jedoch mehr zu der Bedeutung der Erfahrungen zu sagen, die sie in den vergangenen zehn Jahren gesammelt hatten.

«Da unser System dafür gedacht war, zu beobachten, wie Leute solche Dienste benutzen, konnten wir auch einige soziale Experimente durchführen», erklärte Landaret. In der weiteren Entwicklung des Systems wurde es zu einer Sammlung nur lose miteinander verbundener Informationsdienste und Diskussionsforen. Landaret und seine Kollegen erkannten, daß viele Leute sich nur in ein oder zwei Bereichen aufhielten. Eine kleine Zahl von Leuten schien jedoch Ideen ziemlich schnell von einer Gruppe in die andere zu tragen. «Wir entdeckten, daß wir nur einem dieser Leute eine bewußt falsche Information zukommen lassen mußten, und sie wurde sofort in all diesen verschiedenen Gruppen verbreitet und war innerhalb von zwei Tagen etwa viertausend Leuten bekannt.» Die öffentlichen und privaten Informationskanäle konnten in der Hand einer Gruppe von Multiplikatoren

dazu benutzt werden, periphere Informationen sehr schnell zu verbreiten.

Landaret bestätigte das, was andere auch schon festgestellt hatten –
CMC durchbricht bestimmte soziale Barrieren. Er erinnerte sich an eine
der ersten Benutzerinnen, eine fünfunddreißig Jahre alte Frau, die
besonders gern mit sehr jungen Leuten sprach. «Niemand wußte, daß
sie fünfunddreißig war, und als ich sie fragte, meinte sie, daß sie in der
Öffentlichkeit niemals irgendeinen der jungen Männer ansprechen
würde, mit denen sie sich online unterhielt.» Er erzählte von einem
einsamen jungen Mann, der seine einzigen sozialen Kontakte in den
Online-Plaudereien fand und in Depressionen verfiel, wenn ihm der
Zugang verwehrt blieb, weil er nicht gezahlt hatte. Landaret wurde noch
ernster, als er davon sprach, daß sie bei ihren Beobachtungen schon sehr
früh auf die möglichen Suchtgefahren dieses Mediums aufmerksam
wurden.

«30 Tage, das macht 720 Stunden. Was würden Sie sagen: Wieviele
Stunden hat unser erster Süchtiger online verbracht?» fragte mich
Landaret. Ich rechnete mir aus, daß ein wirklich besessener Anwender
vielleicht die Hälfte dieser Zeit bei Online-Plaudereien verbringen könne, wenn man die Zeit für Essen und Schlafen berücksichtigt.

«520 Stunden,» erkärte er schließlich grimmig.

«Wie viele Stunden maximal kann eine einzelne Person vor einem
Bildschirm sitzen, ohne wegzugehen, um etwas zu essen, zu trinken oder
um zu schlafen?» war Landarets nächste Frage. Ein paar Stunden, glaubte
ich, fünf oder maximal sechs.

«Der längste Zeitraum, den wir aufzeichnen konnten, war 74 Stunden. Was glauben Sie, wie hoch eine Rechnung für zwei Monate maximal sein kann?» Tausend Dollar, meinte ich, vielleicht etwas höher.
Landaret nannte eine erstaunliche Zahl – mehr als 25.000 Dollar.

Als die Minitel-Terminals verteilt und die *messageries*, wie die
Plauder-Dienste hießen, populär wurden, gab es tatsächlich zahlreiche
Geschichten über diese Süchtigen. Aber diese Phase dauerte nicht lange,
vor allem deswegen, weil diejenigen, die all ihr Geld ausgegeben hatten,
keinen Zugang mehr zu den teuren Diensten erhielten. Noch immer
werden manche nach Minitel süchtig. Einschränkend wirkt sich aber
aus, daß es ihnen nicht möglich ist, Monat für Monat hohe Rechnungen
zu begleichen. Weniger teure Bulletin-Board-Systeme, wie WELL kennen diese Grenze nicht.

Das ausschlaggebende Moment für den Erfolg von Minitel war
offensichtlich die Entscheidung der französischen Regierung, kostenlos
kleine Terminals an die Bevölkerung zu verteilen. Jede Einheit verfügte

über einen kleinen Bildschirm, eine schmale Tastatur und eine Telekommunikationsverbindung. Daher mußte das Gerät nur noch an die Telefonleitung angeschlossen werden. Die wesentlichste Opposition, die sich in Frankreich zeigte, die Zeitungen, erreichten mit DGT eine Übereinkunft. Die Zeitungsbesitzer akzeptierten, daß über die reine Telefonauskunft hinaus weitere Online-Dienste angeboten wurden, und die DGT finanzierte die Einrichtung von Diensten für Tageszeitungen und Zeitschriften. Daß dieser Handel auch unerwartete Folgen haben könnte, zeigte sich 1986, als die Studenten ihren landesweiten Streik über den Online-Nachrichtendienst der Tageszeitung *Libération* organisierten.

Ich sprach mit Henri de Maublanc, früher einer der Verantwortlichen von Télécom, der staatlichen Telekommunikationsgesellschaft, in deren Händen Télétel liegt. Maublanc leitet jetzt einen der erfolgreichsten, nicht mit Online-Sex befaßten *messagerie*-Dienste. Er meinte, das ganze Gerede darüber, daß Minitel Tageszeitungen überflüssig machen würde, habe sich als grundlos erwiesen, was aber damals nur wenige Leute bei France Télétel erkannten. Die Minitel-Bildschirme sind klein und unscharf, und die Leute werden weiterhin wie gewohnt ihre Zeitungen lesen, solange nicht zukünftige, erschwingliche Bildschirme eine vergleichbare Lesbarkeit bieten. «1984 meinten ein paar Leute, darunter auch ich, daß Videotext nicht der zentrale Punkt dieses Netzes sein kann. Aufgabe ist, herauszufinden, welche Art von Diensten wir über das Netz und die Bildschirme anbieten können, die im Wettbewerb mit anderen Informationsquellen bestehen können. Sein Unternehmen begann mit Aktienkursen und baute andere Dienste auf, die zeitkritische Informationen bieten konnten. Dann kam aus Straßburg die ansteckende Idee der *messageries*. Maublanc und seine Kollegen entwickelten die Benutzerschnittstelle für einen systemweiten Plauderdienst und präsentierten Télécom France ihre Idee.

Als Maublanc den Architekten des Télétel-Systems zu erklären versuchte, daß sich ihre gigantische, verteilte Datenbank am besten als Kommunikationssystem verkaufen ließe, sagten sie «ich wäre verrückt, das würde nie funktionieren. Unsere Aufgabe ist, Informationen zu liefern, und nicht, Plauder-Kanäle zur Verfügung zu stellen. Sobald wir aber die Kommunikationsdienste anboten, zeigte sich schnell, daß sie den größten Zulauf hatten.» Maublanc und andere, die ich befragte, verwiesen immer auf ein Ereignis, das die dem Zusammenwachsen von Plauderdiensten und der landesweiten Telekommunikationsinfrastruktur innewohnenden ökonomischen Möglichkeiten ans Licht brachte. 1984 richtete France Télécom das Kiosk-System ein. Dadurch konnte die nationale Telefongesellschaft die Rechnung für verschiedene Dienste übernehmen, die Rechnungssumme dann über die Telefonrechnung eintreiben und an die Anbieter der Dienste gegen einen prozentualen Abschlag weitergeben. Die Online-Sexdienste wurden sehr schnell zu den erfolgreichsten und umstrittensten unter den neuen und unvorhergesehenen Anwendungen, die die Leute von Minitel machten. Im Sommer 1986 gab es mehr als tausend solcher Dienste. 1985 bis 1987, als die Zahl der eingesetzten Terminals bereits in die Millionen ging, führten diese Dienste zum ersten Erfolg von Minitel – und zumindest einmal zum totalen Zusammenbruch des Systems, weil so viele Leute zur gleichen Zeit miteinander Nachrichten austauschen wollten.

Auf dem Gipfel ihrer Popularität gingen – Maublanc zufolge – ungefähr vier Millionen Verbindungsstunden pro Monat auf das Konto der Online-Plauderdienste; sie sind allerdings seitdem auf rund 1,5 Millionen Stunden pro Monat zurückgegangen. «Und nach meiner Meinung sind daran die *messageries*, die 'falsche Personen' vorspiegeln, mit rund einer Million Stunden beteiligt.» Diese «falschen Personen», in denen Maublanc auch die Ursache der schwindenden Popularität sieht, sind von den Sex-Diensten zur Stimulierung der Gespräche angeheuerte Animateure. Fast alle dieser Animateure sind junge Männer, die vorgeben müssen, sie seien junge Frauen.

Mein Freund Annick kennt einen jungen Typen, den Schauspieler Denis, dessen Aufgabe darin bestand, in Minitel mehrere Frauen zur gleichen Zeit darzustellen. Diese Rollen spielte er an drei Tagen in der Woche von acht Uhr abends bis zwei Uhr morgens, und an den Wochenenden ebenfalls ab acht Uhr abends bis vier Uhr nachts. In der Stunde verdiente er dreißig Franc. Er meinte, es sei für einen Schauspieler eine Herausforderung, vier oder fünf Frauen gleichzeitig darzustellen und dabei ebenso viele Gespräche mit Männern zu führen, die glauben, tatsächlich mit einer Frau zu sprechen, ein Glaube, der solange wie möglich aufrechterhalten werden muß. Denis war zuweilen auf zynische Weise stolz auf seine Schauspielkunst: «Dieser Dummkopf glaubt immer noch, ich sei eine Frau!»

Auch Leute, die nicht dafür bezahlt werden, jemand anderen darzustellen, täuschen online ganz offensichtlich vor, anders zu sein als sie wirklich sind. Wie in anderen sex-orientierten Bulletin-Board-Systemen ist auch hier jeder Mann ein Hengst, jede Frau eine Schönheit. Die Gesprächsebene ist, gelinde gesagt, sehr direkt. Ein kurzer Auszug aus den Dialogen zeigt die charakteristischen Merkmale der *messageries roses*:

```
JF: jeune fille = junges Mädchen oder junge Frau
JH: jeune homme = junger Mann
```

H: homme = Mann
F: femme = Frau
CH: cherche = sucht
BCBG: Yuppy

LISTE DE TOUS LES CONNECTES (Liste aller Teilnehmer)
1 JF PLUTOT AUTORIT. POUR JF DOCILE
(eher strenges junges Mädchen sucht gehorsames Mädchen)
2 RAYMOND
3 AMANDIN
4 FRANCK95 (95 bezeichnet die Gegend, in der er wohnt)
5 ALAIN
6 *TENDRE CH.F.COMPLICE (zärtlicher Mann sucht ebensolche Frau)
14 COQUINE (unartig)
15 LEZE 74
(* = *pseudo certifi*, registriertes Pseudonym, das sonst niemand benutzen darf)
Suite de la liste Suite (Liste fortsetzen: Fortsetzung eingeben)
Les connect{s de votre r{gion R + Envoi (für die Liste der Teilnehmer in ihrer Region R + Return eingeben)
Changer de pseudo P + Envoi (Um Ihr Pseudonym zu ändern: P + Return)
Guide G + Envoi (Hilfe: G + Return)

(Dem folgenden Auszug geht voraus, daß jemand eine Nachricht an
Denis geschickt hat, der vorgibt, Elodie zu sein, eine 23 Jahre alte
Frau, die im 16. Arrondissement in Paris lebt.)
***

Message pour vous (Nachricht für Sie) de H TENDRE PR FEMME TENDRE
(von zärtlichem Mann, der zärtliche Frau sucht)
***

TU AS ENVIE DE FAIRE L'AMOUR?
(Hast du Lust, mit mir zu schlafen?)
--Votre réponse--------sinon RETOUR--
(Ihre Antwort---RETURN, wenn keine Antwort)
tout de suite comme ça en fin d'après-midi sans se connaitre?
(Jetzt sofort, zu dieser Tageszeit, ohne sich zu kennen?)
Message pour vous de BOSTON 87 H
***

EXCITEE
(erregt)
--Votre réponse--------sinon RETOUR--
oui, mon chou

```
(ja, meine Süße)
Message pour vous de BEL H 36ANS CH F AU TEL DE QUAL
***
QUE CHERCHEZ VOUS? SI JE NE SUIS PAS INDISCRET
(Wonach suchen Sie? wenn die Frage nicht zu indiskret ist)
VOTRE-REPONSE--(Vous lui avez dit: GUIDE)
vous n'êtes pas indiscret très chère je cherche une compagnie
pour le moment après on verra
(Sie sind nicht indiskret, Liebste, im Moment suche ich ihre Bekannt-
schaft, danach sehen wir weiter)
```

Das ist alles, was es dazu zu sagen gibt. Denis sah darin ein Spiel wechselseitiger Anfeuerung, die gleiche Stimulation menschlichen Verhaltens, die auch Spielautomaten am Laufen hält. «Wenn Sie das vielleicht fünfhundert Mal machen, dann können Sie einmal wirklich im Bett landen», so charakterisierte Denis das ganze. Die Erfolgsaussichten sind nicht gerade rosig, aber wenn man allein zuhause rumsitzt, lernt man erst recht niemanden kennen, also hofft man lieber darauf, daß diese sexuellen Phantasien eines Tages doch noch Wirklichkeit werden. Noch wichtiger ist, wie Denis feststellte, daß seiner Meinung nach die meisten Leute keinen anderen Zweck verfolgen, als ihre Phantasie zu befriedigen. Es ist eine Gelegenheit, die normale Identität hinter sich zu lassen, ein Supermann oder hinreißende Frau zu sein und all die Dinge zu sagen, die sie sich nur in ihren geheimsten Träumen vorstellen. Bei ihrer Arbeit sind sie ein Niemand. Es ist ein alltäglicher Kampf, um zur Arbeit und wieder nach Hause zu kommen. Sie leben allein oder sind verheiratet. Für eine Stunde an einem solchen Sex-Gespräch teilzunehmen, ist kein sehr eleganter, aber effektiver Weg, sich ein anderes Selbst zu verschaffen.

Denis in Aktion zu sehen war wie einer Darstellung der Theorien Erving Goffmanns zu folgen. In seinem Buch *Wir alle spielen Theater. Die Selbstdarstellung im Alltag*, das lange vor der Ära der *télématique* geschrieben wurde, behauptet Goffmann, daß jeder zu jeder Zeit in gewissem Sinn auf der Bühne steht und eine Person verkörpert, die den Erwartungen des jeweiligen Publikums entspricht. Goffmann vertritt die Meinung, daß wir einen großen Teil unseres Lebens verbringen, der Öffentlichkeit ein bestimmtes Bild von uns zu präsentieren und entsprechend diesem Bild zu handeln. Kombinieren wir die Theorien von McLuhan und Goffmann miteinander und wenden wir sie auf die normale, arbeitende Bevölkerung an, dann werden wir jemanden wie Denis finden. Die messageries sind nichts als eine besonders erfolgreiche Variante der für alle offenen Seifenoper CMC, so wie die MUDs und IRC auch.

Der unerwartet wirtschaftliche Erfolg der Plauderdienste löste einen jener Wertekonflikte aus, vor denen der Nora-Minc-Report gewarnt hatte. Eine kleinere medizinische Praxis figurierte in Minitel als «Service Medical (SM)». Allerdings verwechselten so viele Minitel-Benutzer diesen Namen mit dem Akronym für *Sadomasochismus*, daß das Unternehmen mit einer Flut eindeutiger Anfragen überschwemmt wurde. Kirchen und viele Bürger sahen mit Schrecken, wie die einschlägigen Dienste ganz Paris mit riesigen erotischen Plakaten tapezierten, um ihre Minitel-Nummern bekanntzumachen. Der für die DGT verantwortliche Minister antwortete öffentlich auf die Rufe nach Zensur zur Aufrechterhaltung der öffentlichen Moral (eine prominente Persönlichkeit nannte die *messageries* «elektronische Pissoirs») mit der Bemerkung: «Der Briefträger öffnet keine Umschläge.» Elektronische Nachrichten wurden als private Mitteilung zwischen Absender und Empfänger angesehen, und fielen damit unter das Postgeheimnis. Die Hüter der traditionellen Moralbegriffe machten jedoch auf anderen politischen Ebenen Druck und erreichten, daß den Online-Sexdiensten bestimmte Steuern auferlegt wurden. Im Oktober 1981 – die Kontroverse war noch immer im Gang – zeigte eine Umfrage, daß 89 Prozent der Wahlberechtigten gegen ein Verbot der *messageries roses* waren.

Andrew Feenberg, selbst ein CMC-Pionier, meint, daß die Empörung über die sexuelle Ausrichtung der ersten populären Plauderdienste nichts Neues ist. In seinem Artikel «From Information to Communication: The French Experience with Videotext» schreibt er:

> Kurioserweise fochten diejenigen, die im vorigen Jahrhundert Telefone einführten, eine ähnliche Schlacht mit den Benutzern über die Verwendung dieser Geräte aus. Die Parallele ist bezeichnend. Zuerst wurde das Telefon mit dem Telegrafen verglichen und in der Werbung als Hilfsmittel in Industrie und Handel angepriesen. Der anfängliche Widerstand gegen eine allgemeine Nutzung des Telefons war weit verbreitet, und es wurde versucht, es allein auf die Geschäftswelt zu beschränken... In Frankreich knüpften sich an die allgemeine Nutzung des Telefons Ängste erotischer Art. Sorgen erregte, daß jeder Außenstehende in das Heim eindringen konnte, während Ehemann und Vater bei der Arbeit waren... So besorgt war die Telefongesellschaft um die Tugend des weiblichen Personals in den Vermittlungszentralen, daß in der Nacht Männer eingesetzt wurden, vermutlich weil man glaubte, sie könnten Versuchungen besser widerstehen.

Online-Erotik wird sich wahrscheinlich als eine vorübergehende Entwicklung erweisen. Das Thema Sex ist oft eines der ersten, dem sich

Menschen bei neuen Medien zuwenden. In der Videoindustrie gilt es als ausgemacht, daß der Boom zumindest anfangs zum großen Teil auf einschlägige Videos zurückging. Das dieser Entwicklung zugrundeliegende Problem, meint Greenberg, bestand darin, daß die Entstehung der Plauderdienste das Ergebnis eines Konfliktes bezüglich der Nutzung des neuen Mediums war. «Télétel wurde in eine Diskussion darüber verwickelt, welchen Zielen und Zwecken die private Nutzung von Computern dienen sollte. Die Definition von Interaktivität mit rationalen technischen Begriffen traf sofort auf den Widerstand der Anwender, die das Gewicht nicht auf die Vermittlung von Informationen legten, sondern auf anonyme menschliche Kommunikation und fantastische Begegnungen.»

Feenberg zieht als letzten Schluß aus dieser Anwenderrebellion, daß große Projekte, die in die Infrastruktur der Informationsübermittlung eingreifen, künftig aus einer anderen Perspektive betrachtet werden müssen: «Sieht man jedoch von den Einzelheiten dieses Beispiels ab, wird ein größeres Bild sichtbar. In jedem Fall zeigt sich, daß die menschliche Dimension der Kommunikationstechnologie sich nur Schritt für Schritt von den Verwendungszwecken emanzipiert, die ihre Erfinder dafür vorsahen...»

Die Herausforderung, der sich Frankreich jetzt, mehr als ein Jahrzehnt nach diesem Experiment, gegenübersieht, ist im Grunde die gleiche, mit der Japan konfrontiert ist. Wegen der Beschränkungen, die sich Japan für den eigenen Telekommunikationsmarkt auferlegte, hat sich die Entwicklung in diesem Bereich verzögert. Nun sind die Japaner dem Wachstum des Internet und den kulturellen Konflikten ausgesetzt, die aus einem unbeschränkten Zugriff auf das Internet erwachsen. Frankreich hat immer schon versucht, seine Kultur vor fremden Einflüssen zu schützen, was sich beispielhaft an den dirigistischen Versuchen der Académie Française zeigt, die Entwicklung der französischen Sprache zu steuern. Furcht vor amerikanischen Einflüssen und Mißtrauen gegenüber dem Internet-Experiment bestimmten wesentlich die Ausgestaltung des Télétel-Systems. Die kleinen Bildschirme und die fast nicht verwendbaren Tastaturen der Millionen heute benutzter Terminals entsprechen sicher nicht dem Zeitalter der Breitband-Kommunikation und leistungsfähiger Arbeitsplatzcomputer. Wird Frankreich diese Benutzerschnittstellen neu gestalten oder an diesen jetzt unzureichenden Terminals festhalten, die zehn Jahre zuvor revolutionär gewesen waren? Und wenn Frankreich weiter voranschreitet und zeitgemäße Schnittstellen für das schafft, was sich schon als erfogreiches nationales Netz erwiesen hat, wird dann dieses französische Netz sich gegen das weltweite Netz abschotten, wie es in der Vergangenheit der Fall war? Oder wird Frankreich Anschluß an das Weltnetz suchen, ihm etwas französisches Flair verleihen –, um dann letztendlich entdecken zu müssen, daß das Netz die französische Kultur auch auf eine Weise beeinflußt hat, die nicht nur angenehmer Art ist?

Andere nationale Experimente sind im Werden. Singapur ist wie Taiwan im Begriff, sein Telekommunaktionssystem auszubauen. Was wird geschehen, wenn diese autoritären Regierungen mit genau der gleichen Herausforderung konfrontiert werden – die Verbindung zum Netz besteht, und sie profitieren von den daraus erwachsenden Vorteilen, müssen aber zur gleichen Zeit jene unvorhersehbaren kulturellen Veränderungen hinnehmen, die sich aus der Einführung des neuen Mediums ergeben? Auf der Suche nach vergleichbaren Entwicklungen wollen wir zunächst jedoch nur den Ärmelkanal überschreiten.

Virtuelle Gemeinschaften in England

Ein Freund in England sandte mir einen Zeitungsausschnitt über einen ungewöhnlichen Zeitgenossen namens Dave Winder, der zu der virtuellen Gemeinschaft CIX im Raum London gehört. Ich sandte eine EMail an den «Postmaster» von CIX (dies ist eine Standard-EMail-Adresse; die an diese Adresse gerichteten Schreiben werden von dem System-Operator beantwortet) und begann, elektronische Briefe mit Winder auszutauschen. Schon bald tauchte aus dem Cyberspace eine britische virtuelle Gemeinschaft auf; ich gewann eine Gruppe neuer Freunde mit einem neuen, unamerikanischen Erscheinungsbild, die sich aber doch wie alle Mitglieder virtueller Gemeinschaften verhielten, die ich bis dahin getroffen hatte.

Um es gleich zu sagen: Dave Winders Geschichte war ungewöhnlich – eine Lähmung hatte sein Leben verändert, und die virtuelle Gemeinschaft, die er online fand, half ihm, seine Depressionen, die ihn seitdem heimsuchten, zu überwinden. Ich traf schließlich mit Winder und seinen Freunden bei zwei Besuchen in England zusammen und nahm vor und zwischen den Besuchen monatelang online an ihren öffentlichen und privaten Konferenzen teil. Und wieder schien es, daß diese Wochen und Monate der Online-Diskussionen, die unserem Treffen im wirklichen Leben vorausgegangen waren, dazu beitrugen, daß wir uns auf Anhieb gut verstanden. Die Zusammenkünfte in CIX, an denen ich teilnahm, hatten eine familiäre Atmosphäre. Die Leute begannen, mir Geschichten von ihren Online-Abenteuern zu erzählen, die mich sehr an jene erinnerten, die ich in Kalifornien, in Japan und in Frankreich gehört hatte.

Dave Winder und seine Freunde erlebten eine Hochgeschwindig-keitsversion dessen, was inzwischen zum vertrauten Entwicklungs-zyklus virtueller Gemeinschaften geworden ist: Unterschiedlichste Charaktere treffen online aufeinander, führen miteinander sehr intensive Gespräche und offenbaren einander auch sehr persönliche Seiten; schließlich befreunden sie sich auch im realen Leben auf ähnlich intensive Weise, und wenn die unvermeidlichen Konflikte auftauchen, werden sie in aller Schärfe ausgetragen, was mitunter zur Entstehung von Splittergruppen führt.

Ich traf mich mit Winder und vier der wichtigsten Mitglieder von Herestoby (ausgesprochen als «Here's Toby»: hier ist Toby), einer virtu-ellen Gemeinschaft innerhalb von *Compulink Information Exchange (CIX)*, die sich um Winders Online-Person gebildet hatte, deren Mitglie-der sich bald aber auch im wirklichen Leben bei Winder trafen. Ich fuhr eine Stunde mit dem Zug von London nach Surrey und ging, den EMail-Anweisungen folgend, durch ein paar Straßen bis zu Winders Wohnung. Obwohl er mich auf seine ungewöhnliche Erscheinung vorbereitet hatte, bot er doch einen mich verblüffenden Anblick. Da war natürlich der Rollstuhl, dessen Elektromotor auf eine höhere Geschwin-digkeit als erlaubt frisiert war. Und da gab es auch das schwarze Kopftuch mit dem aufgedruckten weißen Totenschädel, die Motorradjacke mit den Ketten, die selbst noch in der Wohnung aufbelassene Sonnenbrille, die durchlöcherten Ohren. Selbst bei derben Sprüchen blieb seine Stim-me sanft. Er schien tiefste Depressionen überwunden zu haben, betrach-tete mit schwarzem Humor seinen körperlichen Zustand, und verstand es, sich in Szene zu setzen. Später erlebte ich, wie er den Fernseher einschaltete, den Ton abdrehte und ein halbes Dutzend Leute bis spät in die Nacht mit seinen ununterbrochenen Kommentaren voll schwar-zen Humors faszinierte. Online hatte er eine ähnliche Persönlichkeit geschaffen, die den meisten der siebentausend Mitglieder von CIX unter dem Namen Dwinder bekannt war. In den ungezähmteren Regionen des Usenet, in talk.bizarre zum Beispiel, war er als noch bewußter provozie-rende Person mit dem Namen Wavy Davey berüchtigt.

Die Herestoby-Gruppe war genauso bunt zusammengewürfelt wie die Mannschaften von WELL oder TWICS. Da gab es die Computer-fanatiker, die Rebellen, die Kosmopoliten, alle in einer Gruppe zusam-mengeschweißt. Sie wohnten über ganz England verstreut – manche von ihnen waren regelmäßig Stunden unterwegs, um zu den Treffen zu kommen. Sie kamen aus verschiedenen sozialen Schichten und sprachen unterschiedliche Dialekte. In England ist die Aussprache ein wichtiges kulturelles Merkmal und es ist verblüffend, auf eine Gruppe zu treffen, in der so viele unterschiedliche regionale Dialekte gesprochen werden. Natürlich spielte der persönliche Dialekt keine Rolle, wenn sie sich online trafen, da sie dann nur schreibend miteinander kommunizierten. In England spielt die gesprochene Sprache in der Kommunikation eine ähnliche Rolle wie die Körpersprache und der Gesichtsausdruck in Japan.

Trotz ihrer äußerlichen Unterschiede, befaßten sie sich alle, entweder von Berufs wegen oder aus Neigung, mit Computern, mit Computergrafik, Computersoftware oder Computerjournalismus. Toby ist Programmierer und Software-Entwickler, und sein neues Programm, ein Simulationsspiel, war das Objekt allgemeiner Begeisterung, als ich das erste Mal dazustieß. Pat lebt im Norden und ist alleinerziehende Mutter und Computerjournalistin. Matthew ist ein eher kosmopolitischer Patrizier, geprägt von der britischen Public School, spricht fließend französisch und war Mitglied von ClavaCom gewesen. Peter war eine richtige Plaudertasche und erinnerte mich deshalb stark an Blair Newman. Er fragte mich, wo ich wohne, und ich nannte ein Hotel. «Ich habe auch einmal in einem Hotel gewohnt», antwortete er. Ihr Alter reicht von Anfang zwanzig bis Ende dreißig; mehr als fünfzehn Jahre trennen den Ältesten vom Jüngsten. Pat war die einzige Frau in der Gruppe. Nachdem wir in der Kneipe gemeinsam einige Gläser getrunken hatten, nahmen sie mich in ihre Familie auf – und beschlossen sogar, daß ich online an ihren privaten Konferenzen teilnehmen durfte.

Was sie weiter miteinder gemein hatten, war das Bewußtsein dessen, etwas Neues und Wertvolles entdeckt zu haben – die wunderbaren, zutiefst persönlichen und stark emotionalen Bindungen, die untereinander aufzubauen ihnen das Medium ermöglicht hatte. Wie die Mitglieder von TWICS fragten auch sie mich, wie die Leute in anderen Teilen der Welt solche Bindungen zueinander entwickeln, ob auch bei ihnen heftige Auseinandersetzungen ausbrächen, die damit endeten, private EMails an öffentliche Foren zu schicken, und welche Meinung Außenstehende zu diesen Dingen hätten. Wir stellten fest, daß unsere Erfahrungen mit virtuellen Gemeinschaften uns eine feste, gemeinsame Grundlage gaben. Jeder in der Herestoby-Mannschaft erzählte mit Begeisterung, welch großartige Erfahrung es ist, Leute zu finden, zu denen man über die Computerbildschirme emotionale und intellektuelle Bindungen aufbauen konnte. Wir zwängten uns in zwei Autos und fuhren noch London zurück, dann quer durch die Stadt zu einem Lokal, wo einer ihrer Freunde in einer Band spielte. Als das Lokal schloß, fuhren wir wieder zu Dave und redeten bis zum Morgengrauen miteinander. Sie brachten mich soweit, daß ich darum bettelte, endlich um drei Uhr morgens ins Gästeschlafzimmer kriechen zu dürfen. Diese Leute feiern länger als selbst die Mannschaft von COARA – sie machen sogar Karaoke. Vielleicht ist einer der unerwarteten Nebeneffekte von CMC, daß in Kneipen das Falschsingen zum Volkssport wird.

Wenige Jahre zuvor war Dave Winder eine völlig andere Person gewesen. Mit vierundzwanzig war er ein hart arbeitender, geldgieriger Geschäftsmann, der mit Grundstücken rund um Pferderennanlagen spekulierte. «Wir hatten drei Wagen, ich arbeitete sechzehn Stunden am Tag und sieben Tage in der Woche.» erklärte Winder mit einem undurchdringlichen Grinsen. «Dann bekam ich Enzephalitis. Ich verbrachte ein Jahr im Krankenhaus, und als ich herauskam, waren meine beiden Beine und mein linker Arm gelähmt. Meine Augen waren überempfindlich. Der Gehirnschaden brachte meine Wahrnehmungen durcheinander. Ich konnte weder lesen noch schreiben oder rechnen und mich noch nicht einmal an meine Adresse oder Telefonnummer erinnern.

Ein Neuropsychologe meinte, daß ein einfaches Computer-Zeichenprogramm Winder eine Möglichkeit zeigen könne, wie er sein Gehirn wieder benutzen konnte. Er begann mit einfachen Zeichenübungen. «Das war etwas, was ich allein tun konnte». Als er damit begann, entdeckte er auch, daß er sich selber mithilfe von «Janet and John»-Büchern, die für britische Vorschulkinder gedacht sind, das Lesen wieder beibringen konnte. Schließlich benutzte er eine Textverarbeitung mit integrierter Rechtschreibkontrolle. Dadurch war er gezwungen, aus einem Menü das richtig geschriebene Wort auszuwählen, und somit wieder zu lernen, Wörter zu buchstabieren.

Nach neun Monaten Arbeit konnte er wieder lesen und schreiben und an Gesprächen teilnehmen. Ein Freund gab ihm 1989 ein Modem. Er meldete sich bei Prestel an, einem Datenkommunikationsdienst ähnlich CompuServe. Prestel ist ein Überbleibsel des britischen Versuchs, das Zeitalter des Videotextes zu erreichen – der Versuch, der mit dazu geführt hat, daß Frankreich das *télématique*-Projekt in Angriff nahm. Datenkommunikationsdienste, die Modem-Benutzern Zugang zu Informationsbibliotheken und Diskussionsforen verschaffen, sind in Großbritannien von besonderer Bedeutung, denn British Telecom stellt die übertragenen Dateneinheiten in Rechnung, wobei auch die Länge der Übertragungsstrecke und die gemessene Zeitdauer in die Kosten einfließen. Befindet sich der Dienst, den man zu erreichen versucht, nicht in unmittelbarer Nachbarschaft, wird wegen dieser Berechnungsweise die Benutzung eines Modems sehr teuer. Als Folge dieser Politik benutzen Leute, die einer Gemeinschaft wie CIX angehören, spezielle Programme, sogenannte IOffline-Reader*Offline-Reader*. Sie stellen die Verbindung zu dem Informationsdienst her, übertragen sehr schnell die EMail und alle neuen Beiträge in öffentlichen Foren auf den Computer des Teilnehmers und beenden dann die Verbindung. Die Teilnehmer können in aller Ruhe ihre Post lesen und Antworten formulieren. Dann stellt das Programm die Verbindung wieder her, schickt EMail ab und verteilt Diskussionsbeiträge an die richtigen Foren.

«Dann hörte ich von CIX», erinnert sich Winder, «von dem es hieß, es ähnelte mehr einer Gemeinschaft als den Foren, die ich in Prestel gefunden hatte.» Frank und Sylvia Thornley begannen 1985 mit dem BBS, das sie CompuLink Information Exchange nannten – im gleichen Jahr als auch COARA und WELL ihre Arbeit aufnahmen. Die meisten Bulletin-Board-Systeme in England waren, wie auch die der USA, darauf ausgerichtet, Software für spezielle Computer zu verteilen und Gespräche über diese Computer zu ermöglichen. CIX dagegen sollte für die Kommunikation vieler mit vielen eingesetzt werden. Die Thornleys verwendeten das Programm COSY, ein voll ausgestattetes Konferenzsystem, das älter ist als die PicoSpan-Software in WELL und die Caucus-Software, die TWICS benutzt.

Eine interessanter Eigenschaft von CIX hatte großen Einfluß auf die Entwicklung der Gemeinschaft. In WELL müssen Sie die Verantwortlichen von WELL bitten, eine private Konferenz für Sie einzurichten, oder Sie müssen zeigen, daß Ihre Konferenz-Idee die Mühe wert ist, bevor sie eine öffentliche Konferenz einrichten. In CIX steht es jedem CIXen, wie sie sich selbst nennen, frei, wann immer er will eine Konferenz zu eröffnen. Jeder kann eine geschlossene Konferenz mit beschränkter Teilnehmerzahl, eine öffentliche Konferenz oder eine vertrauliche Konferenz, die in keiner öffentlichen Liste erscheint, mit ausgewählten Teilnehmern einrichten. Als er zum ersten Mal Verbindung mit CIX aufnahm, war er sofort mitten im Geschehen. «Ich sah etwas, das jemand über Amiga-Computer geschrieben hatte, mit dem ich nicht einverstanden war. So antwortete ich ihm online. Die ganze Nacht ging dafür drauf.» Es war eine schwierige Zeit. Neben Winders Persönlichkeit hatte sich so vieles andere geändert. Er konnte nicht mehr in seinem alten Beruf arbeiten. Seine Ehe stand auf dem Spiel. Seine Krankheit war so ernst, daß keiner seiner Ärzte glaubte, er würde länger als fünf Jahre leben. Die gemeinschaftliche Seite von CIX öffnete sich ihm, und «sie verschlang mich», meint er. Er begann, stundenlang online zu sein, verbrachte Stunden damit, Antworten zu schreiben. Bald moderierte er

auch Konferenzen. Er fand mehr und mehr, was er tun konnte, und
entdeckte einen neuen Weg, Leute zu treffen. Eine neue Persönlichkeit
begann sich online zu formen und offline schien ein neuer David
Winder zum Vorschein zu kommen. Seine Online-Persönlichkeit drückte sich in einigen außergewöhnlichen Merkmalen aus: Er war beredt,
streitlustig, schreckte auch vor persönlicher Bloßstellung nicht zurück,
war oft geradezu verwegen spaßhaft. Offline hatte er sich von einem
Anzug, Weste und Krawatte tragenden Geschäftsmann über die lange
Phase der Krankenhauskittel und Pyjamas direkt zum Heavy-Metal-Mo-
torradfan entwickelt.

Er fand einen sehr engen Freund, Kevin Hall, der oft als einziger
ebenfalls um drei Uhr nachts in CIX war. Hall lud Winder ein, in der
geschlossenen und vertraulichen Konferenz einer Gruppe von Freunden
mitzumachen – bei Herestoby. Der Name war ein Wortspiel und bezog
sich auf einen der Gründer, Toby. Jeder der sechs jungen Männer, aus
denen die Gruppe ursprünglich bestand, geriet gerade dann in eine
Lebenskrise, als sie damit begannen, in einer privaten Konferenz offen
über ihre persönlichen Gefühle zu sprechen. Dave Winders Gesund-
heitszustand war das größte Problem. Dann war Toby niedergeschmettert, weil sein bester Freund mit seiner Freundin durchgebrannt war.
Seine Online-Freunde ermutigten ihn, über seine Empfindungen zu
sprechen, statt sich in Selbstmitleid zu ergehen. Dies alles führte dazu,
daß in den folgenden Wochen die Freunde über emotionale Unterstützung hinaus auch mehr und mehr aus sich herausgingen.

Pat kam zu der Gruppe, weil eines der Mitglieder meinte, sie sei ein
Gewinn für ihr Unternehmen, das sich in der Zwischenzeit vom geistigen Kollektiv zum kollektiven Herzen entwickelt hatte. Ihre Gespräche
drehten sich um Gefühle, und es ging darum, Tabus zu brechen und das
Innerste zu offenbaren «Wir waren gerade dabei, sehr intensiv über Sex
zu diskutieren, als Pat dazukam. Wirklich sehr persönliche Dinge. Und
hier war diese Frau, die auf sechs Männer traf. Wir wußten nicht, was
passieren würde. Und als sie kam, war sie toll. An diesem Punkt beschlossen wir, niemanden mehr in die Gruppe aufzunehmen und es bei diesen
sieben Leuten zu belassen.»

Die ersten Bindungen zwischen den Mitgliedern der Gruppe entwickelten sich ausschließlich online. Erst nach sechs Monaten beschlossen sie, sich auch im realen Leben zu treffen. Jeder erschien – anfangs
sehr nervös – in Dave Winders Haus. «Wir hatten einen Riesenbammel,
weil keiner wußte, wie es ausgehen würde», erinnert sich Winder. «Wir
alle hatten große Angst, daß bei einem Treffen von Mensch zu Mensch
die ganze Sache platzen würde.» Aber das erste Zusammentreffen war

richtig angenehm, wir waren in ausgelassener Stimmung. Und dann kam Silvester 1991 und eines der beliebtesten Mitglieder der Gruppe, Kevin Hall, starb bei einem Motorradunfall.

Das Online-Begräbnis von Kevin Hall wurde für alle in CIX zu einer Art Katharsis und es kam eine Zeit, in der die ursprünglichen Mitglieder der Gruppe sich am engsten miteinander verbunden fühlten. Mein erster Besuch fiel auf das Ende dieser Periode. In den vier Monaten zwischen diesem und meinem zweiten Besuch, brachen in der Herestoby-Gruppe Konflikte aus. Harte Worte wurden in öffentlichen Konferenzen zwischen den einst engen Freunden ausgetauscht, private EMail wurde offengelegt, konkurrierende private und öffentliche Konferenzen eingerichtet. Mehrere Monate nach dem Schock des Zusammenbruchs der Gruppe und etwas mehr als ein Jahr, nachdem sie sich zusammengefunden hatten, begannen die verschiedenen Fraktionen wieder miteinander zu reden. Mit dem Auseinanderfallen der Gruppe schien jedoch die Idee, kleine, private Räume für kleine Gruppen von Freunden zu schaffen, damit sie ihre persönlichen Erfahrungen austauschen und einander bei der Lösung ihrer Probleme beistehen konnten, sich auch in anderen Bereichen von CIX zu verbreiten.

Es war mir zwar nicht möglich, sie persönlich zu besuchen, aber ich korrespondierte in England mit vielen anderen, die es sich zur Aufgabe machten, die Kunde von CMC weiter zu verbreiten. Manchester experimentiert mit einem «elektronischen Rathaus» ähnlich PEN; eine Gruppe junger Radikaler in Oxford und London richtet Bulletin-Board-Systeme ein, die in ein alternatives, ganz Europa überspannendes Netz der Jugendkultur eingebunden sind. Greenet ist ein wichtiger Partner von Econet, Peacenet und anderen in der Association for Progressive Computing zusammengeschlossenen Einrichtungen. Geonet bietet Konferenzmöglichkeiten für gemeinnützige Anlässe und orientiert sich dabei an CompuMentor. Seit 1993 gibt es in England kommerzielle Internet-Einrichtungen; auch CIX nahm Verbindung zum Internet auf.

Die Netze überall in der Welt wachsen mehr und mehr zusammen. Die Geräte, die notwendig sind, um die Verbindung mit dem Netz aufzunehmen, werden immer erschwinglicher, und das zum Aufbau von Netzen notwendige Fachwissen verbreitet sich immer rascher. Sehr bald werden viele Länder vor jenem Scheideweg stehen, vor dem die Planer der japanischen und französischen Kommunikationseinrichtungen heute schon stehen. Sie können sich der Einbindung in das weltweite Netz verweigern, müssen dann aber in Kauf nehmen, daß sie in der Entwicklung zurückbleiben. Oder sie nehmen Verbindung mit dem Netz auf und müssen die daraus folgenden sozialen Veränderungen in Kauf nehmen.

9

Online-Aktivisten und Vorkämpfer der elektronischen Demokratie

«Benjamin Franklin hätte als erster einen Apple-Computer besessen. Thomas Jefferson hätte die Unabhängigkeitserklärung mit einem PC von IBM geschrieben. Aber Thomas Paine hätte sein *Common Sense* über ein Bulletin-Board-System veröffentlicht»; darauf besteht Dave Hughes. Wenn es um Graswurzel-Aktivismus geht, ist es nicht schlecht, mit Dave Hughes anzufangen. Er ist ein alter Hase der Infanterie: Man wartet nicht immer erst auf Befehle von oben, wenn es darauf ankommt, schnell irgendwas zusammenzustöpseln; wenn du damit deine Haut retten kannst, tust du es einfach.

Im wirklichen Leben ist Dave Hughes ein Absolvent der West-Point-Akademie, der in Korea und Vietnam Kampftruppen befehligt hat. Er sieht wie die Art Soldat aus, die amerikanische Soldaten als «the old man» bezeichnen würden. Seitdem er seinen Abschied genommen und beschlossen hat, mit Technologie die Welt zu verändern, führt er online ein Dauermelodram nach eigener Regie auf. Das Szenario: Hughes reitet in die Stadt ein – und «die Stadt» kann dabei eine wirkliche kleine Stadt im Westen, ein Anhörungsraum im Capitol oder seine eigene Heimatstadt Colorado Springs sein. Er trifft sich mit Leuten in der Provinz, die über ihren Alltagstrott frustriert sind. Dann packt er seinen Schlepptop aus, steckt das Modem in die erste Telefondose, deren er habhaft werden kann, bringt die Weite und Kraft des Netzes zum Vorschein und erleuchtet die um ihn versammelte Menschenmenge. Er bringt sie dazu, ihre Hände auf die Tastatur zu legen – und schon sind sie im Netz gefangen. Wenn Hughes aus der Stadt reitet, hängt die Stadt am Netz.

Seit mehr als einem Jahrzehnt verbreiten sich die Fortsetzungsromane von Dave Hughes elektronischer politischer Pionierarbeit in Amerika. Sie kommen online daher, als Proklamationen, Manifeste und Seminare in einem Dutzend verschiedener öffentlicher CMC-Netze. Daves Modus Operandi ist unkompliziert und geradeheraus: Zuerst gibt er fürchterlich mit dem an, was er vorhat, dann tut er es, und dann zeigt er allen anderen, wie sie seine Heldentat wiederholen können. Wenn man knallharte Informationen darüber haben will, wie man sein System zusammenbasteln muß, dann sollte man seinen Storys sorgfältig lauschen.

Ich traf ihn um 1982/83 herum, während meiner ersten Online-Session in The Source. Seine Selbstdarstellung für die Online-Welt von 1983 habe ich aufgehoben, weil mir schwante, daß dieses elektronisch publizierte Zeugnis von Eitelkeit irgendwann mal wichtig sein könnte:

```
Hallo,
Ich bin 'Sourcevoid' Dave. Oder auch Dave Hughes
Ich wurde in Colorado geboren und stamme von waliser Dickköpfen ab,
die dem König gegenüber nie besonders loyal waren. Daher bin ich
wahrscheinlich eine Art Abtrünniger, mit einer walisischen Vorstel-
lungskraft.
Ich wohne in Historic Old Colorado City, am Fuße des 4.301 m hohen
Pike Peak.
Ich arbeite in meiner Elektronik-Hütte, 1894 erbaut, mit einem
Haufen PCs und Telekommunikationsgeräten....
Ich bin ein glücklich verheirateter, mittelalterlicher Familien-
vater, der genug Große Regierungen, Große Kriege, Große Industrie
und Große Politik — sei es von links oder rechts — gesehen hat, um
es nun vorzuziehen, von einem kleinen Haus in einer kleinen Gegend
aus ein kleines Unternehmen zu betreiben und dazu einen kleinen
Computer zu benutzen.
```

Hughes glaubt an Teleports – Gemeinden wie die, in der er lebt, wo die Menschen die Atmosphäre einer kleinen Stadt genießen und zuhause arbeiten können, indem sie Computer und Modems benutzen. Als es den Anschein hatte, der Stadtrat von Colorado Springs würde eine Entscheidung treffen, die auf ein Verbot seiner Arbeit zuhause hinausgelaufen wäre, trat Hughes auf den Plan.

«Der Stadtrat von Colorado Springs beschloß, die Heimarbeits-Verordnung zu verschärfen», erinnert sich Hughes. «Ich war der einzige, der sich vor der Kommission dagegen aussprach; die Angelegenheit wurde auf den nächsten Monat vertagt. Ich nahm den Verordnungstext mit nach Hause und speiste ihn in mein BBS ein.»

Hughes sandte den Herausgebern der beiden lokalen Zeitungen Briefe, in denen er sie aufforderte, sein BBS anzuwählen und die Verordnung zu lesen. Innerhalb der nächsten zehn Tage wurde sein BBS von etwa 250 Anrufern mehr frequentiert als normalerweise. Was Hughes zunächst nicht erkannte war, daß die meisten dieser Leute Angestellte großer Hightech-Unternehmen waren, die die Verordnung in ihren Computern abspeicherten, druckten, kopierten und hunderte von Kopien über die ganze Stadt verteilten. Bei der nächsten Sitzung des Stadtrats erschienen mehr als 175 Bürger aller politischen Richtungen und protestierten gegen die Verordnung. Sie konnte vereitelt werden. Hughes stellt heraus, daß «es normalerweise ungeheuer aufwendig ist, in die Lokalpolitik einzugreifen. Aber die Effizienz des Computernetzes machte es mir möglich, schnell viele Leute dazu zu bringen, ihre Meinung zu äußern.»

Hughes wurde online erneut aktiv, als er für die ortsansässigen Systemhäuser eine Möglichkeit finden wollte, ihre Beschwerden an die richtige Adresse zu bringen. Vierzehn Jahre lang hatte man es ihnen verwehrt, sich an den Ausschreibungen für das Bezirks-Rechenzentrum zu beteiligen. Die Zeitungen benutzten Hughes BBS, um den Beteiligten online ihre Fragen zu stellen und zu recherchieren und konfrontierten schließlich die Bezirksbehörden mit dem Material, das sie zusammengestellt hatten.

«Die Wellen schlugen so hoch, daß Beamte der Bezirksverwaltungen während der regulären Sitzungen aufs Podium stiegen und aus BBS-Ausdrucken zitierten», erzählte mir Hughes, als ich ihn 1988 interviewte. «Schließlich spurten die Bürokraten, gaben klein bei und die ganze ineffektive Vetternwirtschaft wurde aufgedeckt. Heute haben wir im Bezirk einen vollkommen neuen Ansatz beim Informationsmanagement.»

Als nächste BBS-gestützte politische Aktion lud Hughes einen der Kandidaten für den Stadtrat ein, über BBS seine Ansichten zu verbreiten und auf Fragen der Wähler zu antworten. Dieser Kandidat gewann die Wahl und benutzte das BBS während seiner Amtsperiode auch weiter dazu, mit seinen Wählern zu kommunizieren.

Dave probiert einen Haufen Dinge aus und wenn etwas funktioniert, dann gibt er erst so richtig Gas. Als nächstes stiftete er Colorado Springs an, ein Kommitee zur Beratung des Stadtrats bei seiner Telekommunikationspolitik zu gründen, das seine Arbeit mit dem neu eingerichteten BBS der Stadt erledigt; dieses Kommitee berät vor allem in der Frage, wie eine Online-Kommunikation zwischen den gewählten Vertretern der Stadt und den Bürgern aufgebaut werden kann. Die Bibliothek Penrose Public Library in Colorado Springs betreut nun eine Rubrik City Hall Online, in der alle Tagesordnungen, Ankündigungen und Protokolle der Versammlungen veröffentlicht werden. Dann wollte Hughes ausprobieren, was er für politische Kandidaten auf Bezirksebene tun konnte. «Ich wählte mich mit meinem Computer in den Rechner der Bezirksverwaltung ein und holte mir die vollständige Liste aller registrierten Wähler in meinem Wahlbezirk. Jetzt kann jeder meinen Computer anrufen und Verbindung mit dem ersten Wahlbezirks-BBS der Welt aufnehmen.» Dann teilte er der örtlichen Parteizentrale der

Demokraten mit, daß er in der Lage sei, ein öffentliches BBS aufzubauen, das die Wähler aller 120 Wahlbezirke des Bezirks zu 100% erfassen würde. Wenn man bedachte, daß die Druckkosten für diese Listen 800 Dollar betrugen, war der Preis für den Aufbau eines solchen Systems nur verschwindend gering.

Es ist nicht schwer, sich vorzustellen, welch ein Licht den beiden Bildungsaktivisten Frank und Reggie Odasz aufging, als sie in den späten achtziger Jahren mit einigen vagen Ideen von preiswerten Bulletin-Board-Systemen für die Dorfschulen von Montana zu Hughes kamen. Sie wollten die Defizite im Bildungswesen in einer der entlegensten Gegenden der USA überwinden.

Das Projekt wurde Big Sky Telegraph genannt. Bis dahin hatte Dave schon genug seiner Zeit damit zugebracht, um aus dem Effeff zu lernen, wie er mit der Ausrüstung umgehen mußte, die seine Elektronik-Hütte mit dem Netz verband. Er wußte, wie man aus der billigsten Hardware Bulletin-Board-Systeme zusammenbastelt und wie man sie mit den Telekommunikationssystemen verbindet. Und er brannte darauf, zu beweisen, wie seine «großartigen Antidiskriminierungsgeräte» wirkliche Gemeinden zum Leben erwecken konnten.

Frank und Reggie Odasz waren computerkundige Agenten des Fortschritts und versessen darauf, die Technologie, die sie bei Hughes gesehen hatten, dafür zu benutzen, die Bildungsmöglichkeiten im ländlichen Montana zu verbessern und ganz allgemein für eine bessere Lebensqualität zu sorgen. Sie hatten im Kopf, den Leuten bei ihren praktischen alltäglichen Problemen zu helfen, sie hatten aber auch große Träume. Wie Hughes so merkten auch sie, daß sie mit CMC nicht nur ein weiteres Kommunikationsinstrument entdeckt hatten. Mit CMC verbanden sie die Hoffnung, das Leben in ihrer Gemeinde verbessern zu können. Endlich würde man die Isolation überwinden können, in der die Menschen wegen der großen Entfernungen in Montana steckten. CMC würde die brachliegende kommunikative Kompetenz der Bürger von Montana aus ihrem Schlaf wecken – das war die Absicht bei der Gründung der virtuellen Gemeinschaft Big Sky Telegraph.

Viele, denen die Implikationen früherer Umwälzungen der Kommunikationsstrukturen vertraut sind, erkennen nur sehr langsam, daß allseitige Kommunikation eine wichtige Rahmenbedingung für die Entwicklung kollektiver Güter ist. Sie denken bei dem Begriff Massenmedien an ein Medium, mit dem einer viele anspricht. Die Masse wird als die große Menge der Konsumenten vorgestellt, die dafür zahlen, daß sie von einigen wenigen mit Informationen gefüttert werden, die ihren Profit aus der Kontrolle des Informationsflusses ziehen: Das ist das

Paradigma des Rundfunks. Jahrelang haben die politischen und Bildungsaktivisten es versäumt, die Chancen zu nutzen, die CMC bietet, weil sie die Chancen einer Kommunikation vieler mit vielen, die Chancen des Netzes, nicht erkannt haben.

Verglichen mit den hohen Erwartungen, die man angesichts der Mikrochip-Revolution an unsere geplagten Schulen richtete, war die Computerausbildung in den achtziger Jahren ein Fehlschlag. Einer der Gründe, warum es nicht gelang, durch die Verteilung von Computern auf die Klassenräume dem Verfall der traditionellen öffentlichen Ausbildung zu begegnen, war, daß die Computer oft nur als eine weitere Einbahnstraße angesehen wurden, um Wissen von den Lehrern zu den Schülern zu transferieren (Rundfunk-Paradigma), anstatt eine Lernumgebung zu schaffen, in der die Schüler gemeinsam forschen und lernen können (Netz-Paradigma). In den frühen achtziger Jahren dachten nur einige wenige Pioniere daran, den Klassencomputer mit einer Telefonleitung zu verbinden, und nur wenige hätten sich die Online-Dienste leisten können, die damals zur Verfügung standen.

Und für Frank Odasz war CMC nicht nur ein Übergang vom Rundfunk-Paradigma zum Netz-Paradigma, sondern ein Wandel im Bewußtsein der Menschen, die die neue Technologie benutzten. Zu dem Forscher Willard Uncapher sagte er:

> Mehr als alles andere ist es eine Sache des Bewußtseins. Und es ist mein Beruf, neue Wege zu lehren, neue Dimensionen des Denkens, neue Ebenen der intellektuellen Interaktion.... Wenn ich mit Dave oder Ihnen EMail austausche, geht es mehr um das Bewußtsein, als alles andere. Wir machen nicht nur irgendwas im Computernetz, wenn wir Bemerkungen hin und her schicken. Das Ganze spielt sich in einem Kontext ab, der für mich Bewußtsein darstellt. Ich meine das wörtlich, ich spreche von der elektronischen Analogie zur Telepathie. Und ich glaube, daß das noch nicht einmal ganz zutreffend ist. In gewisser Hinsicht handelt es sich, meine ich, um ein kollektives Bewußtsein.

In den achtziger Jahren arbeiteten Reggie Odasz und ihr Mann Frank im ländlichen Montana als Bildungsfachleute, entschlossen, die Lebensumstände für ihre Gemeinde zu verbessern. Sie folgten dem Ratschlag Buckminster Fullers, «global zu denken und lokal zu handeln». Vom Bildungspotential der Computertechnologie waren sie begeistert, insbesondere von der Art Technologie, wie sie von *Chariot* repräsentiert wurde, dem Computerkonferenzsystem, das Dave Hughes und sein Partner Louis Jaffe in Old Colorado City aufgebaut hatten, als Nachfolger von *Roger's Bar*, dem ursprünglichen BBS von Dave.

Reggie und Frank Odasz waren auf der Suche nach Wegen, die neue Technologie zu verwenden, um die Kommunikationsprobleme zu lösen, die eine Region hat, in der einige wenige Schulen über ein riesiges, weites Gebiet verstreut sind. Die Lehrer und Lehrerinnen sind dort auf sich selbst gestellt, ohne das persönliche, sei es auch pragmatische Netz wechselseitiger Unterstützung, das sonst sogar in ärmlichen städtischen Schulen zu finden ist. In jenem Winkel der USA sind die Kosten für Kommunikation sehr hoch und die für Transport sogar noch höher. Das Big Hole Valley, das jetzt durch Big Sky Telegraph erreicht wird, hat die längste Schulbusstrecke der Vereinigten Staaten.

Als Frank Odasz von seiner Hoffnung sprach, so etwas wie Chariot dafür zu verwenden, um es den Schulen zu ermöglichen, ihre Einrichtungen gemeinsam zu nutzen, wies Dave Hughes darauf hin, daß sie das Spiel schon halb gewonnen hätten, weil sicherlich in vielen Dorfschulen noch alte Computer herumständen, Fossilien der ersten gescheiterten Computerrevolution im Bildungssektor. Damals hatte jeder gemeint, den Umgang mit Computern zu lernen sei eine prima Sache und viele Schulbehörden hatten Computer angeschafft. Und in der Tat, es gab noch viele dieser Fossilien.

Verglichen mit den heute angebotenen Rechnern, waren die in den frühen achtziger Jahren erhältlichen Computer außerordentlich leistungsschwach und daher nur begrenzt brauchbar. Die Zuschüsse der Schulverwaltungen, von denen die ersten Computer gekauft worden waren, hatten weder die Kosten für Schulungen noch für regelmäßigen Service abgedeckt, weswegen die meisten Computer nie benutzt worden waren. Und diejenigen Lehrer, die mit den Maschinen umzugehen lernten, hatten es schwer, aus dem riesigen Schrotthaufen unbrauchbarer Bildungssoftware die wenigen wirklich brauchbaren Programme herauszusieben. Die meisten Schulen gaben ihre Versuche auf, aber nur wenige hatten die Rechner weggeworfen.

Obwohl nicht daran zu denken war, daß auch nur von einem der Computer, die sich in den Rumpelkammern der Schulen in ganz Montana befanden, irgendeines der Grafik- oder Simulationsprogramme ausgeführt werden konnte, die heute mit den modernen Computern ausgeliefert werden, war Dave Hughes klar, daß sie alle hervorragend dafür geeignet waren, als Terminals in einem Telekommunikationsnetz ihren Dienst zu verrichten. Um einfach strukturierte Terminalsoftware auszuführen, ist weder grafischer Schnickschnack noch ein kunterbunter Farbmonitor notwendig. Und sogar Zwergschulen haben in der Regel einen Telefonanschluß. Modems, also jene Hardware, mit der man Rechner und Telefonleitung miteinander verbindet, haben einmal fünfhundert Dollar und mehr gekostet, jetzt kosten sie keine fünfzig. Der größte Teil der physischen Infrastruktur für Big Sky Telegraph (BST), das Frank und Reggie Odasz sich vorstellten, war also schon vorhanden, als sie mit Dave Hughes ins Gespräch kamen.

Zufällig wußte Hughes, was man sagen mußte und bekam über das Netz heraus, welche Leute von U.S. West, der regionalen Telefongesellschaft, die sowohl für Colorado als auch Montana zuständig ist, man ansprechen mußte. Reggie und Frank Odasz kannten das *wo* (das ländliche Montana) und das *wer* (Schullehrer, Studenten, lokale Politiker, die für die regionale Entwicklung zuständig waren, Ranch-Besitzer) von Big Sky. Die Landschullehrer, die sie im Umgang mit der Technologie schulten, hatten das *was*; und Dave Hughes kam vorbei und wußte das *wie*. Sie erhielten Subventionen von ungefähr zweimal 50.000 Dollar, um die notwendige Ausstattung zu kaufen und die Lehrer zu schulen, so daß sie mit einem BBS und einer Informationsdatenbank umgehen konnten.

Für alle, die sich mit CMC beschäftigen, ist es ein glücklicher Zufall, daß zur gleichen Zeit, als Frank und Reggie Odasz und Dave Hughes ihr Experiment starteten, der Sozialwissenschaftler Willard Uncapher auf der Suche nach einer technologischen Revolution war, die er untersuchen könnte. Uncapher entdeckte in BST ein ideales Forschungsobjekt, über das er seine Examensarbeit schreiben konnte. Der Titel, den er für seine Arbeit für die Annenberg School of Communications wählte, «Rural Grassroots Telecommunications» , weist auf die wichtigsten Aspekte von BST hin: es war ländlich und einer Initiative von Bürgern zu verdanken.

BST war erst kurze Zeit in Betrieb, als Willard Uncapher für zwei Wochen nach Big Hole Valley, mitten ins Zentrum von Big Sky Telegraph kam. Er interviewte die Lehrer, Rancher, lokalen Sozialarbeiter, Dave Hughes und Reggie und Frank Odasz. Er führte keine Untersuchung der CMC-Technologie durch, sondern eine Untersuchung der sozialen Veränderungen, die in Gang gekommen waren, als diese Technologie bei einem Teil der amerikanischen Gesellschaft eingeführt wurde, der technisch nur wenig gebildet ist.

Uncapher hatte die Absicht, die Auswirkungen der CMC-Technologie im Kontext der Gemeinschaft zu untersuchen, für die diese Technologie eingeführt wurde. Seine These war, daß nicht absehbar ist, wie Kommunikationstechnologien schließlich praktisch verwendet werden, ohne die sozialen, ökonomischen, politischen und kulturellen Spezifika der Umgebung zu kennen, in der diese Technologie eingeführt wird. Er stellte die Hypothese auf, daß die Fähigkeiten, die erforderlich sind, um eine neue Technologie anzuwenden und die Kreativität, die neue Verwendungsmöglichkeiten für die Technologie findet, in jeder Gemeinschaft verschieden verteilt sind. Einige Gruppen verfügen nicht über die notwendigen Fähigkeiten, andere wehren sich gegen die Veränderungen, und die Gründe dafür liegen nicht in der Technologie, sondern in der lokalen Kultur, Ökonomie und Politik.

West-Montana bot eine interessante Mischung verschiedenster Leute, um eine solche These zu überprüfen. Da waren die Lehrer, meist Lehrerinnen; die Rancher, die die Schulen über Steuern finanzierten, die Schulkommission kontrollierten und auf neumodische Technologie traditionell zurückhaltend reagierten; und die Schüler, die nie die Chancen gehabt hatten, die die Wissenszentren dieser Welt bieten. Außerdem gab es Umweltorganisationen, Initiativen gegen die Gewalt in Familien und andere Gruppen, die gute Verwendungsmöglichkeiten für CMC hatten, wenn ihnen nur jemand zeigte, wie sie sie anwenden konnten. Wie sich herausstellte, sorgte eine Organisation besonders für den schnellen Erfolg von BST: Im Women's Resource Center von Dillon fand Big Sky Telegraph seine ersten hochmotivierten Anwenderinnen.

Uncapher berichtet, daß es Hughes war, der versuchte, die Anstrengungen von Frank und Reggie Odasz auf eine größere Gemeinschaft auszudehnen. «Frank und Reggie Odasz hatten die Idee gehabt und sie offensichtlich auch mit einigen der Lehrerinnen und Lehrer diskutiert, aber Hughes versuchte, auch andere Gruppen in die Bemühungen um eine selbstbestimmte Entwicklung einzubeziehen. Seine Idee war auch, die Region nicht mit bestimmten Ideen zu konfrontieren (außer der Idee, interaktive Telekommunikation einzusetzen), sondern die Mittel zu verbessern, mit denen diese ländliche Gemeinschaft ihre eigenen Ideen entwickeln, austauschen und verwirklichen konnte, und dabei mit den Schulen anzufangen. Insofern war Big Sky Telegraph eine Fortsetzung seiner früheren Online-Aktivitäten.»

Am 1. Januar 1988 wurde am Western Montana College die Online-Verbindung für Big Sky Telegraph hergestellt. Wie es Uncapher vorausgesagt hatte, gab es zunächst einige Gruppen, die sich der Technologie widersetzten. Die Rancher fürchteten beispielsweise, daß ihr sozialer Status Schaden nehmen könnte. Bei dem Frauenzentrum hingegen handelte es sich um den Treffpunkt einer weit verstreuten Interessensgemeinschaft, die keine Möglichkeit hatte, sich häufiger zu treffen. Die Aufgabe des Zentrums bestand darin, Frauen, denen es schlecht ergangen war – Opfer physischer Gewalt, geschiedene Frauen ohne Ausbildung, die wegen ihres Alters keine Arbeit mehr fanden, alleinerziehende Mütter, die niemanden hatten, der ihre Kinder versorgte –

eine Rückzugsmöglichkeit zu bieten und dabei zu unterstützen, einen Ausweg aus ihrer Notlage zu finden.

Jody Webster, die das Frauenzentrum leitete, fand die Idee, Frauen im sachkundigen Umgang mit Computern zu schulen, ausgezeichnet. Sie hatte dafür ganz eigene Gründe, die Frank Odasz vielleicht als «neues Bewußtsein» bezeichnet hätte. Zu Uncapher sagte sie folgendes: «Es geht auch um eine Haltung. Wir besitzen nicht nur praktische Fähigkeiten, wie Schreibmaschine zu schreiben oder mit einer Schaufel umzugehen. Viele unserer Fähigkeiten betreffen unsere Haltung und Kommunikation: Wie wir über unsere Gehaltserhöhungen verhandeln oder wie wir uns einen Job suchen. Es geht darum, daß wir uns gut verkaufen müssen und um den Unterschied zwischen Selbstachtung und Selbstüberschätzung.»

Mit Big Sky hatten die Frauen von West-Montana ein Mittel in der Hand, voneinander zu lernen, sich gegenseitig praktisch und emotionell zu unterstützen, und ihre Fähigkeiten zu erweitern. «Das Frauenzentrum finanzierte Maßnahmen, oft Projekt für Projekt, vor allem um den Frauen in der Region dabei zu helfen, neue Jobs zu finden, zu einem neuen Selbstbewußtsein zu finden und Angriffe auf ihre Rechte abzuwehren», berichtet Uncapher. «Es war in der Tat so, daß Big Sky Telegraph sich zunächst entwickelte, weil es in den Händen von Frauen lag. Warum das so war, wird deutlich, wenn man sich die Probleme vor Augen führt, mit denen das Frauenzentrum zu tun hatte. Und die meisten Lehrer der Dorfschulen waren Lehrerinnen.... Als ich eine Frau besuchte, die ihre Verbindung zu Big Sky Telegraph von der Tankstelle Lima Stop 'n Shop aus herstellte, die sie mit ihrem Mann zusammen in der Nähe der Grenze nach Idaho führte, stellte sich heraus, daß ihnen der Computer vom Frauenzentrum geliehen worden war.»

In einem Artikel über Big Sky Telegraph erwähnt Frank Odasz dieselbe Frau, wenn er auch der Tankstelle einen etwas anderen Namen gibt: «Sue Rodan, die Frau aus Lima erwarb ihre Computerkenntnisse, während sie die Trucks an ihrer LKW-Tankstelle Gas 'n Snacks volltankte. Als sie bei Lektion zwei hängenblieb, schaute ihr einer der Trucker, Windy, über die Schulter und half ihr weiter.» Sie können darauf wetten, daß Dave, als er von Frank die Story von Sue und Windy erfuhr, sich an seinen Rechner setzte und die Geschichte durch das Netz jagte.

Hughes und Frank und Reggie Odasz wußten genau, welche Entfaltungsmöglichkeiten sie bieten würden, wenn sie nicht nur Datenbanken einrichteten, sondern durch öffentliche Diskussionsforen und Bulletin-Board-Systeme auch die Kommunikation zwischen den Bürgern ermöglichten. Auch Informationseinbahnstraßen haben einen großen Nutzen, wenn die Menschen dadurch Zugang zu landwirtschaftlichen und meteorologischen Daten erhalten, die für das Landleben von entscheidender Bedeutung sind. Die gemeinschaftsbildende Kraft erwächst jedoch aus der lebendigen Datenbank, die die Menschen selbst füllen und benutzen, um sich gegenseitig dabei zu helfen, Probleme zu lösen, einer dem anderen und viele vielen. Das Potential für die kulturellen und politischen Veränderungen liegt in dem Gewebe der menschlichen Beziehungen, das mit der Datenbank wächst.

1991 konnte Big Sky Telegraph den Erfolg verbuchen, daß «vierzig Schulen, darunter zehn Schulen für amerikanische Ureinwohner, zwölf öffentliche Bibliotheken, zwölf Einrichtungen für die landwirtschaftliche Entwicklungsförderung bzw. Handelskammern, fünf Behindertenorganisationen und fünf Krankenhäuser online miteinander verbunden waren.» Dies berichtete Frank Odasz.

Neben den lokalen Verbindungen, die das Herz und die reale Gemeinschaft von Big Sky Telegraph bildeten, stellten Hughes und die anderen Netzknüpfer aber auch eine Verbindung zwischen Orten wie Big Hole Valley und dem gigantischen Durcheinander des Netzes her. Zunächst stellten sie eine Verbindung mit FidoNet her, und durch das Gateway von FidoNet zum Internet. Dann suchten sie bei Universitäten nach Möglichkeiten für direktere Verbindungen zum Internet. Dave ist der Typ, der in ein Büro der örtlichen Landwirschaftsbehörde oder ins MIT oder ins Pentagon marschieren kann und auf seinem Bildungskreuzzug jeden, der ihm begegnet, für seinen Zweck einspannt. Wie immer, fand er in Schlüsselpositionen auch eine Reihe von Netz-Enthusiasten. Während er BST mit der Welt verknüpfte, konnte er auch noch ein anderes Ziel anvisieren, eine Art Fernstudium, mit dem er dann im Netz angeben konnte: Er hatte einen Professor des Labors für Plasmafusion vom Massachusetts Institute of Technologie (MIT) für BST gewonnen, der dort für begabte Studenten der Naturwissenschaften ein Seminar über die Chaostheorie abhielt.

Nachdem Big Sky auf vollen Touren lief und MIT-Professoren helle Köpfe aus Montana in die Physik einführten, entwarfen Hughes und Frank Odasz eine Netzdemonstration für eine andere Art von Gemeinschaft in diesem Teil der USA. Hughes steuerte einen Laptop mit Farbbildschirm und ein Modem bei. Alles, was sie noch brauchten, war ein Telefonanschluß. Hughes war schon immer der Meinung, daß man Leuten die Möglichkeit geben sollte, nicht nur Texte zu schreiben und ins Netz zu übermitteln, sondern auch Grafiken. Vielleicht waren die Assiniboine, die sich um seinen Computer scharten, Gros Ventre, Crow und Blackfoot, daran interessiert, mit Grafiksoftware Text mit ihren eigenen Schriftzeichen zu verfassen und dann ins Netz zu übermitteln.

So, wie er es bei dem BST-Projekt mit den Lehrern und Regionalentwicklern gemacht hatte, ermutigte Dave auch diese Leute, so schnell wie möglich selbst Hand anzulegen und sich den Umgang mit dem Gerät gegenseitig beizubringen. Nach der Vorführung übergab Dave den Computer samt Software den Grafikkünstlern unter den Ureinwohnern und foderte sie auf, eines ihrer Stammeszeichen zu gestalten und in das BST-Netz einzuspeisen.

Bereits 1990 hatte dann eine der Gruppen, die Hughes mit seiner Vorführung inspiriert hatte, die Native American Share-Art Gallery im Russel Country BBS in Hobson, Montana, eröffnet. Dieses Unternehmen war von der Idee getragen, der Stammeskultur zu einer größeren Verbreitung zu verhelfen und den Künstlern ein Einkommen zu verschaffen. Man konnte das Russel Country BBS anwählen, sich die Kunstwerke auf dem Bildschirm ansehen und sie für einen geringen Betrag kopieren.

Hughes erläuterte das Konzept, das hinter dem Projekt steckte, folgendermaßen: «Mit Hilfe der Telekommunikation sollten die Ureinwohner sich wichtige Fertigkeiten und Wissenselemente aneignen. Dabei sollten sie uns zunächst kulturellen Unterricht erteilen und dazu ihre Lieblingsmedien verwenden: Zeichnungen, Geschichten, ihre Eingeborenensprache. Wir wollten sie nicht einfach nur mit der Sichtweise und dem Wissen des weißen Mannes konfrontieren oder ihnen den ASCII-Text des weißen Mannes aufoktroyieren.»

Dave Hughes und Frank Odasz waren nicht die ersten, die die Ureinwohner den Umgang mit Telekommunikation lehrten und haben das auch nie für sich in Anspruch genommen.

Hughes Prinzip war es, auf lokaler Ebene tätig zu werden. Das hielt ihn, der für den Staatssekretär im Verteidigungsministerium, McNamara, einmal eine Grundsatzrede geschrieben hatte, aber nicht davon ab, sich in Online-Debatten über nationale und internationale Telekommunikationspolitik einzuschalten. Als 1991 Albert Gore, damals noch Senator, die Idee eines staatlich geförderten National Research and Education Network in die politische Debatte einbrachte, verbrachte Dave online genauso viel Zeit in Washington wie in Dillon.

Im High Performance Computing Act von 1991 wurde ein Etat festgelegt, mit dem das National Research and Education Network (NREN) finanziert werden sollte, eine nationale Informationsschnellstraße für Forschungsinstitute, Universitäten, Mitarbeiter der Regierungen und Geschäftsleute. Was Hughes betraf, gab es jedoch ein Problem: NREN würde eine Informationsschnellstraße ohne Auffahrten für die öffentlichen Schulen sein. Dave besuchte ein Hearing nach dem anderen. Unermüdlich wiesen er und seine Mitstreiter darauf hin, daß die Kluft zwischen den an Information Armen und Reichen noch größer werden würde, wenn NREN keine breitgefächerte Komponente für die öffentlichen Bildungseinrichtungen enthielte. Und sie fanden Gehör. 1992 wurde eine Ergänzung des Gesetzes verabschiedet, die festlegt, daß der Anschluß der öffenlichen Schulen an das Netz vorzubereiten sei.

In seinem unverwechselbaren Online-Stil faßte Dave die Auseinandersetzungen zusammen:

```
Aufbruchstimmung in Amerika. Für Telekom. Und der Bildungssektor
wird auf dieser Welle mitreiten — alle werden vertreten sein:
Dummköpfe, Scharlatane, Komiker, Leute, die sowieso schon im Geld
schwimmen.
Es wird eine schmutzige Sache werden. Typisch Amerika.
Aber wie sagt man so schön.
Surf's up.
```

Dave Hughes ist ein großartiger Wortführer und Aktivist. Aber er ist längst nicht der einzige. Pioniere der Online-Bildung waren Paul Levenson und sein System Connect Ed, das seit 1985 besteht und vor ihm bereits Andrew Feenberg und seine Mitstreiter des Western Behavioral Sciences Institute. Ganze Netze, wie beispielsweise das Institute for Global Communications nutzen CMC für politische Zwecke. In Cleveland, Ohio und Santa Monica in Kalifornien nutzen Bürger CMC, um zu bestimmen, was auf die politische Tagesordnung gesetzt wird. Und Organisationen wie die Electronic Frontier Foundation gründen Kommitees zur Verteidigung der politischen Freiheiten im Cyberspace, die derzeit von mächtigen politischen Interessen bedroht werden.

Die (Geschichte der) Electronic Frontier Foundation

In allen virtuellen Gemeinschaften geht die Angst vor Hackern um, ähnlich wie die Angst vor Brandstiftern in einer aus Reispapier errichteten japanischen Stadt. Jeder Hacker hat das Ziel, ein System zu knacken und an das Paßwort heranzukommen, das nur der Hauptverantwortliche für das Netz kennen sollte. Schafft er dies, so hat er die Macht, alle Dateien zu löschen, in denen die bisherige Online-Konversation gespeichert ist, alle EMail, alle privaten Dateien der Mitglieder. Die meisten Hacker sind nur neugierig. Aber einige von ihnen betreiben echten Vandalismus.

In einem Ökosystem von Gemeinschaften wie WELL wird von den Managern die Auffassung vertreten, daß Hacker in die Gemeinschaft aufgenommen werden sollten. Damit steht WELL vor einem Dilemma. Es ist richtig, daß die Hacker eine Gefahr für WELL darstellen, für die Technik und die Menschen. Andererseits wird in WELL fast um jeden Preis eine gegen Zensur und Gängelung gerichtete Tradition gepflegt. Wenn in WELL überhaupt irgendeine Verpflichtung besteht, dann die zum sozialen Experiment. Außerdem können die meisten WELLianer sehr wohl zwischen einem Jugendlichen unterscheiden, der einen Modem-Ausflug macht und den ernsten Fällen von Vandalismus oder elektronischen Diebstahls. Und dann schlug uns die Zeitschrift Harper's ein soziales Experiment vor, dem wir nicht widerstehen konnten.

Ich erinnere mich noch genau an den ersten Abend in der Kette der Ereignisse, die dann noch folgten. Niemand ahnte, daß wir es noch mit dem FBI und dem Secret Service zu tun bekommen würden, und daß aus diesem Experiment die Electronic Frontier Foundation hervorgehen würde. Dennoch beseelte uns von Anfang an eine Art Pioniergeist, wie ihn die Leute der Frontier im Wilden Westen gehabt haben mögen.

In seinem Artikel *Crime and Puzzlement* schrieb John Barlow:

> Eines Abends saßen also ich und mein Kumpel Howard vor dem 40 Rod Saloon und da sagte er plötzlich, «Sieh mal einer an. Worauf tippst du?» Ich schau hoch und da reiten diese beiden Fremden in die Stadt. Sie sind noch sehr jung und haben irgendwas Ruheloses, Gelangweiltes an sich. Man muß nicht zweimal hinsehn, um zu kapieren, daß sie nichts Gutes im Schilde führen...
>
> OK. Es war in Wirklichkeit etwas anders. Howard und ich trieben uns in WELL herum, also hatte das ganze Ereignis die Form von getippten Wörtern auf dem Bildschirm:
>
> HOWARD: Interessantes Paar von Newusers hat sich gerade eingefunden. Der eine nennt sich Acid Phreak, der andere Phiber Optik.
>
> BARLOW: Hmmm. Wie heißen sie richtig?
>
> HOWARD: Sieh in ihren finger files nach.

Wenn man in Computerkonferenzen jemanden sieht, der einem nicht bekannt ist, kann man sich die Online-Biografie dieser Person, *finger file* genannt, anschauen. Normalerweise findet man dort auch ihren richtigen Namen.

Die ersten Hacker waren eingetroffen und verliehen mit ihren Spitznamen ihrem Spott über das Unternehmen Ausdruck. Daß Barlow Journalist war, der für Computerzeitschriften schreibt, ein Experte also, daß seine Familie seit drei Generationen ein Viehfarm bewirtschaftete, daß er früher eine exponierte Stellung in der Republikanischen Partei in Wyoming eingenommen hatte, und daß seine berühmteste Tat darin bestanden hatte, Texte für Greatful Dead verfaßt zu haben, beeindruckte sie nicht im geringsten. Ihretwegen hätte er auch für Guy Lombardo texten können. Diese großspurigen jungen Hacker gaben damit an, daß sie all die alten Knacker, die *Harper's* zu einer Diskussion mit ihnen eingeladen hatte, voll auf dem falschen Fuß erwischt hatten.

Einmal verglich Acid Phreak das Knacken von Computersystemen damit, in ein unverschlossenes Haus zu gehen und sich umzuschauen. Barlow teilte ihm mit, daß er die Tür zu seinem Haus nie abschloß, was Acid dazu veranlaßte, eine EMail mit Barlows Adresse zu fordern. Barlow antwortete vor den versammelten Konferenzteilnehmern:

```
''Acid. Mein Haus ist in der North Franklin Street 372 in Pinedale,
Wyoming. Wenn du auf der Franklin Richtung Norden fährst, kommst du
nach zwei Blocks links an einer Wiese vorbei. Das letzte Haus davor
ist meins. Der Computer ist immer eingeschaltet... Meinst du das?
Bist du so ein kleiner Schnüffler, der in der Gegend rumzieht und
schaut, wo er leicht einbrechen kann? Ich bin enttäuscht von dir,
Junge. Trotz all deiner Silikon-James-Dean-Rhetorik – du bist kein
Cyberpunk. Du bist nur ein ganz normaler Punk.''
```

Am nächsten Tag veröffentlichte Phiber Optik in der Konferenz einen Bericht über Barlows Vermögensverhältnisse. Er hatte TRW geknackt, den Computer eines Privatunternehmens, das in einem Online-System Buch über die wesentlichen Punkte von jedermanns Vermögensentwicklung führt, und dessen System als absolut sicher galt.

Die Diskussion ging noch eine Weile weiter, dann wurde die Konferenz beendet und die Redakteue von *Harper's* machten sich daran, die Hunderte von Seiten Online-Rhetorik für die Veröffentlichung auf Papier zu bearbeiten. Bevor der Artikel veröffentlicht wurde, wurden Optik, Acid und Barlow jedoch von *Harper's* zu einem Essen nach Manhattan eingeladen. Barlow meinte dazu später: «Sie sahen aus, als könnten sie keiner Fliege was zuleide tun.» Sie freundeten sich bei diesem Treffen nicht direkt an, aber sie fanden einen gemeinsamen Nenner – für alle war die Freiheit des Individuums das höchste Gut.

Rückblende nach Pinedale: «Als sie in mir keinen Widersacher mehr sahen, sondern eher einen Anführer», schrieb Barlow später, «veranstalteten sie «Konferenzen» mit mir. Sechs oder auch acht von ihnen riefen von verschiedenen Telefonen von New York aus an, umgingen dabei die Gebührenabrechnung und landeten gleichzeitig in der Leitung bei mir zuhause in Wyoming... Am 24. Januar 1990 drang eine Einheit des Secret Service in die Wohnung ein, in der Acid Phreak mit seiner Mutter und seiner zwölfjährigen Schwester wohnte. Nur seine Schwester war zuhause, und sie brachten es fertig, sie ungefähr eine halbe Stunde lang festzusetzen, bis der Gesuchte nach Hause kam.»

Unter den anderen, die außerdem verhaftet wurden, war auch Craig Neidorf, der das Verbrechen begangen hatte, in *Phrack*, einem Online-Nachrichtendienst, Teile eines angeblich entwendeten Dokuments zu veröffentlichen. Bei einer weiteren Razzia wurde Steve Jackson festgesetzt und seine gesamte Geschäftsausstattung konfisziert; seine Firma in Austin hatte ein virtuelles Brettspiel herausgebracht, das die Gesetzeshüter für einen Ratgeber in Sachen Computerkriminalität hielten. Die Neuigkeit verbreitete sich wie ein Lauffeuer durchs Netz. Das Gesetz hatte zu einem großen Schlag gegen den Cyberspace ausgeholt und sie griffen sich lauter falsche Leute. Was noch beängstigender war: Sie nahmen Leute fest, die lediglich Informationen verbreitet hatten, und sie operierten auf nationaler Ebene.

Acid und einige andere junge Männer aus ganz Amerika waren Opfer der nun allseits bekannten Operation Sun Devil, an der mehr als 150 FBI-Agenten, andere Polizeikräfte der Staaten und des Bundes und die Sicherheitskräfte von vier oder fünf Telefongesellschaften beteiligt waren. Alles drehte sich um den illegalen elektronischen Besitz eines Dokuments, von dem sich herausstellte, daß man es legal für weniger als hundert Dollar erwerben konnte. Dieser Coup war eigentlich schon unheimlich genug, als Barlow einen Anruf von FBI-Agent Baxter erhielt. Baxter hatte sein Büro in Rock Springs, Wyoming, über hundert Meilen von Pinedale entfernt, und wollte mit Barlow so schnell wie möglich über eine – zumindest für ihn – mysteriöse Verschwörung sprechen. Die Geschäftsgeheimnisse der Firma Apple sollten entwendet werden.

Wenn es um Hightech-Kriminalität geht, kann es nie schaden, wenn man ein paar erklärende Worte verliert, denn oft geht es um immaterielle Werte oder Güter wie die Daten von Privatkonten, elektronische Redefreiheit oder Firmenrechte an Software. Die Hardware aller Personal Computer, auch die von Apple, enthält einen Chip, ROM genannt, in dem ein Teil des Betriebssystems fest gespeichert ist. Im Fall der Apple-Computer ist dieser Code ein wertvolles Betriebsgeheimnis der Firma Apple. Weil es sich um Programmcode handelt, kann er auch kopiert und auf Disketten oder auch im Netz weitergereicht werden. Jeder, dem dieser Code bekannt ist, kann theoretisch Apple-Computer fälschen. Namhafte Vertreter der Computerbranche hatten ungebeten Disketten zugeschickt bekommen, auf denen sich Teile des ROM-Codes befanden. Den Disketten war ein Manifest beigelegt, das von einer

Gruppe unterzeichnet worden war, die sich NuPrometheus League nannte (Barlow schwört hoch und heilig, daß der FBI-Mann Baxter diesen Namen wiederholt wie «New Prosthesis League» aussprach).

Baxters Verwirrung über diesen Fall bestimmte den gesamten Charakter der Begegnung zwischen ihm und Barlow. Nicht nur er blickte nicht durch, auch seine Informanten tappten im Dunkeln und trugen zu weiterer Verwirrung bei. Es stellte sich heraus, daß Barlow vom FBI kontaktiert worden war, weil sein Name sich auf der Teilnehmerliste einer alljährlich stattfindenden Versammlung mit dem Namen *Hacker's Conference* befand. Baxter sagte, daß er darüber informiert worden war, daß die Hacker's Conference eine Untergrundorganisation von Computerkriminellen sei, und daß sie vielleicht Teil der großen Verschwörung war, an der auch NuPrometheus League beteiligt war.

Der Begriff *Hacker* hat im Laufe der Zeit einen Bedeutungswandel erfahren. Das Buch von Steven Levy *Hackers: Heroes of the Computer Revolution*, das 1984 erschien, handelte von den unothodoxen jungen Programmierern, die in den sechziger und siebziger Jahren die Computertechnologie entwickelten, die es später den Laien ermöglichte, mit Computern umzugehen. Sie arbeiteten zu merkwürdigen Tages- und vor allem Nachtzeiten und sahen nicht gerade wie aus dem Ei gepellt aus, waren aber Entwickler wichtiger Werkzeuge. Obwohl sie nicht abgeneigt waren, theoretische Schlösser zu knacken, waren sie keineswegs Einbrecher.

Die erste Hacker's Conference war eine Versammlung dieser Hacker, nicht der Leute, die Systeme knacken und die von den Massenmedien seitdem als Hacker gehandelt werden. Ich selbst habe an vielen Hacker-Konferenzen teilgenommen und weiß, daß es sich um harmlose Ereignisse handelt, bei denen das beste dessen gefeiert wird, was einmal als *Yankee ingenuity* bekannt war. Sie sind Computerfreaks und keine Saboteure. Irgend etwas ist da faul, wenn der FBI die Leute observiert, die in Amerika etwas geschaffen haben, mit dem das PC-Geschäft noch international konkurrenzfähig bleibt.

Doch das war nicht das einzige, was Baxter mißverstanden hatte. John Draper, der seit den Siebzigern als Captain Crunch bekannt ist, könnte Acid Phreaks Vater sein. Er wird immer noch als der erste «phone phreak» geachtet, der bereits tätig war, als es die heutigen Hacker noch gar nicht gab. Immer noch ist er (legaler) Programmierer (der u.a. den ersten Editor für den ersten Personal Computer von IBM entwickelte). Er ist ein liebenswerter unorthodoxer Zeitgenosse, der meist in seiner Wohnung hockt und programmiert. Barlow mußte sich sicherlich zurückhalten, um nicht laut loszulachen, als Baxter ihm erzählte, bei

Draper handele es sich um den Leiter von Autodesk Inc., einer wichtigen Firma, die Arbeiten für das Star-Wars-Projekt übernommen hatte. Es war verrückt, wie Baxter mit seinen Fehlinformationen oft haarscharf danebenlag. In der Tat war es so, daß Draper einmal bei Autodesk gearbeitet hatte – als Programmierer. Der wirkliche Leiter von Autodesk war John Walker, der seinerseits auf der Liste der Hacker's Conference zu finden war. Autodesk stellt CAD-Software für PCs her und war gerade dabei, für Architekten und Designer ein Cyberspace-Dienstprogramm zu entwikkeln – es handelte sich bei Autodesk aber wohl kaum um einen Topsecret-Partner des Verteidigungsministeriums. Und John Draper war mit einigen russischen Programmierern befreundet, aber 1990 war das Reich den Bösen in die inneren Auseinandersetzungen verstrickt, die zu seiner Auflösung führten.

Baxters sogenannte Informationen erwiesen sich als absolut haltlos, so daß jedermann besorgt war, wie die Informationen des FBI über die wirklichen Hightech-Kriminellen aussahen, die Terroristen, die es auf atomare Macht abgesehen hatten, und die Daten-Diebe, die auf ganz anderem Niveau tätig waren als die Hacker. Barlow setzte also Baxter an seinen Computer, zeigte ihm, wie der Quellcode von Programmen aussah, wie EMail funktionierte und ließ ihn eine WELL-Datei studieren. Barlow berichtete später, daß der FBI-Agent sein Gesicht mit beiden Händen rieb, dabei ab und zu vorsichtig über seine Fingerspitzen lugte und entweder «Das ist 'ne Sache, was?» sagte oder einfach Geräusche wie «Whooo-ee!» von sich gab.

Als Barlow online von dieser Begegnung berichtete, löste dies eine Kontroverse aus. Die radikalste Meinung war, daß Barlow als Informant des FBI tätig gewesen sei. Barlow hingegen war der Ansicht, daß es keine Gerechtigkeit geben könne, wenn die Gesetzeshüter von vollkommen falschen Informationen ausgingen.

Auch Mitchell Kapor war einer der Teilnehmer der Hacker's Conference, und auch er hatte ungebeten den gestohlenen Code zugeschickt bekommen. Kapor war Mitbegründer der Lotus Development Corporation gewesen, einer der ersten und erfolgreichsten Softwarefirmen der PC-Ära. Er hatte Lotus 1-2-3 mitentwickelt, eines der erfolgreichsten PC-Programme überhaupt. Schon vor Jahren hatte er die Firma für mehrere zehntausend Dollar verkauft. Jetzt konnte man ihn in WELL antreffen, wo er über Software-Design, geistiges Eigentum und die Freiheit des Individuums diskutierte. Auch er machte sich nach den Verhaftungen bei der Aktion Sun Devil Sorgen hinsichtlich der Freiheiten im Cyberspace, die man vielleicht die längste Zeit genossen hatte, und auch er war vom FBI kontaktiert worden.

Im Frühjahr 1991 war Kapor mit seinem Privat-Jet unterwegs. Er befand sich in der Nähe von Barlows Ranch. Er hatte Barlow auf einer der WELL-Partys kennengelernt – vorgestellt hatte ihn niemand anderer als Blair Newman – und seine Berichte in WELL verfolgt. Er rief ihn an und fragte ihn, ob er auf einen Sprung vorbeikommen könne.

Nachdem er gelandet war, setzte er sich mit Barlow zusammen, und sie unterhielten sich über die Sun-Devil-Verhaftungen, die NuPrometheus-Sendungen, die Schärfe, mit der die Bundespolizei neuerdings im Cyberspace vorging und die gleichzeitige Uninformiertheit über das, was sich wirklich in der Welt der Hightech-Kommunikation abspielte. An diesem Nachmittag, in der Küche von Barlows Haus in Pinedale, wurde die Electronic Frontier Foundation (EFF) gegründet.

Es dauerte nur ein paar Tage, dann hatte Barlow durch die Vermittlung von Kapor Kontakt mit der angesehenen Rechtanwaltskanzlei aufgenommen, die es seinerzeit der *New York Times* ermöglicht hatte, die Pentagon-Papiere zu veröffentlichen. Kapor war so besorgt um die Rechte im Cyberspace, daß er den Verhafteten anbot, die Kosten für ihre Verteidigung zu übernehmen. Acid Phreak, Phiber Optik und ihr Kumpel Scorpion wurden von niemand geringerem als von Rabinowitz, Boudin, Standard, Krinsky und Lieberman vertreten.

Schon bald boten Steve Wozniak, einer der Gründer von Apple und John Gilmore, UNIX-Spezialist, Telekommunikations-Zauberer und einer der ersten Angestellten bei Sun Microsystems, an, sich an der Electronic Frontier Foundation zu beteiligen. Von Anfang an sollte EFF mehr sein, als nur eine Stiftung zur Bestreitung von Anwaltskosten.

Anders als die Massenmedien in jenen Tagen sahen sie, daß die Aktion Sun Devil nicht nur eine Jagd auf Hacker gewesen war. Die Gründer der EFF waren sich einig, daß demokratische Rechte auf dem Spiel standen, und halfen Acid, Optik, Scorpion und auch Neidorf und Jackson, um die Vorstellungen des Secret Service, was er mit den Leuten alles anstellen dürfe zurechtzurücken. «Die Electronic Frontier Foundation wird rechtliche Auseinandersetzungen finanziell unterstützen oder führen, um zu zeigen, daß der Secret Service Eingriffe in die Meinungs- und Prublikationsfreiheit vorgenommen, Arbeitsmittel und Daten grundlos beschlagnahmt, die Verhältnismäßigkeit der Mittel nicht beachtet, ungerechtfertigte Gewalt ausgeübt und sich generell willkürlich, repressiv und verfassungswidrig verhalten hat», heißt es in einem der ersten, von Barlow verfaßten Manifeste. «Ferner werden wir mit Computer Professionals for Social Responsibility und anderen Organisationen zusammenarbeiten, um die Öffentlichkeit und die Politik darüber zu informieren, was bei Einschränkungen der Freiheit im Cyberspace auf dem Spiel steht.»

Das Knacken von Systemen darf nicht auf die leichte Schulter genommen werden. Eines Tages wird einer der Datenvandalen schweren Schaden anrichten, und das Notruf- oder das Flugkontrollsystem stören oder medizinische Daten vernichten. Bei Acid Phreak und seinen Freunden handelte es sich aber um keine Übeltäter. Ihre Festnahme jagte jedem Sysop der vierzig- oder fünfzigtausend Bulletin-Board-Systeme einen Schauer über den Rücken.

Die Verfolgungsaktion Sun Devil wurde endgültig der Lächerlichkeit preisgegeben, als ein Experte, der die öffentliche EFF-Konferenz in WELL verfolgte, sich einschaltete und eine wichtige Information beisteuerte: Das Dokument, daß angeblich einen so hohen Wert besaß, daß hunderte von Polizisten das Eigentum einer großen Firma schützen zu müssen glaubten, konnte von dieser Firma zu einem lächerlich geringen Preis bezogen werden, so daß seine Veröffentlichung im Netz eher einem harmlosen Vergehen gleichkam und auf keinen Fall einen Polizeieinsatz mit gezogener Waffe rechtfertigte. Die Angelegenheit wurde zu einer Frage der Bildung: Weder das reichliche Geld der Gründungsmitglieder von EFF, noch die beste juristische Unterstützung konnten helfen, wenn es unter den Gesetzeshütern, Richtern und Verteidigern kaum jemanden gab, der sich am Ort des angeblichen Verbrechens – dem Cyberspace – auskannte.

Nicht nur das Rechtssystem war darauf nicht vorbereitet. Die CMC-Technologie hat außer den Online-Kulturen neue soziale Rechte und Pflichten und neue Menschenrechte hervorgebracht, für deren juristische Behandlung es bislang keinerlei Präzendenzfälle gibt. Für die meisten Bürger und auch für Juristen sind Online-Zeitungen, ROM-Code und die Verfassungsfragen, die Computernetze aufwerfen, unverständliche und absonderliche Probleme. In dieser von Konfusion und Ignoranz geprägten Atmosphäre dachten die meisten Menschen, daß die Electronic Frontier Foundation Hacker in Schutz nahm, und damit basta. Für die Mehrheit der Bevölkerung waren die Rechte der elektronischen Meinungs- und Versammlungsfreiheit gar nicht existent. Es war ein riesiges, ungelöstes Problem, die Bürger darüber zu informieren, daß sie in Gefahr waren, Rechte zu verlieren, von denen sie noch nicht wußten, daß sie sie hatten.

Die EFF startete ihre Öffentlichkeitsarbeit mit einer WELL-Konferenz, zu der sie sowohl Kläger wie Angeklagte der Sun-Devil-Razzien einlud. Über die Frage, wann es in Cyberspace angemessen ist, rechtliche Schritte zu unternehmen, begann eine Diskussion, an der sich Cryptographen, Kriminologen, Hacker, Rechtsanwälte, Leute, die darauf aus waren, Systeme zu knacken, und Staatsanwälte beteiligten. Die Konferenz zum Thema Computer, Freiheit und Privatsphäre wurde aus eigenem Antrieb von einigen Leuten organisiert, die vorher an den Online-Diskussionen der Electronic Frontier Foundation in WELL und in dem eigenen Netzknoten der EFF teilgenommen hatten. Die Leute, die sich online und im Gerichtssaal gegenübergestanden hatten, waren jetzt in eine gemeinsame Diskussion verwickelt.

Anfang 1992 hatte EFF in Cambridge, Massachusetts, eine Zentrale eröffnet, die von Cliff Figallo, dem früheren Chef von WELL, geleitet wurde, und außerdem eine Niederlassung in Washington, die für politische Unterstützung sorgen sollte. Es wurden Rechtsberater und PR-Leute eingestellt. Pressekonferenzen wurden abgehalten, man nahm an den Hearings des Kongresses teil, Grundsatzpapiere wurden online und gedruckt verbreitet, und im Netz wurde um Mitglieder geworben. Ende 1992 kam es dann zu Spannungen zwischen der Zentrale in Cambridge und der Niederlassung in Washington. EFF entschloß sich, die um Information und Solidarität bemühte Zentrale zu schließen und das Schwergewicht auf die politische Einflußnahme zu legen. Doch zu diesem Zeitpunkt waren die WELL-Konferenz zu diesem Thema und andere mit ihr verbündete Organisationen wie Computer Professionals for Social Responsibility bereits in der Lage, den Job des Büros in Cambridge zu übernehmen, das von EFF nicht länger unterstützt wurde.

Ende Januar 1993 spitzte sich der Fall Steve Jackson zu. Die EFF und die Firma Steve Jackson Games hatten gegen den Secret Service geklagt, nachdem die mit der Operation Sun Devil verbundenen Anschuldigungen fallengelassen worden waren. Aber fast zwei Jahre später, hatte sich die Firma Steve Jackson Games immer noch nicht erholt, weil ihr Inventar beschlagnahmt worden war. Wir konnten die Gerichtsverhandlung im Netz verfolgen, weil Shari Steele aus dem Team der Rechtsanwälte von EFF aus Austin berichtete, wo das Verfahren stattfand:

```
Hallo allerseits.
ich habe nicht viel Zeit für diesen Bericht, aber ich habe gerade
eines der dramatischsten Ereignisse erlebt, die jemals in einem
Gerichtssaal passiert sind. Der Richter hat soeben genau 15 Min.
damit zugebracht, Timothy Foley vom Secret Service für das Verhalten
der Vereinigten Staaten bei den Razzien und den nachfolgendenden
Ermittlungen im Fall Steve Jackson Games abzukanzeln. Er stellte
```

Foley die folgenden Fragen (ich konnte nicht schnell genug mitschrei-
ben, daher ist ein Teil dessen, was folgt, nicht Zitat, sondern Para-
phrase):

Wie lange haben Sie gebraucht, um herauszufinden, worin die Tätigkeit der Firma Steve Jackson Games besteht? Eine Stunde? Welche Hinweise haben Sie vor dem 1. März (dem Tag der Razzien) dafür gehabt,
daß Steve Jackson Games in den Fall verwickelt waren, außer der Tatsache, daß Blankenship anwesend war? Der Eigentümer der Firma hat
einen Antrag gestellt, die beschlagnahmten Computer und Disketten
zurückzubekommen. Sie wußten, daß ein Rechtsanwalt eingeschaltet worden war. Warum konnten nicht innerhalb von ein paar Tagen Kopien der
Informationen erstellt werden, die sich auf den Disketten befanden? Wie lange hätte es gedauert, sämtliche Disketten zu kopieren?
24 Stunden? Wer gab den Hinweis, daß Steve Jackson irgendeiner illegalen Tätigkeit nachging? Der Secret Service hat die beschlagnahmten
Geräte nach dem 27. März nicht mehr angerührt. Warum wurden sie
nicht am 28. März zurückgegeben? Haben Sie oder einer Ihrer Kollegen
nach dem 1. März noch irgendwelche Ermittlungen in diesem Fall angestellt? Sie haben ausgesagt, daß Coutorie Ihnen erzählt hat, es handele sich um eine Firma für Computerspiele. Am 2. März hatten Sie
den Eigentümer direkt vor sich stehen. Wollen Sie behaupten, daß es
Ihnen erst auffiel, daß es sich um einen Verlag handelte und daß
sich auf den Rechnern Geschäftsunterlagen befanden, als diese Klage
eingereicht wurde?

Die beklagte Partei war so erschüttert, daß ihre Verteidigungsstrate-
gie vollkommen zusammenbrach. Nicht einmal Barbara Golden oder einer
ihrer anderen Zeugen wurde aufgerufen. Heute Nachmittag werden die
Schlußplädoyers gehalten. Es war ein Tag, von dem jeder Rechtsanwalt
nur träumen kann. Der Richter hat dem Secret Service klargemacht,
daß ihnen ein schwerer Fehler unterlaufen war. Ich versuche, später
ausführlich zu berichten. Shari

Das Urteil wurde am 12. März 1993 gesprochen, ein wichtiger für Steve
Jackson Games und die Electronic Frontier Foundation gewonnener Fall,
obgleich es sicher nicht der letzte in dieser Frage sein wird. Der Richter
erkannte nach dem Electronic Communications Privacy Act auf Schadensersatz von 1.000 Dollar pro Kläger und nach dem Privacy Protection
Act auf 42.259 Dollar Schadensersatz für Steve Jackson Games und 8.781
Dollar für Spesen. Die Methoden, mit denen die Polizei zugegriffen hatte,
wurden als ungerechtfertigte Durchsuchung und Festnahme gerügt.

Es bleibt abzuwarten, ob die Online-Menschenrechtskämpfer sich über die ersten Initiativen hinaus auf Dauer zu einer starken Bewegung entwickeln werden, die über die ersten Initiativen hinaus mehr Menschen erfaßt, und ob auch eine gut organisierte Graswurzel-Bewegung es schafft, gegen all das Geld und den Einfluß anzukommen, der auf dem Spiel steht. Zumindest ist der Kampf um fundamentale Menschenrechte im Cyberspace auf eine breitere Basis gestellt worden, und Organisationen wie die Electronic Frontier Foundation, Computer Professionals for Social Responsibility und Computers, Freedom and Privacy haben großen Zulauf. Wenn es diesen Organisationen gelingt, nicht nur in Fachkreisen Unterstützung zu finden, kann das ein wichtiges Druckmittel in einer kritischen Phase sein. Es kommt immer der Augenblick, in dem die kleinen Gruppen der engagierten Aktivisten breite Unterstützung brauchen. Jetzt ist es soweit.

Die Online-Gemeinschaft trägt Verantwortung für die Freiheiten, die sie genießt und wenn sie ihre Freiheiten nicht einbüßen will, müssen mehr Menschen aktiv werden und den Bürgern, die nur wenig von Technik verstehen, einige wichtige Differenzierungen nahebringen, die von den Schlagzeilen der Boulevardpresse nicht erfaßt werden. Das Allerwichtigste ist, deutlich zu machen, daß die Menschen im Cyberspace keine Kriminellen, sondern anständige Bürger sind, und daß sie unter sich keine Kriminellen dulden. Doch die Gesetzeshüter haben die Pflicht, Meinungs- und Versammlungsfreiheit, die verfassungsmäßigen Rechte des Individuums zu schützen und müssen diese Rechte auch bei der Verbrechensbekämpfung beachten.

Die Verfassung der Vereinigten Staaten war zwei Jahrhunderte lang ein flexibles Instrument, doch Cyberspace ist etwas völlig neues, das sich sehr schnell entwickelt. Freiheiten, die wir jetzt verlieren, werden wir später kaum zurückgewinnen können. Wenn die Gültigkeit der Bill of Rights einfach auch auf den Cyberspace ausgedehnt würde, hätte dies eine enorm befreiende Wirkung auf das soziale Engagement im Cyberspace überall auf der Welt.

An der Basis und global: CMC-Aktivisten

Sind virtuelle Gemeinschaften lediglich elektronische Enklaven, bloße Elfenbeintürme? Die Antwort auf diese Frage liegt in der wirklichen Welt, dort, wo Menschen die Technologie dazu benutzen, soziale Probleme zu lösen. Gemeinnützige Organisationen, die im eigenen Viertel oder auf regionaler Ebene arbeiten, oder international operierende Nongovernmental Organiziations (NGOs), können als moderne Realisierung dessen angesehen werden, was die Urväter der Demokratie als menschenwürdige Gesellschaft bezeichneten.

Diese Organisationen können die Vergrößerung ihres Wirkungsradius, die CMC bietet, und die soziale Kraft, die virtuelle Gemeinschaften hervorbringen, gut gebrauchen. Sie kämpfen gegen den Hunger, kümmern sich um die medizinische Versorgung, heilen Blinde, befreien politische Gefangene, organisieren Katastrophenhilfen und kümmern sich um Obdachlose – real menschlicher können Aufgaben nicht sein. Die Menschen, die diese Arbeiten verrichten, sind meist unterbezahlt, überarbeitet und isoliert. Jede Verbesserung ihrer Arbeitsbedingungen, insbesondere, wenn sie erschwinglich ist, rettet Menschenleben und lindert Leid.

Diese Hilfsorganisationen, die sich um Umweltfragen, Menschenrechte, Mißhandlung, Vergewaltigung, Selbstmordgefährdete, Obdachlosigkeit, Raubbau an der Natur und all die anderen Probleme kümmern, die sich der modernen Gesellschaft stellen, machen dies meist ehrenamtlich und leben von der Hand in den Mund, weil sie vom Staat, der Justiz und von Privatleuten nur unzureichend unterstützt werden. Nur wenige dieser Organisationen verfügen über genügend technisches Knowhow, um EMail-Netze oder Adreßdatenbanken aufzubauen. Oft läuft das darauf hinaus, daß sie viel Geld an Firmen bezahlen, die das für sie erledigen oder die freiwilligen Helfer von den wirklichen Aufgaben abgehalten werden.

Dan Ben-Horin appellierte an das Verantwortungsgefühl der in WELL versammelten Experten und stellte Kontakte her zwischen den Hilfsorganisationen und Bürgerinitiativen auf der einen Seite und technisch versierten Mentoren auf der anderen. Das funktionierte so gut, daß aus dieser Aktion wiederum eine Hilfsorganisation hervorging, CompuMentor. Ben-Horin schilderte die Entstehung dieser Organisation:

> Vor viereinhalb Jahren begann das Projekt CompuMentor damit, daß ich meinen 24-Nadel-Drucker nicht dazu bringen konnte, Briefumschläge einwandfrei zu bedrucken. Ich war gerade Mitglied von WELL geworden, also berichtete ich in der IBM-Konferenz. Und die Antworten, die ich bekam, waren nicht nur informativ, sondern auch ausführlich und herzlich. Zwischen den Zeilen konnte ich deutlich lesen, daß diese Leute ihr Wissen gerne an andere Menschen weitergeben wollten.
> Ich hatte gerade vier Jahre lang als Werbechef der Firma Media Alliance in San Francisco gearbeitet und in Fort Mason eine Einrichtung mit dem

Namen Computer Alliance gegründet. Computer Alliance bot Schulungen für Hilfsorganisationen und auch Einzelpersonen an. Aus meinen diversen Unterhaltungen mit den Organisatoren und auch aus eigener Erfahrung als Neuling auf dem Gebiet der Computer wußte ich, wie leicht es passieren kann, daß man eben eine tolle Unterrichtsstunde erteilt bekam und auf dem Nachhauseweg feststellt, daß man das Wichtigste schon wieder vergessen hat.

Wirkliche Fortschritte machte ich erst von dem Moment an, als sich ein Nachbar anbot, mir zu helfen, wann immer ich ihn brauchte. Und dann fand ich in WELL eine ganze Gemeinschaft hilfsbereiter elektronischer Nachbarn.

Natürlich haben nur wenige Hilfsorganisationen ihre Computer ins Netz eingebunden. Ob es wohl einen Weg gab, die Online-Ratgeber und die Organisationen, die Hilfe brauchten, zusammenzubringen? An dreißig Organisationen verschickte ich ein Rundschreiben mit der Frage: Braucht ihr Hilfe bei euren Computern? und achtzehn davon antworteten mir «Und wie!» Dann hörte ich mich bei WELL um, ob jemand eine Hilfsorganisation adoptieren wollte. Ein Dutzend Leute meldete sich, die bereit waren, die Organisationen zu besuchen und ihnen mit ihrem Rat zur Seite zu stehen. Und darüber hinaus waren zwei Dutzend Leute bereit, telefonisch Tips zu geben. Ein WELLianer schlug vor, das Projekt ENERT zu nennen, als Abkürzung für Emergency Nerd Response Team, aber wir wählten die verbindlichere Bezeichnung CompuMentor.

Im Dezember 1990 hatte CompuMentor 968 Verbindungen für 446 Organisationen hergestellt, und die Datenbank enthielt die Namen von 668 Mentoren. Unter den betreuten Organisationen waren DES Action of San Francisco, California Rural Legal Assistence, St. Antony's Dining Room und Women's Refuge in Berkeley. CompuMentor arbeitet mittlerweile auf nationaler Ebene und erhält auch weiterhin Unterstützung von Wohlfahrtsverbänden, die den sichtbaren Erfolg zu würdigen wissen.

Am erfolgreichsten bei der Verwendung der CMC-Technologie waren von Anfang an die Umweltschützer. Unter den ersten, die online auftauchten, war Don White, Vorsitzender von EarthTrust, einer weltweit operierenden Organisation, die sich auf den Tierschutz und auf Umweltprobleme konzentriert, die «weder von den lokalen, noch von den nationalen Organisationen erfaßt werden». White berichtet von den letzten Aktivitäten von EarthTrust: «Es ging darum, den illegalen Walfang Koreas zu beenden, wir unternahmen eine Expedition nach Südamerika, um Naturschutzmaßnahmen im Amazonasgebiet durchzuführen, wir untersuchen die Kommunikation von Walen und Delphinen und versuchen, einen Durchbruch beim Kampf gegen die Tiefseefischerei der Schleppnetz-Flotten zu erzielen.»

EarthTrust ist eine internationale Organisation, die mit extrem wenig Verwaltungsaufwand auskommt. Sie ist ein rund um den Erdball gespanntes Netz von ehrenamtlichen Mitarbeitern. Einige von ihnen sitzen in den Städten, und versuchen dort als Lobby Einfluß auf politische Entscheidungen zu nehmen. Die meisten operieren jedoch vor Ort in entlegenen Gegenden, wo sie die «volle Wahrheit» über Rodungen, Fischfang und das Verklappen von Giftmüll herausfinden. EarthTrust stattet die einzelnen Posten mit preiswerten PCs, Druckern, Modems und Accounts für das weltweite EMailsystem MCI aus. Jede dieser Ausstattungen kostet weniger als tausend Dollar. Auf diese Weise können die Aktivitäten der verschiedenen Stationen in den Städten und vor Ort mit geringem Kostenaufwand koordiniert werden.

Wissenschaftler, die sich mit Umweltfragen beschäftigen und auch die Aktivisten aus aller Welt haben meist nicht das Geld, um zu internationalen Konferenzen zu reisen. Die Wissenschaftler sind überdies über die vielen verschiedenen wissenschaftlichen Disziplinen und Institute verstreut. Daher begannen Ende der achtziger Jahre die wissenschaftlichen und studentischen Teile der ökologischen Bewegung, elektronische Mailing-Listen und Computernetze für ihre Kommunikation zu benutzen. So wie virtuelle Gemeinschaften zum Teil entstanden, weil Symbolanalytiker das Bedürfnis hatten, sich zusammenzuschließen, trugen die Mailing-Listen zu Umweltfragen dazu bei, interdisziplinäre Diskussionen von Wissenschaftlern zu ermöglichen, die sich lieber um reale Probleme kümmern wollten, als in den Schranken der Disziplinen und Staaten zu verharren.

Bis 1992 hatten sich online so viele Umweltschützer versammelt, daß die Herausgabe eines CMC-Führers für Umweltschützer möglich wurde. Das inzwischen sehr populäre Buch *Ecolinking: Everybody's Guide to Online Environmental Organization* enthält Ratschläge zur Errichtung von Online-Verbindungen für Umweltschützer, die von CompuMentor im Laufe der Zeit zusammengetragen wurden. In einem zweiten Teil sind die wichtigsten Informationen über die diversen Bulletin-Board-Systeme und Netze zu diesem Thema zusammengefaßt.

Über die *FidoNet-Echos* (fortlaufende, auf Bulletin-Board-Systemen basierende internationale Computerkonferenzen zu aktuellen Themen) berichtet *Ecolinking*, daß sie unter anderem die folgenden Themen abdecken: umweltschädliche Abfallentsorgung, Probleme der Indianer, ökologische Landwirtschaft, globale Umweltprobleme, Gesundheit und

Medizin, Geographie, Hunger, Unsicherheit von AKWs, das Native American News Magazine, Native American Controversy, technische Bildung, um nur einige Themen zu nennen.

Der umweltpolitische Kampf um die Artenvielfalt der Erde, die durch die Vernichtung bewährter Ökosysteme massiv bedroht ist, erfordert die Zusammenarbeit vieler Disziplinen und Nationalitäten. Mit Teilen des Netzes haben Ökologen, Verhaltensforscher, Biologen, Ethnologen und Umweltaktivisten ihre wissenschaftlichen und politischen Bemühungen koordinieren können. Als Beispiel führt *Ecolinking* die Initiative von Aldo de Moor an. Der niederländische Student der Informationswissenschaften baute in BITNET das Rain Forest Network Bulletin auf, eine Online-Denkfabrik, in der ökologische Aktionspläne erarbeitet und unter politischen und wissenschaftlichen Gesichtspunkten ausgewertet werden – eine Schatztruhe möglicher Lösungen von Umweltfragen.

Die überaus große Bedeutung von BITNET liegt darin daß es die Forschungszentren der ganzen Welt miteinander verknüpft. *Because It's Time Network* wurde ursprünglich von der National Science Foundation (NSF) gegründet und von IBM realisiert. Weltweit verbindet es mehr als zweitausend wissenschaftliche Einrichtungen aus 38 Ländern miteinander. Meistens werden dafür automatische *Listservs* verwendet, Mailing-Listen, in denen geschriebene Diskussionsbeiträge automatisch an alle Teilnehmer übermittelt werden. In den Mailboxen werden jeweils die Beiträge der letzten Diskussionsrunde abgelegt, zu denen man sich dann wiederum per EMail äußern kann. Die europäische Version von BITNET heißt European Academic Research Network (EARN), aus dem auch das polnische Netz PLEARN hervorging, als das kommunistische Regime zusammenbrach.

Die Mailing-Listen von BITNET verfügen auch über ein Gateway nach Internet. Allein dadurch hat dieses elektronische College eine enorme Reichweite in Forschung und Lehre und überschreitet sowohl die nationalen als auch die Grenzen der wissenschaftlichen Disziplinen. Die Mailing-Listen reichen von Forstwirtschaft bis zum Wetterdienst und umfassen Foren wie Brineshrimp Discussion List, National Birding Hotline Cooperative, Genomic-Organization Bulletin Board oder Dendrochronology Forum. Zehntausende von Experten sind in ein weltumspannendes Gewebe interdisziplinärer Kommunikation zu Umweltfragen eingebunden.

Aus der zunehmenden Vernetzung der Bürgerinitiativen, Hilfsorganisationen und NGOs, insbesondere der Umweltschützer und Friedensbewegung ist schließlich das größte und effektivste Netz der Aktivisten hervorgegangen, das *Institute for Global Communications*, dem unter anderen *EcoNet*, *PeaceNet*, *GreenNet* und *ConflictNet* angehören.

International tätige NGOs liefern ein weiteres Beispiel dafür, welche organisatorischen Möglichkeiten sich aus dem weltumspannenden Telefonnetz ergeben, das ursprünglich für die Übermittlung von Gesprächen eingerichtet wurde. Exemplarische Beispiele sind das Rote Kreuz und Amnesty International.

Howard Frederick, Direktor des Institute for Global Communications, sieht in den NGOs das globale Äquivalent zu den Institutionen der bürgerlichen Gesellschaft, die bereits von den ersten Theoretikern der modernen Demokratie vorausgesehen wurden. In einer später von *MIT Press* veröffentlichten Online-Diskussion in der Mailing-Liste BITNET Listserv formulierte er diesen Gedanken folgendermaßen:

> Es war der englische Philosoph und Staatsrechtler John Locke, der als erster das Konzept der *bürgerlichen Gesellschaft* entwickelte. Im wesenlichen geht es ihm darum, auf nationaler Ebene die Gesellschaft vor staatlichen Übergriffen zu schützen und von ökonomischen Privilegien zu befreien. Für Locke war die bürgerliche Gesellschaft jener Teil der Zivilisation – Familie, Kirche, Bildung und Kultur –, der weder staatlicher noch der Kontrolle des Marktes unterlag, von ihnen jedoch ständig gefährdet wurde. Daher wies er auf den großen Stellenwert sozialer Bewegungen hin, die es sich zum Anliegen gemacht haben, diese Sphäre vor staatlicher und kommerzieller Einflußnahme zu schützen.

In unseren Online-Diskussionen betonte Frederick, daß das große Geld und politische Interessen «die bürgerliche Gesellschaft an den Rand gedrängt» und jene, die in der Lage wären, eine solche Kultur zu konstituieren, ohne eigene Kommunikationsmittel zurückgelassen haben. Frederick ist der Meinung, daß CMC diese ungleiche Machtverteilung auf globaler Ebene wieder zugunsten der NGOs verschoben hat –, für die lokale Ebene hatte Dave Hughes ähnliches formuliert:

> Durch die Weiterentwicklung der Kommunikationstechnologien sind die Möglichkeiten der bürgerlichen Weltgesellschaft, sich zu Koalitionen und Netzen zusammenzuschließen, außerordentlich erweitert worden. In der Vergangenheit wurden die kommunikationsvermittelten Bündnisse zwischen Nationalstaaten Kolonialmächten, regionalen Allianzen und ökonomischen Systemen geschlossen – man denke an das mittelalterliche Europa, die arabischen Staaten, China, Japan, die westafrikanischen Königreiche und die auf Sklaverei beruhenden Zuckerindustrien der Karibik. Heute treten auf der Weltbühne neue und gleichermaßen mächtige Kräfte

auf – Bewegungen zum Schutz des Regenwaldes, der Menschenrechte, gegen Waffenhandel, alternative Nachrichtenagenturen und den Planeten umspannende Computernetze.

Frederick ist nicht der einzige, der glaubt, daß den NGOs aus der Konzentration der weltweiten Kommunikationsmedien in der Hand nur weniger Leute ein ernstes politisches Problem erwachsen könnte. Er wies auf die oft zitierte Prophezeiung Ben Bagdikians hin, daß am Ende des Jahrhunderts «die weltweit wichtigsten Zeitungen, Zeitschriften, Buchverlage, Film- und Videoverleihe, Rundfunkstationen, und Studios im Besitz von fünf bis zehn Konzernen sein werden». Es ist unwahrscheinlich, daß diese neuen Medienmogule ihre Netze für die Art von Informationen zur Verfügung stellen werden, die von NGOs verbreitet werden. Und doch ist die schnelle und weltweite Informationsübermittlung lebenswichtig für die Graswurzelorganisationen überall auf der Welt.

Die Antwort der Aktivisten auf dieses Dilemma hat darin bestanden, alternative weltumspannende Informationsnetze aufzubauen. Idee des Institute for Global Communications (IGC) war es, als eine Art virtuelle Gemeinschaft für die NGOs zu fungieren, eine Technologie zur Verfügung zu stellen, die die bürgerliche Weltgesellschaft in ihrem kontinuierlichen Wachstum unterstützen könnte. Und wiederum machten es die Struktur des Telekommunikationsnetzes und preiswerte Computer möglich, daß ein alternatives Netz auf der Infrastruktur des Mainstream aufsetzen konnte.

1982 stellten Apple und die San Francisco Foundation der kalifornischen Umweltorganisation Farallones Institute das Startkapital für EcoNet zur Verfügung. EcoNet unterstützt Diskussionen und Aktionen, die weltweit für den Umweltschutz und die Wiederherstellung zerstörter Natur durchgeführt werden. 1984 bauten die Organisationen Ark Communications Institute, Center for Innovative Diplomacy, Community Data Processing und Foundation for the Arts of Peace das PeaceNet auf. 1987 schlossen sich diese beiden Netze als Teil von IGC zusammen. 1990 trat auch ConflictNet bei, das sich auf die Vermittlung in Konflikten und auf gewaltfreie Konfliktlösungsstrategien spezialisiert hat, dem IGC bei.

Das Institute for Global Communications arbeitete mit lokalen Partnerorganisationen zusammen und bindet bislang Netze in Schweden, Kanada, Brasilien, Nicaragua und Australien ein. Dann schloß sich auch GlasNet an, ein Netz der früheren Sowjetunion. Und schließlich gründeten die verschiedenen Mitgliedsorganisationen 1990 die Association for Progressive Communications (APC), um das entstandene globale Netz von Aktivistennetzen zu koordinieren. 1992 waren durch APC mehr als fünfzehntausend Mitglieder aus neunzig Ländern miteinander verbunden.

Einen ihrer Höhepunkte erlebten die Aktivitäten des APC-Netzes während des Golfkriegs. Der Krieg, der von der bislang schärfsten Zensur und Medienmanipulation des Medienzeitalters begleitet wurde, weckte das Bedürfnis nach alternativen Informationen, und die Alternativen, die APC zu bieten hatte, konnten Abhilfe schaffen. Frederick berichtete, daß 1990, während des versuchten Staatsstreichs in der Sowjetunion, russische «Partner von APC Telefonleitungen benutzten, um die offizielle Kontrolle der Telefonverbindungen zu umgehen. Normalerweise müssen im antiquierten russischen Telefonsystem ein Heer von Angestellten in den Vermittlungszentralen tätig werden, um internationale Verbindungen handzuvermitteln, und die Anrufer müssen um die wenigen Verbindungen kämpfen. Die APC-Partner fanden andere Routen für den Datenfluß. Während die Verbindung mit Moskau normalerweise mit internationalen Telefonleitungen hergestellt wird, leiteten die Techniker von APC die Anrufe über verschlungenere Pfade. Der Plan sah vor, Nachrichten aus der Sowjetunion durch ein loses Netz von Bulletin-Board-Systemen in Moskau und Leningrad zu leiten. Mit Hilfe von Inlandsgesprächen wurden sie in die baltischen Staaten und von dort weiter ins NordNet in Schweden und dann ins GreenNet in London übermittelt, von dem aus Verbindungen mit dem gesamten restlichen Netz von APC bestehen.»

Für jene von uns, die in den vergangenen Jahren durch das internationale Netz in die großen politischen Krisengebiete blicken konnten, sahen die Bilder, die wir vom wirklichen Geschehen zusammensetzen konnten, anders aus, als diejenigen, die die konventionellen Medien – Zeitungen, Rundfunk und Fernsehen – zeichneten. Während der dramatischen Ereignisse in China 1989 und in Rußland 1991 wurde das Netz zum Träger von Informationen, über die in den Massenmedien nie berichtet wurde. Jemand mit Funktelefon berichtet über Satellit jemand anderem, der einen Computer und ein Modem besitzt, und innerhalb von Minuten sind die Augenzeugenberichte Millionen anderen Menschen zugänglich. Man stelle sich vor, wie es in zehn Jahren aussehen könnte, wenn Camcorder so verbreitet sind wie heute Telefone, und digitalisierte Bilder genauso ins Netz übermittelt werden können wie heute Text.

Mit dieser Art von Informationen oder auch Fehlinformationen über zentrale weltpolitische Ereignisse sind im Netz noch nicht viele Erfahrungen gemacht worden. Keine der Nachrichten kann zuverlässig auf ihren Wahrheitsgehalt überprüft werden, und es gibt keine Kriterien, um die Zuverlässigkeit der Informationsquellen zu beurteilen, außer der Erfahrung, die man vielleicht früher schon gemacht hat. Die Zuverlässigkeit der Abendnachrichten oder der Tageszeitung zu beurteilen ist jedoch genauso schwierig. Bei diesen Medien halten jedoch die meisten von uns das, was sie sehen oder lesen, für wahr.

Das Netz bietet Zugang zu erheblich mehr Informationen unterschiedlichster Qualität als die konventionellen Medien. Und was noch wichtiger ist, es bietet Zugang zu Informationen, die die vielen weißen Flecke in den Bildern füllen, die uns die Massenmedien präsentieren. Man kann sogar an den Ereignissen teilnehmen, wenn auch nur als Zuschauer. Während des Golfkrieges versammelten wir uns in WELL und lasen wie gebannt, was ein israelischer Wissenschaftler über das BITNET und das Internet berichtete. Er saß mit seiner Familie in einem abgedichteten Raum in einem Haus, das unter Raketenbeschuß stand. Wir stellten ihm Fragen, und er konnte uns über das EMail-System von Internet antworten.

Die polischen Einsatzmöglichkeiten des Netzes sind, das haben die Erfahrungen der letzten Jahre gezeigt, nicht gerade umwerfend, wenn es darum geht, Ereignisse direkt zu beeinflussen. Aber die Rolle, die das Netz bei den Demonstrationen auf dem Tiananmen, dem Staatsstreich in der Sowjetunion und dem Golfkrieg spielen konnte, gibt einen Vorgeschmack auf die zukünftige politische Bedeutung des Mediums. Im Februar 1993 gab General Magic, eine Firma, die von den führenden Architekten der Macintosh-Computer von Apple gegründet wurde, bekannt, daß sie die Technologie für eine neue Art von «persönlichem intelligentem Kommunikationsgerät» vermarkten würden. Es handelt sich um ein Gerät von der Größe eines Scheckheftes, ausgestattet mit einem kleinen Bildschirm, einem Pen und einem Funktelefon. Mit dem Pen schreibt man Wörter auf den Bildschirm, tippt dann auf eine bestimmte Stelle des Bildschirms und der Text wird an jede beliebige Person auf der Welt übermittelt, die über eine EMail-Adresse oder ein Faxgerät verfügt. Das Gerät ist zugleich auch ein normales Funktelefon. Apple, AT&T, Matsushita, Philips, Sony und andere Firmen haben bereits mitgeteilt, daß sie Lizenzen für diese Technologie erwerben werden. Wenn der Preis für dieses Gerät irgendwann nur noch 25 Dollar beträgt, was wird dann aus dem Nachrichtenmonopol der Massenmedien? Welche politischen Ereignisse werden bekannt werden, wenn der Cyberspace durch dieses Gerät erweitert wird?

Der Zugang zu alternativen Informationen und, was noch wichtiger ist, die Möglichkeit, andere Menschen mit Informationen zu versorgen, die nicht die offizielle Sichtweise der Ereignisse wiedergeben, sind genuin politische Eigenschaften des Netzes. Ändern sich die Formen und die Menge der Informationen, zu der die verschiedenen gesellschaftlichen Gruppen Zugang haben, dann ändert sich auch ihr Anteil an der politischen Macht. Wie die des Fernsehens, erstreckt sich die Reichweite des Netzes auf alle urbanisierten Teile der ganzen Welt und zunehmend auch auf die entlegeneren ländlichen Gebiete, die bereits über Telefonverbindungen verfügen. Jeder Knoten des Netzes kann nicht nur Daten senden und empfangene Daten im Netz weiterleiten; selbst der mickrigste Computer ist in der Lage, die empfangenen Daten in vielfältiger Weise zu verarbeiten, bevor sie erneut ausgesendet werden. Preiswerte Rechner können Daten kopieren, verarbeiten und übermitteln, und wenn aus PCs unabhängige Datenverarbeitungsknoten des existierenden Telekommunikationsnetzes werden, dann kommt dabei ein neues System heraus.

Städte im Cyberspace

Wenn elektronische Demokratie die Theorie ist, dann ist das Public Electronic Network (PEN) von Santa Monica ein lebendiges praktisches Beispiel für ihre Umsetzung. Und das Angebot, das die PEN-Aktionsgruppe unter dem Namen SHWASHLOCK machte, ist ein klassisches Besispiel dafür, wie sich Bürger über ein bestimmtes Problem verständigen können, wie sie ihre Mittel zusammenlegen können, um zu einer praktischen Lösung zu kommen, und wie sie die kommunalen Politiker davon überzeugen können, die Umsetzung der Idee zu unterstützen. Das Beispiel SHWASHLOCK zeigt auch, wie auf die ganz und gar nicht virtuelle Realität moderner Großstädte durch gezielten Einsatz der Möglichkeiten virtueller Gemeinschaften Einfluß genommen werden kann. SHWASHLOCK ist keine spektakuläre Angelegenheit, und bei der Stadt handelt es sich um eine der reicheren Enklaven dieser Welt, dennoch ist das Unternehmen der, wie Wissenschaftler sagen, lebende Beweis für die Theorie der virtuellen Gründung einer bürgerlichen Gesellschaft.

Der Name SHWASHLOCK ist ein Akronym, das aus den Wörtern SHowers, WASHing machines und LOCKers gebildet wurde und bezeichnet die drei Dinge, die nach Meinung der Mitglieder von PEN, unter denen sich auch einige obdachlose Teilnehmer befinden, obdachlosen, Arbeit suchenden Leuten am meisten fehlen. Die Mitglieder von PEN beschlossen, sich mit dem Problem auseinanderzusetzen, das in einem Überblick der Handelskammer als «das Problem Nummer eins von Santa Monica» bezeichnet worden war – Obdachlosigkeit. Es bildete sich eine Aktionsgruppe, die sich fortan nicht nur online, sondern auch von Angesicht zu Angesicht traf. Der Vorschlag, diesen dringend benötigten Service bereitzustellen, kam im August 1989 von Bruria Finkel. Obdachlose können bei ihrer Jobsuche nicht erfolgreich sein, wenn sie morgens nicht unter die Dusche gehen und wenn sie nirgendwo kostenlos ihre Wäsche waschen können, um ansehnlich auszusehen, und sie brauchen einen sicheren Ort für ihre persönlichen Sachen. Und keine Stadt und keine Hilfsorganisation stellt diese grundlegenden Dinge zur Verfügung.

Die Aktionsgruppe mußte feststellen, daß die warmen Duschen in den öffentlichen Parks erst ab Mittag geöffnet waren, und daß die Hilfsorganisationen keine Schließfächer aufstellen wollten, weil sie für den Inhalt nicht verantwortlich sein wollten. Die Diskussionen, die online mit der Stadt und den Hilfsorganisationen geführt wurden, brachten keine Klarheit darüber, wie das, was alle für eine gute Idee hielten, in die Tat umgesetzt werden sollte. Psychologieprofessorin und PEN-Enthusiastin Michele Wittig machte den Vorschlag, eine Gruppe zu bilden, die das Problem angehen sollte. Die etablierten Sozialdienste sahen es nicht gern, daß eine neue Gruppe mit ihnen um ihre schwindenden Mittel konkurrieren sollte, daher entschieden sich die Mitglieder der Aktionsgruppe, für einen der bestehenden Dienste Geldmittel zu beschaffen, um ihm den Aufbau eines Gutscheinsystems für Waschsalons zu ermöglichen. Ein weiteres Hindernis wurde überwunden, als man einen Fabrikanten fand, der die Schließfächer zu einem Sonderpreis abgeben wollte.

Im Juli 1990 genehmigte der Stadtrat von Santa Monica auf Antrag der Aktionsgruppe 150.000 Dollar für Schränke und Duschen unter dem Santa Monica Pier und erklärte sich bereit, die sonstigen öffentlichen Duschen morgens um sechs Uhr zu öffnen. Die obdachlosen PEN-Mitglieder wiederholten ihren Vorschlag, auch eine Datenbank mit Jobangeboten einzurichten, also beschloß man, das Netz zu erweitern. In einem Treff für Obdachlose, in dem bereits Jobberater tätig waren, wurde ein Terminal aufgestellt, und zwei Studenten verdienten sich ihre Studiengebühren damit, Stellenangebote durchzugehen. Genau dafür wurde PEN gegründet: um es den Menschen zu ermöglichen, ihre eigenen Themen auf die Tagesordnung zu setzen, Probleme zu erkennen, gemeinsam über Lösungen nachzudenken und die Ideen dem Stadtrat nahezubringen.

Seit den Tagen der Mietrechtsbewegung in den frühen achtziger Jahren ist Santa Monica, was die Belange der Bürger betrifft, eine außergewöhnliche Stadt. Dieselben Organisationen, die seinerzeit dafür sorgten, daß eine strenge Reglementierung der Mietkostenentwicklung durchgesetzt wurde, trugen auch dazu bei, daß ein Stadtrat gewählt wurde, der sich öffentlich dafür engagierte, die Bürger stärker an Entscheidungsprozessen zu beteiligen. Der Stadtrat war von der Arbeit eines amerikanischen Unternehmens beeindruckt, das eine japanische Stadt dabei unterstützt hatte, mit den Möglichkeiten der CMC die Rodung des Stadtwaldes zu verhindern, und beauftragte dieses Unternehmen mit der Einrichtung eines städtischen CMC-Systems. Metasystems Design Group (MDG), ansässig in Alexandria, Virginia, installierte in Santa Monica ihre Software für Computerkonferenzen namens Caucus. Die MDG ist sich des kulturellen Potentials der CMC wohl bewußt. Es gehört zu ihrer Unternehmensphilosophie, die Unterstützung von Organisationen und die Entwicklung von CMC-Systemen miteinander zu verbinden.

Lisa Carlson hat sich als eine der ersten dafür eingesetzt, mit Netzen soziale Veränderungen zu unterstützen. Bei der praktischen Durchführung ihrer Ideen ist sie so aktiv, daß es weltweit kaum ein nennenswertes CMC-System gibt, das nicht ihre Handschrift trägt. Einer ihrer Partner ist Frank Burns, vormals Colonel Burns der Deltaforce der US-Armee. In dieser Eigenschaft lernte ich ihn in den frühen achtziger Jahren auf einer Konferenz kennen, auf der es um Fragen der geistigen und beruflichen Bildung ging. Damals erklärte er mir, daß die größte Bildungsinstitution der Welt, die US-Armee, herausfinden müsse, ob sie etwas von den Menschen lernen könne, deren Anliegen die Erweiterung ihres geistigen Potentials ist. Bevor er seinen Dienst quittierte, um Dienstprogramme für elektronische Aktivisten zu entwickeln, erfand er den Slogan, mit dem dann die Armee der USA so erfolgreich bei der Werbung von Rekruten war: «Be All That You Can Be».

Jemand, der in der Lage ist, die US-Armee davon zu überzeugen, daß sie sich Esalen zum Vorbild nehmen soll, wenn auch nur ein kleines bißchen, der wird wohl auch Geschick darin beweisen, andere Organisationen bei ihren Bemühungen um Reformen zu unterstützen. Immer schon hat die MDG ihr Wissen um den Wert von Gemeinschaften mit ihrem technischen Know-how verbunden. Von der Stadt Santa Monica wie auch von der MDG wurde CMC als Mittel angesehen, die Möglichkeiten der Bürger zu verbessern, auf die städtische Politik Einfluß zu nehmen. Welche konkreten Änderungen sich aus dem CMC-System ergeben würden, wollten sie durch sein Design nicht vorgeben; sie sollten aus der Praxis der CMC-gestützten Gemeinschaft selbst hervorgehen. Vier Jahre später mußten sie jedoch feststellen, daß es etwas gab, was sie bei ihrem Design hätten einplanen sollen, und alle, die ihrem

Vorbild folgen wollen, sollten daran denken: Im Cyberspace gibt es das Problem einer lautstarken Minderheit von Diskussions-Rowdys.

Das PEN-System wurde 1989 in Betrieb genommen. Idee und Architektur stammten von Ken Phillips, dem Leiter des Information Systems Department im Rathaus von Santa Monica. Als die Stadt sich nicht in der Lage sah, das Projekt zu finanzieren, konnte er Hewlett-Packard dazu bewegen, Hardware im Wert von 350.000 Dollar zu spenden, und MDG steuerte Software im Wert von 20.000 Dollar bei. Alle Bürger, die sich anmeldeten, erhielten kostenlose Accounts für PEN. Von den PCs zuhause, den Terminals an den Arbeitsplätzen und den öffentlichen Terminals aus, mit denen die Bibliotheken ausgestattet wurden, können Santa Monicas Bürger die Informationen abrufen, die die Stadt bereithält. Sie können mit den anderen Mitgliedern oder Angestellten der Stadt EMail austauschen und an öffentlichen Konferenzen teilnehmen. Die Polizeibehörde hält eine «Crimewatch»-Konferenz ab, «Planung» beschäftigt sich mit Bebauungsplänen, in der «Umwelt»-Konferenz werden Wasser- und Luftqualität und Recycling-Programme diskutiert. «Santa Monica» beschäftigt sich mit der Überwachung der Mieterhöhungen, kommunalen Fragen und Berichten über die städtischen Kommissionen und Arbeitsgruppen.

In anderen Foren können Themen diskutiert werden, die kaum mehr etwas mit den Belangen der Stadt zu tun haben. MDG kennt das Bedürfnis der Menschen, sich an den Orten zu treffen, die Oldenburg Dritte Räume nannte und stellte genug virtuellen Raum zur Verfügung, so daß sich die Mitglieder zusätzlich ihre eigenen formellen und informellen Treffpunkte schaffen konnten. Die Firma hatte die Erfahrung gemacht, daß Online-Systeme, die der Bürgerbeteiligung dienen sollen, nicht allzusehr vorstrukturiert sein dürfen, sondern daß die Teilnehmer die Möglichkeit haben müssen, Struktur und Inhalt der Diskussionen selbst bestimmen und verändern zu können.

Diese Voraussetzungen sind jedoch keine Garantie dafür, daß alle entstehenden Projekte so konstruktiv angelegt werden wie SHWASHLOCK. Pamela Varley ist Chronistin und arbeitet für die Kennedy School of Government in Harvard. Über PEN fertigte sie eine umfassende Studie an, die 1991 auch in der *Technology Review* des MIT veröffentlicht wurde. Sie läßt auch mehrere Enthusiasten zu Wort kommen, die bestätigten, wie sehr sie das System begeistert hat. Don Paschal war obdachlos, als er Mitglied wurde. Auch er sagt, was oft von den Online-Aktivisten zu hören ist: «Das System verschafft echte Gleichberechtigung». In den Diskussionen wurden zahlreiche soziale Barrieren überwunden, dennoch berichten andere Beobachter, daß es auch zu schärfsten Meinungsverschiedenheiten kam, die sich rasch ausbreiteten. Varley schrieb, daß «das egalitäre Element des PEN-Netzes es zugleich anfällig für Mißbrauch macht. PENianer müssen schnell entdecken, daß sie auch mit Leuten fertig werden müssen, die meinen, auf jeden losgehen zu müssen, der eine andere Meinung hat, als sie.» Sie zitiert Ken Phillips von PEN, der das Problem so beschrieb: «Es ist, als versuchte man ein Meeting abzuhalten, auf dem jeder das Recht hat, sich irgendwo hinzustellen und draufloszubrüllen.»

Die Frauen hatten Probleme mit ein paar Männern, die ihnen zusetzten, sobald sie sich beim System anmeldeten, sie privat und öffentlich mit Zweideutigkeiten belästigten und mit Gewaltphantasien bedrohten. Sie gründeten eine Aktionsgruppe, PEN Femmes, und forderten mehr Frauen auf, sich an PEN zu beteiligen. Varley berichtet, daß die Belästigungen abnahmen, sobald die Frauen online stärker vertreten waren.

Und sie berichtet über ein weiteres Problem: «Die größte Enttäuschung war, daß die Diskussionen von einer kleinen Zahl von Mitgliedern dominiert wurden. Mehr als dreitausend Accounts waren vergeben worden, aber nur fünf bis sechshundert Menschen nehmen mindestens einmal im Monat Verbindung mit PEN auf, und die meisten trugen selbst nichts zu den Diskussionen bei. Die PENianer sprachen von den fünfzig sogenannten Hardcore-Anwendern, deren Namen wieder und wieder bei den Diskussionen auftauchten.» Sie zitiert Phillips, der gesagt hatte: «Allen Leuten, die ein ähnliches System aufbauen wollen, empfehle ich, zunächst eine Gruppe von Konferenzleitern einzusetzen, die den Ton der Diskussionen bestimmen.»

Auch die WELLianerin Kathleen Creighton verbrachte 1992 geraume Zeit damit, PEN zu erforschen und Interviews mit seinen Mitgliedern zu führen. Auch ihr wurde berichtet, daß offensichtlich einige Leute sehr viel Zeit hatten, ihre Tiraden über die Politik der Stadt zu verbreiten, und daß diejenigen mit den schlechtesten Manieren den größten negativen Einfluß auf den Diskussionsprozeß zwischen den Bürgern und Politikern der Stadt hatten. «Die Erwartungen an den Dialog mit den Stadtangestellten waren sehr hoch und man versprach sich viel davon», berichtete sie. «Aber Stadtangestellte lassen sich nicht gern kritisieren oder zur Verantwortung ziehen. Daher passierte es, daß die PENianer den Leuten von der Stadt oder den Mitarbeitern von PEN Fragen stellten und keine Antworten erhielten und schließlich verprellt wurden. Dann wurde ihnen klar, daß man sich diese Unverschämtheiten gefallen lassen mußte (und zwar deshalb, weil man in Santa Monica der Auffassung ist, daß Meinungsfreiheit über alles geht – das ist jedenfalls die Auffassung *einiger* Leute). Und Jahre vorher hatte die Stadt Ken Phillips erklärt, daß man ihm keine Moderatoren bewilligen könne.»

Aus dem PEN-Experiment lassen sich wertvolle Lehren ziehen. Es ist wichtig, Datenbanken mit nützlichen Informationen aufzubauen, aber ebenso wichtig ist es, Kommunikation zwischen den Bürgern zu ermöglichen. Den Bürgern sollte die Möglichkeit gegeben werden, Themen zum Tagesordnungspunkt der Stadt zu erklären. Wenn jedoch geplant ist, Stadtangestellte in die Diskussion einzubeziehen, sollte klar gemacht werden, was an politischer Veränderung mit diesem Medium möglich ist und was nicht. Das Prinzip der Meinungsfreiheit sollte durch einige Diskussionsregeln ergänzt werden. Meinungsfreiheit bedeutet nicht, daß man sich gemeine persönliche Angriffe gefallen lassen muß. Räume für begründete Diskussionsbeiträge, in denen die freie Rede nicht eingeschränkt wird, werden am besten dadurch geschaffen, daß sowohl moderierte als auch völlig freie Foren eingerichtet werden. Man sollte es den Anwendern eines öffentlichen Online-Diskussionssystems überlassen, die Regeln dafür zu entwickeln, aber sie können nicht davon ausgehen, mit Stadtangestellten zu diskutieren, wenn es dafür nicht Räume gibt, in denen Ausfälligkeiten nicht erlaubt sind.

Ein weiteres Beispiel für öffentliche Online-Diskussionssysteme ist Free-Net, dessen Konzept in Cleveland entwickelt und inzwischen auch schon außerhalb Amerikas realisiert wurde. Free-Net und das National Public Telecomputing Network gingen aus einem Forschungsprojekt hervor, das 1984 an der Case Western Reserve University durchgeführt wurde. Dr. Tom Grundner, der damals mit dem Department of Family Medicine der Universität zusammenarbeitete, testete CMC auf seine Eignung zur Übermittlung von Gesundheitsinformationen an die Bürger. Mit nur einer einzigen Telefonleitung baute er ein Bulletin-Board-System auf, dem er den Namen St. Silicon's Hospital gab. Man konnte an eine Kommission von Gesundheitsexperten Fragen richten, auf die innerhalb von 24 Stunden eine Antwort gegeben wurde. Das System hatte einen derartigen Erfolg, daß es die Aufmerksamkeit von AT&T und der Ohio Bell Company auf sich zog. AT&T unterstützte es finanziell; die Ohio Bell Company startete ein ähnliches, größeres Projekt.

Das System, das von Grundner entwickelt wurde, war ein ausgewachsenes BBS, in dem es nicht nur um Gesundheitsfragen ging. Eingeweiht wurde es im Juli 1986 vom Gouverneur von Ohio. Bereits in der ersten Phase seines Bestehens meldeten sich siebentausend Mitglieder an, und es gingen täglich mehr als fünfhundert Anfragen ein. 1989 wurde ein neues System eröffnet, das auf achtundvierzig Telefonleitungen basierte und auch über eine Verbindung zum Glasfasernetz der Case Western Reserve University und schließlich auch zum Internet verfügte. Die Diskussionen im Free-Net können überall auf der Welt verfolgt werden, auch wenn nur die Mitglieder aktiv daran teilnehmen können. 1987 wurde das Free-Net von Youngstown aus der Online-Taufe gehoben, und 1990 wurde in Cincinnati TriState Online fertiggestellt und in Peoria, Illinois, Heartland Free-Net. Auch das Medina County FreeNet, ein ländliches System, wurde in jenem Jahr online geschaltet.

1989 beschlossen die an diesen Netzen beteiligten Organisationen, das National Public Telecomputing Network (NPTN) aufzubauen, das dem National Public Radio und den Public Broadcasting Systems der Vereinigten Staaten entsprechen sollte. Es sollte ein alternatives Medium mit Bürgerbeteiligung werden. Obwohl das System selbst von Bürgern und nichtkommerziellen Organisationen finanziert wird, war die Idee, daß der Zugang zu NPTN kostenlos sein sollte. Wieder einmal zeigt sich: Wenn nichtkommerzielle Organisationen CMC-Technologie verwenden, bedeutet dies eine weitere Bereicherung für die Online-Gesellschaft.

Doch könnte die CMC-Technologie auch eine andere Richtung einschlagen. Mit wachsender Geschwindigkeit entwickelt sich das Medium von einem staatlich unterstützten, aus Steuergeldern finanzierten, relativ wenigen Restriktionen unterworfenen öffentlichem Forum zu einem Medium, das von privaten kommerziellen Unternehmen mit Beschlag belegt wird. Diese Entwicklung könnte viele der in eine elektronische Demokratie gesetzen Hoffnungen in Frage stellen und die globale Online-Kultur zunichte machen. Wenn die Telekommunikationsnetze erst einmal leistungsfähig genug sind, auch Musik in HiFi-Qualität und Videofilme zu übertragen, könnte sich der Charakter des Netzes von Grund auf ändern.

Einige Ereignisse im Frühjahr und Sommer 1993 signalisieren das Ende der Pionierära des Netzes. Eine bunte Mischung aus Unterhaltungsindustrie, Softwarefirmen und Telefongesellschaften wurde miteinander verkuppelt. Im April und Mai wurden zwischen den Giganten der Kommunikations- und Unterhaltungsindustrie auf höchster Ebene ein ganzes Konvolut von Verträgen abgeschlossen. Innerhalb weniger Monate trat das große Geld, das seine Schachzüge bis dahin hinter verschlossenen Tüten vorbereitet hatte, an die Öffentlichkeit, und verkündete, daß man sich auf komplexe, eng ineinandergreifende Allianzen geeinigt hatte. In den späten neunziger Jahren werden es diese Allianzen sein, die das Netz massiv beeinflussen.

Niemand kann sagen, wer die Gewinner und wer die Verlierer sein werden, oder auch nur, wo sich die lukrativsten Märkte befinden wer-

den. Aber aus dem Charakter dieser ganze Industrien übergreifenden
Abkommen und den veröffentlichten Absichtserklärungen geht das
Bild, das sich das große Geld von seinem Netz gemacht hat, ganz klar
hervor: die Unternehmen haben einen Weg ausfindig gemacht, auf dem
sie besser denn je ihre Unterhaltungskonserven in die Wohnungen der
Menschen schleusen können. Und in diesem Bild fehlen so ziemlich alle
Elemente, von denen dieses Buch bislang gehandelt hat.

Werden die so profitablen Unternehmen der Video- und Ferseh-
branche eine Infrastruktur für die Kommunikation der Menschen miteinander finanzieren, die so viele Aktivisten und im Bildungssektor
engagierte Menschen herbeisehnen? Oder wird alles zu bezahlten Bildern und Tönen verkommen, zwischen denen es für öffentliche Kommunikationsnetze und virtuelle Gemeinschaften nur noch wenig oder
gar keinen Platz mehr geben wird?

Im Frühsommer 1993 kündigte U.S. West, eines der regionalen
Unternehmen von Bell, an, daß sie 2,5 Milliarden Dollar in Time-Warner
Inc. investieren würde, das weltweit größte Unternehmen der Unterhal-
tungsbranche. Ziel sei es, ein Kabel- und Informationsnetz auf dem
neuesten Stand der Technik aufzubauen. Einige Wochen später kündigte
Time-Warner Inc. ihrerseits eine Kooperation mit der Silicon Graphics
Company an, bei der es um computervermittelte «Videos auf Abruf»
gehen sollte. Darin besteht das lukrativste Geschäft, das sich die Partner
des Hightech-Business vorstellen können: Man soll seine Videos online
abrufen können, anstatt ein paar Straßen weiter in einen Video-Verleih
gehen zu müssen.

Es hat sich mehr verändert, als nur die Technologie. Die Partner-
schaften, die in der ersten Hälfte des Jahres 1993 vereinbart wurden,
könnten Ankündigungen größerer Veränderungen traditioneller Unter-
nehmenskulturen sein, die durch die neuen Kommunikationsmöglich-
keiten angestoßen werden. Was vor ein paar Jahren noch undenkbar
gewesen ist, ist jetzt passiert: IBM und Apple haben ein Jointventure,
Kaleida Labs, vereinbart, in dem für die PCs der nächsten Generation
Software für Multimedia entwickelt werden soll, eine Mischung aus
Text, Ton, Grafik und Video. Und Kaleida wiederum arbeitet bei der
Herstellung von Mikrochips mit Motorola und Scientific Atlanta, einer
Firma, die Decoder für Kabelfernsehsysteme herstellt zusammen. Und
Scientific Atlanta kooperiert auch mit Time-Warner.

Der Slogan für die neuen digitalen Kanäle, die diese Allianzen
hervorbringen wollten, lautete nicht «virtuelle Gemeinschaft», sondern
«fünfhundert Kabelfernsehkanäle». Die Zeitungen stürzten sich auf den
Plan der beteiligten Firmen, das Kontrollsystem für die Netzverbindung

im Set-top unterzubringen, einer Box, über die bei amerikanischen Fernsehgeräten die Verbindung zum Kabel hergestellt wird und die so heißt, weil sie oben auf den Geräten angebracht ist. Dies sei der «Kampf um den Set-top». Der *San Francisco Chronicle* betitelte einen Artikel über die neuen Allianzen mit der Schlagzeile: «Das Fernsehen der Zukunft geht für Sie einkaufen und redet für Sie». Der Artikel fing so an: «Stellen Sie sich einen Fernseher vor, der mit Ihnen spricht und der es möglich macht, mit Ihren Kindern zu reden, die bereits im Bett sind, wenn Sie nach Hause kommen, und der Ihnen dabei hilft, sich einen Film auszusuchen.» Werden diese Set-tops in der Lage sein, die Kommunikation zwischen vielen zu vermitteln? Oder wird das Streben nach Gemeinsamkeit von den Absichten der Highproduction in die Ecke gedrängt werden?

So, wie die Informationsschnellstraßen jetzt von vielen der Zeitungs- und Rundfunkjournalisten beschrieben wurden, waren sie nichts anderes, als noch effektivere Mittel, denselben alten Mist unters Volk zu bringen und Interaktivität beschränkte sich auf die Fernbedienung. Sowohl die *New York Times* als auch *Newsweek* brachten Artikel über die Mega-Informationsschnellstraßen. Und keines der größeren Nachrichtenmagazine erwähnte deren Möglichkeiten zur zwischenmenschlichen Kommunikation mit auch nur einem Wort.

Die mächtigste all dieser Allianzen wurde im Juni 1993 geschlossen. Microsoft, die Firma des selbstgestrickten PC-Freaks Bill Gates, dominiert den Markt für PC-Software. Und Tele-Communications Inc. ist die größte Kabelfernsehfirma der Welt. Am 13. Juni berichtete John Markoff von der *New York Times* auf der ersten Seite, daß Time-Warner, Microsoft und Tele-Communications Inc. ein Jointventure beschlossen hatten, das, so Markoff, «die Welt der Datenverarbeitung und des Fernsehens zusammenschließen und vielleicht auch bestimmen würde, welche Massenkultur in Zukunft auf den Markt kommt». Markoff zitierte den Unternehmensberater James F. Moore: «Dies ist von großer ökonomischer und sozialer Brisanz. Es geht um die Verfügung über die Massenmedien... Dieses Medium wird Zeitungen, Zeitschriften, Kataloge und Filme ablösen und jene, die es kontollieren werden, haben dadurch enorme ökonomische Vorteile.»

Am Tag nachdem Kaleida den Handel mit Scientific Atlanta zur gemeinsamen Produktion von Set-tops abgeschlossen hatte, kündigte Microsoft an, mit Intel, dem größten Chip-Hersteller der Welt, und General Instrument, einem Hersteller für Konverter, zusammenzuarbeiten. Telekommunikationsexperten spekulierten darüber, ob das Netz der Zukunft nur noch aus den Leitungen der Kabelhersteller und dem Geld der Telekom-Gesellschaften bestehen würde, gespeist von den Konserven der Unterhaltungsindustrie.

Der größte Chip-Hersteller der Welt, der größte PC-Software-Vertreiber der Welt, das größte Kabelfernsehunternehmen der Welt, und die größten Hardwarehersteller der Welt – das Netz, das von diesen Mitspielern geknüpft wird, hat kaum mehr etwas mit jenem Netz zu tun, das sich die Pioniere des Graswurzelnetzes in ihren «guten alten Zeiten» erträumten. Möglich, daß der eine oder andere Chef dieser Firmen die Weitsicht hat, zu erkennen, daß sie sich auf einen Geschäftszweig geworfen haben, in dem es auch möglich ist, über Kommunikationssysteme einen Kunden an den anderen zu verkaufen und nicht nur CDs und Videos an die Kunden. Doch erfordert dies ein Umdenken bei jenen, die von der CMC bisher nur die Meinung haben, es handele sich um ein im großen und ganzen anarchisches, unkontrolliertes und unzensiertes Medium, das von Amateuren und Enthusiasten beherrscht wird.

Es ist längst nicht gesagt, daß die elektronische Demokratie Wirklichkeit werden wird, trotz der vielen hoffnungsvollen Beispiele, die man findet, wenn man die Augen aufmacht. Manche sind auch der Meinung, daß wir uns etwas vormachen, und ihre Einwände sollten ernstgenommen werden – insbesondere von den engagiertesten Fürsprechern des CMC-Aktivismus. Daher beschäftigt sich das nächste und letzte Kapitel näher mit den Kritikern der Idee von der elektronischen Demokratie.

10

Desinformokratie

Virtuelle Gemeinschaften könnten die Bürger dabei unterstützen, Demokratie mit neuem Leben zu erfüllen. Sie könnten aber auch dazu benutzt werden, uns mit einem schön verpackten Surrogat demokratischen Diskurses zu betrügen. Bisher sind vor allem diejenigen zu Wort gekommen, die fest von der Möglichkeit elektronischer Demokratie überzeugt sind. Jetzt müssen wir auch die andere Partei hören. Wir sind es uns selbst und zukünftigen Generationen schuldig, genau zu untersuchen, was den Enthusiasten des Mediums entgeht, und die Befürchtungen der Skeptiker ernstzunehmen.

So sind beispielsweise die Bulletin-Board-Systeme in ländlichen Gegenden oder die Netze von Hilfsorganisationen nur ein Teil der gerade entstehenden CMC-Industrie. Andere Beispiele, die bedacht werden müssen, sind eher von der Sorte wie Prodigy. Bei Prodigy handelt es sich um einen Online-Dienst, von dem es heißt, daß IBM und Sears eine Milliarde Dollar ausgegeben haben, um ihn in die Welt zu setzen. Im amerikanischen Fernsehen wird zur besten Sendezeit damit geworben, daß es sich um ein Wunder des Informationszeitalters für die ganze Familie handele. Für geringe Monatsgebühr können die Prodigy-Anwender Spiele spielen, Flugreservierungen vornehmen, einander EMail zusenden (jedoch nicht an andere Netze) und in öffentlichen Foren bestimmte Fragen diskutieren. Die geringen Gebühren und die Vielzahl der Dienste haben nur einen Haken: unten auf dem Bildschirm läuft ständig Werbung.

Prodigy repräsentiert den anderen Zweig der CMC, der sich nicht aus dem alten ARPANET oder den Bulletin-Board-Systemen der Graswurzelkulturen entwickelte, sondern aus dem erstaunlich alten und oft gescheiterten Versuch, CMC dem Rundfunk-Paradigma zu unterwerfen und unter dem Namen Videotext als Einbahnstraße zu den Kunden zu betreiben. Die Idee besteht darin, daß die Leute sich selbst der Werbung ausliefern und auch noch dafür bezahlen sollen. Mithilfe des Tastentelefons, einer Tastatur, der Fernbedienung oder sonst eines Geräts kann man Informationen und Werbung abrufen, die auf dem Bildschirm des Fernsehers ausgegeben werden. Doch sind staatlich geförderte Experimente mit Videotext, wie beispielsweise Prestel in Großbritannien oder Knight-Ridder's Viewtron, immer wieder gescheitert und haben gezeigt, daß die Leute keinerlei Interesse daran haben, auf ihren Bildschirmen ausgegebene Informationen nur passiv zu konsumieren, ohne auch miteinander kommunizieren zu können. Télétel, das Videotextsystem der französischen Télécom, war nur wegen Minitel so erfolgreich, d.h. wegen der *messageries* genannten Plauderdienste, die außer den Informationskonserven genutzt werden konnten.

Das Konzept von Prodigy ist der alten Methode, Konsumenten zu produzieren, nachgebildet, die bei den konventionellen Massenmedien so gut funktioniert. Inhalte und Dienste der Zeitungen, Zeitschriften und Rundfunkmedien dienen als Vehikel dafür, eine große Zahl von Konsumenten anzulocken, detaillierte demografische Informationen über sie zu ermitteln und die Leser, Zuschauer und Zuhörer dann an die Werbung zu verkaufen. Der Inhalt der Zeitschrift, Fernsehsendung oder auch des Online-Dienstes wird so zurechtgeschnitten, daß er eine große Anzahl von Konsumenten mit den gewünschten demografischen Daten anzieht, Umfragen werden teuer bezahlt, um diese Daten belegen zu können und man verkauft anschließend diese Informationen über den «gefesselten» Zuschauer für ein entsprechendes Entgelt an Werbeagenturen. Genau dies ist der kommerzielle Zugriff auf das Rundfunk-Paradigma, ausgedehnt auf den Cyberspace. Prodigy kann bisher lediglich eine Million Anwender vorweisen, und der wirtschaftliche Erfolg seiner beiden Eigentümer läßt zur Zeit zu wünschen übrig. Es ist nicht klar, ob Prodigy die Anwenderzahl erreichen wird, die nötig wäre, um die bisherigen Investitionen wieder einzuspielen, dennoch ist es unwahrscheinlich, daß die Vorstellung, man könne Online-Kunden wie Erzeugnisse produzieren, wieder von der Bildfläche verschwindet, weil sie auf den erfolgreichsten Methoden, Geld zu machen basiert: den Methoden der Werbebranche.

Prodigy eröffnet einen Blick in eine Zukunft, in der die CMC-Dienste sich nur noch in der Hand weniger großer Privatunternehmen befinden, und hat dabei bereits zwei wesentliche Aspekte offenbart, die uns das Blut in den Adern gefrieren lassen sollten. Erstens gab es eine Welle der Paranoia unter den Prodigy-Mitgliedern, die im Netz viele Diskussionen über die Funktionsweise der Prodigy-Software auslöste: Nutzt man den Service, so ermöglicht man gleichzeitig den Zentralrechnern von Prodigy, auf Dateien des eigenen Computers zuzugreifen, sobald man via Modem die Verbindung herstellt. Sichtbar wird dies an der Datei STAGE.DAT, die auf den Festplatten der Computer auftaucht. Obwohl es keinen Beleg dafür gibt, daß dies bisher geschehen ist, ergibt sich aus der Technologie, die von Prodigy verwendet wird, doch der begründete Verdacht, daß Prodigy prinzipiell in der Lage sein könnte, private Informationen von den Rechnern seiner Mitglieder zu kopieren. Auf die Zukunftsaussicht, den Zugang zu Informationen mit dem Verzicht auf Teile der Privatsphäre erkaufen zu müssen, führte zu Gründung einer Schule der politischen Kritik an Kommunikationstechnologien auf die ich noch näher eingehen werde.

Noch beängstigender ist, daß alle öffentlichen Äußerungen in Prodigy einer Zensur unterworfen werden; wirklich, es ist so, daß irgendwo bei Prodigy ein paar Leute vor Monitoren aufgereiht sitzen und Sendungen abfangen, die als anstößig empfunden werden. Dies war eine effektive Methode, um mit rassistischen und antisemitischen Äußerungen fertig zu werden. Es war aber auch das geeignete Verfahren, die freie und öffentliche Diskussion der Prodigy-Mitglieder über Prodigys eigene Politik abzuwürgen. Will man Mitglied bei Prodigy werden, so muß man einen Vertrag unterschreiben, der Prodigy das Recht zubilligt, alle öffentlichen Mitteilungen zu überarbeiten, bevor sie ausgesendet werden, und der gleichzeitig Prodigy von jeder Verantwortung für den Inhalt entbindet, indem er die Mitteilungen zur Public Domain erklärt. Daraufhin nutzten die Mitglieder Prodigys kostenlose EMail-Einrichtung und schufen Mailing-Listen, um die Zensur zu umgehen. Seit 1986 ist private EMail gesetzlich durch den Electronic Communications Privacy Act geschützt und kann nur dann von Dritten gelesen werden, wenn diese eine gerichtliche Genehmigung erwirkt haben. Daher änderte das Management von Prodigy seine Preispolitik. Kostenlos waren nur noch dreißig Sendungen pro Monat, für jede weitere Sendung wurde ein Aufpreis von 25 Cents berechnet.

Als privates Verlagsunternehmen beruft sich Prodigy auf die Bestimmungen des First Amendment, die es vor staatlichen Eingriffen schützen. Die Prodigy-Mitglieder können sich an kein Gericht wenden, um ihre Rechte einzuklagen, ohne dabei über die Rechte Prodigys zu stolpern. In den USA kann jeder veröffentlichen, was er will. Außer, wenn es sich um Verleumdung handelt, hat kein Gericht die Möglichkeit zu beschneiden, was jemand nach eigenem Gutdünken veröffentlicht. Wenn einem Prodigy nicht paßt, kann man sich anderswo hinwenden solange es noch eine Alternative gibt. Entscheidender Faktor ist der Wettbewerb. Prodigy kann einen Ausblick auf das bedeuten, was uns erwartet, wenn eine kleine Zahl großer Unternehmen es schafft, die weltweite Telekommunikationsindustrie zu dominieren, die derzeit die Grundlage des Wettbewerbs vieler kleiner und mittlerer Firmen bildet, die es bisher geschafft haben, zu überleben und neben den Giganten zu gedeihen.

Solange Bulletin-Board-Systeme legal bleiben und die Telefongesellschaften ihre Gebühren nicht nach der Menge der übermittelten Daten berechnen, anstatt wie bislang üblich nach der Übermittlungszeit, wird es zu den Diensten der Unternehmensriesen immer eine Graswurzel-Alternative geben. Was aber, wenn einige große Unternehmen ihr Geld und ihre ökonomische und politische Macht dazu benutzen, Systeme wie WELL, Big Sky Telegraph und andere Dienste, die einen günstigen Zugang zum Internet anbieten, zu verdrängen?

Bei der Telekommunikationsindustrie handelt es sich um einen Geschäftszweig, der ursprünglich als rein wirtschaftlicher Faktor angesehen wurde. Heute aber bietet die Telekommunikation Zugang zu Einrichtungen, mit denen die Gedanken und Meinungen anderer Menschen beeinflußt werden können, und dieser Zugang und der Ausschluß davon ist mit politischer Macht eng verknüpft. Die technischen Möglichkeiten, die sich einer kleinen Gruppe kommerzieller Unternehmen mit einem schier allgegenwärtigen Hochgeschwindigkeitsnetz eröffnen würden, haben furchtbare politische Konsequenzen. Und wer auch immer in der Lage sein wird, Zugang zu dieser politischen Dimension zu erhalten, wird die Technologie dazu verwenden können, Macht zu gewinnen.

Mitte bis Ende der neunziger Jahre könnte es dazu kommen, daß die wachsenden technischen Möglichkeiten des Netzes die technologieorientierte Zivilisation an einen Scheideweg führen. Zwei eindrucksvolle und diametral entgegengesetzte Szenarien werden von den Beobachtern der politischen Auswirkungen der neuen Kommunikationstechnologien entworfen. In den vergangenen Jahren haben sich die Enthusiasten des Netzes, zu denen auch ich mich zähle, zu Fürsprechern der Utopie einer elektronischen Agora, eines elektronischen «Athens ohne Sklaverei» gemacht, das durch die Telekommunikation und preiswerte Computer möglich geworden und in preiswerten Netzen wie Usenet oder FidoNet implementiert worden ist. Auch ich war einer derjenigen, die öffentlich für Leute wie Dave Hughes und Mitch Kapor und ihren Kampf dafür eingetreten sind, mit CMC den Bürgern etwas von der Macht über das Medium zu geben, über die sonst nur die politisch Mächtigen verfügen. Zugegebenermaßen glaube ich immer noch daran, daß diese Technologie, wenn sie nur richtig verstanden und von genügend Bürgern verteidigt wird, ein demokratisches Potential in sich birgt, das mit dem des Alphabets und des Buchdrucks vergleichbar ist.

Die Kritik an einer allzu euphorischen Haltung gegenüber neuen Technologien wie CMC hat ihre Berechtigung. Wir müssen Beispiele wie Prodigy als Warnsignale begreifen, und die Bedrohung der Privatsphäre erkennen, die von demselben Medium ausgeht, das den Bürgern soviel Gewinn bringen könnte. Was wäre, wenn die Hoffnungen auf eine schnelle technologisch gestützte Beseitigung der Mängel unserer Demokratie nur geweckt wurden, um die Menschen für dumm zu verkaufen, während die Big Boys die Beute unter sich aufteilen? Diejenigen, die die Befürworter der elektronischen Demokratie für naiv halten, verweisen darauf, wie nach vergangenen technologischen Revolutionen Staat und Wirtschaft vielversprechende neue Medien dazu benutzt haben, demokratische Kommunikation in Talkshows und Werbung zu verwandeln. Warum sollte dieses neue Medium weniger korrumpierbar sein, als seine Vorgänger? Warum sollen die gegenwärtigen Behauptungen, CMC sei eine demokratische Technologie, ernster genommen werden, als ähnliche Behauptungen, die seinerzeit über Dampfkraft, Elektrizität und das Fernsehen aufgestellt wurden?

Es gibt drei verschiedene Ansätze von Technologiekritik, die eine positive Auffassung von CMC als demokratieförderndes Medium betreffen. Eine dieser Richtungen geht von der weiter zurückreichenden Geschichte der Kommunikationsmedien aus und konzentriert sich auf die Art und Weise, wie die elektronischen Kommunikationsmedien öffentliche Diskussionen bereits dadurch ausgeschlossen haben, daß ihre Inhalte mehr und mehr aus Werbung und Konsumartikeln bestehen ein Prozeß, der von diesen Kritikern als Vermarktung bezeichnet wird. Folgt man dieser Kritik, so sind sogar die politischen Prozesse in Konsumartikel verwandelt worden. Die «Vermarktung der Öffentlichkeit» hat die Bürger der Sphäre beraubt, die ihnen zur Ausübung ihrer demokratischen Rechte zur Verfügung gestanden hat. Diese Öffentlichkeit ist auch der Raum, in den diejenigen Online-Aktivisten ihre Hoffnungen setzen, die CMC als ein Mittel ansehen, mit dem die offenen und breitgefächerten Diskussionen zwischen den Bürgern wieder angeregt werden können, die den Nährboden der demokratischen Wurzeln der Gesellschaften ausmachen.

Die zweite Art der Kritik konzentriert sich auf die Tatsache, daß die interaktiven Hochgeschwindigkeitsnetze in Verbindung mit anderen Technologien nicht nur dazu dienen können, nützliche Informationen zu übermitteln, sondern auch für gezielte Fehlinformationen, Überwachung und Kontrolle eingesetzt werden können. Mithilfe der neuen Technologien können unbemerkt traditionelle soziale Werte mißachtet und damit persönliche Freiheiten unmittelbar beschnitten werden. Das größte Problem liegt dabei darin, daß das, was gemeinhin als Privatsphäre bezeichnet wird, in vielfacher Hinsicht untergraben wird, wenn die Cyberspace-Technologien es so leicht machen, detaillierte Informationen über Individuen zusammenzustellen und zu verbreiten. Sobald wir uns der komfortablen elektronischen Kommunikations- und Transaktionsmedien bedienen, hinterlassen wir unsichtbare digitale Spuren; nachdem jetzt auch diejenigen Technologien heranreifen, die in der Lage sind, diese Spuren zu verfolgen, haben wir allen Grund zur Sorge. Immer mehr Computer werden dafür verwendet, aus unseren digitalen Spuren Bilder unseres Verhaltens zusammenzusetzen; dies muß als ein Anzeichen dafür gewertet werden, daß wir zukünftig mit Verletzungen unserer Privatsphäre rechnen müssen.

Das Netz vermittelt nicht nur die Kommunikation der vielen Menschen untereinander, sondern auch große Datenmengen, die persönliche Informationen anderer Art enthalten: Kontostände, Geldtransfers, Ergebnisse medizinischer Untersuchungen. Die meisten Menschen wähnen sich in der Sicherheit, daß niemand all diese elektronischen Transaktionen im Weltnetz nach den personenbezogenen Daten einer bestimmten Person durchsuchen kann, um damit Marketing- oder auch politische Ziele zu verfolgen. Erinnern Sie sich an die «knowbots», und stellen Sie sich vor, daß sie als persönliche Dienstboten eingesetzt werden, die sich in die Informationsfluten stürzen und all die digitalen Informationen herausfischen, die *Sie* betreffen. Und was wäre, wenn das Netz und billige leistungsfähige Rechner es möglich machten, daß nicht nur Staaten und große Unternehmen diese Informationen ermitteln können, sondern jedermann?

Immer, wenn wir reisen oder einkaufen oder mithilfe von Technologie kommunizieren, sind wir Bürger der Kreditkartengesellschaft und produzieren Transaktionsdaten für die Informationsströme, die zwischen den Geschäften, Hotels, Flughäfen oder Telefonzellen an Banken, staatliche Informationssysteme, Datenbanken der Polizei und zentrale Transaktionsdatenbanken übermittelt werden. Diese ganz anderen Interaktionen im Cyberspace werden von ein- und demselben hochleistungsfähigen Paketvermittlungsnetz befördert; die Datenpakete enthalten nicht nur Videoclips und Textdateien, sondern auch die beschriebenen Transaktionen. Werden diese Informationsströme miteinander verbunden, haben skrupellose Diktatoren und Möchte-Gern-Herrscher die Gelegenheit, die Menschen in einem viel gefährlicheren Netz einzufangen.

Dieselben Kommunikationskanäle, die es den Menschen überall auf der Welt ermöglichen, miteinander zu kommunizieren, erlauben es den Regierungen und der Privatwirtschaft, Informationen über diese Menschen zusammenzutragen. Die Richtung der Kritik nennt sich Panoptic, in Anlehnung an jenes perfekte Gefängnis, das im Jeremy

Bentham im achtzehnten Jahrhundert ersann ein theoretisches Modell, das den realen Möglichkeiten der Technologie unserer Zeit entspricht.

Noch eine weitere Schule von Kritikern am Cyberspace verdient es, erwähnt zu werden, obgleich ihre bekanntesten Vertreter unglaubliche, bizarre Szenarien entwickeln, die Schule der Hyperrealisten. Sie sind der Meinung, daß die Informationstechnologien, das, was wir als Realität bezeichnen, bereits in eine aufgestylte elektronische Simulation verwandelt haben. Schon zwanzig Jahre, bevor in den USA ein Hollywoodschauspieler zum Präsidenten gewählt wurde, haben die ersten Hyperrealisten darauf hingewiesen, daß sich die Politik in einen Kinofilm verwandelt habe, in ein Spektakel, mit dem die alte römische Methode, Brot und Spiele, in den Rang einer Massenhypnose erhoben worden sei. Wir leben in einer Hyperrealität, die der wirklichen Welt sorgfältig nachgebildet wurde, um den Konsumenten das Geld aus der Tasche zu ziehen: mögen die Wälder rund um das Matterhorn sterben mit seiner Disneyland-Version können weiterhin die Dollars eingesackt werden. Die Freizeitparks, Filmschauspieler und Fernsehprogramme bringen gemeinsam eine weltweit operierende Industrie hervor, die sich dem Zweck verschrieben hat, dieses Gewebe der Illusionen aufrechtzuerhalten, das ständig lebensechter wird, weil die Technologien ständig weiterentwickelt werden und immer mehr Investitionen in diese Industrie getätigt werden.

Viele andere Sozialwissenschaftler haben gegen die Kritik der Hyperrealisten eingewendet, daß viele ihrer Theorien sehr abstrakt sind und auf nur wenig konkretem Wissen über die Technologie selbst beruhen. Dennoch erfaßt diese Sichtweise etwas von dem Einfluß, den die Kommunikationstechnologien auf unser Bewußtsein haben. Ein guter Grund, warum man den Behauptungen der Hyperrealisten Beachtung schenken sollte ist, daß ihre jahrzehntealten Prognosen der heutigen Realität so viel näherkommen, als diejenigen der optimistischeren Utopisten. Während McLuhans Vorstellung von der Welt als einem einzigen Dorf einer gewissen Ironie nicht entbehrt, wenn man sie im Lichte dessen betrachtet, was seit den sechziger Jahren passiert ist, verspricht eine andere Vision aus demselben Jahr, die sich auf die ersten elektronischen Medien bezieht, weit weniger rosige Aussichten und zeichnet, wie die Ereignisse seither gezeigt haben, ein erheblich realistischeres Bild von den sozialen Veränderungen durch die Informationstechnologien.

Der Ausverkauf der Demokratie:
Konsumgesellschaft und Öffentlichkeit

Zwischen informeller Konversation, wie sie in Gemeinschaften und virtuellen Gemeinschaften, in Cafés und Computerkonferenzen stattfindet und der Fähigkeit größerer sozialer Gruppen, sich ohne Monarchen und Diktatoren selbst zu regieren, besteht ein enger Zusammenhang. Dieser sozialpolitische Prozeß hat mit der Idee vom Cyberspace eine Metapher gemein, weil auch er sich in einer Art virtuellem Raum abspielt, einem Raum, der von den Fachleuten als Öffentlichkeit bezeichnet worden ist.

Der herausragende Soziologe und Philosoph Jürgen Habermas schreibt über die Bedeutung dieser Abstraktion folgendes:

> Unter Öffentlichkeit verstehen wir zunächst einen Bereich unseres gesellschaftlichen Lebens, in dem sich so etwas wie öffentliche Meinung bilden kann. Der Zutritt steht grundsätzlich allen Bürgern offen. Ein Stück Öffentlichkeit konstituiert sich in jedem Gespräch, in dem sich Privatleute zu einem Publikum versammeln. Sie verhalten sich dann weder wie Geschäftsleute oder Berufstätige, die ihre privaten Angelegenheiten aushandeln, noch wie gehorsamspflichtige Rechtsgenossen, die den legalen Weisungen der staatlichen Bürokratie unterstehen. Als Publikum verhalten sich die Bürger, wenn sie ungezwungen, also unter der Garantie, sich frei versammeln und vereinigen, frei ihre Meinung äußern und veröffentlichen zu dürfen, über Angelegenheiten allgemeinen Interesses verhandeln.

Mit dieser Definition faßt Habermas begrifflich, was die Menschen in domokratischen Gesellschaften meinen, wenn sie Sätze sagen wie «Die öffentliche Meinung würde das nicht gutheißen» oder «Das hängt ganz von der öffentlichen Meinung ab». Habermas lenkte die Aufmerksamkeit auf die enge Beziehung zwischen dem Gewebe freier, informeller, persönlicher Kommunikation und den Grundfesten demokratischer Gesellschaften. Die Menschen können sich nur dann selbst regieren, wenn sie umfassend, frei und in Gruppen und vor allem öffentlich miteinander kommunizieren. Die erste in der Bill Of Rights formulierte Zusatzklausel zur Verfassung der Vereinigten Staaten schützt die Bürger vor staatlicher Einmischung in ihre Kommunikation, denn die Rechte der Meinungs-, Presse- und Versammlungsfreiheit sind Kommunikationsrechte. Ohne diese Rechte gibt es keine Öffentlichkeit, wie jeder Bürger aus Prag, Budapest oder Moskau bestätigen kann.

Weil Öffentlichkeit durch freie Kommunikation und freie Diskussion über die verschiedenen Meinungen konstituiert wird, ist es möglich, sie durch Änderungen der Kommunikationstechnologie zu beeinflussen, sobald die Größe der politischen Gemeinschaft das Fassungsvermögen einer mittleren Stadthalle übersteigt.

Zu diesem Sachverhalt sagt Habermas:

> Diese Kommunikation bedarf in einem großen Publikum bestimmter Mittel der Übertragung und der Beeinflussung; Zeitungen und Zeitschriften, Funk und Fernsehen sind heute solche Medien der Öffentlichkeit... Der Titel «öffentliche Meinung» bezieht sich auf die Aufgaben der Kritik und der Kontrolle, die das Publikum der Staatsbürger informell, und während der periodischen Wahlen auch formell, gegenüber der staatlich organisierten Herrschaft ausübt. Auf diese Funktion der öffentlichen Meinung sind auch Publizitätsvorschriften, etwa die obligatorische Öffentlichkeit der Gerichtsverhandlungen bezogen. Der Öffentlichkeit als einer zwischen Gesellschaft und Staat vermittelnden Sphäre, in der sich das Publikum als Träger öffentlicher Meinung bildet, entspricht das Prinzip der Öffentlichkeit jene Publizität, die einst gegen die Arkanpolitik der Monarchen durchgesetzt werden mußte und seitdem eine demokratische Kontrolle der Staatstätigkeit gestattet.

Fragen Sie irgend jemanden in China nach dem Recht, sich offen mit Freunden oder Nachbarn zu unterhalten, eine eigene Druckerpresse zu besitzen oder Demonstrationen zu veranstalten, um gegen die Regierungspolitik zu protestieren. Aber der brutale Zugriff auf die Kommunikationstechnologie ist nicht die einzige Methode, mit der die politisch Mächtigen die Fähigkeit der Bürger, frei miteinander zu reden, neutralisieren können. Das Wesen dieses Diskurses kann auch verändert werden, indem eine Art bezahlten, gefälschten Diskurses erfunden wird. Wenn nur eine Handvoll Leute kontrolliert, was in den täglichen Nachrichten erscheint, und wenn diese Leute ihr Geschäft mit Werbung machen, dann eröffnen sich denen grenzenlose Möglichkeiten, die über das nötige Geld verfügen.

Den korrumpierenden Einfluß einer Ersatz-Öffentlichkeit beschreibt Habermas folgendermaßen:

> Während einst die Publizität Personen oder Sachen dem öffentlichen Räsonnement unterwerfen und politische Entscheidungen vor der Instanz öffentlicher Meinung revisionsfähig machen sollte, wird sie heute oft genug auch schon zur Hilfe einer Arkanpolitik der Interessenten als publicity erwirbt sie Personen oder Sachen öffentliches Prestige und macht sie

dadurch in einem Klima nicht-öffentlicher Meinung akklamationsfähig. Schon das Wort «Öffentlichkeitsarbeit» verrät, daß umständlich und von Fall zu Fall eine Öffentlichkeit erst hergestellt werden muß, die sich früher aus der Gemeinschaftsstruktur ergab.

Die Idee, öffentliche Meinung zu produzieren, und die Tatsache, daß elektronische Spektakel die Aufmerksamkeit der Mehrheit der Bürger auf sich ziehen können, haben die Grundlagen der Demokratie zerstört. Habermas führt weiter aus:

> Diese Begriffe von Öffentlichkeit und öffentlicher Meinung bilden sich nicht zufällig erst im 18. Jahrhundert. Sie gewinnen ihren spezifischen Sinn aus einer konkreten geschichtlichen Lage. Damals lernt man opinion von opinion publique unterscheiden... Öffentliche Meinung (kann sich), ihrer eigenen Idee nach, erst unter Voraussetzung eines räsonierenden Publikums herstellen. Institutionell gesicherte öffentliche Diskussionen, die in kritischer Absicht die Ausübung politischer Herrschaft zum Thema machen, gibt es aber nicht seit eh und je...

Öffentlichkeit und Demokratie entstanden gleichzeitig und haben dieselben Wurzeln. Heute, da die Sphäre der Öffentlichkeit von ihren Wurzeln abgeschnitten ist und abzusterben scheint, ist auch die Demokratie in Gefahr.

Der Begriff der Öffentlichkeit, wie er von Habermas und anderen entwickelt wurde, schließt einige ihm wesentliche Bestimmungen ein, die Menschen, die in demokratischen Gesellschaften leben, sofort erkennen: freier Zugang, freiwillige Teilnahme, Teilhabe außerhalb institutionalisierter Rollen, Generierung der öffentlichen Meinung durch Versammlungen rational argumentierender Bürger, Meinungsfreiheit, die Freiheit, Staatsangelegenheiten zu diskutieren und die Organisationsform staatlicher Macht zu kritisieren. Die erste Zusatzklausel zur Verfassung der Vereinigten Staaten und ähnliche Bestimmungen anderer Verfassungen schützen insbesondere die mündlichen und schriftlichen Äußerungen, die sich mit dem Staat auseinandersetzen. Die Bürger der früheren Sowjetunion und der anderen osteuropäischen Staaten, die nach Jahrzehnten der Zensur ihre Freiheit wiedererlangten, können bezeugen, daß die wichtigste Freiheit diejenige ist, sich über Freiheitsrechte frei äußern zu können.

Im Nordamerika des achtzehnten Jahrhunderts, in einer Zeit der Revolution und Entstehung einer Verfassung, waren die *Committees of Correspondence* die wichtigsten Stätten der Öffentlichkeit. Schaut man sich die Vorgänge während der amerikanischen Revolution genauer an, so stellt man fest, daß eine Version der Vernetzung, die die Mitteilungen in Texte faßte und auf Pferderücken transportierte, Bestandteil der Tradition der Vereinigten Staaten ist. Jessica Lipnack und Jeffrey Stamps beschreiben die Komitees in ihrem Buch *Networking*.

> Die Committees of Correspondence waren ein Forum, in dem diejenigen, die sich mit Fragen der Politik und Ökonomie befaßten, ihre ideologischen Differenzen bereinigten und die Form für ein eigenständiges und unabhängiges Amerika schufen. Die Mitglieder dieser revolutionären Generation formten aus ihren unentwickelten Ideen reife politische Anschauungen, indem sie einander schrieben und die Briefe unter Nachbarn austauschten. Sowohl Männer als auch Frauen beteiligten sich an dieser Debatte über die Unabhängigkeit von England und über die Form, die eine erstrebenswerte Zukunft haben sollte...
>
> Während der Jahre, in denen sich die Ideen von der amerikanischen Revolution verbreiteten, waren die Briefe, Flugschriften und Pamphlete, die von einem Dorf zum anderen getragen wurden, die Medien, mit denen die demokratischen Ideen ständig weiterentwickelt wurden. Schließlich beschlossen die Teilnehmer dieser Korrespondenzen, daß sie sich in einem weiteren Schritt ihres Ideenaustauschs persönlich treffen sollten. Als sie sich schließlich in Philadelphia trafen, waren die Auffassungen von Unabhängigkeit und Regierungsform bereits hundertfach schriftlich debattiert, diskutiert, verworfen und wieder in die Debatte eingebracht worden.
>
> Nachdem die Korrespondenten dann eine Vielzahl von Konferenzen abgehalten hatten, auf denen sie schließlich eine Absichtserklärung ausgearbeitet hatten, die sie als «Declaration of Independence» bezeichneten, war aus dem Korrespondentennetz und den gedruckten Attacken eine Organisation entstanden. Unsere vernetzten Großeltern waren sich sicher kaum dessen bewußt, daß weniger als zwei Jahrhunderte später eine globale Supermacht das Resultat ihres jugendlichen Idealismus sein würde, ausgestattet mit einer Macht, das Leben auf unserem Planeten zu beeinflussen, die ihresgleichen suchen.

Die Vereinigten Staaten wuchsen, und die Technologien veränderten sich. Parallel dazu änderten sich auch die Formen der öffentlichen Diskussion dessen, was Habermas als «Angelegenheiten allgemeinen Interesses» bezeichnet Sklaverei und die Rechte der Staaten im Verhältnis zur Bundesregierung waren solche Angelegenheiten, die bedrohliche Ausmaße annahmen. Das Medium geschriebener Sprache, das als Vehikel des Diskurses gedient hatte, wurde immer mehr zum Mittel, das Wesen dieses Diskurses zu verändern. Kommunikationsmedien des neunzehnten Jahrhunderts waren die Zeitungen, die Flugschriften, die erste Generation dessen, was heute als Massenmedien bezeichnet wird. Zur gleichen Zeit wurde die Werbung erfunden, und die Public-Relations-Industrie begann, die Sphäre der Öffentlichkeit zu unterminieren, indem sie einen käuflichen, veräußerbaren, gefälschten Diskurs erfand, der den ursprünglichen ersetzte.

Die Simulation (und damit Zerstörung) authentischen Diskurses, die zunächst in den Vereinigten Staaten erfunden wurde und sich dann über die ganze Welt verbreitete, ist das, was Guy Debord als den ersten Schritt in die «Gesellschaft des Amüsements» und was Jean Baudrillard als einen Meilenstein auf dem Weg zur Hyperrealität bezeichnen würde. Als die Bilder produzierende Fernsehtechnologie aufkam, verwandelte sich diese Kolonialisierung der bürgerlichen Gesellschaft in eine quasipolitische Kampagne zur Förderung der Technologie selbst. («Unser wichtigstes Produkt ist der Fortschritt», sagte in den frühen Jahren des Fernsehens ein Sprecher von General Electric namens Ronald Reagan.) Im zwanzigsten Jahrhundert, in dem der öffentliche Diskurs von Telefon, Radio und Fernsehen vermittelt wird, hat sich der Charakter der politischen Diskussionen in einer Weise verwandelt, wie dies die Menschen, die an der Ausarbeitung der Verfassung beteiligt waren, niemals vorhersehen konnten.

Heute werden Politiker wie Konsumartikel angepriesen, sind die Bürger ihre Konsumenten, und politische Fragen werden mithilfe von Geräuschhäppchen und inszenierten Ereignissen entschieden. Bei politischen Demonstrationen oder Versammlungen sind Fernsehkameras das einzige, was zählt. Folgt man Habermas und anderen Kritikern, so hat im Verlauf des evolutionären Prozesses von der handgedruckten politischen Polemik über den Telegrafen und die Flugschriften zu den Massenmedien die Verwandlung der Medien in Konsumartikel zu einem Verfall der Öffentlichkeit geführt. Die Konsumgesellschaft prägt sowohl das individuelle Verhalten, als auch die politische Entscheidungsfindung. Der Diskurs verkam zu Publicity und die Publicity bediente sich der wachsenden Leistungsfähigkeit der elektronischen Medien, um Beurteilungen zu beeinflussen und Überzeugungen zu formen.

Mit der Konsumgesellschaft wurde der bislang leistungsfähigste Mechanismus erfunden, schnell Reichtum zu produzieren. Ökonomisches Wachstum ist garantiert, solange das Kaufen als Lebensinhalt gilt. Die Reichtumsmaschinerie ist davon abhängig, daß auf den Konsumentenmärkten ständig neue Boulevardblätter verkauft werden, und das Fernsehen teilt uns mit, was wir als nächstes kaufen müssen, um unsere Existenz zu rechtfertigen. Die einstigen Kanäle authentischer

Kommunikation sind zu Medien verkommen, mit denen ständig Konsumwünsche aufgefrischt werden.

Geld, Politik und das Fernsehnetz ergeben ein effektives System. Und es funktioniert. Werden dieselben Verpackungskünste, die bei den Flossen der Straßenkreuzer und den Fastfood-Erzeugnissen zur Perfektion gebracht wurden, auf politische Ideen angewendet, bestimmt das höchste Gebot die politische Meinung. Was bei dieser Entwicklung stirbt, ist der rationale Diskurs, auf demj die bürgerliche Gesellschaft basiert. Dieser Tod manifestiert sich in Bedürfnissen die nicht vom richtigen Paar Schuhe in den Farben der Saison oder dem beliebtesten Fersehmoderator befriedigt werden. Einige Medienforscher sprechen von einem unmittelbaren Zusammenhang zwischen dem Erfolg des kommerziellen Fernsehens und dem Desinteresse der Bürger an politischen Fragen.

Ein anderer Medienkritiker, Neal Postman, weist in seinem Buch *Wir amüsieren uns zu Tode* darauf hin, daß im Jahre 1776 von Tom Paines *Common Sense* innerhalb von fünf Monaten dreihunderttausend Exemplare verkauft wurden. Die erfolgreichste demokratische Revolution der Geschichte ging von belesenen Menschen aus, die ausführlich miteinander diskutierten. Postman argumentiert, daß die Massenmedien, insbesondere das Fernsehen, die Bedingungen dieses Diskurses und damit ihn selbst verändert haben. Sachliche Diskussionen oder sogar echte Auseinandersetzungen sind durch schnelle Schnitte, Spezialeffekte und Geräuschfetzen abgelöst worden.

Die Beobachter gesellschaftlicher Prozesse, die auf eine lange Geschichte tiefgreifender Meinungsverschiedenheiten und heftiger Debatten zurückblicken können, sind sich bei der Einschätzung der Konsumgesellschaft und der Umstände des gesellschaftlichen Diskurses offensichtlich einig.

Alle, die von den Bulletin-Board-Systemen oder anderen Netzen fasziniert sind und den Gedanken verbreiten, daß das Netz auf magische Weise genuin demokratisch ist, ohne auf die harte Arbeit hinzuweisen, die im wirklichen Leben getan werden muß, um die Früchte dieser demokratischen Kraft zu ernten, laufen Gefahr, sich unabsichtlich zu Agenten der Konsumgesellschaft zu machen. Zunächst sollte man sich bewußt machen, wie alt dieser Gedanke bereits ist. Außerdem ist es wichtig, zur Kenntnis zu nehmen, daß die Hoffnungen technophiler Menschen oft dazu benutzt worden sind, die Technologie kommerziellen Zwecken zu unterwerfen. CMC-Enthusiasten laufen also Gefahr, unabsichtlich unbezahlte Werbung für jene zu machen, die nur darauf warten, mit der neuen Technologie ihre Geschäfte zu betreiben.

James Carey, einer der Kritiker der Idee einer elektronischen Demokratie, hat die utopische Rhetorik als «die Rhetorik des technologisch Erhabenen» bezeichnet. Er begründet dies folgendermaßen:

> Obwohl feststeht, daß Technologie in den letzten hundert Jahren nie in der Lage war, gravierende soziale Probleme zu lösen, fahren zeitgenössische Intellektuelle fort, die neuesten technischen Entwicklungen als potentiell revolutionär anzusehen und dabei von ihren historischen und politischen Bezügen zu abstrahieren... Für den modernen Futurismus verfügen die Maschinen über teleologischen Intellekt. Obwohl Stadtversammlungen, Zeitungen, Telegrafen, Funk und Fernsehen sich keineswegs als Bedingungen eines neuen Athen erwiesen haben, fahren die zeitgenössischen Fürsprecher einer technologischen Befreiung fort, ein neues postmodernes Zeitalter unmittelbarer, alltäglicher, plebiszitärer Demokratie zu beschreiben, das durch ein Computersystem für elektronische Wahlen und Meinungsumfragen möglich werde.

In mindestens einer Hinsicht hat Carey prophetische Qualitäten bewiesen er schrieb dies Jahre, bevor Ross Perot und William Clinton auf ihrer Kampagne für die Präsidentschaftswahlen von einer elektronischen Demokratie sprachen. Wenn es so ist, daß sich die Vereinigten Staaten auf dem Weg zu einer elektronischen Demokratie befinden, in der der Präsident elektronische Bürgerversammlungen abhält und mit Adhoc-Telefonabstimmungen über Schlüsselprobleme «direkt zu den Menschen» (und vielleicht am Kongreß vorbei) geht, dann sollten sich die amerikanischen Bürger die Gefahren klarmachen, die mit plebiszitären politischen Entscheidungen verbunden sein können. Mit Hilfe von Medien manipulierte Plebiszite sind seit Joseph Goebbels, der im Dritten Reich das Radio so erfolgreich einsetzte, als politische Instrumente bekannt. In den frühen achtziger Jahren führten die Warner Brothers mit ihrem Qube-Dienst erste Experimente durch, mit denen sie die Möglichkeiten der unmittelbaren Abstimmung und Meinungsäußerung von zuhause aus testeten. Einer der Kritiker, die Politologin Jean Betheke Elshtain, charakterisierte die Abstimmungen mit Hilfe des Fernsehens so:

> Diese Interaktion ist der reine Betrug. Sie spiegelt uns Teilhabe vor, obwohl wir nur das reagierende «Ende» eines vorgefertigten Systems externer Reize sind... In plebiszitären Systemen werden Minderheiten und unpopuläre Meinungen von der Mehrheit... hinweggefegt. Plebiszitäre Systeme haben Gemeinsamkeiten mit autoritären Systemen, die ihre Politik unter Berufung auf die schweigende Mehrheit rechtfertigen. Sobald Meinung in leicht

manipulierbaren plebiszitären Ritualen erfaßt wird, werden Diskussionen über substantielle Fragen überflüssig.

Die Hoffnung auf eine Dezentralisierung der Macht, ein umfassendes politisches Mitspracherecht, eine Gleichberechtigung der Bürger als Mittel gegen zentralstaatliche Gängelung was hat es zu bedeuten, daß eben diese Hoffnungen in gleichlautenden Formulierungen schon seit zweihundert Jahren durch die Presse geistern, nämlich im Zusammenhang mit der Dampfkraft, der Elektrizität und dem Fernsehen? Lange genug haben wir mit Dampfkraft, Elektrizität und dem Fernsehen gelebt, um zu wissen, daß sie wirklich die Welt verändert haben; aber auch um zu wissen, daß wir der Utopie eines technologischen tausendjährigen Reichs bislang nicht näher gekommen sind.

Mit dem Wort *Fortschritt* sind Weltanschauungen und Geschäftsprinzipien verbunden. Es verknüpft die Vorstellung von Innovation mit der Vorstellung von Verbesserung; die Segnungen der Innovationen werden hervorgehoben, während die giftigen, umweltschädlichen Nebenwirkungen auszehrender, lukrativer Technologien ebenso verborgen werden wie das Geschäftsprinzip, mithilfe des Fernsehens mehr von den Technologien zu verkaufen, und zwar als Mittel gegen den Streß, in einer von Technologie dominierten Welt zu leben. Die fortdauernde, ja, messianische Hoffnung, die jeweils nächste Technologie könnte die Probleme lösen, die von der aktuellen Technologie geschaffen wurden, scheint fest in der bürgerlichen Gesellschaft verankert zu sein. Dieser Mythos des technischen Fortschritts hat seinen Ursprung in demselben Zeitalter der Aufklärung, dem wir auch den Mythos der repräsentativen Demokratie zu verdanken haben, eines politischen Ordnungsprinzips, das immer noch recht gut funktioniert, obwohl die alten demokratischen Institutionen vieles von ihrer Dynamik verloren haben. Und es ist schwierig, ein Ideal der Aufklärung zu verwerfen, und zugleich an einem anderen festzuhalten.

Ich glaube, daß es noch zu früh ist, darüber zu urteilen, welche Position sich als richtig erweisen wird. Ich glaube auch, daß diejenigen, die eine demokratischere Erwartung an die zukünftige Entwicklung vorziehen, die Chance haben, das Ergebnis zu beeinflussen. Deshalb sollten sich Online-Aktivisten eingehend mit ihren Kritikern befassen. Wenn die Fürsprecher der elektronischen Demokratie diese Kritiken entkräften können, werden sich ihre Erwartungen vielleicht erfüllen. Ist dies nicht der Fall, so tut man gut daran, die Erwartungen der Menschen nicht zu hoch zu schrauben. Diejenigen, denen die Sackgassen der

Geschichte nicht vertraut sind, sind dazu verdammt, sie wieder zu betreten, voller Hoffnung, wieder und wieder.

Die Vorstellung, daß leistungsfähige Computer in der Hand von Bürgern diese vor totalitären Autoritäten schützen könnten, wiederholt ältere, ähnliche Ideen von einer Technologie, die geeignet sein könnte, die Rechte der Bürger zu stärken. Langdon Winner, dessen Schriften jeder Computer-Revolutionär lesen sollte, schreibt in seinem Essay «Mythinformation»:

> Von allen politischen Ideen der Computer-Enthusiasten ist keine so faszinierend wie die Vorstellung, daß es die Bestimmung des Computers sei, der modernen Gesellschaft zu Gleichberechtigung zu verhelfen... Vermutlich wären die mit Personal Computern ausgestatteten Bürger in der Lage, dem Einfluß der großen, mit Computern operierenden Organisationen standzuhalten.
>
> Vorstellungen dieser Art wiederholen, was Revolutionäre des achtzehnten Jahrhunderts von Feuerwaffen in der Hand der Bürger dachten; daß sie das entscheidende Mittel wären, die festgefügten Autoritäten zu stürzen. In den revolutionären Programmen des amerikanischen Unabhängigkeitskrieges, der Französischen Revolution, der Pariser Kommune und der Russischen Revolution spielte die «Bewaffnung des Volkes» stets eine zentrale Rolle. Wie die militärische Niederlage der Pariser Kommune jedoch zeigt, braucht die Tatsache, daß das Volk bewaffnet ist, nicht von entscheidender Bedeutung zu sein. Wenn Gewalt der Gewalt gegenübersteht, behält oft die rücksichtslosere und mit den ausgefeilteren Waffen ausgerüstete Seite die Oberhand. Es kann daher sein, daß die preiswerte Rechenleistung von Computern die grundlegenden elektronischen Dimensionen sozialen Einflusses verschiebt; aber sie ändert nicht zwangsläufig die Machtverhältnisse. Mit einem Personal Computer hat man gegenüber der National Security Agency beispielsweise soviel Macht, wie ein Drachenflieger gegenüber der Air Force.

Die Idee der elektronischen Demokratie ist deswegen so bestechend, weil auf den Kommunikationstechnologien aufbauende technische Entwicklungen dazu beitragen könnten, das Informationsmonopol zu durchbrechen, das von den Mächtigen hinter dem Rundfunk-Paradigma den Eigentümern der Fernsehsender und der Zeitungs- und Buchverlage so lange genossen wurde. Daß sie viel leichter vermarktet als erklärt werden kann, ist die größte Schwäche der Idee von elektronischer Demokratie. Die Kommerzialisierung und Konsumorientierung des öffentlichen Diskurses ist nur eines der gravierenden Probleme, vor das uns die immer ausgefeilteren Kommunikationsmedien stellen. Das Netz, das jeden mit jedem verbindet, kann sich ebensogut als eine Art unsichtbarer Käfig erweisen, aus dem es kein Entrinnen gibt. Die Vorstellung, politische Führer könnten das Netz für ihre üblen Zwecke verwenden, erweckt die Angst vor einem noch direkteren Angriff auf unsere Freiheiten.

Gefangen im Netz: CMC und das effektive Gefängnis

In seinem Buch *Panopticon; or, the Inspection House* vertrat Jeremy Bentham 1791 die These, daß es möglich sei, einen Mechanismus sozialer Kontrolle in die physische Struktur eines Gebäudes zu integrieren, das er Panopticon nannte. Seine Vorstellung eines solches Gebäudes war sehr allgemein gehalten, die architektonische Eigenschaft sollte für Gefängnisse, Schulen und Fabriken einsetzbar sein. Einzelne Zellen sind kreisförmig rund um einen zentralen Brunnen angeordnet. Durch einen oberhalb des Brunnens erichteten Wachturm und durch das Verfahren, die Zellen zu beleuchten und den Wachturm selbst dunkel zu lassen, kann eine einzige Person die Aktivitäten vieler anderer überwachen, von denen jeder weiß, daß er überwacht wird, aber nicht weiß, wann genau. Und die Wachperson wird auf ähnliche Weise selbst überwacht. Es ist dieses Bewußtsein, selbst gesehen zu werden, ohne den Beobachter wahrnehmen zu können, auf das Bentham abzielte. Wenn es gelingt, diese Art Bewußtsein einer Bevölkerung aufzwingen, sind weder Peitschen noch Ketten nötig, um sie von der Rebellion abzuhalten.

Der Sozialhistoriker und Philosoph Michel Foucault betrachtet in *Überwachen und Strafen* die sozialen Institutionen, mit denen die Mächtigen die potentiell rebellischen Massen beherrschen. Foucault meint, das Panopticon sei als Idee und als architektonische Vorstellung sehr wichtig, da es eine Vorlage für die Methoden darstelle, mit denen künftige Diktatoren Überwachungstechnologien einsetzen könnten, um ihre Macht auszuüben. So wie die Fähigkeit zu lesen, zu schreiben und frei mit anderen zu kommunizieren den Bürgern Möglichkeiten in die Hand gibt, die sie vor der Macht des Staates schützen, so gibt die Fähigkeit, zu überwachen und in die Privatsphäre des Bürgers einzudringen, dem Staat die Möglichkeit, Verwirrung unter den Bürgern zu stiften, sie zu unterdrücken und zu beherrschen. Eine unwissende Bevölkerung kann sich nicht selbst regieren, aber Diktaturen können selbst kultivierte Völker beherrschen, sofern nur ausgefeilte Mittel der Überwachung vorhanden sind.

Wenn Sie an Privatsphäre denken, dann denken Sie wahrscheinlich an das Recht, ungestört und möglichst unbehindert von äußeren Eingriffen Ihre eigenen Angelegenheiten regeln zu können. Oberflächlich betrachtet scheint sie kein politisch bedeutsames Phänomen zu sein. Kevin Robins und Frank Webster gehen in ihrem Artikel «Cybernetic Capitalism: Information, Technology, Everyday Life» auf die Verbindung zwischen Bentham, Foucault und die Entwicklung der Telekommunikationsnetze ein:

> Wir meinen, daß Foucault recht hat, wenn er Benthams Panopticon als bedeutsames Ereignis der menschlichen Geistesgeschichte sieht. Unseres Erachtens erlauben die neuen Kommunikations- und Informationstechnologien insbesondere in der Form eines ineinander verwobenen elektronischen Netzes eine massive Ausweitung und Ausgestaltung derselben (allerdings technologie-gestützten) Anwendungen, die schon Benthams panoptisches Prinzip nahelegten. Was diese Technologien unterstützen, ist tatsächlich dieselbe Verbreitung von Macht und Herrschaft, nun aber befreit von den architektonischen Einschränkungen des von Bentham vorgestellten steinernen Prototyps. Auf der Grundlage der «Informationsrevolution» wird nicht allein das Gefängnis oder die Fabrik, sondern die gesellschaftliche Gesamtheit als hierarchisch geordnete, disziplinierende panoptische Maschine funktionieren.

Das Panopticon, warnt Foucault, kommt in vielen Verkleidungen. Es ist keine wertneutrale Technologie. Es ist eine Technologie, die einer kleinen Zahl von Menschen erlaubt, eine große Zahl anderer zu beherrschen. J. Edgar Hoover benutzte sie. Ebenso Mao tse-Tung. Man braucht keine Glasfaserkabel, um den Überwachungsstaat zu errichten aber Überwachung wird zweifellos leichter, wenn Sie die Apparate der Überwachung freiwillig in Ihrem eigenen Haus aufstellen.

Diejenigen, die die Hoffnung auf soziale Änderungen durch Computertechnologie nicht teilen, weisen in ihrer Kritik auch darauf hin, daß Informations- und Kommunikationstechnologien immer schon durch das Militär beherrscht wurden, und daß Militär, Polizei und Geheimdienste sie auch in absehbarer Zukunft beherrschen werden. Ein Computer ist, war und wird auch eine Waffe bleiben. Er kann zu anderen Zwecken benutzt werden, um aber als Instrument der Befreiung angepriesen werden zu können, muß die CMC-Technologie im Kontext ihrer Ursprünge gesehen werden, im vollen Bewußtsein ihrer künftig möglichen, schrecklichen Anwendungen in den Händen von Diktatoren.

Der erste digitale elektronische Rechner wurde von der US-Armee zur Berechnung der Flugbahnen von Artilleriegeschossen geschaffen.

Militärische und Geheimdienstorganisationen besaßen speziell in den USA immer einen technischen Vorsprung von zehn bis zwanzig Jahren vor zivilen Anwendungen der Computertechnologie. Die U.S. National Security Agency, die ultra-geheime Zentrale der Hightech-Schnüffler, die Computer einsetzen, um Codes zu brechen und elektronische Signale abzuhören, und die U.S. National Laboratories in Livermore und Los Alamos, wo Atomwaffen und Anti-Raketensysteme entwickelt werden, waren lange Zeit im Besitz des weltweit größten Computerpotentials.

Außerhalb des militärischen Bereichs setzen Polizei und private Sicherheitsdienste Computer und Kommunikationstechnologien sehr effektiv ein. Ein Beispiel, das ich mit eigenen Augen sehen konnte, soll eine Ahnung davon geben, welch umfangreiche Möglichkeiten den Polizeikräften zur Verfügung stehen: In einem Labor außerhalb von Tokio konnte ich eine Videokamera beobachten, die sich auf das Auto-kennzeichen eines Fahrers einstellte, der die Geschwindigkeit über-schritten hatte. Mustererkennungs-Software dekodierte das Kennzei-chen und leitete die Information an den Polizeicomputer weiter, der den Fahrzeughalter ermittelte. All dies passiert ohne menschliches Zutun. Kamera und Computer stellen fest, daß ein Vergehen oder Verbrechen begangen wurde, und identifizieren sofort den Verdächtigen. So wie die Graswurzel-Netze der Bürger zu einem erdumspannenden Netz ver-woben wurden, so haben sich auch die polizeilichen Informationsnetze weiterentwickelt. Das Problem dabei ist, daß Polizeibeamte von ihrer Schußwaffe Gebrauch machen dürfen. Wenn Sie erschossen werden, weil über das Netz falsche Informationen verbreitet wurden (und es ist viel einfacher, im Netz falsche Informationen auszusenden, als sie zurückzunehmen), dann hat das Netz dazu beigetragen, daß Sie getötet wurden. Schon auf den ersten Seiten seines prophetischen, 1982 erschie-nenen Buches *The Network Revolution* erzählt Jacques Vallee die war-nende Geschichte eines unschuldigen französischen Bürgers, der im Gewehrfeuer der Polizei starb: Ergebnis einer Fehlfunktion im einem mangelhaft konzipierten polizeilichen Computernetz.

Die bekannten, spektakuläreren Bilder der panoptischen Gesell-schaft das mitternächtliche Klopfen an die Tür, die versteckten Mikro-fone der Geheimpolizei sind reale Möglichkeiten und einer genaueren Betrachtung wert. Heute braucht man keine Mikrofone mehr zu ver-stecken, da ein ferner und unhörbarer Befehl jedes Telefon in ein Mikrofon verwandeln kann auch wenn der Hörer aufgelegt ist. Die klassischen Szenarien sind heute nicht mehr die einzig möglichen. Privatsphäre wird schon auf weit stillere und komplexere Weise verletzt. Der für die meisten unsichtbare Angriff auf die Privatsphäre erfolgt im hellen Licht des Tages, in unserem alltäglichen Leben. Die dabei benutzten Waffen sind Registrierkassen und Kreditkarten. Seien Sie auf der Hut vor Überraschungen, denn in den letzten Jahren wurde dank immer besserer Informationsnetze Stück für Stück der Privatsphäre durch alltägliche Annehmlichkeiten aufgezehrt.

Gestern sind Sie vielleicht in den Supermarkt gegangen und haben gesehen, wie der Kassierer mit einem Strichcodeleser den Preis Ihrer Einkäufe ermittelt hat. Bezahlt haben Sie möglicherweise mit einer Kreditkarte oder einem Scheck, für den Sie Ihre Scheckkarte vorweisen mußten. Gestern nacht sind vielleicht die Daten, die darüber Auskunft geben, wer Sie sind und was Sie gekauft haben, von dem Supermarkt an eine zentrale Sammelstelle weitergeleitet worden. Heute morgen könnten detaillierte Informationen über Ihre Kaufgewohnheiten aus einer Datenbank herausgesucht und an einen Dritten weiterverkauft worden sein, der sie morgen irgendwo anders zu einem weiteren elektronischen Dossier zusammenstellt, eines, in dem steht, was Sie kaufen, wo Sie wohnen und wieviel Geld Sie besitzen. Nächste Woche könnte ein Vierter dieses Dossier kaufen, es mit Millionen anderer Dossiers auf einer Daten-CD speichern, und diese Informationssammlung als Vermarktungshilfe anbieten.

Alle Informationen auf dieser hypothetischen Daten-CD stammen aus öffentlich zugänglichen Quellen; durch die Zusammenstellung der Daten jedoch, durch die Art, wie die Informationen zu einem Dossier eines realen Bürgers gebündelt wurden, vollzieht sich der Einbruch in die Privatsphäre. Auf jeder CD-ROM befindet sich ein Datensatz, der Auskunft über Ihren Geschmack gibt, die von Ihnen bevorzugten Marken, Ihren Familienstand und Ihre politischen Meinungen nennt. Wenn Sie an einer der frei zugänglichen Usenet-Newsgroups teilnehmen, um so besser, denn dann können auch Ihre politischen Ansichten, Ihre sexuellen Gewohnheiten und sogar Ihre Denkweise zusammengestellt und mit den anderen Informationen in Ihrem Dossier abgeglichen werden.

Die Möglichkeiten informationssammelnder und -sortierender Techniken, mit deren Hilfe überwältigende Mengen für sich genommen trivialer, in ihrer Gesamtheit jedoch verräterischer Daten gesammelt und durchsiebt werden können, sind heute größer denn je. Diese panoptische Maschinerie stützt sich zum Teil auf die gleiche Kommunikationsinfrastruktur, die es Einklassenschulen in Montana möglich macht, mit Professoren des MIT zu kommunizieren, und chinesischen Dissidenten, Nachrichten zu verbreiten und Widerstand zu organisieren. Die Möglichkeiten, genaueste Dossiers von Millionen Menschen

zusammenzustellen, werden in den nächsten Jahren sogar noch zunehmen, wenn die Kosten der Datenverarbeitung fallen werden und das
Netz zur Übertragung elektronischer Daten noch dichter verwoben wird.
Die Vermarktung der Privatsphäre geht Hand in Hand mit der Kombination von Computern und Kommunikation, die virtuelle Gemeinschaften entstehen ließ. Die Möglichkeit zu schnüffeln wurde demokra-
tisiert.

Wenn unser persönliches Informationsterminal so leistungsfähig
wie ein Supercomputer ist, und wenn jeder Haushalt in der Lage ist,
große Informationsmengen zu senden und zu empfangen, dann ist eine
Diktatur, die uns zwingt, unsere Nachbarn auszuspionieren, und diese
zwingt, uns auszuspionieren, nicht mehr notwendig. Stattdessen werden wir einander Stücke unserer Persönlichkeit verkaufen. Schon knab-
bern Unternehmer an dem Recht auf die eigenen, persönlichen Daten,
fetzen schmale Stücke aus unserer Privatsphäre und vermarkten sie.
Informationen über Sie und mich sind für gewisse Leute von Wert, ob
wir uns nun entschlossen haben, diese Informationen freizugeben oder
nicht. Wir haben es erlebt, wie unsere Namen von den Listen der
Zeitschriftenabonnenenten in die Hände der Versender von Postwer-
bung gewandert sind, aber was wir noch nicht erlebt haben, ist, wie
durch eine neuartige Hard- und Software private Informationen zu rein
kommerziellen Zwecken gesammelt und verwertet werden.

Die heimtückischste Bedrohung unseres Rechts auf ein vernünf-
tiges Maß an Privatsphäre könnte vielleicht nicht von einer politischen
Diktatur sondern vom freien Markt ausgehen. Der Begriff «Big Brother»
läßt uns an eine künftige Dikatur denken, die sich auf ständige elektronische Überwachung ihrer Bürger stützt. Moderne Technologien
erlauben jedoch feinere Mittel, als Orwell vorhersehen konnte. Es gibt
bessere Wege, die Gesellschaft des Panopticon aufzubauen, als sie das
plumpe Orwellsche Modell bietet. Gelingt es den Manipulateuren der
Völker und Technologien künftig tatsächlich, Dominanz zu erlangen,
dann, so meine ich, wird diese Entwicklung nicht damit beginnen, daß
die Polizei an Ihre Tür klopft, sondern damit, daß Sie mit dem Fernseher
einkaufen können und der Supermarkt die Informationen über Ihre
Geschäfte weiterverkaufen darf, während gleichzeitig alle Möglichkeiten, mit denen Sie sich schützen könnten, als unrechtmäßig gelten. Statt
nur Ihr Telefon anzuzapfen, wird die andere Seite Computerprogramme
gegen Sie einsetzen, die die Strichcodes, Kreditkarten, Sozialversiche-
rungsnummern und all die anderen elektronischen Spuren, die wir auf
unseren Wegen durch die Informationsgesellschaft hinterlassen, miteinander in Beziehung setzen können. Und die mächtigste Waffe wird

die Gesetzgebung oder das Fehlen einer Gesetzgebung sein, die es dem
Mißbrauch der Informationstechnologie möglich macht, alles auszu-
löschen, was von dem Recht der Bürger auf Privatsphäre noch geblieben
sein mag.

Lotus-Software kündigte 1991 «Marketplace» an, eine Daten-CD,
die eine Sammlung aller verfügbaren Informationen über etwa 120
Millionen Menschen in den USA enthalten sollte. Nach öffentlicher
Kritik entschloß sich Lotus, das Produkt nicht zu vermarkten. Interaktive
Fernsehsysteme werden jetzt installiert, mit denen die Kunden Videos
anfordern und Informationen über ihren Geschmack, ihre Neigungen
und Meinungen weitergeben können. Und die digitalen Glasfaser-Hoch-
geschwindigkeitsnetze der Zukunft werden weitere Wege öffnen, Informationen aus Ihrem Haus, mit ihrer Zustimmung oder ohne sie, in die
Datenbanken anderer zu übertragen.

Informationsdatenbanken über Bürger sind Goldminen für jene,
die Kapital zu schlagen verstehen aus dem Wissen darüber, welche
Zeitschriften Sie abonniert haben, welche Yoghurtmarke Sie bevorzugen
und welche politischen Organisationen Sie unterstützen. Unsichtbare
Informationen Ihr Name, Ihre Anschrift und andere demografische
Daten sind bereits codierter Bestandteil jener Werbebroschüren, die
Ihnen die Post zustellt. Schließlich werden Werbefirmen neue Technologien dafür einsetzen, ihre Fernseh-Werbespots auf jeden einzelnen
Haushalt individuell zuzuschneiden. Werbeagenturen, Postmarketing-
firmen und politische Berater wissen bereits, was sie mit Ihrer Postleit-
zahl, Ihrer Sozialversicherungsnummer und einigen anderen Daten
anfangen können. Die professionellen Einbrecher in die Privatsphäre
begreifen allmählich, daß ein bedeutender Teil der Bevölkerung anderen
gegen Bezahlung oder eine andere Form der Entschädigung gestatten
würde, ihre persönlichen Daten zu sammeln, zu benutzen und sie sogar
weiterzuverkaufen.

Hier zeigt sich eine der Folgen der unterschiedlich verteilten
Zugriffsmöglichkeiten auf das Netz und der Kluft zwischen denen, die
viele, und denen, die nur wenige Informationen besitzen. Einige Leute
können es sich leisten, für «erweiterte Informationsmöglichkeiten» zu
zahlen. Andere werden diese Möglichkeiten nutzen können, wenn sie
einige Informationen über sich preisgeben. Wenn Sie zum Beispiel
einige Fragen beantworten und erlauben, daß aufgezeichnet wird, was
Sie mit dem Medium tun, wird Ihnen vielleicht erlaubt, eine gewisse Zeit
diesen Informationsdienst zu nutzen, oder Sie werden gar bezahlt für
Ihre Informationen und das Recht, sie weiterverwenden zu dürfen.
Warum sollte sich jemand die Mühe machen, von unserem Recht auf

Privatsphäre Besitz zu ergreifen, wenn so viele von uns glücklich wären, dieses Recht verkaufen zu können?

Es ist Ihr gutes Recht, Ihre Privatsphäre zu vermarkten, und ich meine nicht, daß irgend jemand Sie daran hindern sollte. Tatsächlich kann darin eine mögliche Lösung des Problems der ungleichen Zugangsmöglichkeit zum Netz liegen. Jedoch gibt es in der Medizin die Verpflichtung für Ihren Arzt, Sie über die Risiken und möglichen Nebenwirkungen der empfohlenen medizinischen Behandlung aufzuklären. Ich möchte, daß man sich über den Preis im klaren ist, den man für gewisse Bequemlichkeiten, Rabatte und Online-Stunden im neuesten MUD zu zahlen hat. Besitzen Menschen ein Recht auf ihre Privatsphäre? Wo beginnt dieses Recht und wo endet es? Ohne angemessene Schutzmaßnahmen kann die gleiche Information, die von Bürger zu Bürger fließt, ebenso von mächtigen, zentralen Autoritäten benutzt werden wie von den Graswurzel-Gruppen.

Die wichtigste Vorkehrung, die Bürger treffen können, um sich vor der technologisch unterstützten Invasion ihrer Privatsphäre schützen zu können, ist die Festlegung von Prinzipien, die im digitalen Zeitalter individuelle Autonomie bewahren helfen. Gesetze, Regeln und Normen sind in einer demokratischen Gesellschaft die Formen, die solchen Prinzipien, sind sie einmal formuliert und akzeptiert, Geltung verschaffen. Jedoch ist moderne Technologie oft auch in der Lage, Gesetze zu unterlaufen. Eine andere Schutzmaßnahme, zu der Bürger greifen können, ist zur Zeit Gegenstand der intensiven Diskussion unter den Liberalen des Cyberspace, eine technische, als Verschlüsselung bekannte Lösung. Eine Kombination von Prinzipien, Gesetzen, Regeln und Technologien bietet, sofern sie intelligent entworfen und ebenso angewendet wird, ein hoffungsvolleres Szenario, in dem Bürger weiterhin die Vorteile des Netzes nutzen können, ohne seinen panoptischen Gefahren zum Opfer zu fallen.

Gary Marx, Professor für Soziologie am MIT, ist Experte in Sachen Technologie und Privatsphäre. Marx schreibt:

> Ein wichtiges Beispiel für die Art der geforderten Prinzipien ist im Code of Fair Information zusammengefaßt, der für das U. S. Department of Health, Education, and Welfare zusammengestellt wurde. Der Codex nennt fünf Prinzipien:
>
> Es darf keine geheime Aufzeichnung und Sammlung persönlicher Daten geben.
>
> Jedermann muß die Möglichkeit haben herauszufinden, welche Daten über ihn aufgezeichnet sind und wie sie benutzt werden.

Jedermann muß die Möglichkeit haben zu verhindern, daß Daten, die für einen bestimmten Zweck aufgezeichnet wurden, ohne seine Zustimmung für andere Zwecke verwendet oder verfügbar gemacht werden.

Jedermann muß die Möglichkeit haben, die Aufzeichnungen ihn betreffender, persönlich zuordbarer Daten zu korrigieren oder zu ergänzen.

Jede Organisation, die Aufzeichnungen persönlich zuordbarer Daten vornimmt, verwaltet, benutzt oder weitergibt, muß sicherstellen, daß die Daten der vorgesehenen Anwendung angemessen sind, und Vorsichtsmaßnahmen ergreifen, um einen Mißbrauch der Daten auszuschließen.

Die dicht verknüpften, relativ unsicheren Netze, in denen Daten mit einer Geschwindigkeit von Millionen und Millarden Bit pro Sekunde hin und herfließen, stellen für die Durchsetzung von Regeln, die auf den vorgeschlagenen Prinzipien basieren, ein schwieriges Umfeld dar. Die Eigenarten von öffentlichen Konferenzen, privater EMail oder solchen Mischgebilden wie Mailing-Listen werden Änderungen dieser Prinzipien erzwingen, jedoch bietet diese Liste einen guten Ausgangspunkt, auf den sich die gesellschaftliche Diskussion über Wert, Risiken und Freiheiten konzentrieren kann. Wenn sich herausstellt, daß das Herumschnüffeln im Netz zu bedeutenden Gewinnen und Machtzuwachs führt, und daß die Architektur des Netzes das Aufspüren von Eindringlingen erschwert, dann werden Gesetze niemals die Rechte der Bürger schützen können. Aus diesem Grund arbeitet eine Subkultur von Software-Pionieren daran, Bürgern Verschlüsselung zu ermöglichen.

Verschlüsselung ist die Technik, Nachrichten zu kodieren und zu dekodieren. Computer und Codebrecher können auf eine lange Geschichte zurückblicken. Alan Turing, einer der geistigen Väter von Computern, setzte während des zweiten Weltkriegs computergestützte Verfahren ein, um die Codes zu knacken, die von der deutschen Enigma-Maschine entwickelt wurden. Heute befindet sich die allgemein anerkannt größte Ansammlung von Rechenleistung auf der Welt im Besitz der U.S. National Security Agency, dem streng geheimen Hightech-Codebrecher unserer Zeit. Computer und mathematische Theorien sind heute die mächtigsten Waffen in der Auseinandersetzung zwischen Codeentwicklern und Codebrechern. Wie schon Computer und CMC werden auch die mathematischen Verfahren der Verschlüsselung nicht nur Spezialisten, sondern Bürgern zugänglich.

Das Verfahren der Codierung mit öffentlichem Schlüssel sorgt gerade für einige Aufregung, nicht allein weil damit Bürger Nachrichten verschlüsseln können, die zwar der Empfänger lesen kann, die aber nicht einmal von leistungsfähigsten Computer-Codebrechern entschlüsselt werden können, sondern weil dieses Verschlüsselungsverfahren zwei extrem mächtige Waffen gegen die Gesellschaft des Panopticon bietet: digitales Geld und digitale Unterschrift. Mit digitalem Geld wird es möglich, ein elektronisches Wirtschaftsgefüge zu errichten, in dem der Verkäufer die Kreditwürdigkeit des Käufers überprüfen kann, und in dem der Transfer der korrekten Geldsumme möglich ist, ohne daß der Verkäufer erfährt, wer der Käufer war. Mit digitaler Unterschrift ist es in der Online-Welt, in der die Identitäten oft fließend sind, möglich geworden, Gewißheit über den Absender einer Nachricht zu erlangen. Dies alles hat große Auswirkungen auf geistiges Eigentum, Online-Veröffentlichungen, aber auch für die persönliche Sicherheit.

Die Entschlüsselung eines codierten Textes ist nur möglich, wenn man über den passenden *Schlüssel* verfügt. Bis vor kurzem waren Code-Schlüssel, ob sie nun aus Metall oder aus mathematischen Algorithmen bestehen, streng geheim. Stiehlt jemand Ihren Schlüssel, sind Ihre Nachrichten gefährdet. Codierung mittels öffentlicher Schlüssel stützt sich auf neueste mathematische Verfahren, die erlauben, daß jemand einen privaten Schlüssel geheimhält und einen öffentlichen jedem und jedermann bekanntgibt. Jeder kann den öffentlichen Schlüssel benutzen, jedoch kann nur derjenige die Nachricht lesen, der auch den privaten Schlüssel besitzt. Notwendig sind sowohl der private als auch der öffentliche Schlüssel, und der private Schlüssel kann auch nicht mittels mathematischer Verfahren aus dem öffentlichen Schlüssel ermittelt werden. Da Verschlüsselung auf präzisen mathematischen Prinzipien basiert, ist es möglich zu erkennen, ob ein bestimmtes Verschlüsselungsverfahren in sich robust genug ist, einem Knackversuch mittels der konzentrierten Rechenleistung von Supercomputern zu widerstehen.

Codierung über öffentliche Schlüssel, wie sie heute eingesetzt werden, kann nur von solch leistungsfähigen Computern geknackt werden, wie die National Security Agency einen besitzt. Das Recht der Bürger, mathematisch nicht knackbare Verschlüsselungsverfahren zu benutzen, ist zum Gegenstand politischer Debatten und Gerichtsverfahren geworden. Die National Security Agency sieht darin einen Sicherheits-Alptraum, denn sie kann dann ihre Aufgabe nicht länger erfüllen, strategische Signale aus dem Äther herauszufiltern und sie nach Inhalten abzusuchen, die eine Bedrohung für die Sicherheit der USA darstellen. Bestimmte Entwicklungen bei den mathematischen Grundlagen der Verschlüsselung werden automatisch als geheim klassifiziert, sobald Mathematiker sie formulieren. John Gilmore, einer der Gründer von EFF, erhob Klage gegen die National Security Agency, weil sie wesentliche Arbeiten über Verschlüsselung als geheim klassifiziert und ihre Veröffentlichung in den USA untersagt hatte. Es bestand kein Zweifel, daß diese Arbeiten Amerikas Feinden schon bekannt waren. Wenige Tage, nachdem Gilmore die Klage eingereicht und die Presse informiert hatte, gab die National Security Agency zum allgemeinen Erstaunen diese Dokumente frei.

Digitales Geld können Sie sich als eine Art Kreditkarte vorstellen, die Ihnen innerhalb Ihres Kreditrahmens Geld auszugeben erlaubt, ohne daß mit diesen Transaktionen Hinweise auf die Person des Käufers verbunden sind. Die gleichen Techniken könnten auch eingesetzt werden, um andere persönliche Informationen medizinische Aufzeichnungen oder Strafregister vor Mißbrauch zu schützen. Verschiedene Anwendungen der Verschlüsselungstechnologie werden bereits als Vorsichtsmaßnahmen gegen verschiedene Arten panoptischer Gefahren gesehen. Aber allen verfügbare Verschlüsselung führt auch zu gewaltigen Problemen: Wird diese Verschlüsselung, die jeder Bürger vornehmen kann und die es einzelnen oder Gruppen unmöglich macht, verschlüsselte Botschaften zu knacken, vor allem Kriminellen und Terroristen zugute kommen oder vielleicht dazu führen, daß die Exekutivorgane und Geheimdienste sich weniger mit der Abhörung und Entschlüsselung von Signalen befassen und sich verstärkt solchen Überwachungstechniken zuwenden, die für die Privatsphäre womöglich noch verheerender sind? In der Verschlüsselung durch Bürger wird wie bei der Kernspaltung eine der nicht vorhersehbaren Anwendungen höherer Mathematik sichtbar, die alles ändern könnten. Noch ist Zeit, darüber zu reden.

Die dritte Schule der Kritiker geht von der Vermarktung der Privatsphäre aus, hebt dann aber sozusagen in surrealistische Dimensionen ab. Höchst komplexe Arbeiten zeitgenössischer Philosophen, zum Großteil aus Frankreich stammend, entwickeln bestimmte Gedanken zu den psychologischen und sozialen Wirkungen früherer Kommunikationstechnologien, die auf verblüffende Weise mit dem Wesen von CMC-Technologien übereinstimmen.

Die Hyperrealisten

Hyperrealisten sehen im Einsatz von Kommunikationstechnologien eine vollständige Substitution der natürlichen Welt und der Gesellschaftsordnung durch eine technisch vermittelte Hyperrealität, einer «Gesellschaft des Amüsements», in der wir uns nicht einmal mehr bewußt sind, daß wir den ganzen Tag arbeiten, um das Geld zu verdienen, mit denen wir die Unterhaltungsmedien bezahlen, die uns sagen, was wir uns wünschen sollen, welche Marken wir zu kaufen und welche Politiker wir zu wählen haben. Wir sehen unsere Umgebung nicht als artifizielles Gebilde, das Medien nutzt, um uns unseres Geldes und unserer Leistung zu berauben. Für uns stellt dies die «Realität» dar wie sie nun einmal ist. Für die Hyperrealisten ist CMC, wie die anderen Kommunikationstechnologien der Vergangenheit, dazu verdammt, ein weiteres, mächtiges Mittel des Desinfotainment zu werden. Während einige wenige mittels breitbandiger Supernetze immer besser informiert werden, wird die Mehrheit der Bevölkerung nach allem was uns die Geschichte lehrt wahrscheinlich immer systematischer eingenebelt und immer präziser manipuliert. Hyperrealität stellt sich ein, wenn das Panopticon sich bis zu dem Punkt entwickelt, an dem es jedermann davon überzeugen kann, daß es nicht existiert; die Leute glauben immer noch, sie seien frei, obwohl sie schon jeglicher Macht beraubt sind.

Fernsehen, Telefon, Radio und Computernetze sind mächtige politische Werkzeuge, da ihre Aufgabe nicht darin besteht, physische Güter herzustellen oder zu transportieren, sondern darin, menschliche Ansichten und Vorstellungen zu beeinflussen. Da elektronische Unterhaltung zunehmend «realistischer» geworden ist, wurde sie als zunehmend leistungsfähigeres Propagandamittel eingesetzt. Der radikalste politische Kritiker unter den Hyperrealisten beklagt, daß die Wunder der Kommunikationstechnologie das Verschwinden und die leise Ersetzung wirklicher Demokratie und damit alles, von der Natur bis zu menschlichen Beziehungen, was man als authentisch anzusehen gewohnt war durch eine simulierte, kommerzielle Version verschleiern. Folgt man diesen Kritikern, dann ist die Illusion von Demokratie, die CMC-Utopisten anbieten, nur ein weiterer Versuch, von dem realen Machtspiel hinter dem Schleier dieser neuen Technologien abzulenken: Dem Ersatz von Demokratie durch einen globalen, merkantilen Staat, der seine Herrschaft über medien-gestützte Manipulation der Wünsche ausübt und nicht, wie in der Vergangenheit, mittels Überwachung und Herrschaft. Warum sollte man Menschen quälen, wenn man sie dazu bringen kann, für den Zugang zu elektronischer geistiger Kontrolle zu zahlen?

Während der Ereignisse im Mai 1968, als die Studenten in den Straßen von Paris gegen die gaullistische Regierung revoltierten, tauchte ein radikales Manifest auf, das Guy Debord verfaßt hatte. *Die Gesellschaft des Spektakels* führt auf bestürzende Weise das weiter, was McLuhan etwa zur gleichen Zeit sagte. Kino, Fernsehen, Zeitungen, behauptet Debord, sind alle Teil der weltweiten Machthegemonie, in der die Reichen und Mächtigen gelernt haben, mit minimalem Kraftaufwand dadurch zu regieren, daß sie alles zu einem Medienereignis umwandeln. Die Schauspiele der Parteitage, auf denen Politiker gekürt werden, die schon längst hinter verschlossenen Türen ausgewählt wurden, sind ein besonders augenfälliges Beispiel, aber auch nur Maschen in dem Gewebe von Schlagzeilen, Werbebotschaften und vorgefertigten Ereignissen.

Die Verdrängung historisch gewachsener Viertel durch moderne Einkaufspassagen und Cafés mit ihren Fast-Food-Angeboten sind genau deshalb Teil dieser «Gesellschaft des Amüsements», weil sie helfen, die Dritten Räume zu zerstören, von denen Öffentlichkeit lebt. Mehr als zwanzig Jahre später blickte Debord zurück und betonte gerade diesen Aspekte seiner früheren Voraussagen:

> Die Agora, die allgemeine Gemeinschaft ist verschwunden, und mit ihr die Gemeinschaften, die auf Randgruppen beschränkt waren, auf unabhängige Institutionen, Cafés, Restaurants oder auf die Arbeiter einer Fabrik. Kein Ort ist den Menschen geblieben, an dem sie die sie betreffenden Realitäten diskutieren können, denn sie können sich nicht mehr dauerhaft von der überwältigenden Präsenz des Mediendiskurses und den Mächten, die sich zusammengetan haben, um diesen Diskurs aufrechtzuerhalten, freimachen... Das Unechte setzt sich durch und stärkt sich selbst, indem es jeden möglichen Verweis auf das Authentische tilgt. Und das Echte wird so schnell wie möglich umgestaltet, damit es dem Unechten gleicht.

Ein anderer französischer Sozialkritiker, Jean Baudrillard, schreibt seit den sechziger Jahren über die zunehmend synthetische Natur der technischen Zivilisation und eine Kultur, die unwiederbringlich geprägt wurde von dem Verfall unserer Symbolsysteme. Diese Analyse geht über die Wirkung der Medien auf unsere geistigen Vorstellungen hinaus. Baudrillard zielt darauf, dem Bedeutungsverfall selbst nachzuspüren. Nach Baudrillards historischer Analyse kennt die menschliche Zivilisation drei große Entwicklungsstadien, die sich jeweils in der Wandlung der Bedeutung niederschlagen, die wir unseren Symbolsystemen beimessen. Genauer gesagt richtet Baudrillard sein Augenmerk auf die sich wandelnde Beziehung zwischen *Zeichen* (Buchstaben oder grafische Darstellungen zum Beispiel) und *dem, was sie bezeichnen*. Das Wort *Hund* ist ein Zeichen, und jeder des Deutschen Mächtige weiß, daß es in der materiellen Welt ein Lebewesen bezeichnet, das bellt und Flöhe hat. Baudrillard zufolge, wurden im ersten Schritt der Zivilisation, als Sprache und Schrift sich entwickelten, Zeichen erfunden, um *auf Realität zu verweisen*. Während des zweiten Zivilisationschritts, im vergangenen

Jahrhundert, setzten Werbung, Propaganda und Vermarktung ein, und die Zeichen begannen, *Realität zu verbergen*. Der dritte und letzte Schritt führt in die Hyperrealität, denn nun befinden wir uns in dem Zeitalter, in dem die Zeichen beginnen, die *Abwesenheit von Realität zu verbergen*. Zeichen dienen uns jetzt dazu, Bedeutung vorzuspiegeln.

Technologie und Industrie haben Baudrillard zufolge im vergangenen Jahrhundert mit Erfolg die menschlichen Grundbedürfnisse gestillt, weshalb der profitproduzierende Apparat, der die auf Technologie basierende Industrie kontrolliert, gezwungen ist, Wünsche zu erfüllen, statt Bedürfnisse zu stillen. Die neuen Medien des Radios und des Fernsehens erlaubten, die Wünsche der Bevölkerung auf einer so hohen Ebene zu halten, daß die Konsumgesellschaft weiter funktionieren konnte. Die Art, in der dies geschieht, hat mit Zeichensystemen zu tun, wie sie etwa in der Tabakwerbung sichtbar werden, wo der Markenname einer Zigarette mit der schönen Fotografie einer Waldlandschaft verknüpft wird. Der Markenname der Zigarette ist eingebunden in ein Gewebe vorgefertigter künstlicher Zeichen, die jederzeit geändert werden können. Dies ist das Reich des Hyperrealen. Virtuelle Gemeinschaften werden sich nahtlos in diese Weltsicht einfügen, wenn die Entwicklung tatsächlich dahin gehen sollte, daß sie wie eine echte Gemeinschaft wirken, tatsächlich aber die dafür nötigen Voraussetzungen nicht erfüllen.

Baudrillards Vision erinnerte mich an eine andere Schreckensutopie vom Beginn des zwanzigsten Jahrhunderts: E.M. Forsters entmutigende Geschichte «The Machine Stops». Sie erzählt von einer zukünftigen Welt, in der jeder der Milliarden Menschen in einem multimedialen Zimmer lebt, das alle Bedürfnisse stillt, die Abfälle automatisch entfernt und jeden Bewohner dieser Welt in ein wunderbar stimulierendes Konversationsgewebe einbindet. Der Haken an dieser Geschichte ist, daß die Menschen schon vor langer Zeit vergessen haben, daß sie in einer Maschine leben. Der Titel der Erzählung beschreibt das dramatische Ereignis, das die Handlung einleitet. Forster und Baudrillard setzen an der Schattenseite der Telekommunikation an und betrachten sie im Lichte der menschlichen Fähigkeit zur Illusion. Beide sind ernstzunehmende Warner, die uns die Fallen bewußt machen können, die in Breitband-Netzen und multimedialen virtuellen Gemeinschaften lauern.

Aufgrund des Wesens ihres Mediums zahlen Mitglieder virtueller Gemeinschaften für den Zugang zueinander mit dem ständigen Zweifel an der Realität ihrer Online-Kultur. Das Land des Hyperrealen beginnt, wenn Menschen vergessen, daß ein Telefon nur die Illusion vermittelt, der Angerufene befinde sich innerhalb der stimmlichen Reichweite des Anrufers und daß eine Computerkonferenz nur die Illusion einer Sitzung des Stadtrats vermittelt. Die Schwierigkeiten beginnen, wenn das Illusorische nicht mehr bewußt ist. Wird die Technologie aber so leistungsfähig, daß die Illusionen immer realistischer erscheinen und diese Entwicklung verspricht das Netz für die nächsten zehn oder zwanzig Jahre dann wird die Notwendigkeit, immer wieder die Realität zu hinterfragen, noch dringlicher.

Wie sollten jene von uns, die an das demokratische Potential virtueller Gemeinschaften glauben, auf diese Technologiekritiker reagieren? Ich meine, wir sollten sie einladen, sich mit uns an einen Tisch zu setzen und uns zu helfen, die Schwachstellen unserer Träume und die Fehler in unseren Konzepten zu entdecken. Ich glaube, wir sollten uns sehr genau ansehen, was Historiker und Sozialwissenschaftler über die Illusionen und Machtverschiebungen zu sagen haben, die mit der Ausbreitung früherer Technologien einhergingen. CMC und Technologie allgemein haben ihre realen Grenzen, und wir tun gut daran, weiterhin auf jene zu hören, die diese Grenzen kennen, auch wenn wir damit fortfahren, die positiven Möglichkeiten einer Technologie zu erforschen. Nicht dem Zauber der «Rhetorik des technologisch Erhabenen» verfallen, aktiv die sozialen Folgen der Auswirkungen neuer Technologien hinterfragen und überprüfen, uns immer wieder daran erinnern, daß elektronische Kommunikation mächtige Fähigkeiten mitbringt, Illusionen zu schaffen: all dies sind gute Voraussetzungen, um Katastrophen zu verhindern.

Soll elektronische Demokratie angesichts all dieser Hindernisse Erfolg haben, dann müssen ihre Anhänger mehr tun, als nur Fehler zu vermeiden. Jene, die Computernetze als politische Mittel einsetzen möchten, müssen weitergehen und ihre Theorien in einer größeren Zahl und in vielgestaltigen Gemeinschaften zum Leben erwecken. Gibt es noch eine letzte Hoffnung, ein Bollwerk gegen die Hyperrealität eines Baudrillard oder Forster, dann erwächst sie aus einer neuen Einstellung gegenüber der Technologie. Statt den Anpreisungen der Verkäufer zum Opfer zu fallen oder neue Technologien als Instrumente der Illusion brüsk zurückzuweisen, müssen wir sie noch genauer betrachten und uns fragen, wie sie uns helfen können, festere und menschlichere Gemeinschaften aufzubauen und uns auch fragen, ob sie uns davon abhalten können, dieses Ziel zu erreichen. Die späten neunziger Jahre werden in der Rückschau vielleicht einmal als schmales Fenster auf die historische Möglichkeit erscheinen, die sich den Menschen bot, etwas zu tun, um die Herrschaft über die Kommunikationstechnologien wiederzuerlangen. Ausgerüstet mit dem notwendigen Wissen, geführt von einer klaren Vision, die den Menschen in den Mittelpunkt stellt, und angetrieben vom Wunsch nach Diskurs zwischen Bürgern, können wir, die Bürger, in einer entscheidenden Phase die Weichen für die Zukunft stellen. Was als nächstes geschieht, hängt hauptsächlich von uns ab.

Danksagung

Einige der vielen Menschen, die mir bei der Entstehung dieses Buches halfen: Izumi Aizu, die Familie Allison, John P. Barlow, Richard Bartle, John Brockman, Amy Bruckman, die Familie Catalfo, Steve Cisler, John Coate, Kathleen Creighton, Mary Clemmey, Paul Dourish, Cliff Figallo, Dan Franklin, Katsura Hattori, David Hawkins, Herestoby, Dave Hughes, Hiroshi Ishii, Joichi Ito, Tom Jennings, Peter+Trudy Johnson-Lenz, Kevin Kelly, David Kline, Barry Kort, Lionel Lumbroso, Tom Mandel, Annick Morel, Blair Newman, Tim Oren, William Patrick, Adam Peake, Tim Pozar, Judy Rheingold, Mamie Rheingold, Jeff Shapard, Marc Smith, die Mannschaft der *Whole Earth Review*, die Mannschaft von WELL, Dave Winder, die Weird-Konferenz.

Bibliografie

Allison, Jay: «Vigil». *Whole Earth Review* 75 (Sommer 1992), S. 4.

Amara, Roy, John Smith, Murray Turoff und Jacques Vallee: «Computerized Conferencing, a New Medium». *Mosaic* (National Science Foundation) (Januar–Februar 1976).

Anderson, Benedict: *Imagined Communities: Reflections on the Origin and Spread of Nationalism.* London (Verso), 1983.

Bagdikian, Ben: «The Lords of the Global Village». *The Nation* (12. Juni 1989), S. 805.

Bagdikian, Ben: *The Media Monopoly.* Boston (Beacon Press), 1983.

Baran, Paul: «On Distributed Communications». In *Rand Memoranda,* Bände 1–11. Santa Monica, Kalifornien (Rand Corporation), August 1964.

Baran, Paul: «On Distributed Communications Networks». *IEEE Transactions on Communications Systems* CS–12 (1964), S. 1–9.

Barlow, John Perry: «Crime and Puzzlement». *Whole Earth Review* 68 (Herbst 1990), S.44.

Bartle, Richard: «Interactive Multi-User Computer Games». Internal study for British Telecom, Colchester, England, 1990.

Baudrillard, Jean: *Selected Writings.* Herausgegeben von Mark Poster. Stanford, Kalifornien (Stanford University Press), 1988.

Bellah, Robert N., R. Madsen, W. Sullivan, A. Swindler und S. Tipton: *Habits of the Heart: Individualism and Commitment in American Life.* Berkeley, Kalifornien (University of California Press), 1985; dt. Übers.: *Individualismus und Gemeinsinn in der amerikanischen Gesellschaft.* Frankfurt am Main (Bund), 1987.

Bellah, Robert N., R. Madsen, W. Sullivan, A. Swindler und S. Tipton: *The Good Society.* New York (Knopf), 1991.

Bentham, Jeremy. *Works,* Band 4. Herausgegeben von J. Bowring. Edinburgh (William Tait), 1843; dt. Übers.: *Oeuvres.* 4 Bände, Aalen (Scientia), 1969.

Brand, Stewart: *II Cybernetic Frontiers*. New York (Random House), 1974.

Brand, Stewart: *The Media Lab: Inventing the Future at MIT*. New York (Penguin), 1987; dt. Übers.: *Media Lab. Computer, Kommunikation und neue Medien. Die Erfindung der Zukunft am MIT*. Reinbek (Rowohlt), 1990.

Bruckman, Amy: «Identity Workshops: Emergent Social and Psychological Phenomena in Text-Based Virtual Reality». Master's Thesis (MIT Media Laboratory), 1992.

Bruckman, Amy und Mitchel Resnick: «Virtual Professional Community: Results from the MediaMOO Project». Paper submitted to the Third International Conference on Cyberspace. Austin, Texas, März 1993.

Bruhat, Thierry: «Messageries Electroniques: Grétel à Strasbourg et Télétel à Vélizy». In *Télématique: Promenades dans les Usages*. Herausgegeben von Marie Marchand und Clair Ancelin. Paris (La Documentation Française), 1984.

Carey, James: «The Mythos of the Electronic Revolution». In *Communication as Culture: Essays on Media and Society*. Winchester, Massachusetts (Unwin Hyman), 1989.

Carpignano, Paolo, Robin Anderson, Stanley Aronowitz und William Difazio: «Chatter in the Age of Electronic Reproduction: Talk Television and the Public Mind». *Social Text* 25, Nr. 6 (1990).

Christensen, Ward und Randy Seuss: «Hobbyist Computerized Bulletin Boards». *Byte* (November 1978), S. 150.

Christensen, Ward: «History: Me, Micros, Randy, Xmodem, CBBS». Posting on Chinet conferencing system, 18. März 1989.

Clapp, T. J. Burnside: «Weekend-Only World». Fesarius Publications, 1987.

Coate, John: «Innkeeping in Cyberspace». Paper read at the Directions in Advanced Computing Conference. Berkeley, Kalifornien, 1991.

Congress of the United States, Office of Technology Assessment: *Critical Connections: Communication for the Future*. Washington, D.C. (United States Government Printing Office), 1990.

Curtis, Pavel: Panel on MUDs at the Directions in Advanced Computing Conference. Berkeley, Kalifornien, 1991.

Curtis, Pavel und David A. Nichols: *MUDs Grow Up: Social Virtual Reality in the Real World*. Palo Alto, Kalifornien (Xerox PARC), 1993.

Debord, Guy: *Comments on the Society of the Spectacle*. London (Verso), 1992; dt. Übers.: *Die Gesellschaft des Spektakels*. Hamburg (Lutz Schulenburg, Edition Nautilus), 1978.

Elshtain, Jean Betheke: «Interactive TV – Democracy and the QUBE Tube». *The Nation* (7.–14. August 1982), S. 108.

Engelbart, Douglas C: «A Conceptual Framework for the Augmentation of Man's Intellect». In *Vistas in Information Handling*, Band 1. Herausgegeben von Paul William Howerton und David C. Weeks. Washington, D.C. (Spartan Books), 1963, S. 1–29.

Engelbart, Douglas C: «Intellectual Implications of Multi-Access Computing». Proceedings of the Interdisciplinary Conference on Multi-Access Computer Networks, April 1970.

Engelbart, Douglas C: «NLS Teleconferencing Features: The Journal and Shared-Screen Telephoning». *IEEE Digest of Papers* (CompCon), Herbst 1975, S. 175–76.

Evenson, Laura: «Future TV Will Shop for You and Talk for You». *The San Francisco Chronicle*, 8. Juni 1993.

Feenberg, Andrew: «From Information to Communication: The French Experience with Videotext». In *The Social Contexts of Computer-Mediated Communication*. Herausgegeben von Marin Lea. Englewood Cliffs, New Jersey (Simon & Schuster/Harvester Wheatsheaf), 1992.

Forster, Edward M.: «The Machine Stops». In *The Eternal Moment and Other Stories*. New York (Harcourt Brace Jovanovich), 1929; dt. Übers.: *Augenblick der Ewigkeit. Erzählungen*. München (Nymphenburger), 1989.

Foucault, Michel: *Discipline and Punish: The Birth of the Prison*. Translated from the French by Alan Sheridan. New York: (Pantheon), 1977; dt. Übers.: *Überwachen und Strafen. Die Geburt des Gefängnisses*. Frankfurt (Suhrkamp), 1976.

Geertz, Clifford: *The Interpretation of Cultures: Selected Essays.* New York (Basic Books), 1973, S. 44.

Gergin, Kenneth J: *The Saturated Self: Dilemmas of Identity in Contemporary Life.* New York (Basic Books), 1991.

Gibson, William: *Neuromancer.* New York (Ace), 1984; dt. Übers.: *Neuromancer.* München (Heyne), 1992.

Goffman, Erving: *The Presentation of Self in Every Day Life.* Garden City, New York (Doubleday), 1959; dt. Übers.: *Wir alle spielen Theater. Die Selbstdarstellung im Alltag.* München (Piper), 1991.

Habermas, Jürgen: *Kultur und Kritik. Verstreute Aufsätze.* Frankfurt (Suhrkamp), 1973.

Habermas, Jürgen: *Die Theorie des kommunikativen Handelns.* 2 Bände, Frankfurt (Suhrkamp), 1988.

Habermas, Jürgen: *Strukturwandel der Öffentlichkeit. Untersuchungen zu einer Kategorie der bürgerlichen Gesellschaft.* Frankfurt (Suhrkamp), 1990.

Hart, Jeffrey; R. Reed, F. Bar: «The Building of the Internet: Implications for the Future of Broadband Networks». *Telecommunications Policy* (November 1992), S. 666–689.

Hauben, Michael: «The Social Forces Behind the Development of Usenet News». Unpubliziertes Papier, Columbia University, 1992.

Hiltz, Starr Roxanne und Murray Turoff: *The Network Nation: Human Communication via Computer.* Reading, Massachusetts (Addison-Wesley), 1978, S. 102.

Hiramatsu, Morihiko: «Towards a More Autonomous Region through Informatization and Revitalization». Vortrag gehalten beim Apple Hakone Multimedia and Arts Festival, Hakone, Japan, 1. August 1992.

Jenkins, Henry: *Textual Poachers: Television Fans and Participatory Culture.* New York und London (Routledge), 1992.

Kiesler, Sara: «The Hidden Messages in Computer Networks». *Harvard Business Review* (Januar–Februar 1986).

Kiesler, Sara, Jane Siegel und Timothy McGuire: «Social Psychological Aspects of Computer-Mediated Communication». *American Psychologist* 39, Nr. 10 (Oktober 1984), S. 1123–1134.

Kumon, Shumpei: «Japan as a Network Society». In *The Political Economy of Japan*. Band 3, *The Social and Cultural Dynamics*. Herausgegeben von Shumpei Kumon und Henry Rosovsky. Stanford, Kalifornien (Stanford University Press), 1992, S. 109–141.

Kumon, Shumpei und Izumi Aizu: «Co-emulation: The Case for a Global Hypernetwork Society». In *Global Networks: Computers and International Communication*. Herausgegeben von Linda Harasim. Cambridge, Massachusetts (MIT Press), 1993.

Krol, Ed: *The Whole Internet User's Guide & Catalog*. Sebastopol, Kalifornien (O'Reilly & Assoc.), 1992.

LaQuey, Tracy: *The Internet Companion: A Beginner's Guide to Global Networking*. Reading, Massachusetts (Addison-Wesley), 1992.

Laurel, Brenda: *Computers as Theater*. Menlo Park, Kalifornien (Addison-Wesley), 1991.

Licklider, J. C. R.: «Man-Computer Symbiosis». *IRE Transactions on Human Factors in Electronics* HFE-1 (März 1960), S. 4-11.

Licklider, J. C. R., Robert Taylor und E. Herbert: «The Computer as a Communication Device». *International Science and Technology* (April 1968).

Lipnack, Jessica und Jeffrey Stamps: *Networking: The First Report and Directory*. Garden City, New York (Doubleday), 1982.

Marchand, Marie: *A French Success Story: The Minitel Saga*. Paris (Larousse), 1988.

Markoff, John: «U.S. Said to Play Favorites in Promoting Nationwide Computer Network». *The New York Times* (18. Dezember 1991).

Markoff, John: «Microsoft and Two Cable Giants Close to an Alliance». *The New York Times* (13. Juni 1993).

Marx, Gary T.: «Privacy and Technology». *The World and I* (September 1990).

Morningstar, Chip und F. Randall Farmer: «The Lessons of Lucasfilm's Habitat». In *Cyberspace: First Steps*. Herausgegeben von Michael Benedikt. Cambridge, Massachusetts (MIT Press), 1991.

Nora, Simon und Alain Minc: *L'informatisation de la société*. Paris (Éditions du Seuil), 1978; dt. Übers.: *Die Informatisierung der Gesellschaft*. Frankfurt (Campus), 1979.

Odasz, Frank: «Big Sky Telegraph». *Whole Earth Revue* 71 (Sommer 1991), S. 32.

Oldenburg, Ray: *The Great Good Place: Cafés, Coffee Shops, Community Centers, Beauty Parlors, General Stores, Bars, Hangouts, and How They Get You through the Day*. New York (Paragon House), 1991.

Olson, Mancur: *The Logic of Collective Action*. Cambridge, Massachusetts (Harvard University Press), 1965; dt. Übers.: *Die Logik des kollektiven Handelns. Kollektivgüter und die Theorie der Gruppen*. Tübingen (Mohr), 1983.

Peck, M. Scott: *The Different Drum: Community-Making and Peace*. New York (Touchstone), 1987.

Postman, Neal: *Amusing Ourselves to Death: Public Discourse in the Age of Show Business*. New York (Viking Penguin), 1985; dt. Übers.: *Wir amüsieren uns zu Tode. Urteilsbildung im Zeitalter der Unterhaltungs-industrie*. Stuttgart (Fischer), 1988.

Quarterman, John: *The Matrix: Computer Networks and Conferencing Systems Worldwide*. Bedford, Massachusetts (Digital Press), 1990.

Quarterman, John: «How Big Is the Matrix?». *Matrix News* 2, Nr. 2. Matrix Information and Directory Services, Austin, Texas, 1992.

Quarterman, John: «The Global Matrix of Minds». In *Global Networks: Computers and International Communication*. Herausgegeben von Linda Harasim. Cambridge, Massachusetts (MIT Press), 1993.

Quittner, Joshua: «Internet Faces Gridlock». *Newsday* (1. November 1992).

Rapaport, Mathew J.: *Computer-Mediated Communications*. New York (Wiley), 1991.

Reich, Robert: *The Work of Nations: Preparing Ourselves for 21st-Century Capitalism*. New York (Random House), 1991.

Reid, Elisabeth: «Electropolis: Communications and Community on Internet Relay Chat». Elektronisch verteilte Version der «Honor's Thesis» für das Department of History, University of Melbourne, 1991.

Rheingold, Howard: *Tools for Thought*. New York (Simon & Schuster), 1985.

Rheingold, Howard: *Virtual Reality*. New York (Summit), 1991; dt. Übers.: *Virtuelle Welten. Reisen im Cyberspace*. Reinbek (Rowohlt), 1992.

Rheingold, Howard: «Electronic Democracy». *Whole Earth Review* 71 (Sommer 1991), S. 4.

Rhodes, Sarah N.: *The Role of the National Science Foundation in the Development of the Electronic Journal*. Washington, D.C. (National Science Foundation, Division of Information Science and Technology), 1976.

Robins, Kevin und Frank Webster: «Cybernetic Capitalism: Information, Technology, Everyday Life». In *The Political Economy of Information*. Herausgegeben von V. Mosco und J. Wasko. Madison, Wisconsin (The University of Wisconsin Press), 1988.

Robins, Kevin und Frank Webster: «Athens without Slaves... or Slaves without Athens? The Neurosis of Technology». In *Science as Culture*, Band 1. London (Free Association Books), 1987.

Sculley, John zus. mit John A. Byrne: *Odyssey: Pepsi to Apple – A Journey of Adventure, Ideas, and the Future*. New York (Harper & Row), 1987; dt. Übers.: *Meine Karriere bei PepsiCo und Apple*. Düsseldorf (Econ), 1991.

Smith, Marc: «Voices from the WELL: The Logic of the Virtual Commons». Master's thesis, Department of Sociology (UCLA), 1992.

Sproull, Lee und Sara Kiesler: *Connections: New Ways of Working in the Networked World*. Cambridge, Massachusetts (MIT Press), 1991.

Sterling, Bruce: *Hacker Crackdown*. New York (Bantam), 1992.

Stone, Allucquere Roseanne: «Will the Real Body Please Stand Up? Boundary Stories about Virtual Cultures». In *Cyberspace: First Steps*. Herausgegeben von Michael Benedikt. Cambridge, Massachusetts (MIT Press), 1991.

Tribe, Laurence H.: «The Constitution in Cyberspace». *The Humanist* (September–Oktober 1991).

Turkle, Sherry: *The Second Self: Computers and the Human Spirit.* New York (Simon & Schuster), 1984; dt. Übers.: *Die Wunschmaschine. Der Computer als zweites Ich.* Reinbek (Rowohlt), 1986.

Turoff, Murray und Starr Roxanne Hiltz: «Meeting through Your Computer». *IEEE Spectrum* (Mai 1977), S. 58-64.

Uncapher, Willard: «Rural Grassroots Telecommunication: Big Sky Telegraph and Its Community». Master's thesis, Annenberg School for Communication (University of Pennsylvania), 1991.

Uncapher, Willard: «Trouble in Cyberspace». *The Humanist* (September–Oktober 1991).

Vallee, Jacques: *The Network Revolution: Confessions of a Computer Scientist.* Berkeley, Kalifornien (And/Or Press), 1982.

Van Gelder, Lindsy: «The Strange Case of the Electronic Lover», Nachdruck in *Computerization and Controversy.* Herausgegeben von Charles Dunlop und Robert Kling. San Diego, Kalifornien (Academic Press), 1991.

Varley, Pamela: «What's Really Happening in Santa Monica». *Technology Review* (November/Dezember 1991).

Winner, Langdon: *The Whale and the Reactor.* Chicago (University of Chicago Press), 1986, S. 112.

Wittig, Michelle: «Electronic City Hall». *Whole Earth Review* 71 (Sommer 1991), S. 24.

Wolfe, Tom: *The Electric Kool-Aid Acid Test.* New York (Farrar, Straus and Giroux), 1968; dt. Übers.: *Unter Strom. The Electric Kool-Aid Acid Test.* Frankfurt am Main (Vito von Eichborn), 1987.

Yoshida, Atsuya und Jun Kakuta: «People Who Live in an On-Line Virtual World». Department of Information Technology, Kyoto Institute of Technology, Matsugasaki, Sakyoku, Kyoto 606, Japan, 1993.

Index

Index